国外交通运输领域的创新进展

张明龙　张琼妮　编著

知识产权出版社
全国百佳图书出版单位

图书在版编目（CIP）数据

国外交通运输领域的创新进展 / 张明龙, 张琼妮编著. — 北京：知识产权出版社, 2019.10
ISBN 978-7-5130-6430-9

Ⅰ. ①国… Ⅱ. ①张… ②张… Ⅲ. ①交通运输发展—研究—国外 Ⅳ. ① F511.3

中国版本图书馆 CIP 数据核字 (2019) 第 188861 号

内容提要

本书以 21 世纪国外科技创新活动为基本背景，集中分析其在交通运输领域取得的新进展；从交通运输研发活动取得的新成果中搜集、整理有关资料，博览与之相关的论著，吸取国内外一些学者的相关学术见解，细加考辨，取精用宏，实现同中求异，异中求同，精心设计成研究国外交通运输方面创新进展的分析框架。本书分析了国外陆上交通运输工具、水中交通运输工具、空中交通运输工具、航天器及发射工具、交通工具配套用品、交通技术及智能系统、运输设施与交通管理等领域的创新进展信息，以通俗易懂的语言，阐述国外交通运输方面的前沿学术知识，宜于雅俗共赏。

本书适合交通运输业设备研发人员、物流管理人员、政府工作人员和高校师生阅读。

责任编辑：王　辉　　　　　　　责任印制：孙婷婷

国外交通运输领域的创新进展
GUOWAI JIAOTONG YUNSHU LINGYU DE CHUANGXIN JINZHAN
张明龙　张琼妮　编著

出版发行：	知识产权出版社有限责任公司	网　　址：	http://www.ipph.cn
电　　话：	010-82004826		http://www.laichushu.com
社　　址：	北京市海淀区气象路50号院	邮　　编：	100081
责编电话：	010-82000860转8381	责编邮箱：	laichushu@cnipr.com
发行电话：	010-82000860转8101	发行传真：	010-82000893
印　　刷：	北京中献拓方科技发展有限公司	经　　销：	新华书店及相关销售网点
开　　本：	720mm×1000 mm　1/16	印　　张：	23.25
版　　次：	2019年10月第1版	印　　次：	2019年10月第1次印刷
字　　数：	440千字	定　　价：	92.00元

ISBN 978-7-5130-6430-9

出版权所有　侵权必究

如有印装质量问题，本社负责调换。

前　言

交通运输表现为人们通过制造和使用交通工具，开辟载送路线，有目的地实现人力和物力资源的空间位移。交通运输是影响资源配置和经济活动区位选择的重要因素。提高交通能力，改进运输条件，人们可以在较大地域范围内选择和开发利用资源，有利于推动地区之间形成发达的劳动分工，从而促使生产走向专业化，大大提高社会经济效益。当今，在现代科学技术的推动下，人们开辟出连接世界各地的公路、铁路、水路和航空等运输路线，研制出汽车、火车、轮船、潜艇、飞艇、飞机、火箭等交通工具，修建成网络化管理的车船和飞机停靠场地、站点房舍和仓库等交通运输设施，大大缩短了人员交往和物资交流的空间距离，给社会经济生活带来极大便利。梳理21世纪以来国外交通运输领域取得的创新成果，可以发现，它们具有以下主要特色。

（一）注重发展先进交通工具和基础设施

1. 研发先进陆上交通工具的新信息

用十余款新技术装备量产的改款轿车，以多种时尚科技元素打造概念车，设计引领时尚风格的多功能车，尝试用遗传算法软件设计更快的赛车。利用光学伪装技术打造隐形汽车，开发能行驶又能飞行的汽车，能行驶又能潜水的汽车。研发首辆有特殊功能、专门为盲人设计的汽车，以及行驶功能强大、可穿越任何地形的"蜘蛛车"。推出制导系统类似巡航导弹的无人驾驶汽车，推出无人驾驶矿山自卸车，推出可在冰雪道路行驶的无人驾驶汽车。用3D虚拟立体空间影像技术设计新车，用3D打印技术制造电动跑车。推出第四代城际高速列车，研制出时速再创新纪录的超导磁悬浮列车，提出研制速度为飞机两倍的"管道列车"；另外，超音速高铁系统已完成关键测试。

2. 研发先进水中交通工具的新信息

建造有纽约式中央公园的世界最大游轮。研制出反海盗的机器人巡逻艇，可用于打击贩毒和海盗的自动巡逻机器人快艇，配备最先进设备的新型反海盗舰船。首艘"斯巴达"无人驾驶水面艇进入海试，部署世界上第一艘避雷达探测的隐形战舰，有史以来最大的导弹驱逐舰进行海上试航。兼有消防船和科考船功能的新一代破冰船建成下水，世界第一艘多用途侧向破冰船建成下水，设计出竖式的新型海洋科学考察船，"塔拉"号科考帆船成为太平洋上流动的实验室，新型科考船在南极完成冰上实验。研发具有五大新技术的新一代潜艇，发明能在海里定点悬浮于一定空间的潜水器，研制出可由无人机变身而来的无人潜水艇。研制出无人驾驶的扫雷潜水器，研制出下潜到最深海底探秘的自控潜艇，推出可丈量南极海冰的潜水器。研制能承担探索或运送任务的水下机器人，用于探寻并传送南极水底信息的机器人；开展海底机器人采矿和运送试验，研制在无人之境采矿和运送的水下机器人。开发出可用于水下搜索和抢险救援的机器水母，以及仿"章鱼"的人造水下航行器。

3. 研发先进航空交通工具的新信息

推出可连接全球任何两城市的"环球客机"，首架波音787"梦想"飞机下线，世界最大客机载客远程试飞取得成功，空中客车完成四维航迹空管技术试飞，空中客车宽体飞机圆满完成航路验证环球飞行。计划建造时速超500千米的超高速直升机，用玻璃纤维和非金属复合材料改造直升机旋翼叶片，独特双机身运输机开始进行动力测试，研发高负载货运的新型运输机。联合制造第五代战斗机，推出最新型F-15"无声鹰"战斗轰炸机，发明可垂直起飞的隐形单座侦察机，实现"先进鹰眼"预警机再升级。研制出可改变机翼掠角的飞机，完成可变形机翼飞机的飞行测试。推出首架"人鱼海神"海上无人侦察机，用真菌制成首架可生物降解的无人侦察机，模仿鸟群飞行设计出具有协调配合功能的自控无人机，研制同时具有垂直与平行两种飞行功能的无人机。由超轻材料制成水陆空三栖飞行器，推出能滑雪、可折叠的三栖飞行器。研发可折叠的新型未来派水上飞机，提出以空中飞艇为蓝本设计的巨型水上飞机。研制离地3米平衡飞行的"飞碟"，提出开发大载运量飞碟型航空器的计划。发明能像"钢铁侠"那样飞行的飞行喷射包。研发可让无人机像蝙蝠般飞翔的新技术，发明有望让无人机实现"隔空充电"的新技术。研制出造飞机如同打印文稿一般容易的新技术，用3D技术打印飞行器发动机的涡轮机和燃烧室，大力研发直升机发动机零件的3D打印技术。

4. 研发先进航天交通工具的新信息

着手研究两小时可飞遍全球的亚轨道军用飞行器计划，试验1小时环游地球的激光驱动亚轨道客机项目，准备启动90分钟内从欧洲飞抵大洋洲的亚轨道航天班机项目。试飞民用亚轨道超音速客机概念机，成功试飞军用亚轨道飞行器概念机，亚轨道太空游飞船首次点火试飞，亚轨道太空游飞船完成超音速飞行测试。经过现代化改进的"联盟"号飞船发射升空，首艘重复使用的货运"龙"飞船成功升空。计划研制飞往月球的载人飞船，开发采用核动力的星际宇宙飞船，着手打造有望返回地球的下一代火星车，用自我修复纳米线晶体管研制微型星际飞船。发射成功首个绕地球运行的太阳帆，拟发射展开面积1200平方米的新型太阳帆。首架太空战斗机成功发射升空，研发可重复使用的空天飞机。着手试验太空航天器之间的激光电力传输系统。火箭离子发动机技术获得新突破,借助3D打印技术制造火箭发动机,用3D打印技术制造火箭发动机组件。

5. 建设先进交通运输基础设施的新信息

建成世界最高的公路大桥米约大桥,开通最大跨海斜拉桥,建成抗多发地震的旧金山跨海湾大桥,成功研发世界首座可折叠式架桥,试制世界首座能通火车的"超级万能"浮桥。开发出新款"桥梁巡查机器人",研制桥梁无线传感报警系统。发明可防止桥梁受盐侵蚀的硅烷涂层,创建破解桥梁摇晃之谜的数学模型。启用世界首个环保型运输码头岸上供电系统。开发出新型飞机盲降导航系统,建成超精确航空导航系统。开发出有利于航班安排的机场局部天气预报系统,研制出机场航班起降的预测程序,并运用大数据来减少与天气相关的航班延误。建成首个可自动报警的空中飞行防撞系统,研制出民用客机反导弹系统,开发新一代机载雷达安全预警接收系统。另外,还加强飞鸟撞上飞机的预防设施,探索减少飞机遭雷击风险的新系统。准备在月球上建立常设的自动化基地和自动航天器着陆基地,计划在月球轨道建造往返火星的太空港平台。开工建设世界首个太空旅游用航天港,批准塔顶可作飞行器平台的太空电梯专利。

(二)注重发展环保交通工具

1. 推进陆上环保交通工具的研发

(1)研制电动车的新成果:用共聚聚酯板开发出轻型电动车,用碳纤维开发可能成为主流车型的电动汽车。推出由锂聚合物电池提供电力的电动汽车,开发出由电瓶提供电力的运输集装箱电动平板车,发布首款由锂离子电池提供电力的全电动汽车。研制借助磁力或电磁感应驱动的电动汽车,以及无人驾驶的电动汽车。开发出永不撞车的双轮电车,推出让低碳出行成为时尚的平衡电动车。国际电动汽车技术标准研究发展迅速,签署推动电动汽车研发和使用的协议,成立电动汽车高性能电池的研究中心。

(2)研制氢能汽车的新成果:推出首辆采用氢燃料电池的军用机动车,与政府签约合约开发氢燃料电池动力汽车,旧金山等一些大城市正式运行氢动力大巴。研制出以气态氢为燃料的电池车,耗电量极低的氢能轿车。开发出首辆废弃物是水的"绿色"氢能跑车,推出首辆氢动力豪华汽车,突破氢燃料电池汽车行驶的里程记录。建起第一座使用加氢泵的汽车加氢站,并规划建造更多的汽车加氢站。

(3)研制生物质能汽车的新成果:推出使用乙醇燃料的概念车,推出首款用可再生柴油体现森林工业产品的概念车,推出完全以植物柴油为燃料的出租汽车,推出首款纯乙醇燃料混合动力车,推出以蔬菜作车身、巧克力当燃料的"生态赛车"。

（4）研制陆上环保交通工具的其他新成果：发明可用太阳能和风能发电的卡车，推出能耗极低的太阳能车。设计完成全风力推动的汽车，推出世界最快的风力汽车，研制成以压缩空气推动的汽车。推出首列太阳能动力列车，开通首列燃烧生物气体的列车。研制出以沼气为燃料的燃料电池摩托车，设计由风能和太阳能提供动力的摩托车。制成完全依赖太阳能驱动的自行车。

2. 推进水中环保交通工具的研发

设计出一种实现零污染的概念船；打造出第一艘太阳能渔船，下水可横跨大西洋的最大太阳能动力船。研制由波浪提供动力的船舶，以及不需能耗依靠水面张力驱动的微型船。研制出电力驱动的豪华大游艇，研制以海水热量为动力的环保型潜水器。

3. 推进空中环保交通工具的研发

研制新一代低噪声超音速商务客机，开发机身机翼融为一体的"静音飞机"，研发让飞机飞行更安静的减少噪声新技术。首架天然气合成燃料客机试飞成功，推出零排放超音速客机的概念机，启动下一代高效环保飞机的研究计划。单座电动飞机实现首次载人飞行，双座电动试验飞机首飞成功。开展太阳能飞机洲际飞行活动，太阳能飞机打破单飞时长世界纪录。首架氢电池动力双座飞机试飞成功，研制出首架乙醇动力单座飞机，首次试飞使用植物油燃料飞机，以及使用藻类植物作燃料的飞机。研制出以液态氢或氢燃料电池产生动力的无人机，开发出太阳能无人飞行器，以及用充电电池为动力的环保型无人机，还制成用于追踪污染物的无人机。

4. 推进环保交通工具配套用品的研发

（1）研制环保发动机的新成果：推出在北极圈低温测试成功的环保柴油机，研制柴油与氢混合物为燃料的环保发动机，研制达到"欧6"标准超低尾气排放的柴油发动机。推出利用氢和氧把化学能转变为电能的发动机，研制使用氢燃料的汽车发动机。开发以压缩空气为动力的汽车发动机，新型生物乙醇汽车发动机，以及用金属粉末替代石化燃料驱动的发动机。研制以空气中氢气为燃料的超音速冲压火箭发动机，以液氧与液氢为燃料火箭发动机重启试验获得成功，首次完成采用生态环保液体燃料的爆震火箭发动机测试。

（2）研制车船用环保燃料的新成果：以农林废弃物研发车船用生物燃料，从油棕渣滓、瓜子油、麻风树种籽、葵花籽油，甚至生活垃圾有机废物中提炼出车用生物燃料。发现芥蓝籽油是替代航空燃油的最佳可再生植物燃油，并利用桉叶油制造出环保航空燃油。

（3）研制环保交通工具配套用品的其他新成果：发明让汽车废气变油变水的"绿盒"装置，推出二氧化碳制冷剂的车载环保空调。研制储能容量大、制造成本低、充电速度快和安全性能高的车用锂离子电池，开发高性能的锂空气电池和锂硫电池。开发车船用氢燃料电池，以及电动车专用光伏电池系统。大力发展智能化和绿色环保汽车轮胎,利用热气体爆破方法回收利用废弃轮胎,开发出回收利用废弃轮胎的"生态热解"法。研制雨滴能自动滑走的车窗挡风玻璃,开发出自洁不反光纳米结构的车窗挡风玻璃。发明具有自我修复功能的汽车油漆,开发用于汽车等产品的自我修复涂料系统,开发出能延长汽车配件寿命的自我修复塑料,开发宇宙飞船外壳自愈的聚合物基复合材料。

(三)注重发展节能交通工具

1. 推进节能交通工具的研发

设计出全新的低油耗 Pino 微型汽车,研制出装有特殊发动机的超级节能汽车,开发出低能耗三轮小型汽车。研制出节油效果明显的混合动力重型车辆,尝试把普通汽车翻新为节省燃料的混合动力车,着手批量生产节能型混合动力汽车,开发出 1 升汽油可行使 60 千米以上的新一代节能汽车。开发泊车发电的"动力路板"节能技术。开发出全塑料机身的节能客机,研制具有前瞻性的气动布局节能飞机,设计可大幅度节省燃料的 D8 新概念客机,研制节能环保型商业运输的概念机,加快推进节能的"全球高效运输飞行样机计划",研发高负载货运的新型节能运输机;制成可伸缩机翼的节能型无人机。

2. 推进节能发动机的研发

推出首台直喷涡轮增压汽油发动机,发明机械与涡轮双重增压发动机,制成超高压共轨喷射汽油发动机。推出更强大更节能的新型 6 缸发动机,发明高效节能型的混合动力发动机。制成最强悍的小排量节能发动机,开发对置活塞对置汽缸的节能发动机,研制可大幅提升燃油效率的节能引擎,开发可减少汽车发动机油耗的软件。推出紧凑型高效率节能柴油发动机。制成大幅度提高发动机燃效的电磁阀门。

3. 推进交通工具节能技术的研发

开发出以钢水直接轧制车用板材的节能技术、利用钢板制造整轧车轮的节能方法,以及制造汽车轮毂组件轴承的冷轧成形节能方法。研制可把汽车废热转为电能的热电材料,开发可将振动转化为电能的汽车减震器,研制可收集车辆振动能量的再生减震器。开发出成套的船舶节能新技术,设计出可节一半燃料的船舶推进器。研究发现一项可减少飞机燃料的新技术:使用微型空气动力喷射器,促使空气向飞机两侧流动,以支持并推动机翼,这样能大大减小飞行中的阻力,可节省 20% 的飞机燃料。

(四)注重提高交通运输的安全性

1. 加强运输安全智能系统研究的新进展

(1)研制车辆安全智能设备的新成果:找到稳定性更好的安全车用气囊填充材料,发现可制造更安全汽车气囊的弹性人造纤维,推出智能安全气囊释放传感系统,研发带气囊的汽车后座安全带。发明智能型汽车安全防护系统,制成主动式智能安全防护系统。推出可减少事故的近程雷达车用传感器,研制出新型"智能夜视系统",开发提高行车安全性的车载激光雷达,研制避免冲撞的车载图像识别并行处理器,建立保障行车安全的汽车智能应急系统。发明能有效防止追尾的智能刹车闪光灯,推出油门自抬防追尾的辅助系统,开发出首例追尾预警系统。研发出新一代智能碰撞警示系统,拟研制"仿生学"智能系统的避撞汽车。

(2)研制司机安全智能系统的新成果:发明防止司机打瞌睡的提醒系统,制成防止司机打瞌睡的警报器,开发出提高驾驶安全性的防瞌睡座椅,研制出防瞌睡驾驶的手机软件。开发出防止司机注意力不集中的智能监视系统,研制出追踪司机视线以避免事故的监察系统。发明能预防疲劳驾驶的智能可穿戴安全带,开发可捕捉司机疲劳预兆的传感器。研制让司机不怕雨雪路的智能车前大灯,发明让司机后视无盲点的"微妙曲面镜"。

(3)研制用车安全智能系统的新成果:开发出轿车自动泊车的智能系统,特别是能使汽车横向移动自动泊车的智能系统;研制出帮助司机停放汽车的"停车助手",以及智能泊车辅助系统。开发出车辆自动识别系统,研制出能够识别零件运行状态的车载智能系统。建立可让无人驾驶汽车学会"看路"的分段网络智能系统,开发出能限制和修正汽车速度的智能系统。

2. 提高交通工具安全性研究的新进展

研究发现黄色外形出租车更安全。要求电动汽车必须设计成以信息为基础的智能汽车,以提高车辆的舒适与安全性能。着力探索提高驾车安全性的智能汽车,如研制用多重警示来预防事故的智能"感官汽车",拟用尖端技术研究不会相撞的智能汽车,设计可通过自动分析道路状况和车流量而避免车祸的智能汽车,并公布加速开发更安全和更智能汽车的计划。设计出可有效保障乘客安全的喷气式飞机,首架防劫客机进入地面测试。

3. 确保交通工具安全的配套产品及技术研究新进展

发明防止汽车侧翻的电子稳定器,研制出汽车夜间行驶的电子控制系统,开发出车载偏振相机预警器。制成具有统一安全标准和充电方式的汽车锂离子电池,并通过模块化设计开发更安全环保的车用锂离子电池。研制可抑制侧滑的无钉防滑轮胎,研制出能准确测量自身气压或可感知自身损坏的轮胎,开发提高轮胎安全性的聚合物材料。发明能提高汽车安全性的智能钢材,研制出能提高汽车旅途安全性的多芯玻璃光纤材料,开发可使汽车减震扭杆"自动疗伤"的记忆合金。开发可防货运列车脱轨翻车的新技术,研制出能增强飞机外壳材料强度的新技术。

4. 加强交通工具安全监控研究的新进展

发明用无线电波强制停车安全检查的技术,研制出全天候车辆智能追踪系统,发明可检测汽车损伤的传感器装置,推出卡车是否超载的动态监测系统。制成驾车司机激光酒精检测仪,开发出高灵敏度的车载酒精检测系统。发明火柴盒大小的铁路安全微型探测仪，研制出更精确的火车新型测重系统，发明检测火车轮对状况的激光器。发明能预测飞机复合材料安全状态的新技术，研制出飞机铆接质量自动检测系统，开发宇宙飞船人工智能控制系统。启用机场护照自动识别的安检系统。

  本书由 7 章内容组成，分别介绍国外在陆上交通运输工具、水中交通运输工具、空中交通运输工具、航天器及发射工具、交通工具配套用品、交通技术及智能系统、运输设施与交通管理等领域的创新进展信息。本书密切跟踪国外交通运输领域创新活动的演进路径，所选材料限于 21 世纪以来的创新成果，其中又以近十年出现的发明创造素材为主。本书披露了大量鲜为人知的前沿信息，可为遴选交通运输方面科研项目和制定相关政策提供重要参考。

张明龙 张琼妮

2019 年 5 月

目 录

前 言 ··· 1

第一章 陆上交通运输工具的新信息 ································· 1
第一节 石化燃料汽车研发的新进展 ······························ 1
一、研制不同类型的新款式汽车 ································· 1
二、开发节能环保型汽车 ··· 10
三、研发智能或无人驾驶汽车 ···································· 15

第二节 非石化燃料汽车研发的新进展 ··························· 21
一、研制电动汽车的新成果 ······································ 21
二、研制氢能汽车的新成果 ······································ 27
三、研制生物质能与太阳能汽车的新成果 ···················· 32
四、研制汽车方面的其他新成果 ································ 35

第三节 研发其他陆上交通运输工具的新进展 ·················· 39
一、研制铁路列车的新成果 ······································ 39
二、研制摩托车与自行车的新成果 ····························· 43
三、研制陆上交通运输工具的其他新成果 ···················· 46

第二章 水中交通运输工具的新信息 ································ 51
第一节 水面船舶研发的新进展 ···································· 51
一、研制民用船舶的新成果 ······································ 51
二、研制军用舰艇的新成果 ······································ 57
三、研制破冰船与考察船的新成果 ····························· 61

第二节 研发潜水器及其他水下运输工具 ························ 67
一、研制潜水器的新成果 ··· 67

— 1 —

二、研制其他水下运输工具的新进展 …………………………… 72

第三章　空中交通运输工具的新信息 …………………………… 78
第一节　有人驾驶飞机研制的新进展 ………………………… 78
一、研制客机方面的新成果 ……………………………………… 78
二、研制直升机与运输机的新成果 ……………………………… 88
三、研制环保型飞机的新成果 …………………………………… 93
四、研制其他飞机的新成果 ……………………………………… 97

第二节　无人驾驶飞机研制的新进展 ………………………… 100
一、研制无人侦察机的新成果 …………………………………… 100
二、研制环保节能无人机的新成果 ……………………………… 104
三、研制不同功能无人机的新成果 ……………………………… 109
四、研制不同用途无人机的新成果 ……………………………… 115

第三节　其他航空器研制的新进展 …………………………… 119
一、三栖飞行器与水上飞机的新成果 …………………………… 119
二、飞碟与滑翔机的新成果 ……………………………………… 122
三、研制浮空器的新成果 ………………………………………… 125
四、研制其他航空器的新成果 …………………………………… 128

第四章　航天器及其发射工具的新信息 ………………………… 132
第一节　航天器研制的新进展 ………………………………… 132
一、研制亚轨道飞行器的新成果 ………………………………… 132
二、研制宇宙飞船的新成果 ……………………………………… 137
三、研究开发国际空间站的新成果 ……………………………… 144
四、研制其他航天器的新成果 …………………………………… 149

第二节　航天器发射推进工具的新进展 ……………………… 154
一、研制运载火箭的新成果 ……………………………………… 154
二、研制航天器推进工具的新成果 ……………………………… 160

第五章　交通工具配套用品的新信息 …………………………… 165
第一节　交通工具动力设备的新进展 ………………………… 166
一、车用石化燃料动力的新成果 ………………………………… 166

二、车船用非石化燃料动力的新成果···169
　　三、航空航天动力设备的新成果···173
第二节　交通工具配套设备的新进展···178
　　一、车用配套设备的新成果··178
　　二、船舶配套设备的新成果··183
　　三、飞机配套设备的新成果··186
　　四、航天工具配套设备的新成果···191
第三节　交通工具供用电设备的新进展··195
　　一、车船用电池研制的新成果···195
　　二、交通工具充电设备的新成果···207
　　三、车船供用电设备的其他新成果··211
第四节　交通工具用燃料开发的新进展··215
　　一、研发车船用燃料的新成果···215
　　二、研发航空航天用燃料的新成果··222
第五节　交通工具零配件研制的新进展··227
　　一、研制汽车车轮的新成果··227
　　二、研制汽车零配件的其他新成果··231
　　三、研制飞机与火箭零配件的新成果···239
第六节　交通工具材料研制的新进展···241
　　一、交通工具金属材料的新成果···241
　　二、交通工具无机非金属材料的新成果··247
　　三、交通工具有机高分子材料的新成果··253
　　四、交通工具复合材料的新成果···262

第六章　交通技术及智能系统的新信息···266
第一节　研发交通工具的新技术··266
　　一、陆上运输工具技术的新成果···266
　　二、海空运输工具技术的新成果···272
第二节　研发智能交通系统的新进展···281
　　一、车用安全智能系统的新成果···281
　　二、车用智能系统的其他新成果···287
　　三、开发飞行器智能系统的新成果··294

— 3 —

第七章　交通设施与管理的新信息 ……296
第一节　陆上交通设施与管理的新进展 ……296
一、道路建设方面的新成果 ……296
二、道路站点建设的新成果 ……305
三、车辆运行管理的新成果 ……310
第二节　水上交通设施与管理的新进展 ……326
一、水上桥梁建设及维护的新成果 ……326
二、水上交通管理的其他新成果 ……329
第三节　航空交通设施与管理的新进展 ……332
一、航空业与机场管理的新成果 ……332
二、飞机发展与管理的新成果 ……338
第四节　航天交通设施建设的新进展 ……343
一、月球航天平台建设的新计划 ……343
二、航天交通设施建设的其他新成果 ……347

参考文献和资料来源 ……351
后　　记 ……357

第一章 陆上交通运输工具的新信息

古时候人们通过驯服牛马为动力，制造牛车、马车为交通运输工具。现今人们通过研制机器为动力，开发出地上跑的汽车、火车，水里游的轮船、潜艇，空中飞的飞机、火箭等交通运输工具。随着科技进步和时代发展，交通运输工具的种类和数量越来越多，使得人员交往和物资交流的距离大大缩短，给人们的生活带来了极大的方便。21世纪以来，国外高度重视交通运输工具的研究与开发，涌现出大量创新信息。本章仅考察国外陆上交通运输工具研制方面取得的新成果。21世纪以来，国外在石化燃料汽车领域的探索，主要集中于研制大改款或新风格汽车、新式微型汽车、极速型赛车、超音速汽车、特殊外形汽车和特殊功能汽车，研制以节能为主汽车、以环保为主汽车、既节能又环保汽车，研制智能汽车和无人驾驶汽车。在非石化燃料汽车领域的探索，主要集中于用新材料和新技术开发电动汽车，开发不同动力系统的电动汽车，开发不同功能和用途的电动汽车，开发无人驾驶的电动汽车；开发氢能汽车、生物质能汽车、太阳能汽车、风力汽车、空气动力汽车和蒸汽汽车。在其他陆上交通运输工具领域的探索，主要集中于研制环保列车、高速电气列车、超导磁悬浮列车、超级环管道列车，研制不同功能摩托车、环保型摩托车、太阳能自行车等。

第一节 石化燃料汽车研发的新进展

一、研制不同类型的新款式汽车

（一）开发大改款或新风格汽车的新信息

1. 研制大改款旗舰型号轿车的新成果

推出大改款后的奔驰旗舰型号轿车。2005年6月，戴姆勒·克莱斯勒旗下的梅赛德斯·奔驰公司宣布，全面改进了S级轿车，并在近日上市。S级轿车是奔驰品牌的旗舰型号，按照惯例，一般为8年一次大改款。此次亮相的就是大改款后的新车，无论是外观、机械结构、动力、性能和设备等都是全新的。与老车型相比，全新S级加大了车身尺寸，车内空间更宽敞，行李舱也更大。奔驰首次在量产车上装备了10多种新技术，比如增加了使用雷达的制动辅助系统，以及适用范围0~200千米/小时的巡航控制系统，还有第二代预备安全系统等。

新款 S 级的外观明显继承了原来的风格，车头格栅外形不变，最明显的改动就是不规则大灯改成三角形大灯，采用透明玻璃覆盖，不过仍然可以一眼认出这是一辆奔驰的 S 级轿车。从侧面看，最明显的改动是新车采用了突起的轮拱设计，颇具跑车味道。这意味着，奔驰公司希望继续迎合年轻买家的口味。

至于车尾，新款 S 级的尾灯，吸收了一些迈巴赫顶级轿车的设计元素，刹车等被两道横杠分为三部分。相信最实用的功能，莫过于在急速刹车时会自动闪烁的刹车灯，可以减少尾随车辆驾驶者的反应时间。

全新 S 级的车身尺寸为长 5076 毫米、宽 1871 毫米、高 1473 毫米，轴距为 3035 毫米。长轴距款的车长为 5206 毫米，轴距为 3165 毫米。标准款与老车型相比，车身长、宽、高分别增加了 33 毫米、16 毫米和 29 毫米，轴距加长了 70 毫米。长轴距款的车长及轴距也分别增加了 43 毫米和 80 毫米。

全新发布的 S 级轿车，暂时包括 4 种车型，分别是配备最大输出功率 272 马力的 3.5L 排量 V6 发动机的 S350、配备最大输出功率 285 千瓦的 V8 发动机的 S500、配备最大输出功率 170 千瓦的 V6 柴油发动机的 S320，以及配备最大输出功率 380 千瓦的 12 缸发动机的 S600。

2. 设计具有时尚风格汽车的新成果

（1）拟用多种时尚科技元素打造的概念车。2005 年 9 月，日本媒体报道，作为一款展现未来设计动向的概念车，马自达"飒爽"身上具备了各种各样的高科技装备，与其科技化的外观配合得恰到好处。例如，它所选用的 USB 接头造型的钥匙及使用界面，还有前卫的方向盘及中控台的设计，均营造出一种现代感很强的车内驾驶氛围。

"飒爽"的 USB 条形钥匙可以让顾客拥有自己的磁盘驱动器、安全代码识别和马自达软件，后者包括一个能被下载到 USB 条形钥匙中的导航程序。车主能够到他喜爱的酒吧，海滩或在家里，使用 USB 条形钥匙将想听的音乐下载到他的计算机里。当他将钥匙插入马自达"飒爽"接口槽孔时，它还能自动地将内容下载到概念车的硬盘里。

报道称，它的座椅更是采用了"形变"的设计概念，可透过座椅内压缩空气的作用，实现座椅造型根据乘客的姿态进行自动调整，提供更加优越的乘坐舒适感。当只有 1 名乘客时可以将座椅调整成 1 人用的中间座椅，当有 2 名乘客时也可以调整为 2 人用的座椅。并且，当有大量的行李需要搬运时，还可以将座椅翻折起来以扩大收纳空间，只要将座椅的后背放倒就变成了方便实用的行李箱，也能确保行李箱的平整。

此外，该款"飒爽"概念还车采用了三门掀背的造型，以迎合年轻人对轻量化都市小车的需求。车身的设计上更加入了"拉门"这一创意。这样，当你在拉门的这一边时，你只能看到拉门上所映出的另一边的模糊轮廓而无法看到细节。而且，该款概念车的发动机设计还加入了"无空转"的理念，可在怠速时停止运转动作，降低油耗及排放。

（2）设计引领北欧时尚风格的多功能车。2012年12月，有关媒体报道了瑞典沃尔沃公司的V代表Versatility，即多功能车。北欧居民习惯一到夏日，便携家带口前往度假住处享受闲适生活。如果没有一辆空间充足、动力强劲、座椅舒适的车，恐怕这趟"搬家"过程会充满挑战，V系列车型也因此应运而生并在北欧深得人心。

近日，沃尔沃也将V系列的时尚代表之一V60 T5款，带进了中国市场。这辆设计格外与众不同的车型，从一上市便赢得了许多车主的青睐，也让在中国本不被看好的运动型多功能车细分市场，吸引了更多厂商加入竞争。

仔细观察V60，很难从它身上找出一根直线条，然而它的整体造型却显得简洁大方、力量感十足。压低的车身侧面线条从视觉效果上降低了车身重心，逐渐缩小的侧窗设计犹如运动型跑车。靠近车尾的车顶故意被压低，这不仅符合空气动力学特性，让车辆在高速行驶时获得更出色的稳定性，也让车身侧面动感十足。车轮与车身高度的比例被放大，车轮从视觉效果上看起来尺寸更大，使V60显得更时尚也更运动。

北欧风格也体现在沃尔沃V60对前脸和尾部设计的一丝不苟上。V60车头的"铁标"几乎从20世纪30年代起就从未变过，这并不是缺乏创意，而是希望向人们喻示，沃尔沃85年来对安全一直不变的承诺。车头直立面的角度和发动机罩的设计角度，都充分考量到了对行人的安全保护，若说这是北欧风格的保守，倒不如说这是北欧风格中最值得人尊敬的坚持和倔强。而家族式的L型尾灯设计已经有14年的历史，经典时尚的设计使沃尔沃车辆即使从尾部也有超高的辨识度。V60后示廓灯兼做刹车灯，刹车时整个肩部都会亮起，使V60具有了一种更为强烈的独特外观。

（二）设计制造新式微型汽车的新信息

1. 推出全新的Pino微型汽车

2007年1月，为了全面进军迅速增长中的日本微车市场，日产在拥有三款微型车的基础上，又向世人公布了全新微型汽车Pino。它拥有优异的燃油经济性和操控舒适性，目标客户是刚毕业不久的单身职员。

该车除了做到低售价和低油耗，还力求简单、方便、实用。车门和座椅的设计，考虑到驾乘者上下车的方便性。4.1米的转弯半径，适合城市中狭窄的车位。载物平台形状规则。

这部微型汽车，装配一台双顶置凸轮轴12气门直列三缸K6A发动机，拥有良好的低速扭矩输出。新车分为前驱和四驱两种驱动形式，分自动和手动两种配置款式。自动款式配备四前速自动变速箱，其百千米油耗为4.65升。它的四前速变速箱，带有上坡和下坡控制功能，上坡时避免变速箱多余的换挡动作，下坡时利用低档进行发动机辅助制动。手动款式配备短行程五前速手动变速箱。全时四驱系统，能通过地面附着力和车身状态自动分配前后扭矩输出比例。

这部微型汽车，采用清晰易读的大型车速表，仪表台特别为腿部预留出空间，驾驶座前后调整幅度达到240毫米，足以提供舒适的坐姿。巨大的车窗配合大型后视镜带来良好的视野。它的载物空间利用率很高，将后排座椅放倒后能获得一个规则的载物平台。

2. 推出单座概念汽车

2007年10月10日，丰田汽车公司展示了自己最新研制的概念车。它只有一个座位，外观看起来就像一个豪华座椅，既没有车门，也没有方向盘，驾驶员通过按钮和控制开关来驾驭车辆。车上安装的传感系统能探测到附近的障碍物，并通过震动和声音将信息传递给驾驶员，从而避免碰撞。

这款小巧别致的座椅概念车，慢速行驶时，可以在便道上灵活地穿梭于行人之中。而它的最高时速能达到30千米，这样一来，在机动车道上行驶也没有太大问题。设计人员介绍说，研制这款汽车的目的，是要打造既节省空间又讲究环保，还能改善交通状况的未来汽车。

（三）研制极速型赛车和超音速汽车的新信息

1. 尝试用遗传算法软件设计更快的赛车

2004年6月19日，英国《新科学家》杂志报道，舒马赫霸占一级方程式赛车的冠军宝座已经很久了，其技术固然是关键因素，车子本身也很重要。英国伦敦大学学院的一个研究小组，正在尝试用遗传算法软件，通过适者生存的"进化"过程，得到更好的赛车设计方案。

据报道，研究人员以电脑游戏"一级方程式挑战赛"为基础，得到不断打破新纪录的赛车参数配置方案。他们说，如果利用真实的比赛数据，用同样方法有可能设计出更好的真正赛车。

遗传算法，是利用进化论原则进行工程设计的方法。设计人员提出多种初步方案，在计算机上对不同方案的效果进行模拟。效果差的方案被淘汰掉，好的方案存留下来，互相"杂交"并发生"变异"，最终得到令人满意的方案。遗传算法，已经被用于设计一级方程式比赛的中途维修方案和某些零件。

在"一级方程式挑战赛"游戏里，玩家可对汽车的68个参数进行调整，包括极限转速、传动比和轮胎气压等，这些因素会影响汽车的性能。科学家先随机生成多组参数，在虚拟赛道上进行试验，然后保留名次位居参赛车总数前40%的那些参数组合，让它们发生"进化"，几代之后所得参数组合就越来越出色。

一些专家对这种方法持保留态度，认为真实赛场上影响成绩的因素非常复杂，假设中难以全面考虑到，根据遗传算法得出的参数而设计的赛车有局限性。

2. 超音速汽车创陆上极速世界纪录

2010年10月17日，英国一个研究团队，向世人展示了他们研制的超音速汽车"寻血猎犬"（Bloodhound），该车速度当天达到每小时1609千米，创造了短期内无法超越的陆上行驶世界纪录。

据"寻血猎犬"项目官方网站称，该超音速汽车，是由1997年曾创造世界纪录的"超音速推进号"汽车设计者理查德·诺伯和安迪·格林打造的。这两人中，理查德·诺伯是陆地速度记录车（LSR）领域知名老将，而英国皇家空军战斗机驾驶员安迪·格林则是当时"超音速推进号"的实际驾驶者。在1997年，"超音速推进号"是第一辆在正式规则之下，于陆地上突破音障的车子，创下平均时速1227.99千米的高速纪录。

而今问世的这款"寻血猎犬"超音速汽车，其铅笔形状的外壳是由航空级铝材打造的，比"超音速推进号"车体更轻、更平滑，车身长12.8米，重量6.4吨，并由高强度钛合金制造出直径为0.9米的车轮。

在最受关注的动力系统上，"寻血猎犬"的车体搭载新型战斗机发动机，并配有一个重400千克、长4.27米的固液混合火箭发动机。火箭发动机，包括一个传统的火箭和一个单独的发动机燃油泵，用来向火箭引擎输送燃料。这不但是英国有史以来最大的汽车火箭发动机，且在车辆加速至每小时483千米后，位于车顶的混合火箭发动机将继续为车辆加速，直至上升到最终的极速。

"寻血猎犬"将会在南非沙漠中，由试车手对其进行速度测试，而这一人选仍是艺高人胆大的安迪·格林。但这种陆上前所未有的加速过程会使格林感受到约2.5千克的压力，而在减速过程中他还会再感受到3千克的压力。压力差将会使车手全身血液倒流，甚至有屏蔽呼吸的危险。因此在试车之前，格林会进行一系列的飞行模拟训练，但他表示，他个人20年喷气式飞机的飞行经验，以及过去10年的科技进步，让其信心十足。

2010年7月，在英国范堡罗国际航展上，"寻血猎犬"的研制团队，曾首次公开了与实物大小相同的模型展车。那是一辆按1：1比例制成的复制品，当时研究人员表示，为完善该车的形状及其空气动力套件，他们足足进行了3年的空气动力学研究，以及10种设计演变。最终敲定，"寻血猎犬"车内部采用三颗英特尔处理器作为核心枢纽，负责引擎控制和驾驶信息显示，为驾驶员提供有关车辆状况、性能方面的重要信息，以保极速中的安全。

团队成员表示，之所以不懈地创造陆上极速，只希望通过该项目计划，激励下一代工程师的钻研和创新激情。目前，英国许多学校，都设有与"寻血猎犬"超音速汽车项目相关的课程。老师会通过对"寻血猎犬"构造及动力学细节的演示，传授数学、物理学和工程学最前沿的科技知识。

（四）探索具有特殊外形汽车的新信息

1.制造具有特殊外形汽车的新成果

（1）推出各部件完全由塑料制成的特殊外形汽车。2008年3月，法国媒体报道，法国汽车和材料开发人员组成的一个研究小组，发明了一款名叫"欢乐敞篷"的汽车。有黄色、绿色、白色和银色四种颜色，与《玩具城》主人公诺迪的座驾在外形上几乎相同，没有车顶和车门，前挡风玻璃也只有普通汽车的一半，因此开起来更像是一部摩托车。

全塑料制成的敞篷车重量只有普通车的1/3，但是速度非常快。研究人员说，这辆敞篷车酷似卡通片中的小车。英国有一部家喻户晓的卡通片《玩具城》，其中的主人公诺迪，每天开着他那辆红黄相间的小出租车，在玩具城里为他的好朋友们服务。如今，一款几乎和卡通片中小车一模一样外形的敞篷汽车上路了，而更让人惊奇的是，这辆汽车各部件完全是由塑料制成的。

研究人员说，它与众不同之处在于，整部车子包括内部的各种部件都是由塑料制成的，因此永远不用担心生锈的问题。车子的座椅也采用防水设计，即使下雨也可以放心地将车停在户外。这部塑料车的质量仅为370千克，是普通车子的1/3，并且装配了500毫升20马力的发动机，最高时速100千米，使得车子的动力与重量比配合得非常完美。设计者表示，轻便的车身可以使车子在弯道上表现得更加敏捷。有意思的是，这款车只有前进和倒退两个挡位，没有变速箱，而且是靠皮带传动。倒车的速度可以和前进的时候一样快。

这款汽车目前售价8000英镑，已经开始在英国销售。负责在英国独家代理销售这款车的凯尔文表示，虽然没有配备卫星导航、巡航定速或是立体声音响等等高科技产品，但是这款车体现出了一部汽车原本的功能和用途，具有强烈的复古味道，是一部个性十足的经济性敞篷车。此外，这部车还是世界上第一部采用前后对称设计的汽车，大幅度降低了设计和生产成本。

（2）利用光学伪装技术打造隐形汽车。2012年3月，国外媒体报道，德国奔驰公司一个由科学家和工程师组成的研究小组，已经能够让整辆汽车实现"隐形"。借助于光学伪装技术，他们制造出一种幻觉，让最新款零排放F·Cell奔驰汽车，消失于无形。

该研究小组，让F-Cell奔驰汽车驾驶者一侧覆盖上一层发光二极管"毯子"，同时在另一侧安装数码SLR摄像机。摄像机拍摄下乘员一侧的影像，影像实时呈现在驾驶者一侧，让F-Cell奔驰汽车能够被看穿，看到车后的景象，进而达到隐形效果。

在奔驰的宣传片中，研究人员驾驶F-Cell奔驰汽车，行驶在汉堡的高速公路和巴伐利亚的大桥上，这辆隐形奔驰的出现让路人陷入惊讶之中，根本不敢相信自己的眼睛。在视频网站上，这段视频引发网友们的热议。一些人担心隐形奔驰汽车，将不可避免地发生严重相撞事故，其他人则对其充满痴迷，认为可以在任何地方停车而不用担心被开罚单。

2.研究不同颜色外形汽车的新发现

发现黄色外形出租车更安全。2017年3月6日,新加坡一个探索交通安全的研究团队,在美国《国家科学院学报》发表研究成果称,他们研究发现,黄色外形出租车的追尾概率比蓝色外形出租车低9%。看来,下一次你乘坐出租车时,应先看看它的颜色。

该研究团队连续36个月,跟踪了位于新加坡同一车队的4175辆黄色外形出租车、12525辆蓝色外形出租车,他们还利用3000多名司机3个月的GPS数据记录,排除了驾驶速度、停车次数和距离远近等混合因素的影响。此外,驾驶黄色外形和蓝色外形出租车的司机在年龄、教育水平或驾驶经验等方面也无明显差别。

研究人员表示,经过数百万次观察形成的大量数据,使该研究成为将车辆外形颜色作为影响事故发生率主要因素的首篇研究成果。

研究人员认为,可见光条件,即日光和夜间街道光,也在其中发挥着一定作用。在夜间街灯下,黄色外形出租车发生追尾的概率比蓝色外形出租车低19%,而白天黄色外形出租车的追尾概率则比蓝色外形低5%。研究人员总结称,黄色外形出租车更加醒目,在低照明度情况下尤其如此,从而给其他司机更长反应时间,以避免事故。

(五)研制具有特殊功能汽车的新信息

1.开发能行驶又能飞行汽车的新成果

(1)研制出已试飞成功的飞行汽车。2004年12月,有关媒体报道,从事飞行汽车研究的以色列城市航空公司,早在半年前,就说他们即将推出一种全新的城市交通工具——飞行汽车。但此后这段时间内,他们再没有任何有关飞行汽车的消息传出。日前,该公司领导人拉菲·约耶里(Rafi Yoeli)终于再次向外界宣称,该公司的飞行汽车已成功通过最初试飞。

"城市之鹰"从外观上看,就像一辆领先时代的太空车,具有流线型设计,座舱式驾驶席,两个风扇从飞行器后部突起。"城市之鹰"的一个标准尺寸飞行模拟器,现在就放在以色列中部城市雅弗尼(Yavneh)的城市航空公司总部。拉菲·约耶里在很大程度上把"城市之鹰"看作是卡车,可以冒着枪林弹雨冲入危险重重的战斗和恐怖活动地点,运送救援人员和供应物资,紧急疏散濒临险境的人。

拉菲·约耶里介绍说,我们成功完成了飞行汽车"城市之鹰"的试验。我们总共进行了10次试验,并记录一切所需资料,对"城市之鹰"的表现进行详细分析和考验。如今,我们已经结束了对所有试飞信息的分析,最终发现我们的"城市之鹰"具有很高的实用效能,这使我们倍受鼓舞,我们有信心把"城市之鹰"的试飞版,做成能真正能用于生活实践的交通工具"X-鹰"。

（2）发明没有翅膀也能飞的空中汽车。2005年4月，国外媒体报道，汽车在高速公路上急速飞驰着，速度超过每小时120千米。可是在繁华的都市里，车水马龙的街道上，一辆辆小轿车鱼贯而行，速度只有每小时40~50千米。这时候，性急的、赶路的司机们多么希望："要是车子能飞起来，该多好！"

不久前，美国的莫勒驾驶他潜心研究的MX-400空中汽车，轻松自如地奔驰着，顷刻，飞上了蓝天。他的这一创举被专家们誉为"汽车演变的里程碑"。

这架MX-400飞机外形更像一辆新颖别致的小汽车。前端左右两个发动机舱酷似飞机发动机，后面也有相似的两个；中间是一个大透明的驾驶舱。置身舱内，人的视野辽阔，心旷神怡。另外，尾部有飞机常见的双垂尾和高高的平尾，十分引人注目。它的功能是维系飞行中机身纵向稳定和平衡。唯独不像飞机的是，它竟没有机翼。一般说，机翼为飞机产生升力，贡献最大。

直升机也没有机翼，它能垂直起降和飞行，靠的是头顶上几片狭长桨叶的旋翼。MX-400空中汽车，飞行依仗的是它有可转动的发动机及专门提供升力的风扇。其实，这两种动力的巧妙组合，是当代最受宠的垂直起降飞机的核心。

一旦汽车重量、乘员增加时，风扇的升力会显得力不从心。此时，MX-400空中汽车前后4个发动机会向上倾斜45度，便可提供约一半的升力。MX-400在发动机转动45度时，位于发动机舱内的风扇可顺着气流再转45度。两个45度的组合便产生了垂直向上的升力，且升力为两个力的合力。于是，空中汽车便能轻盈飞起。

（3）发明既可行驶又可飞行的汽车。2005年7月20日，俄罗斯《真理报》报道，最近，俄罗斯莫斯科一名前试飞员伊格·扎特斯维宣称，他发明了一种飞行汽车。这种飞行汽车外形与普通小型直升机和过去的潜水艇相似，操作方式与驾驶普通汽车相似。它不仅能像汽车一样在路上行驶，而且还可以在空中飞行。

目前，世界各国专家也在竞相研究这种可飞行汽车，而一旦扎特斯维提前获得可飞行汽车的专利权，他将在一夜暴富。

扎特斯维的可飞行汽车的叶轮片纵向设置时，它将成为一辆普通汽车，在公路上行驶。但是，当司机发现路面堵塞后，便转为空中飞行时，只需先停下飞行汽车，启动螺旋推进器即可。

2. 研发能行驶又能潜水汽车的新成果

制造出世界上首辆"会潜水的汽车"。2008年2月，国外媒体报道，瑞典著名的超级跑车制造商"里恩斯匹德"公司日前宣布，他们制造出世界上第一辆会潜水的汽车"斯库巴"，只要按动这款水陆两用车的一个按钮，汽车便可以在行驶路上潜到水下10米深处行驶。

"斯库巴"之所以拥有潜水功能，归功于车身装备在尾部的一套双驱动装置。在水中行进时，车尾的左右2个螺旋桨推进器和2个在前部的强大喷气式推进器，将让"斯库巴"在水中有足够的动力潜进。

值得一提的是，"斯库巴"车身仅920千克重，轻巧的车身由纳米碳纤维制成，能够令其在水底畅行无阻。

3. 开发具有其他特殊功能汽车的新成果

（1）研制出有"心灵感应"功能可打个响指开门的汽车。2009年11月30日，《联合早报》报道，柬埔寨人51岁的年帕勒和48岁的教师贡帕里合作，研制出一款利用汽油、太阳能和电力三种能源驱动的汽车，该汽车的最高时速为一百千米。最为神奇的是，这款汽车有一个特殊功能，可依靠车主的"心灵感应"打开车门。

年帕勒骄傲地向众人介绍他自己制造的汽车。他说："我只要打响指头，车门就会打开。或者我只是心里想着开车门，车门就立即打开。"

当年帕勒示范该汽车的功能时，围观者无不发出惊叹声。年帕勒希望，他所研发的双座汽车，能够有助于推动柬埔寨汽车工业的发展。

一起参与研发三种能源驱动汽车的贡帕里，原是数学和物理学教师。他认为，汽车业即将在柬埔寨蓬勃发展。事实上，要在柬埔寨生产汽车并不是遥远的梦想。柬埔寨政府已经宣布，韩国现代汽车公司即将在该国西南部设立一家汽车厂，每年生产约3000辆汽车。

尽管柬埔寨人热爱汽车，但分析员认为，柬埔寨难以在短期内出现像样的汽车生产工业，因为其邻国泰国仍然是东南亚最大的汽车装配地点。

（2）研发首辆有特殊功能专门为盲人设计的汽车。2010年7月13日，英国媒体报道，美国弗吉尼亚理工大学机器人和机械工程实验室，教授洪丹尼率领的一个研究团队，近日开发出首辆有特殊功能专门为盲人设计的汽车，引发了各大媒体的关注。

报道称，洪丹尼研究团队从2007年起，便开始研发这种汽车，经过近3年的探索，他们终于研发出第一代盲人专用汽车。车上装有特制的"非视觉联系"的感应系统，可帮助盲人实现独立驾驶。

该研究团队的新闻发言人史蒂文·麦凯对媒体表示，他们已经邀请一些盲人试驾。他们完全可以凭借车上的感应系统自主驾驶。

美国盲人协会主席马克对此项成果给予高度赞赏，他说："这项研发成果的意义不亚于人类的登月计划。这项研究让大家看到，盲人也能像正常人一样驾驶汽车。"

（3）研制出行驶功能强大可穿越任何地形的"蜘蛛车"。2015年8月6日，英国《每日邮报》报道，法国麦克兰克（Mecanroc）公司，成功研发出一款能在任何地形行驶的"蜘蛛车"，不管在陡峭斜坡还是在深坑，它均如履平地，即使在雪地行走也无问题，堪称"脚上长有轮子的机械蜘蛛"。

"蜘蛛车"正式名称是"斯旺卡"，每个车轮均有独立引擎及悬挂系统，这个设计让车身在斜坡行驶时仍能维持垂直。高机动性机械臂接驳车轮至车身,行驶时像蜘蛛脚般在司机身体上下伸展。同时,车辆以四轮驱动,意味它可以急速转弯及急停。司机转弯时还能像驾驶电单车般将身体倾向一边。

"蜘蛛车"采用电动引擎,行驶时不会发出噪声及排放废气。法国麦克兰克公司表示,斯旺卡可供军方、热爱越野驾驶者甚至残障人士使用。2015年4月,"斯旺卡"在日内瓦发明成果展览会上获得多项殊荣。

二、开发节能环保型汽车

(一)研制以节能为主汽车的新信息

1. 开发以省耗发动机为基础的节能汽车

(1) 研制出装有特殊发动机的超级节能汽车。2004年8月5日,中华机械网转载的一条消息称,为把所学知识应用于实践,巴西理工科大学生兴起研制超级节能型汽车热,并驾驶研制汽车参加比赛。

圣贝尔纳多大学工业工程系学生,在里卡多教授的领导下,研制出X-11型超级节能型汽车。这种汽车长约2.5米,宽约1.5米。汽车装有特殊发动机,当时速达到45千米时,发动机会自动熄火,汽车靠惯性行走。时速降至15千米时,发动机又会自动启动,直至时速重新达到45千米。由于有了节能型发动机,1升汽油可供其行驶760千米。

参加设计的大学生弗拉维亚将驾驶这辆汽车参加比赛,她的身高1.62米,体重45千克。比赛的目的不是看谁设计的汽车开得快,而是看谁的汽车更节省能源。

里卡多说,学生开展这种活动是极其重要的,以便把所学知识应用于实践,为巴西汽车工业培养出一批有用的人才。他透露,2004年有11辆学生设计的汽车参加节能型汽车赛,2005年参赛的汽车将达到40辆。

(2) 发明速度快耗油低的新发动机汽车。2004年9月,有关媒体报道,德国发明最高时速达146千米的喷气式汽车。油量仅为2.6升。而现在世界上绝大多数汽车都在3升以上。

发明者在汽车材料和发动机上动了很多心思。这辆汽车的玻璃都是树脂的,车身也选用了质量很轻的钢材。整个车子只有700千克重。

该车的发动机只有3缸,但发动机工作时,运用了最先进的空气动力学原理,采用喷气式推进。这些都保证了这辆小汽车达到速度快,耗油低的效果。发明者希望在近期就将这种汽车推向市场,估价在4万美元左右。

2. 开发以三轮轻便为特色的节能汽车

推出低能耗的三轮小型汽车。2006年4月25日,法新社报道,英国巴斯大学机械工程系高级讲师杰兰特·欧文主持,包括德国宝马汽车公司专家在内的英国、德国、法国、奥地利等国研究人员与学生共同参加的一个研究小组,经过三年努力后，最近推出一种只有三个车轮、可以在堵车时灵活穿行的小型汽车，消耗燃料量很低。

报道说，这种汽车宽 1 米，车上有两个座位，前面是司机，后面坐乘客，停靠非常方便。该车最高时速为 128 千米，并且在 7 秒钟内，就能把速度提高到每小时 64 千米。它既适合城市交通，也能满足长距离高速公路驾驶。

据报道，到目前为止，这辆双人座三轮汽车，已获得欧盟 225 万美元的资助，估计研发总成本在 290 万美元左右。研究人员说，车内普通汽车放置控制仪板的地方，被一个安全系统所取代，所有的技术和设计都为了追求高速度而不是光鲜的外表服务。它集摩托车的紧凑感和汽车的安全性于一体，同时加入了一项新技术以保证车在拐弯时可改变重心防止翻车。在拐弯时，它的底盘会像摩托车一样自动倾斜，协助保持车身的稳定。

参与设计防倾斜装置的学生本·德鲁说："我们的目标是要制造一种低能耗车辆，并将摩托车的高效和汽车的舒适安全结合起来。"

英国巴斯大学的研究人员，一直在对这种汽车的样车进行测试。假如有厂家感兴趣，这个车型可能在 10 年后进行商业性生产。它可被列入小型车系列，预期售价在 8500~17000 美元。

（二）研制以环保为主汽车的新信息

1. 开发减少尾气排放的环保汽车

（1）开发出装有"停车起步"系统能减少尾气的环保汽车。2004 年 9 月 7 日，有关媒体报道，法国标致雪铁龙集团日前推出了一款减少尾气的新型环保汽车，该车安装有"停车起步"系统。每当车停时，发动机就会暂时停转，以避免在红灯、停车和堵车时制造空气污染。该系统将在 2004 年 11 月投放市场，它可使城市汽车减少 10% 的汽油消耗，堵车时甚至减少 15%。

报道称，汽车在临时停车不熄火时，尾气污染非常大，同时也白白消耗能源，而司机关闭发动机，到需要启动时，往往错过出行时机或者造成更大污染。法国标致雪铁龙汽车公司推出的这款新型汽车，用其制动系统，很好地解决了这一矛盾。

法国标致雪铁龙汽车公司总经理福尔茨在新闻发布会上表示，这种名为"停车起步"的系统，可以在汽车遇红灯或堵车停车时，自动关闭发动机。当司机看到绿灯或路面通畅并松开刹车板后，汽车又会自行启动，无须司机手忙脚乱重新发动。

福尔茨介绍说，这一系统已经在雪铁龙 C3 汽车上得到运用，效果良好，公司计划逐步把该技术推广到其他各类车型上。

法国每年有 9000 多人死于汽车尾气等污染引发的相关疾病。因此标致雪铁龙汽车公司的新技术，得到了法国政府高度重视，法国环境部长以及工业部长 7 日均出席了关于该系统的新闻发布会。研究人员指出，因为城市里的汽车燃料消耗，比其他地区多1/4，发动机不断地重启和加速，也导致了更多的污染。"停车起步"系统使油耗减少，也意味着汽车尾气排放相应减少许多。

报道称，"停车起步"系统，有联合起动器和交流发动机的功能，每当汽车停止不动时，发动机就会自动关闭；驾驶员松开刹车，引擎又会重新发动。如果外面的温度低于10℃或高于32℃，它还会自动停止工作，以让空调保持运转。此外，配备该系统的汽车噪声及振动较小，乘坐的人感到舒适，而行车周围的人也少受干扰。

（2）研发出可自动消化尾气的环保汽车。2005年6月，有关媒体报道，伴随着汽车工业100多年的发展，公路上的汽车尾气一直是城市环境的主要污染源，也是造成当今全球气候变暖、出现温室效应的原因之一。为了减少汽车尾气的排放量，世界各主要汽车制造商，都在加紧研制环保型汽车。近日，汽车工业巨头戴姆勒－奔驰，就在美国推出该公司最新研发的环保汽车。参与研发工作的戴姆勒－奔驰公司专家，向媒体介绍称，这款新车主要有以下3大特点。

一是该汽车车头形状，模拟鱼类头骨的生理结构设计而成。研究表明，鱼头骨的生理结构，帮助鱼类克服了水中游动时，遇到的大部分水流阻力。这种设计结构，大大削弱了汽车在行驶过程中遇到的空气阻力。风洞实验结果表明，汽车车头的风阻系数CX值仅为0.09。汽车车身结构设计和选取的漆料颜色，也分别模仿鱼类身体形状和鱼鳞的色泽。此外，车身全长为4.24米。因此，戴姆勒—奔驰公司把这款新车，命名为梅塞德斯仿生车。

二是梅塞德斯仿生车动力系统，采用了耗油量极小的140型柴油发动机。平均每百千米的耗油量仅为4.3升；在车速为90千米/小时的情况下，每百千米的耗油量则降低到2.8升。

三是梅塞德斯仿生车最大特点就是，车体内安装了目前世界上独一无二的选择性催化还原降解装置，该装置里有一种名为AdBlu的化学试剂。当汽车产生尾气时，这种化学试剂会自动喷射到汽车尾气排放系统里；经过化学反应，最终将有害气体分解为水和氧气并从汽车尾部排出。戴姆勒—奔驰公司专家透露，经过选择性催化还原降解装置处理后，汽车尾气中80%的有害气体都被处理掉。公司近期内，将在其他类型的汽车中，广泛采用这种装置。

2. 开发能同时使用石化燃料与清洁燃料的环保汽车

推出可使用多种燃料有利于环保的汽车。2006年7月，沃尔沃汽车公司正式宣布：已经成功研制出有利于环保的高性能多燃料车。这种新型汽车可用5种不同的燃料进行驱动。这5种燃料包括：氢甲烷混合燃料、生物甲烷、天然气、酒精汽油和普通汽油。经测试，由10%的氢与90%的甲烷组成的混合燃料，最适合该汽车系统的发动机。

过去，沃尔沃汽车公司推出过双燃料汽车。本次推出有利于环保的多燃料汽车，是对原来双燃料汽车研究的又一个巨大突破。同时，在很大程度上改善了汽车的性能，并提高了对能源的利用率。

据介绍，这种多燃料汽车的发动机，可以通过自动调节来适应气体或液体燃料。驾驶员只需按下按钮就可以轻松更换燃料类型。

（三）研制既节能又环保汽车的新信息

1. 研制既节能又环保的混合动力汽车

（1）研制出混合动力重型车辆。2006年3月，沃尔沃集团给卡车和客车等重型车辆，研制出高效混合动力。该集团的混合动力理念，对行车途中刹车和加速十分频繁的车辆，提供了最佳的节油效果。例如，城市公共汽车、城市货柜车、垃圾收集车和建筑车辆等，能使耗能节约35%。此外，通过减少对刹车系统的磨损，有利于降低维护费用。

混合动力解决方案的关键部分称为I-SAM。它由一个联合启动马达、驱动发动机和发电机组成。I-SAM与一个自动转换机械变速箱一起工作，这一装置是由沃尔沃集团自主研发的。

与目前标准的重型车辆动力，即串联混合动力相比，这种新的混合动力，是通过电子马达与柴油发动机的并联，共同驱动车辆。这一方式的采用，能大大提高混合驱动力。I-SAM在不借助柴油发动机的情况下，也能提供足够的动力，使重型车辆启动和加速达到一定速度，同时能使车辆大大降低噪声。

沃尔沃公司在瑞典首都斯德哥尔摩举行的发布会上说，新技术主要体现在电池支持的柴油发动机上。刹车产生的能量可以为发动机电池充电，特别适合于制动频繁的城市交通。采用新技术的卡车、客车仅靠电能就能行驶，并且噪声很小。

虽然这项新技术能使耗油量减少35%，但应用这种技术的车辆价格也将比使用传统发动机的车辆高出35%左右。沃尔沃公司表示，就全球油价走势及替代能源研发情况看，用户购买这类车辆的话，至少在近几年内还算是比较经济的。

目前，沃尔沃集团正参与一种新型强力电池的研发工作。强力电池的研发，是建立在当今车辆启动电池的铅酸技术之上。电池的电力输出能可以增加一倍，与其他同类产品相比，生产成本将大大降低。

（2）着手批量生产混合动力汽车。2011年5月23日，俄罗斯新闻社报道，该国首个混合动力汽车制造厂，将于2011年6月8日在圣彼得堡市奠基，从而可以批量生产混合动力汽车。

圣彼得堡市市长马特维延科表示，即将奠基的混合动力汽车制造厂，将落户圣彼得堡"马里伊诺"工业园区，厂区面积为40公顷。该厂系私人项目，厂区土地所有权连同目前总额为5000万美元，投资全部来自私人资本。按照计划，工厂一期工程将于2012年9月前完工，当年年底开始投产；二期工程将持续到

2013年3月；2014年上半年开始批量生产，年产量预计达到4.5万辆。

该汽车制造厂是俄罗斯"奥耐克西姆"私人投资集团和"亚罗维特"载重汽车公司合资建立的，其未来主要产品是系列混合动力汽车。汽车燃料为石油或天然气，采用叶片式转子发动机、超级电容、发电机/电动机组成混合动力系统。据悉，这种混合动力汽车最高时速为120千米，在加满燃料的情况下，可持续行驶的里程为1100千米，启动至每小时达到百千米仅用7~8秒，百千米燃料消耗为3.5升，市场售价为1.3万~1.8万美元。

2. 研制既节能又环保汽车的其他新进展

针对中国市场加速研制节能减排型汽车。2009年12月，有关媒体报道，当前，世界各地都在大力发展低碳经济，努力降低二氧化碳的排放量。对此，标致雪铁龙中国技术中心总经理阿博德指出："未来5年内，中国政府将积极投入环保科技的研发和应用，这对于标致雪铁龙集团来说，将是难得的发展机遇。为此，标致雪铁龙集团启动了中国新能源攻略——2020年在中国二氧化碳排放量降低50%。"

为实现这一目标，该集团将首先优化汽车动力驱动系统。到2020年，将至少有6款新型的汽油发动机，引进中国市场。新一代汽油发动机，将比现在的发动机节省燃油，并降低二氧化碳排放量达20%。此外，该集团还将致力于研发新一代的变速箱技术，特别是自动变速箱技术，争取达到同样的节能减排效果。

除此之外，该集团还将进一步优化汽车结构及汽车行走系统，在确保舒适性和安全性不变的前提下，采用新型材料，把每一代新型汽车的重量降低10%。并且采用新型轮胎，为其实现降低5%能耗的目标。

在电动车技术和混合动力技术方面，该集团也将进一步推进研究。早在1942年，该集团就推出第一款城市轻型电动车VLV，并进行批量生产。截至2005年，它的销量已占全球总销量的1/3。如今，该集团不仅在电动车技术方面处于领先地位，而且其独有的汽油发动机Hybride4充电式全混技术，也将于2015年引入中国，其节能减排量将达到30%；在混合动力方面，作为"中国特色攻略"的前奏，该集团已在深圳的东风雪铁龙世嘉车型中，全球首次搭载停车起步微混装置（STT技术），它可以使二氧化碳排放降低5%~15%。

标致雪铁龙集团副总裁、中国事务总裁华日曼近日也在北京对记者确认，标致雪铁龙集团将与日本三菱汽车在电动汽车发展方面展开合作。

标致雪铁龙集团上海技术中心动力总成与底盘部长柯雷则介绍，在混合动力车方面，集团打算在2011年由标致公司推出一辆以柴油车为基础的混合动力汽车，然后推出以汽油为基础的混合动力汽车。

另外，作为"中国特色攻略"的核心内容，上述项目大部分都将在中国为中国市场进行研发。阿博德强调道："因为中国市场的需求与欧洲不同，非常独特，这些新型节能减排技术，只有在客户接受并愿意购买的前提下才能发挥其效应，所以这些研发工作均在标致雪铁龙集团上海技术中心开发。而且我们对该领域的合作持有开放态度，愿与中国各相关部门以及科研机构合作开展相关研发工作。"

三、研发智能或无人驾驶汽车

（一）开发智能汽车的新信息

1. 设计制造提高驾车安全性的智能汽车

（1）研制用多重警示来防事故的智能"感官汽车"。2005年9月，《每日电讯》报道，驾车行驶在或直或弯的马路上，你总会感到疲劳烦躁，交通事故往往就在这个时候钻了空子，猝不及防地发生了。别着急，一种"聪明"的汽车，将帮助你"清醒"四肢和大脑，预防最常见的交通事故。它会"审时度势"，在必要的时候通过震动安全带或飘出薰衣草清香来提醒你——驾车要小心了！这就是目前科学家正在研究的新型"感官汽车"。近日，在都柏林举行的英国协会年度庆典上，牛津大学的心理学家查尔斯·斯彭斯，向大家展示了目前正在研究的智能"感官汽车"概念。

这种汽车，将能够通过刺激司机的感官，来提醒司机小心驾车：当司机看了太多路态情况而视觉疲劳时，汽车内会释放薄荷油、薰衣草或柑橘类植物的香气，为司机醒脑；当司机因为疲倦而开车不专心、出现一些驾车小状况时，和司机接触的安全带会震动甚至揪紧司机的衣服，仿佛在和司机说："专心点，前面有危险"；而当司机没有系安全带或车内的震动设施触摸不到司机时，车内的音响就会发出声音信号，喊醒晕头的司机。总而言之，这种汽车就像是个随车携带的小保姆，会时刻提醒司机注意驾车安全。

斯彭斯除了介绍，还用一辆雪铁龙汽车作现场演示。在一辆特别设计的雪铁龙汽车模型上，司机驾驶着驶向了小路。当司机驱车速度过慢时，座下的震动装置马上抓紧了司机的裤子，它仿佛知道了司机已经昏昏欲睡了一样，打算通过抓紧裤子弄醒司机。

斯彭斯介绍，马路上最常见的交通事故就是追尾，所以这一智能"感官汽车"的长处之一，就是警示追尾现象。汽车上的震动装置，会随时关注前方的车尾和后方的车头，并提醒司机如果开慢了就会和后面的汽车相撞，或者如果跟得太紧了，就可能和前面的汽车"亲吻"。

斯彭斯所说，为此，与自己合作的某日本汽车公司，目前正在增加一种新的设计，它把司机反应时间延长到200毫秒，那意味着将降低15%的公路追尾事故；而如果这一时间再增加到500毫秒，也就是半秒钟，那么普通交通事故的发生率就将降低60%。

据报道，除了在座位上和安全带上安装震动器，斯彭斯还考虑在司机时刻触摸的方向盘上、时刻踩踏的踏板上,安装可以使它们震动的装置。这样一来,司机就会随时随刻处在震动范围之内,以便一个震动装置震不到的时候另一个还可以震到。

目前,虽然这种触摸震动器还没有在汽车上使用,但是日本生产车载电子设备的著名企业电装公司预测说,不久的将来,汽车将陆续安装这种装置,到了2020年,所有新型汽车都将拥有这一"武器",成为智能"感官汽车"。

(2)认为20年内将研制出不会相撞的智能汽车。2006年5月,外国媒体报道,开车的人最怕汽车相撞出事故,所以没有汽车事故的未来,一直是尖端技术研究的目标。科学家透露了一个好消息:二十年内,即到2026年,你就将会拥有一辆永远也不会相撞的智能汽车。

让人难以看清道路的大雨、拥挤的交通以及心烦意乱的司机等,有许多原因导致出车祸,车祸是美国事故死亡的主要原因。有一个方法可以避免大部分的事故:让汽车能够预知即将到来的碰撞,然后自动采取措施阻止相撞。建立一个汽车不会相撞的未来的关键,是汽车与汽车间的沟通或者称为V2V,一些技术可以让V2V成为可能,而且已经付诸实施。

日益先进成熟的全球定位系统,将会让你在任何时间都能准确地知道你的车所在的确切位置,而稳定的控制系统可以跟踪你的车速以及方向,这些信息可以输入你的车载电脑上,目前的挑战,是如何找到一个有效的方法把这些数据传达到其他的车辆上。

为了鼓励研制V2V系统,美国联邦通信委员会已经清理了5.9千兆赫波段,专门用于汽车之间,以及路边无线电收发机间的专门短程通信。大众汽车的电子研究实验室帮助研制了大众汽车的图锐车型,该型车2005年赢得了美国国防部高级计划研究署主办的年度无人驾驶机器人挑战赛。最近,该实验室将两辆"速腾"车和两辆奥迪A3车,安装了"专门短程通信"装置,并利用V2V控制这几辆车在旧金山行驶。大众汽车实验室的管理人员卡斯顿·伯格曼恩说:"这种技术目前已经可以使用了。"当然,在四辆车之间把正确的数据在正确的时间传送到正确的汽车上,从而能够预测最为复杂的危险相对要容易得多,如果要在成百上千辆车之间做到这一切,目前还非常困难。

在这一方面,通用汽车公司比大众汽车公司要做得更好一些,他们在卡迪拉克车上安装了专门短程通信装置,让它自动停车避免事故发生。改进的稳定控制系统,可以预测前面停在路中间的另一辆安装专门短程通信装置的车,然后在司机不需要自己进行刹车的情况下,车上的电脑系统会自动刹车,效果非常棒。

2. 用计划引导开发更高质量的智能汽车

公布加速开发质量更高智能汽车的计划。2007年9月,欧盟委员会公布一项计划,将加快开发更安全和更智能的汽车。在未来数月,委员会将与欧洲和亚洲的汽车制造商展开会谈，意在从2010年起，在所有新车上，推行全欧汽车紧急呼叫技术，以及促进其他安全和绿色相关技术的开发。

为改善道路安全，欧盟委员会的智能汽车新倡议，鼓励相关各方在中型和小型汽车上加速实施电子稳定控制系统。该系统具有速度传感器和制动分离装置，可保证在高速或湿滑路面上行驶车辆的可控性。

欧盟委员会估计，如果每辆汽车都配备有电子稳定控制系统，每年大约可拯救4000多条生命和避免10万次的撞车。欧盟负责信息社会和媒体事务的专员雷丁说："技术可以挽救生命，改善公路运输和保护环境。如果我们对在欧洲的公路上抢救生命的事情感到忧虑，那么所有27个成员国应该设定一个期限，将汽车紧急呼叫技术和电子稳定控制设定为所有新车的标准配备。同时，我们必须清除行政障碍确保汽车更安全。"

欧盟交通委员会主席巴洛特称，为达到2010年道路伤亡事故减半的目标，必须在保证司机安全、设施安全和车辆安全方面行动在前。在智能汽车行动中，委员会正在推动并确保尖端技术能够尽可能地进入汽车，这将有助于挽救生命，并减少运输对环境的影响。关于智能公路运输系统，委员会呼吁所有相关者制定一个标准接口，以连接移动导航设备和其他集成到车内的系统。

欧盟委员会副主席费尔霍伊根建议，到2011年，所有新车都应强制安装电子稳定控制系统。他说："我们要充分利用技术和知识造福社会。我们拥有的技术可更好地帮助司机，这样做将有助于避免人间悲剧的发生。"

（二）开发无人驾驶汽车的新信息

1. 用普通车改装无人驾驶车的新成果

把普通车改装成可跑高速的无人驾驶车。2013年9月，有关媒体报道，谷歌的无人驾驶汽车，让自动驾驶成为热议话题。其实，很多德国汽车制造商和供应商都在暗中较劲，发展汽车自动驾驶技术。例如，德国罗伯特·博世有限公司在斯图加特郊区的研究所，就在盯住业界最新进展，研究自动驾驶汽车。

该所研制的这辆自动驾驶汽车，由BMW3系轿车改装，看上去与普通轿车没有太大区别，除了车顶那个可旋转的雷达。走近细看，才能看到车头下方有两个黑色探测器。博世汽车底盘系统控制部门高级专家贝伦·科拉斯对此解释说，其中一个是LRR4型长距离探测器，可探知200米远的物体移动。汽车周身共有8个传感器，车内仪表盘上方有一个摄像仪，它们均为博世自己生产，协同组成了汽车的"眼睛和耳朵"。车顶旋转雷达主要用来双重确认。

科拉斯在示范表演中负责"驾驶"，让记者坐在副驾驶座，后座是一位安全技术人员——博世汽车电子部门负责人舒伯特·施密特博士。科拉斯解释说，根据德国法律，驾驶员必须为汽车的交通安全负责，所以她得坐在驾驶座上，随时准备手动操作。施密特则手端操作键盘，负责往汽车中枢输入指令，或者一旦发现技术故障立即处理。

研究人员先手动操作，把汽车驶上 81 号高速公路。"可以开始了。"科拉斯说完，用手一点操作杆后方的一个银色按钮，汽车进入了自动驾驶模式。一块硕大的显示屏上，可以看到一辆汽车在中间车道前行，两旁有一些黄色的"积木"也在快速移动。再往外则是一些绿色条块。根据预先设定，黄色代表移动物体，绿色代表静止物体。

汽车保持每小时 120 千米的速度前进。科拉斯伸出双手靠近方向盘。她说，只要她一握方向盘，或者踩油门或刹车，汽车将自动转入有人驾驶状态。过了一会，汽车自动打了右转向灯，并入右车道。根据交规，汽车在正常情况下，必须靠最右侧行驶。因此无人驾驶汽车，在观察到右车道有足够距离时，会并入右线。当离前车距离太近时，又自动并入超车道。

突然，该汽车发出"哗啦"一声警报，科拉斯神色紧张，双手紧紧攥住方向盘。施密特笑着解释道，传感器出现了"误判"，认为右前方有辆卡车的体积过大，可能危及汽车行驶，所以向"主人"发出了求救信号。

左侧不断有汽车超过，但他们似乎都没有在意我们是无人驾驶。科拉斯说，这正是她们想要的效果。无人驾驶汽车既要"泯然于众"，又要在安全性和舒适性上大幅超越。此时，坐在副驾驶座的记者问："在一些宣传片里，主人说一句'回家'，汽车就自动找出最佳路线返回。你们有这个功能吗？"她回答："有，不过我们现在是用手动命令。"只见施密特在操作键盘上啪啪敲了几下，不一会儿汽车就选择了一个高速出口，自己并线下道了。

科拉斯表示，她们目前的测试主要集中在传感器方面，所以没有像谷歌一样演示无人驾驶的所有可能情景。罗伯特·博世有限公司在斯图加特和美国加州，各有一辆无人驾驶原型车，目前已测试行驶了约 3000 千米。她表示，提高传感器的准确性和反应速度，是她们当前主要攻关方向，下一步是彻底去掉车顶的旋转雷达，最后就能大规模商用了。预计这一时间是 2020 年。

此前，博世董事会主席福尔克马尔·登纳曾经提出，无人驾驶汽车，需要 4 项技术革新的配合：安全和可靠性，电子控制架构，传感器设计，以及精确到 10 厘米以内的实时周边环境地图。

2. 研发自动控制或无人驾驶车的新成果

（1）开发能用手机短信招呼的自动控制公共汽车。2005 年 10 月，《泰晤士报》报道，英国皇家艺术学院阿兰·波斯福德负责，他的同事，以及米其林公司和汽车工业研究中心等机构人员组成的一个研究小组，正在研制能通过发手机短信招呼的自动控制公共汽车。

研究人员说，不久的将来，英国城市居民将能招呼自动控制公共汽车开到自家大门口，将自己运送到目的地。研制自动控制公共汽车，是发展英国城市交通工具未来计划的一部分，该计划已在前几天公布。

据报道，自动控制公共汽车，将借助于激光指示器沿繁忙街道行驶，有望减少市内交通堵塞，并使乘车时间缩短 2 倍。该系统已引起伦敦交通部门的兴趣，最初可能在 2012 年，用来运送斯特拉特福德奥林匹克公园周围的运动员和观众。

这种根据"从门到门"原理，以及称为"人格化公共交通"的运输服务业，是为了吸引那些不喜欢走到公共汽车站台和拥挤公共汽车内的人们，每辆自动控制公共汽车最多乘坐 24 名乘客，但是要像的士一样招呼它的话，就将支付附加费用，设计规定利用发手机短信招呼它。

波斯福德表示，自动控制公共汽车系统，在设计上保留了个人交通服务的优点，同时又避免了由私家车引起的交通堵塞和空气污染问题。他同时指出，新系统需要的费用较昂贵，但运营费用却比现在伦敦公交系统低得多，因为伦敦公交系统仅支付司机的工资，就占用每辆公共汽车运营成本约 60%，除此之外，它的票价也和现行普通公共汽车票价差不多。

自动控制公共汽车将根据磁标行驶，能借助于特殊系统发现障碍物，从而能避免与其他汽车和行人发生碰撞，在市区街道行驶速度每小时不超过 40 千米，只是在某些路段可加速到每小时 105 千米。

（2）推出制导系统类似巡航导弹的无人驾驶汽车。2009 年 5 月，英国《每日邮报》报道，一家法国公司已经研制成功无人驾驶汽车，它使用类似巡航导弹一样的制导技术。有了它，你就可以在回家的路上吹着微风惬意地休息了。这意味着，几十年来一直在科幻电影中才能出现的无人汽车，如飞天万能车、可爱的大众金龟车"贺比"、《霹雳游侠》中的高科技汽车"基特"将不再是一种梦想。

法国国家计算机技术和控制研究所花费十年心血，研制出无人驾驶汽车，它外形看起来像未来的高尔夫球车。该车使用类似于给巡航导弹制导的全球定位技术（GPS），通过触摸屏设定路线，无人驾驶车就能把你带到想要去的地方了。只不过给它带路的全球定位系统，要比普通的全球定位系统功能强大许多。普通 GPS 系统的精度只能达到几米，而无人驾驶车却装备了名为"实时运动 GPS"的特殊系统，其精度高达 1 厘米。

这款无人驾驶汽车装有充当"眼睛"的激光传感器，能够避开前进道路上的障碍物，还装有双镜头的摄像头，来按照路标行驶。人们甚至可以通过手机来控制它的行驶。每一辆无人驾驶汽车都能通过互联网来进行通信，这意味着这种无人驾驶汽车之间能够做到信息共享，这样多辆无人驾驶汽车能够组成车队，以很小的间隔顺序行驶。它也能通过获取实时交通信息，来防止交通阻塞的发生。在行驶过程中，它还会自动发出警告，提醒过往行人注意。

英国的先进交通系统公司和布里斯托尔大学，联合研制了英国版本的无人驾驶汽车。研发人员设想了当假期来临后，大批到达希思罗机场的乘客乘坐该车回家的场景，你会发现这非常奇妙。乘客下飞机后，拿好行李并来到无人驾驶汽车的泊位。乘客使用智能卡和汽车上的触摸屏选择好目的地。只需等待十秒钟，它就会带乘客启程。一路上它适时选择刹车、变换速度，应对交通高峰和出现障碍物等情况。它会中途不停车把乘客送回家并停好车。乘客到家后，只需把车子停在那里自行离开就好了。这种无人驾驶汽车要么就停在那里，要么就会被控制中心调度到其他需要用车的地方。控制中心保证每一辆无人驾驶汽车，沿着一条路线行驶，确保它们之间不会发生撞车。

3. 研究无人驾驶车影响汽车文化的新发现

发现自主驾驶汽车将使汽车文化发生改变。2013年8月25日，相关媒体报道，人们获取驾照的狂喜，以及占有汽车并由自己来控制的观念，恐怕在不久的将来会成为过去。可以自主驾驶的汽车，早已不再是只存在于《蝙蝠侠》或《霹雳游侠》中的梦想。自主驾驶汽车不仅已出现在我们身边，而且已在美国3个州成为合法，英国最近也加入了这一行列。

设想一个与现在非常类似的路面上，充斥着自主驾驶汽车的未来是容易的，但现实的情况可能完全不同。如果汽车可以自己驾驶，那么汽车在我们文化中的地位将开始彻底改变，它对我们的城市、出行乃至生活将产生巨大的影响。

自主驾驶汽车的到来充满了诱惑力，就像当年汽车从手动挡过渡到自动挡，技术带来的便利显而易见。从此，你开车上班的路上将拥有更多的私密空间，效率也变得更高，你可以在车上边吃早餐边读报。这就好比将汽车和地铁集于一身了。

如果汽车可以自己驾驶，那为什么还要让它们成天或整晚地趴在车库里不动呢？正如有些人的建议，你拥有一辆车，它不仅可以载你上下班，在其他的时间里，你的车还可以四处奔跑，运送别的乘客，这样可以大大节约我们城市里日益宝贵的土地资源。一辆汽车在一天的大多数时间里闲置不用，不仅效率低下，似乎还是一件很浪费的事情。

事实上，这种思维是相当合乎逻辑的，它对那种想"占有"一辆车的想法发出了挑战。你不用花十几万甚至几十万买辆车放在你的车库里，拿出你的手机，在你需要的时候招一辆车显然更有意义。汽车是可以共享的，无论是延伸现有的服务模式，还是以我们现在还没有想过的所有权共享的新形式。

我们目前关于汽车的观念大多基于个人或家庭：它是私人交通工具，拥有单一所有权。但自主驾驶汽车，运输和通勤在很大程度上被认为是一个相互关联的系统，车只是在我们街道上移动的工具，在需要的时候我们就可以跳上去。因此，现有的公共和私人交通之间的明确界限，可能会开始变得模糊起来。

同样，很多城市遭遇的拥堵困境可能由此得以缓解，因为汽车将能在具有最小碰撞风险的前提下靠得更紧密。自主驾驶汽车不只改变个人的驾驶方式，还可能会从根本上改变公共交通。

当然，这并不是说，自主驾驶汽车必然代表了一个闪亮的未来。它们也会带来许多复杂的问题，尤其是当人类和电脑驱动的汽车不可避免地共用道路的时候。在面临拯救车主生命或是前方有校车，需要车载电脑系统瞬间做出决定时，会发生什么情况？车辆操纵权原来在人，在自主驾驶时代，我们将把这种权力拱手让给计算机算法。此外，在法律或经济罪责上也存在棘手的问题，谁来为驾驶软件不得不做出的那些貌似"道德"的行为负责呢？抑或是技术局限性导致了碰撞又该怎么处理？

基于自主驾驶汽车的销售和监管，其易用性和便利性实际上会鼓励城市扩张，因为短途出行要比现在容易得多。而当前的经济和环境压力催生出了密集的、适于步行的街区，这可能会成为自主驾驶时代面临的又一难题。

自主驾驶汽车远不是一个单纯的新饰品，它将像人类控制的前辈一样产生深远的影响，它会影响文化、城市设计、环境等各个方面。在这一点上，我们不得不提醒自己，新技术不只是帮助我们实现既有目标的工具。它们是与世界关联的新途径，或将改变我们对空间、城市设计或交通运输的惯常思维。

第二节　非石化燃料汽车研发的新进展

一、研制电动汽车的新成果

（一）用新材料和新技术开发电动汽车

1. 以新材料研制电动汽车的探索

（1）用共聚聚酯板开发出轻型电动车。2005年5月，法国媒体报道，近日，一种自重轻、双座位电动城市汽车在巴黎街道亮相，该车大量采用伊士曼化工公司的共聚聚酯成型板，具有质量轻和强度高的特点。这种新型车最高速度可达每小时49千米，用标准的铅酸电池最长行驶里程为97千米。

电动汽车像气泡形状的乘坐室，是由热成型共聚聚酯板与铝架共同构成，这种板材是比利时塑料加工厂生产的。车体由三块单体共聚聚酯板成型为侧板、侧梁、挡泥板和保险杠，推拉门也是由这一材料制成，这是一种可以回收再利用的超级结构部件。热成型共聚聚酯板部件，还包括挡风玻璃、车顶和后窗。

设计者介绍，经过多种可替代材料（如丙烯酸酯类树脂和聚碳酸酯）对比，他们发现共聚聚酯成型板综合性能优，耐用，加工成本低，耐紫外光、油脂和洗涤剂，而且热成型温度低于丙烯酸酯树脂和聚碳酸酯，成型速度快50%，成型前不需预干燥。抗冲击性优于抗冲击改性丙烯酸酯类树脂，可以涂漆、打印记或与聚氯乙烯膜复合。

（2）用碳纤维开发可能成为主流车型的电动汽车。2010年7月，国外媒体报道，不久前，宝马公司公布了其酝酿已久的电动汽车发展计划，计划在2013年推出插入式电动汽车。新的车型并非由现有车型改装而来，而是宝马公司的工程师们卧薪尝胆的一次全新尝试。这款性能优异的"无铁"四座城市用车，将会更加轻便，它由两部分组成：包含了传动系统和电池的铝制底盘，以及安装在底盘上的碳纤维汽车"骨架"。

碳纤维比铝轻30%，比铁轻50%。而且，由于碳纤维具有很强的抗撕裂性，当它被织成格状结构，再融入树脂后，其强度要超过铁。但由于这道工序需要耗费大量劳力且效率很低，因此，大规模生产碳纤维的可能性不高。不过，宝马公司正在试图改变这一现状。

早在2010年4月，宝马首席财务官就曾表示："减轻车重对电动车而言非常重要。宝马汽车将在电动车的生产中使用碳纤维，以替代钢和铝。"

宝马公司首先把聚合物加工成纤维状，然后在高温下通过几道工序将纤维碳化，得到厚度仅为7微米的碳纤维，5万根这样的碳纤维拧在一起成为细纱。细纱可以制成纤维织物，再利用模具在高温与高压将纤维织物打造成型，最后将树脂注入模具中让纤维黏合在一起，整个流程可以由机器人在几分钟内完成。

在这个过程中获得的碳纤维可以做成汽车的"身体"。该公司表示，除了更轻盈之外，这种汽车的抗挤压能力也令人惊叹。在对车头车尾进行的抗冲击测试中发现，铝制底盘受到挤压会变形，也会吸收部分能量，然而，由坚硬的碳纤维制造的乘客区却安然无恙，甚至侧面来的强力冲击也能让车厢内的假人模型和电池毫发无伤（当然，当安全气囊装置启动时，电池会自动断电）。即便汽车受到猛烈的撞击，车体有所损伤也不用担心，切掉碳纤维受损的部分再黏上新部件，完全可以让汽车恢复原状。碳纤维复合材料的能量吸收能力比金属材料高4~5倍。

其实，早在1992年，美国通用汽车公司就介绍了超轻概念车，该车的车身采用碳纤维复合材料，由手工碳纤维预浸料工艺制造，整体车身的质量为191千克。用碳纤维取代钢材制造车身和底盘构件，可减轻质量68%，从而节约汽油消耗40%。

钢铁和铝很容易回收再利用，但是，碳纤维很难回收再利用，因此，从某种角度来说，碳纤维汽车可能在"人老珠黄"之后成为一堆废物。目前，汽车制造商正同宇宙空间机构合作，试图解决这一问题。眼下，宝马公司一马当先，研发出了最新的处理碳纤维"边角料"的方法。通过高温分解，这些"边角料"能够退回到未加工的状态。通过此种方法生产出的复合材料具有碳纤维一半的硬度。

碳纤维的另一个优势是不易腐蚀，如果不考虑电池只有10年左右的使用寿命，这种碳纤维电动汽车的寿命可以长达几十年（当然，马达还是需要定期进行检修的），到时，如何让碳纤维电动汽车车主放弃它，可能会让汽车制造商大费周折。

2. 以新技术研制电动汽车的探索

（1）用3D打印技术制造电动跑车。2015年6月，国外媒体报道，近日，一辆特殊的电动汽车，出现在美国能源部总部大楼的大厅。这就是能源部资助、橡树岭国家实验室3D打印制造的"谢尔比眼镜蛇"跑车。该车充分展现了先进制造计划和先进汽车技术计划所取得的成就。其主要特点：

能效制造工艺：采用大面积增材制造技术，有效减少制造过程的材料浪费。

轻质先进复合材料：在保证安全性、提高操作性能的前提下，大量采用热塑树脂和碳纤维复合材料，车身重量与传统材料相比减轻50%。

即插即用设计：有利于工程师快速便捷地选用更适宜的技术，极大方便了实时组件测试以及能效方案优化。

首个喷漆的产品：为了保证产品外观的完美，工程师改进了3D打印机喷嘴，并与企业技术人员一道研发出喷漆新工艺。

需要说明的是，该车是橡树岭国家实验室6位工程师，为庆祝"谢尔比眼镜蛇"跑车问世50周年而灵机一动的产物，从动议、设计、制造完成仅6周时间，该车使用宽禁带电子技术，100千瓦的电机为该车提供了强劲的动力，从0~100千米/小时仅需5秒。

（2）推进用3D打印技术制造电动汽车的研究。2015年12月21日，国外媒体报道，2013年美国诞生了世界首款3D打印电动汽车"Urbee2"。当时，制造这款电动汽车耗用了2500多个小时，其绝大多数零部件来自3D打印。"Urbee2"的出现，曾引起全球汽车制造业的普遍关注。

2015年年初，当一辆名为"层云"的电动汽车，亮相美国芝加哥国际制造技术展览会时，美国创意和美国制造再次吸引了全球的目光，因为"层云"是世界上第一款全部采用3D打印零部件来制造的电动汽车。这款电动汽车，由亚利桑那州当地汽车公司打造，整个制造过程仅用了44个小时。多数媒体在报道中认为，3D打印技术正在颠覆汽车制造技术现状，改变着消费者的体验。

这可以看作是美国制造业的一个缩影。纵观美国制造业发展历程，科技创新一直发挥着引擎作用。第二次世界大战后，第三次科技革命，不仅助力美国制造业步入巅峰时期，也使美国进入了工业化成熟期。

直至今天，追求创新和生产的融会贯通，仍然是美国制造稳居世界制造业高端环节的秘诀。2014年，白宫发布报告《美国制造：美国制造业的企业家精神和创新》。报告称，虽然制造业仅占美国GDP的12%，但全美60%的研发人员来自制造业，全美75%的私营部门研发来自制造业，全美申请专利最多的行业是制造业，美国制造业的创新率是其他行业的两倍。

（二）开发不同动力系统的电动汽车

1. 研制以电池或电瓶提供电力的电动汽车

（1）推出由锂—聚合物电池提供电力的电动汽车。2004年8月，美国《商业周刊》报道，法国巴特·斯卡帕公司日前开发出一种专门用于电动汽车的锂聚合物电池。该电池的问世，给汽车制造商提供了帮助，使之生产对环境更为有益的洁净汽车成为可能。

巴特·斯卡帕公司耗资8500万美元、用了12年时间才开发出这种电池，它是第一种专为车辆提供动力的大型电池。这种电池以前曾被用于诸如便携式电脑、数字照相机等装置，之后，公司的研究人员才将其制成电动汽车用电池，它的各种技术性能指标已经得到了充分的验证。

巴特·斯卡帕公司称，使用这种电池的电动汽车，每行驶200~300千米才需要充一次电，而电池的使用寿命可达15万千米。公司首席行政官维肯特·保罗说："使用这种电池，消费者每1.6千米只需花费2美分，每年可为车主节省大约2500美元的汽油费和其他花费"。他希望，2005年3月在日内瓦举行的汽车展览会上，能够展示安装有这种新电池的新型电动汽车。据有关报道，这种新电池的研制成功，可能会大大改进汽—电混合车的性能，促使更多环保节能的电动汽车上市。

（2）开发出由电瓶提供电力的运输集装箱电动平板车。2007年8月，有关媒体报道，近日，瑞士一家公司研制出一种无牵引车头的电动平板车样车，可望在港口集装箱运输中大显身手。

瑞士公司研制的这种电动平板车外形，如同没有牵引车头的载货平板车，只有载货平板和车轮。其独特之处在于，这种车轮子的轮毂里都有电力驱动装置，前后轮子都可以作为驱动轮和转向轮，电力由车底电瓶提供。

这种平板车可装运一个标准集装箱，其行驶由自动驾驶系统控制。瑞士法语电视台称，这种电动平板车无污染、无噪声，它的普及会给港口集装箱运输带来革命性的变化。

（3）发布首款由锂离子电池提供电力的全电动汽车。2009年8月2日，日本日产自动车公司，发布其首款全电动动力汽车，取名"叶子"，宣称由此掀开日产零排放汽车新时代。

日产自动车公司当天在位于横滨的总部，为"叶子"揭幕。这款全电动汽车使用专用底盘和超薄锂离子电池，单次充电行驶里程超过160千米，最高时速140千米。

由法国雷诺公司控股44%的日产，首席执行官卡洛斯·戈恩在揭幕仪式上说，这款新型全电动动力汽车，将引领零排放未来，开启汽车工业新时代。

戈恩则用一句话评价："'叶子'绝对环保，没有排气管，没有内燃机。它只有一套由我们锂离子电池提供的宁静、高效电力系统。"

2. 研制借助磁力或电磁感应驱动的电动汽车

（1）设计出一款借助磁力的概念车。2009年8月，《连线》杂志报道，相信很多人小时候玩过轨道赛车，那种纵横驰骋的感觉令人无比惬意。德国设计师克里斯蒂安·弗尔格便借鉴这种玩具车，设计出一款借助磁力驱动和运行的概念车。这款概念车，不是把电动机置于引擎盖下，而是放在沿途公路下面。

弗尔格的"快速交通系统"概念，采用一个直线电动机网络，驱动电动车在高速公路上驰骋。按照他的设想，我们可以驾驶装有小型发动机的双模式电动车在城区内行驶。当我们准备离开城市，没有机械接触的直线电动机，将利用磁场驱动汽车进行长途旅行。弗尔格表示，直线电动机可以在现有公路网运行，是对现有汽车技术的有益补充，并非取而代之。

弗尔格在接受采访时表示："这意味着，你可以利用传统汽车跑的公路，同时，也能使用快速交通系统。"双模式设计会增加电动车的灵活性。在城区使用时，概念车可以采用向上垂直的姿态，节省空间，提高能见度。一旦行驶在高速公路上，它将采用"高速模式"，概念车可以舒展开，最大程度利用气动效率，令乘客感觉最舒适。

如果有朝一日"快速交通系统"真的投入使用，那么德国高速公路下面可能会铺设庞大直线电动机网络。直线电动机是沿定子（电动机的固定零件）方向产生电力。在运行过程中，直线电动机的活动磁场将驱动导体的反方向磁场，从而令其一路前行。

如果你仍然无法理解这款概念车高深的工作原理，可以把它看作一个大型的轨道车轨，只不过上面的导体被磁场所取代。据弗尔格介绍，直线电动机还可以给电车的电池充电，令其在城区内行驶做好准备。他在自己的网站上写道："我们只需对用于长途旅行的高速公路进行升级。即便进行了升级，传统汽车仍可以使用这些公路。"

尽管这一概念听上去有些牵强，但直线电动机早在19世纪40年代便已问世，实用模型曾在1935年在德国展示过。直线电动机已被广泛应用于磁悬浮列车和一些城市运输系统。纽约肯尼迪机场轻轨和温哥华"天空列车"系统，是众所周知的两套使用直线电动机的公共交通系统，而上海和日本的磁悬浮列车也采用了相同的技术。

（2）开发出电磁感应电动汽车。2011年12月，韩国媒体报道，韩国科学技术院开发成功"在线"电动汽车，并已获得国外采购商的青睐，即将批量出口到美国。

据悉，美国得克萨斯州麦亚伦市计划从2013年起，在市内约16千米的公交路线上，投入运行3辆韩国研制的"在线"电动汽车，为此决定向韩国科学技术院在美国麻省设立的子公司，采购有关技术和相关车辆，采购额度达211.1万美元。

实际上,"在线"电动汽车,是一款采用电磁感应非接触供电的电动汽车。其原理是,采用可在供电线圈和受电线圈之间提供电力的电磁感应方式。也就是,把一个受电线圈装置安装在汽车的底盘上,把另一个供电线圈装置埋设在道路下,当电动汽车驶到供电线圈装置上,受电线圈即可接收到供电线圈的电磁波,从而对电池进行充电。

韩国科学技术院开发的"在线"电动汽车技术,曾在2010年,被美国《时代》周刊评为全球50大发明之一。

(三)开发不同功能和用途的电动汽车

1. 研制具有不同功能的电动汽车

(1)推出具有美容养生功能的电动汽车。2009年11月,美国《连线》杂志官方网站报道,法国雷诺汽车公司与法国著名的化妆品生产商碧欧泉公司合作,推出一款绿色概念电动汽车。它不仅外观设计巧妙,而且其独特的空调系统还具有美容养生功效。这一功能,将会受到大量女性消费者的热烈欢迎。

对于法国人来说,家庭汽车的高油耗往往令人无法忍受,令他们更加难以忍受的是,汽车排出的废气,会对他们的皮肤造成伤害。新设计的概念车,就是为了解决这道难题而诞生的。

这款电动汽车,看起来像一个4米长的泡泡,车门仿佛是泡泡上长出的两个翅膀。车身上涂有一层厚厚的聚亚安酯胶体,用来保护车体不被划伤。它最大的亮点,是其车内美容养生功能。雷诺公司声称,不管对于男人还是对于女人来说,这款电动汽车将是他们最佳护肤环境。即使是在开车过程中也不影响护肤。

这款电动汽车的空调系统,相当于巴黎最好的美容养生馆的空调装置。它由碧欧泉公司研发,加强了空调系统的空气加湿和冷却功能,有助于皮肤的保养。如果这款车跟在一辆货车之后被其排出的废气包围,那么它车上的毒性传感器将自动关闭汽车空调的进气口,以防止自由基破坏车内人员健康的皮肤。在这款电动汽车空调系统中,还装有一个电子香水喷雾器,车厢内总是充满一种芳香的气息。雷诺公司称,该车配备的高级香水,是由碧欧泉公司专门研制的。香水中富含的有效成分,正是车内人员保养皮肤所需要的物质,同时还可以让驾驶者早晨精力充沛、晚上驾驶高度警惕。

(2)推出具有人工智能"变形"功能的电动车。2012年2月,外国媒体报道,德国人工智能研究中心基希纳领导的研究小组,推出一款具有人工智能"变形"功能的电动车,该车行动灵活,可根据现有交通状况"变形",将来还有望实现自动驾驶。

研究人员把这种变形车称为"EO智能连接车",该车底盘灵活多变,可通过减小底盘、升高驾驶室实现"变形",变形后可将多辆同款车辆连接起来,形成"公路列车",不仅节省空间,且易于操控。

据介绍,"EO 智能连接车"可在市中心、停车场等狭窄空间自如行动,特殊的转轴让其每个轮子均可旋转 90 度,实现"侧面停车"。另外,大约 700 千克的自重,让其很容易避开障碍物,轻松实现急转弯、斜向行驶或者抬高单个车轮等要求。

基希纳说,现在推出的车辆仅为样车,最高时速达 55 千米。他们研发的目标是让这种车实现自主驾驶:通过传感装置收集交通信息、与其他交通参与者交流等方式准确判断路况,在考虑剩余电量的情况下,选择最佳行驶路线,并自动完成泊车、与充电站对接等任务。

2.研制具有不同用途的电动汽车

推出运动型多用途电动汽车。2012 年 5 月 7 日,在美国洛杉矶举行的第 26 届世界电动车大会上,日本丰田公司推出全球首款纯电动城市运动型多用途汽车,预计近日将在美国率先上市。该车上市时建议零售价为 4.98 万美元,未来 3 年内销售目标为 2600 辆。

这款电动汽车为前轮驱动,用户可在"运动"和"普通"两种模式中切换。其中,运动模式最高行驶速度为每小时 160 千米,可在 7 秒内从静止加速到 96 千米的时速;而普通模式的最高行驶速度则为每小时 136 千米,从静止加速到 96 千米时速的时间为 8.6 秒。

这款电动汽车在内饰方面的最大亮点,是配备了兼具导航、远程信息处理和驾驶信息显示等功能的 8 英寸高分辨率触摸屏,以及隔热玻璃等。丰田汽车销售(美国)公司集团副总裁鲍勃·卡特表示,该车更注重用户体验。

二、研制氢能汽车的新成果

(一)美国开发氢能汽车的新信息

1.研制军用或政府采购的氢能汽车

(1)研制出首辆采用氢燃料电池的军用机动车。2005 年 2 月,外国媒体报道,美国陆军已经研制出首辆采用氢燃料电池的军用机动车,这是美陆军向车辆动力多元化迈进的重要一步。

该军用车采用混合动力,10 千瓦燃料电池和电动机,车辆行驶噪声小,最高速度达到 130 千米/小时,0~65 千米/小时的加速时间仅为 4 秒。该车由美国陆军坦克机动车研发和工程中心所属的国家机动车辆中心,与昆腾燃料系统技术公司联合研制。

目前,尚不清楚燃料电池技术何时能够真正应用在军用车辆上,其中最关键的因素是燃料。因为目前普遍使用的是氢燃料电池,而氢燃料没有在战场上广泛使用,后勤补给存在问题。因此,未来的燃料电池必须能够使用普通的军用燃料,如 JP-8 航空燃料,或者仅使用少量氢燃料即可工作。

另一个重要的问题就是费用。目前使用燃料电池的成本为 2500 美元/千瓦,且电池本身必须手工制造，成本相当高。但是随着燃料电池技术的不断发展，相信在不久的将来，价格将不再成为制约其推广的瓶颈。此外，目前燃料电池的寿命为数百小时，最多不超过1000小时，而普通汽车的发动机约为4000小时。因此只有提高燃料电池的寿命才能实现其在军事方面的应用。

从短期来看，燃料电池的潜在用途是作为辅助电源，使士兵能够在关闭发动机的情况下仍能使用电台、观瞄设备或空调等车载设备。在未来3年中，美国陆军坦克机动车研发和工程中心，还计划研制一种使用JP-8燃油的燃料电池，并将其安装到某型装甲车辆上进行试验。

（2）与政府签署合约开发氢燃料电池动力汽车。2005年3月30日，通用汽车公司和戴姆勒—克莱斯勒公司对外界宣布，它们已分别与美国能源部签署合约，在未来5年内开发氢燃料电池动力汽车。

通用公司与美能源部的合约价值8800万美元，双方各支付一半。根据合约，通用公司将制造40辆氢燃料电池动力汽车，投放到华盛顿、纽约、加利福尼亚和密歇根进行示范。

目前全球最大的燃料电池汽车生产商戴姆勒—克莱斯勒公司也计划投资7000多万美元，与美能源部进行类似合作。这家公司声称，它目前正对投放在全球不同地点的100辆氢燃料电池驱动车进行测试，公司将请用户反馈车辆性能等信息。

氢燃料电池依靠氢、氧混合发生化学反应产生能量，其唯一副产品为水，非常有利于环保。该技术已应用于部分试验车辆和为某些建筑物提供电能。但由于氢燃料电池动力汽车成本高，而且给电池补氢的"补给站"数量很少，目前商业化推广还为时过早。

由于石油等传统能源紧缺和环保观念日益深入人心，各国政府和相关企业目前都在加强"氢能"产品的研发力度。美国政府曾宣布将投资17亿美元，把"氢能"作为新一代能源的重点发展对象。

2. 企业自主研制的氢能汽车

福特公司推出以气态氢为燃料的电池车。2006年8月，美国媒体报道，近日，在美国底特律郊外举办的底特律第八届"梦幻之旅"车展，即将迎来来自四面八方的汽车贵客们：赛车型轿车、古董老爷车、跑车以及肌肉车，而其中最为醒目的车型，就是福特公司推出的这款可以从排气管喷水的福克斯燃料电池车。

该车最大的不同之处，在于它是以气态氢为燃料的电池车，因此该车毫无疑问将会成为此次活动在未来25年内的一大亮点。据悉，福特已生产了30台福克斯燃料电池车，而这些车目前正在一些城市接受测试。另外，福特计划在此次活动召开期间，让旗下的燃料电池研究工程师们，来解答来自社会各界人士针对此车的相关提问。

福特公司这款福克斯燃料电池车，在加满一箱气态氢燃料的情况下，可行使 250~320 千米的路程。福特公司的发言人尼克·特沃克说："该项燃料技术是一项新兴技术，而且我们承认这项技术距离我们还较遥远，但我们正一步步地实现它。我们的目的，是向人们展示我们已生产了这款车，而它们就在我们眼前。"

（二）其他国家开发氢能汽车的新信息

1. 英国研制氢能汽车的新进展

（1）研制出耗电量极低的氢能轿车。2005 年 7 月 4 日，英国《卫报》报道，英国 BOC 燃气公司对外展示了他们最新研制的一辆氢能轿车，它在行驶时所耗电能甚至不足以点亮一只电灯泡。

据报道，该公司表示，这辆氢能轿车只需输入功率为 25 瓦的电流，即可完成长达 4 万千米的环球旅行。如果用汽油来衡量，则其耗油量不到 2 加仑。该车唯一的排放物为水。不过，由于它的最高时速只有每小时 48 千米，即使开足马力，也需要 3 个月的时间，才能完成 4 万千米的旅程。

BOC 燃气公司，为这辆车设计了氢燃料储存系统。车身、底盘及操纵系统，是由一家专业汽车公司负责设计的。电能传动系统，则由牛津大学开发完成。制造该车所用的材料为碳纤维和铝。

据悉，该车不久将参加在北安普敦郡科比附近的罗金厄姆赛道举行的壳牌环保汽车马拉松赛，并试图在本次赛事中打破汽车燃料使用效率的世界纪录。届时，驾驶这辆原型车的是来自沃里克郡索瑟姆学院年仅 13 岁的杰克·戴克斯，尽管其年纪小，体重轻，但他却已是一位经验丰富的卡丁车手了。该赛事的参赛车辆大多以汽油或柴油做燃料，但汽车燃料使用效率的世界纪录：用相当于 1 升汽油的能量跑 5385 千米，约等于 1 加仑汽油跑 2.4 万千米，是由一辆瑞士制造的氢燃料汽车创造的。

BOC 公司可再生能源部的主管约翰·卡罗林表示："通过这辆汽车及其他同类项目所得到的经验，将会告诉世人，把氢燃料电池作为汽车的动力来源这一想法，是可以变为现实，且颇具吸引力的。从经济角度来看，这种车，也完全可以替代那些以汽油或柴油做动力的汽车。"

（2）研制出首辆废弃物是水的"绿色"氢能跑车。2006 年 4 月，英国广播公司报道，该国牛津大学与克兰菲尔德管理学院联合组成的一个研究小组，研制出一种极为清洁的氢能汽车，其排气系统产生的唯一废物便是蒸馏水。

这辆超级跑车不仅速度快而且无须其他燃料便能行驶。无论你选择什么颜色，由于达到了零排放，因此从环保角度而言，这款跑车都是"绿色"的。据该项目的一位发言人介绍："该项目是车辆动力方面的革命性改变。它在兼顾车辆性能、行驶距离及燃料经济性方面取得的成果，将为未来汽车发展奠定基础。最终这款车，在达到环保要求的同时，还将具有极小的噪声和时髦的外形。"

据报道，该车将以摩根公司生产的气流 8 型跑车为基础，配备由奎奈蒂克公司生产的燃料电池。这种燃料电池可以把氢和从周围空气中获得的氧，转化为电能。这一系统在工作时，非常清洁、安静并且具有很高的经济性。而且，在车辆运行过程中，产生的唯一废弃物就是水。

特别值得一提的是，这款车的燃料电池系统，通过电化学手段使车辆上携带的氢与从周围空气中的氧，发生反应并产生电能。从产生电能的方式来看，燃料电池，更类似于引擎而不是普通电池，它通过储存在燃料箱中的燃料产生电能，而不是直接储存电能。但是从某种意义上说，它又与普通电池有些类似：它们都有电极（固体导电体）和电解液（某种电解质）。当氢分子接触到负电极后便分裂为质子和电子。此时，这些质子便会穿过质子交换膜，聚集在燃料电池的正电极周围，而电子则沿着外电路运动产生电流。氢分子和氧分子发生化学反应时，产生的唯一废物就是水。燃料电池产生的电能，驱动电动马达，从而带动车轮转动。

这辆车的动力系统，表现同样令人惊讶。研究人员表示，对比原先的燃料电池车辆，其动力系统的效能得到了令人难以置信的提升。这辆车的燃料电池系统能够为驱动四个车轮的四台独立的电动马达提供动力。该车的动力系统，能够如此高效的主要原因，就在于减轻重量和采用了与众不同的设计方法。这种新的设计方法不仅能够减少车辆的能量损耗，还能减少车辆行驶过程中的能量需求。

这款车在刹车时产生的能量及剩余的能源，将被用来为超级电容器充电，而当车辆需要加速时，超级电容器将释放储存的电能。这种设计使得这款车所使用的燃料电池，比老式设计中使用的燃料电池小得多：它在维持运行速度时所需功率，仅为 24 千瓦左右，而其大多数竞争对手在维持运行速度时则需要大约 85 千瓦的功率。

作为汽车工业强国，英国政府对于这项有利于环境的研究项目十分重视。据悉，这项为期 30 个月的研究项目，得到了英国政府贸易与工业部的大力支持。

2. 德国研制氢能汽车的新进展

（1）开发氢动力豪华汽车。2006 年 9 月 12 日，德国汽车巨头宝马集团表示，该公司将很快推出世界上首辆氢动力豪华汽车，并将销售目标定为美国市场。

这款氢动力汽车，将在宝马 7 系列的基础上研制，其发动机既可使用氢燃料，也可使用汽油。该公司表示，在使用氢动力状态下，汽车除了排放水蒸气外，几乎对环境没有任何污染。氢动力汽车有 12 个汽缸，最高时速可达 228 千米。这款车将在欧洲生产，并最终销往美国，但具体销售日期尚未确定。

（2）研制出使用氢燃料发动机的清洁汽车。2012 年 3 月，有关媒体报道，汽车是人类出行代步工具的一大创举，其快捷、便利、舒适、自由度的特性，为人类活动提供了更广阔的空间和时间概念。但汽车对燃料的消耗，又造成了世界能源的紧缺和对环境的污染，仅二氧化碳排放，就占到全球人类活动排放总量的20%左右。既然汽车暂时不可替代，那么寻找合适的替代燃料，就成为世界各国研究人员肩负的"光荣使命"。欧委会第七研发框架计划资助的，由德国宝马集团牵头、欧盟4个成员国11家企业和科研机构参与的，汽车氢燃料发动机大型研发项目，就是利用氢气替代碳氢燃料（汽油或柴油）的世界先行者。欧委会希望通过该项目研究，制造出世界上最清洁的汽车，从而继续保持欧盟机器机械工业的世界领先地位。

传统的燃油发动机，通过碳氢化合物和空气中的氧燃烧化学反应，产生功率转化成机械能，排放出二氧化碳以及有害的污染物。而氢燃料发动机是通过氢气和氧的燃烧化学反应，产生功率转化成机械能，排泄物是水，因此可称之为"最干净"的发动机。因燃油发动机已经过长期的"千锤百炼"，具有较高的能效输出功率，研究人员的主要任务，就是在传统的内燃发动机上，以更经济、不牺牲输出功率、合适的方式找到氢气替代燃油的办法。

研究人员经过反复试验，找到了两种注入氢气混合的方法：一种以大气常温最低温度为参考值，直接把氢气注入气缸混合燃烧反应；另一种以大气常温最低温和储氢压力罐最低压为参考值，把氢气注入进气管混合，再进入气缸燃烧反应。两种方法同样取得了较好的效果，均使输出功率提高了25%左右。目前，研究人员正在对氢燃料发动机的结构模式和特殊元器件进行优化，预计氢燃料汽车很快可以实现100千米消耗1千克的氢气。研究人员余下来的任务，是从经济和安全上实现氢气的生产、储存和配送。

3. 法国研制氢能汽车的新进展

突破氢燃料电池汽车行驶的里程记录。2004年9月20日，有关媒体报道，法国研制的一辆氢燃料电池车，从柏林行驶到巴塞罗那，创造出一个行驶里程新的世界纪录。从来没有汽车，在仅仅使用氢燃料电池，跑过这么远的路程。

这辆汽车的核心部分，是一个质子交换膜燃料电池。在这里，氢和氧发生反应生成水。这种反映产生的能量驱动电动机。当刹车的时候，电动机相当于发电机，同时对电容器进行控制。对于这种只有三个轮子的汽车来说，它的空气阻力，仅是普通轿车的一半。不算驾驶员和氢燃料，车的重量为120千克，最大的时速为每小时80千米。

4. 韩国研制氢能汽车的新进展

将率先量产氢燃料电池电动车。2013年3月26日，韩国媒体报道，韩国现代汽车当天在蔚山工厂，举行了氢燃料电池电动车量产仪式。从本月末起，将正式生产"途胜"氢燃料电池电动车。

报道称，氢燃料电池电动车，是以氢氧反应过程中产生的能量为动力行驶的汽车。由于氢和氧反应只会产生能源和清洁的水，所以该车被称为"最佳环保汽车"。"途胜"氢燃料电池电动车上,将安装现代汽车独立研发的 100 千米级"斯塔克"燃料电池,压缩为 700 个大气压的氢罐,一次充电可行驶 594 千米。

三、研制生物质能与太阳能汽车的新成果

(一)开发生物质能汽车的新信息

1.研制生物质能概念车的新进展

(1)用"透明塑料"制成使用乙醇燃料的概念车。2007 年 6 月,德国媒体报道,任何人第一眼看到全身透明的概念车时,都会以为它是辆玻璃车,而实际上,它是由德国拜耳公司使用模克隆聚碳酸酯透明塑料制作而成。2007 年 3 月它在日内瓦车展上首次亮相时,吸引了很多人的眼球。

这款概念车具有昆虫外形,光泽的黄色车身,突出的车轮,仿佛是早期汽车联盟传奇赛车和越野车的融合体。同时,它提供了一前一后的两人空间,长宽高分别为 3700 毫米、1960 毫米和 1284 毫米,轴距为 2500 毫米。

这款概念车采用韦伯动力的 750 毫升机械增压每缸四气门双缸发动机,由于使用乙醇燃料,因此大幅减少了二氧化碳的排放。它后轮驱动,6 速手动变速,百千米加速 4.8 秒,最高速度为每小时 210 千米。

与以往的技术相比,这款车在各方面都有了全新发展。瑞士的麦克普莱斯公司为其打造了模克隆外壳,德国的硬质薄膜专家为其涂上了一层淡黄色薄膜,凸显出汽车的铝质承载式底盘。底盘仿佛是从一整块材料上切割下来,但实际上是由数块隔板组成。尽管如此,整个架构还是给人以十分轻巧的感觉,拜耳材料科技公司运用特殊的高技术手段,实现了铬合金般的抛光效果,更加突出了这一特色。为了给把手和操纵杆表面进行抛光,拜耳专家基于水性黏合剂提出了一种特别的柔适涂层,唯一的目标就是创造视觉美感和驾驶的舒适性。

该车可容纳两位乘客坐的特殊座位,是与瑞卡罗公司共同设计而成。每个座位由 12 个透明的模克隆花纹条组成,和人体的肋骨数量相同。头枕和扶手都由透明材料制成。

这辆车透明的指示器和功能显示屏,无论从技术上还是从视觉上,都绝对是一大赏心悦目的亮点。它们就像悬浮在驾驶员视野两边一样。通过触摸,各种功能得以显示和控制。每个触摸板都有一个透明 CD/DVD 模克隆原坯,通过原坯上可以导电的涂层可触发功能开关。显示屏是由瑞士一位安全和闭合系统专家开发的,个性化的汽车安全系统同样被整合到触摸板上。

瑞士一些州立公司和政府部门也参与了这款车的设计。例如燃料由瑞士酒精部门盈利中心提供,而瑞士联邦能源办公室,则选择其来参与一项关于超轻结构和生态学方面的研究。

为了确保所有动力都转化到路上，这辆车的底盘专家安置了特制的弹簧减震器，一个垂直安装在隔断墙前面，另一个水平安装在后部。轮胎是倍耐力的22英寸高性能P零型，安装在德国车轮制造商生产的五辐轮子上，同时还有一些明显细节你必须注意到：轮子是用"镶嵌"有模克隆的透明材料来装饰的，看起来就像是一扇扇小小的窗户。这款车除了在透明体中融合了迷人的流畅轮廓线条外，还拥有鲜明的自我特色。然而，享受过这款车驾驶乐趣的每个人都一致认同的是：在汽车高速行驶时，透过透明的地板俯视地面，绝对惊险而刺激！

（2）推出首款用可再生柴油体现森林工业产品的概念车。2014年3月，有关媒体报道，芬兰赫尔辛基城市应用科学大学学生组成的一个项目组，近日设计制造出世界首款体现森林工业的概念车，它以可再生柴油为燃料，已在日内瓦国际车展的醒目展台上亮相。

据悉，这款概念车，用生物材料取代了以往由塑料制成的大多数汽车零部件，可改善汽车生产的环境绩效。赫尔辛基城市应用科学大学项目总监佩卡·郝特拉介绍道："在制造这款概念车的过去4年间，我们的学生逐渐认识到这些生物材料，不仅拥有出众的品质和耐用性，更带来了全新的设计灵感。"

这款体现森林工业概念车的乘客舱地板、中控台、显示面板护盖和门板零部件，由可热压成型木质材料制成。这种材料，采用了一种加热和施压方式的创新木材成型方法，其成型性赋予了产品更高的生态环保品质和优美外观设计。

概念车的前面罩、侧裙板、仪表盘、门板和内饰面板由生物复合材料制成，这是一种经久耐用、品质出众的生物复合材料，适合注塑、挤压成型和热压成型生产工艺，它由可再生纤维和塑料制成，安全可靠、无味无臭、品质更稳定。

概念车使用芬欧汇川公司取自木材的可再生柴油，与石化燃料相比，它显著减少温室气体排放量，这种柴油适用于各种柴油发动机；同时，由于采用了芬欧汇川公司生物材料具有轻型属性，使这款概念车的重量比同等车型轻150千克，降低了油耗；此外，概念车采用了芬欧蓝泰公司的不干胶标签材料，用于标记备用零部件及汽车的内饰和外饰设计，这些材料保证了概念车较低的碳足迹。

芬欧汇川公司品牌和宣传交流副总裁艾丽萨·尼尔森说："这款概念车反映了芬欧汇川公司生物材料的应用潜力。它适用于汽车行业，还适用于多种其他用途，包括设计、声学等多种工业注塑和消费类等应用领域。"

2. 研制生物质能定型车的新进展

研制出使用植物柴油的汽车。2006年2月28日，有关媒体报道，"甲壳虫环保租车公司"正式落户美国洛杉矶，推出 100% 以植物柴油为燃料汽车的出租业务。这在世界范围内尚属首家，也是唯一一家。

"甲壳虫环保租车公司"于 2003 年 1 月在夏威夷毛伊岛创建。公司创始人肖恩·斯滕舒说："我一直想要进驻洛杉矶。众所周知，加州是一个注重环保的地区，洛杉矶又是世界主要汽车城市，还有什么地方比洛杉矶更适合推行植物柴油？"

斯滕舒是一名环保主义者，曾为"绿色和平"组织工作。他说："到目前为止，我还没有听说世界上其他任何一家租车公司，也在提供植物柴油汽车出租服务。我们的目标，是实现可持续发展。建立'甲壳虫环保租车公司'，只不过是为实现这一目标而迈出的一步。我们的口号是'想租车来这里，给地球放个假'。"

斯滕舒介绍说，该公司提供的汽车车型，包括大众汽车公司旗下的甲壳虫、捷达和帕萨特汽车。开业期间，每辆汽车的租金起价为每周 199 美元。他接着说，植物柴油大约为每加仑 3.45 美元。据公司网站介绍，每加仑植物柴油平均可支持汽车行驶 56 千米。

美中不足的是，这种植物柴油加油站，目前仅在洛杉矶市卡尔弗城设立一家。但斯滕舒表示，随着租车公司规模不断扩大，希望能在洛杉矶更多地区设立植物柴油加油站，解决客户的"加油难"问题。

如果顾客不能及时前往这座唯一的加油站，也不必太着急。公司雇员可为顾客提供"送油上门"服务。不过，斯滕舒强调道，如果顾客私自加普通柴油会被公司发现，公司会追踪计算每辆汽车的里程以及所售植物柴油量。他严肃地说："我可不允许我们公司（的汽车）使用矿物柴油。"

"甲壳虫环保租车公司"所使用的植物柴油，由植物油提炼而成，气味独特。有人认为，驾驶以植物柴油为燃料的汽车行驶在公路上时，俨然就像带了一车香气扑鼻的美食，可能会使人产生饥饿感。

斯滕舒听后笑着说："有人认为植物柴油的味道像炸薯条，还有人说那味道像油炸圈和鸡肉，但是我觉得这只不过是一股使人感觉舒适的芳香。"

"甲壳虫环保租车公司"介绍说，选择使用植物柴油为燃料，可明显降低尾气排放量，减少对环境的污染。此外，纯植物柴油还是无毒物质，容易进行生物降解。

（二）开发太阳能汽车的新信息

1. 发明可用太阳能和风能发电的卡车

2005 年 8 月 23 日，有关媒体报道，日本风险企业岸村工业公司近日和日野汽车公司合作，开发出可利用太阳能和风能发电的卡车。当天，这种卡车在横滨市亮相。

这种卡车分为载重 4 吨的大型车和载重两吨的小型车，大型车可为野外音乐会等活动提供电力，小型车可为小型活动提供电力。

这种卡车和普通卡车似乎没有什么两样，不过是电动发动机和柴油发动机的混合动力车。特殊之处在于，这种车的表面镶有太阳能电池板，大型车的最大发电功率可达 20 千瓦。太阳能电池板不用的时候可自动闭合。这种新车还搭载有功率为 0.3 千瓦的风力发电系统。

过去举行各种野外活动时，多使用柴油发电机发电，供各种灯光照明和乐器使用，不仅制造噪声而且污染环境。现在，这种可利用太阳能和风能发电的卡车解决了这一问题。

2. 推出新型低功率太阳能车

2009 年 7 月 6 日，英国剑桥大学发布新闻公报称，该校研制的一辆新型低功率太阳能车，日前公开亮相，它时速能达到近百千米，但能耗仅为普通轿车的五十分之一。

公报称，这辆新型太阳能车被命名为"奋进"号，它是剑桥大学一个学生研究小组设计建造的，其组长为安东尼·罗。它车型扁平，上面覆有约 6 平方米的太阳能电池，是该车所有能量的来源。全车重量仅 170 千克，相关设计经过了空气动力学、摩擦阻力、动力控制等多方面的优化。其特殊的刹车系统，甚至可以在刹车时把动能转换为电力。

安东尼·罗说，他们建造"奋进"号的目的，是为了在气候变化的大环境下，探索汽车向绿色和低碳方向发展的潜力。这个小组此前还曾研发出英国第一辆也是目前唯一一辆被允许合法上路的太阳能汽车。

"奋进"号太阳能车，是 2009 年剑桥大学建校 800 周年的献礼项目之一，它也将代表英国参加于在澳大利亚举行的全球绿色汽车大赛。

四、研制汽车方面的其他新成果

（一）开发风力汽车的新信息

1. 发明全风力推动的汽车设计

2005 年 3 月，有关媒体报道，罗马尼亚近期有一项新发明——全风力推动汽车设计问世。该汽车通过风力转换的机械能完成推动，不需要其他的任何能源支持，且无任何污染。然而，遗憾的是，该发明虽然引起了一定反响，但由于种种原因，目前还没有任何人对其进行投资，也没有生产任何样机。

对此，罗马尼亚专家史特凡·舍乌雷斯库教授，在罗马尼亚《经济学家报》上撰文，表示了对该发明的支持，并提醒社会各界对其予以关注。他指出：历史上曾有很多伟大的发明在初始阶段遭到了质疑和嘲弄，但其不朽在日后得到了证明；质疑一项像全风力推动汽车这样拥有广阔前景的发明是不应该的。由于不信任，就不会有人投资；而现代科技的综合性决定了一项技术的应用需要各方的努力，没有资金也就无法合作，造成无法生产样机，见不到样机就更令人怀疑，如此形成一个恶性循环。

舍乌雷斯库教授鼓励所有的投资者放宽眼界，面向未来，同时更具有风险投资的勇气。他还提到：在罗马尼亚黑海沿岸，喀尔巴阡山地区和特兰西瓦尼亚高地有丰富的风能，为该项发明大展拳脚提供了舞台；而与此同时罗马尼亚的再生能源开发工作还很不够，2002年10月欧洲委员会阶段性报告中指出："罗马尼亚在有效利用能源和开发再生能源方面，没有取得持续进展，罗马尼亚没有调拨必要的资金支持能源的有效利用和再生能源的开发。"因而，在这个新发明的投资事项上，舍乌雷斯库教授认为政府也有不可推卸的责任。

以上观点只是舍乌雷斯库教授的一家之言，虽然还有其他专家持相同意见，但从现在的情况来看，私人投资者和政府是否同意其观点还不得而知。但该发明是开放性的，任何私人或公共投资者，包括国外的投资者都是受欢迎的，都可以在审慎思考后通过洽谈，对其进行进一步接触。

2. 推出世界最快的风力汽车

2009年3月，有关媒体报道，英国的一位动力工程师驾驶自己设计制造的"绿鸟"风力驱动车，在风速仅为每小时48.2千米的情况下，创造了每小时行驶202.9千米的最快世界纪录。此前由美国人创造的风力车速度纪录是每小时187.8千米。

与传统的风帆汽车不同的是，"绿鸟"风力车采用一种钢性翅膀，它能与机翼同样的方式，产生向上提升的动力。整辆风力车几乎全部采用碳复合材料，唯一的金属部件就是翅膀和车轮的轴承。据介绍，这种空气动力学设计和较轻的质量，能够让"绿鸟"风力车轻易达到风速的三到五倍。"绿鸟"风力车早期的一个原型，曾经在风速为每小时40千米的情况下，跑出每小时144千米的速度。

（二）汽车开发方面的其他新信息

1. 制造出破百年速度纪录的蒸汽汽车

2009年8月25日，美国《连线》杂志报道，英国蒸汽动力车终于创造了一项新的蒸汽车陆上速度纪录。当时，查尔斯·伯内特三世，驾驶这辆有"世界上速度最快的水壶"之称的蒸汽车，两次穿过美国莫哈韦沙漠，往返平均速度达到每小时225.055千米。

"快壶"名为"灵感"（Inspiration），车身长7.62米。在8月25日向新速度纪录发起挑战过程中，这辆汽车轻轻松松打破佛瑞德·马里奥特于1906年驾驶斯坦利蒸汽汽车"火箭"创造的纪录，当时的时速为每小时205.447千米。

伯内特在创造新纪录后表示："真的是太棒了。我尽情地享受着整个过程的每一分钟。""快壶"此次堪称完美的表现，是英国研究人员长达10年的艰苦努力，以及几周来一系列不成功开始的结晶。在一个月前，英国蒸汽车研究团队抵达美国莫哈韦沙漠之后，"灵感"出现了一系列机械故障。这辆蒸汽车装有一组复杂的锅炉，让它们全部以正常状态运转绝对是一项巨大挑战。机械师用了几周时间解决电气故障、不安分的滤水器以及其他问题。

8月初，"灵感"的状态出现好转，当时试车员堂·威尔斯开出了每小时211千米。在此之后，"灵感"的时速又曾5次超过每小时160千米。8月15日，威尔斯创造了个人最好成绩，时速达到每小时221千米。这一次的尝试之后，"灵感"最终进入最佳状态。

8月25日上午7点27分，伯内特钻进"快壶"，跑出了挑战速度纪录以来的个人最好成绩，在此之后，他开出的时速又百尺竿头，更进一步。他说："在使用减速伞之前的第一次尝试中，我们达到了约每小时225千米。一切系统均完美运转，我们最终迎来一个令人相当满意的开局。第二次的时速又向前迈进一步，超过每小时241千米。这辆车的表现真的是太棒了。"

根据挑战速度纪录的规则，"快壶"必须朝相反方向行驶两次，两次所需时间应控制在一小时之内。被官方承认的最终成绩为两次的平均速度。在第一次尝试中，伯内特开出每小时219.037千米。

52分钟之后，"快壶"开始朝相反方向行进。这一次，伯内特的时速达到每小时243.148千米。两次的平均速度为每小时231.092千米。但最后的成绩为何是每小时225.055千米，仍需要"快壶"团队的解释。

这项创纪录的速度需要得到国际汽车联合会的确认。8月25日，来自联合会的计时官见证了整个挑战过程。

有个小插曲值得一提：就在伯内特创造新速度纪录两天前，这支蒸汽汽车团队还萌生过扔毛巾认输回家的想法。但是，伯内特对英国广播公司表示："我可不想就这样结束。这是我们的最后一天，我们必须抓住这个机会，创造新的速度纪录。"

2. 开足马力发展新能源汽车

2009年9月，外国媒体报道，如果说几年前新能源汽车在法国还是一个新鲜事物，那么时至今日，它已成为一种时尚，上至政府、下至企业，都在"开足马力"发展这种车型及其配套设施。尤其在金融危机的大背景下，新能源汽车更被深陷泥潭的生产商们视为"救命稻草"，有业内人士甚至指出，谁能占领这个市场，就能率先脱困。

近两年来，作为环保车型中的"佼佼者"，纯电动车和混合动力车在法国市场上具有独特的优势，这与政府在2008年年初推出的"新车置换金"密不可分。根据这一政策，车主在更换新车时，购买小排量、更环保的新车可享受200欧元~1000欧元的补贴，而购买大排量、污染严重的新车则须缴纳高至2600欧元的购置税。在这些补贴、征税等政策的指导下，众多汽车商和消费者都将目光投向了更为环保的小排量汽车。去年，二氧化碳排量在每千米140克以下的汽车占了新车销售市场63%的份额。

在出台措施发展小排量汽车的同时,法国政府还为发展新能源汽车制定了一揽子方案。总统萨科齐在去年的巴黎国际车展上宣布,法国政府将投入4亿欧元用于研发清洁能源汽车;政府还计划采取一系列举措,鼓励汽车行业逐步向节能环保的方向发展。

除了为研发投入大笔资金外,法国还准备采取配套措施保证电动车等环保车的顺利运行,如在工作场所、超市和住宅区等大幅增加充电站的数量,从而使充电如同加油一样便捷。

萨科齐许诺说,对购买二氧化碳排放量在60克/千米以下的"超级环保车",政府将给予5000欧元的高额补贴,这项政策会一直持续到2012年,并将扩展到更多车型。

在政府优惠政策的带动下,汽车生产商们也都闻风而动,雷诺日产联盟在2010—2011年将第一批电动车投入市场,并从2012年开始批量生产;标致雪铁龙则与日本三菱汽车公司合作,在2011年年初推出环保电动车;法国电池生产商博洛雷集团及其合作伙伴意大利的皮宁法里纳公司,也从2010年起联手试水电动车市场。

2009年3月,法国环境与可持续发展部宣布,法国电力公司和日本丰田公司联合研制的100辆新一代可充电混合动力车在2009年年底驶上法国街头。据环境与可持续发展部介绍,这100辆新车由锂电池和传统燃料联合驱动,由于尚处于测试阶段,它们将主要出租给企业和管理机构。

这将是可充电混合动力车第一次大规模在法国上路行驶。法国电力公司和日本丰田公司在一份联合声明中说,这些车装备了先进的混合驱动系统,其电池可以充电反复使用。此外,电力公司还将建设几百个充电站,以保证这些新型车的行驶。

不过,虽然被业界人士一致看好,但新能源汽车的发展也并非一片坦途,一些经济学家认为,该产业带有一定的风险。一是作为传统汽车的"颠覆者",它需要高昂的研发费用;二是混合动力车所需的锂电池造价昂贵,无形中增加了成本;三是清洁能源汽车的配套设施还不够完善,比如电池无法长时间使用,充电站难以在短期内形成网络等,这也在一定程度上制约了它的发展。

虽然面临种种困难,但在全球变暖、金融危机的情况下,发展新能源汽车已是大势所趋。美国权威汽车信息与营销公司波尔克公司认为,在不久以前,电动车还被人们视为一种用于替换的产物,但现在它已成为人们无法回避的选择。法国经济分析师纪尧姆·穆朗则认为,对于法国各大汽车生产商来说,发展新能源汽车是一项长期战略,越早动手,就能越早占领市场,收获利润。另外,此举还有助于它们树立自家品牌的"环保"形象。

第三节　研发其他陆上交通运输工具的新进展

一、研制铁路列车的新成果

(一) 开发环保列车的新信息

1. 推出欧洲首列太阳能列车

2005年10月，据意大利媒体报道，日前，意大利全国铁路公司在罗马推出了其研制的太阳能列车，这在欧洲国家尚属首例。

据介绍，这家铁路公司在最近3年里投资生产出了太阳能列车的样车，包括5节旅客列车车厢、2节火车机头、3节载货车厢。太阳能列车的运行原理是，利用安装在每节车厢顶部的太阳能电池板，向列车的空调、照明及安全设施系统提供能量，但它目前还无法代替列车机头发电机提供动力。

意大利环境部长马泰奥利认为，这一创新技术为未来列车"朝着节能、清洁、无污染的方向发展"扫清了道路。意大利政府将继续支持该公司在新能源方面进行探索。意大利全国铁路公司总裁泰斯托雷在太阳能列车的介绍会上说，公司将继续在更换环保列车车型、加强列车安全性以及提供更优质服务上下功夫。

据专家介绍，太阳能列车有诸多优点，其中最重要的是可以大大减少空气中的温室气体排放量。

2. 开通世界上首列燃烧生物气体的列车

2005年11月，俄罗斯新闻社报道，瑞典开通世界上首列，利用生物气体的无人驾驶列车。生物气体由于生物量分解而产生，其中以甲烷为主，新型列车将行驶在瑞典东海岸林雪平市至瓦斯特尔维克市之间80千米路线上。

据报道，拥有新型列车的瑞典斯文斯克沼气公司声称，新型列车目前将每天完成一次行驶，但今后计划增加开出的次数。加足一次燃料，列车能行驶600千米，最高时速为130千米。用作燃料的生物气体，能减少向大气排放有害气体和减轻温室效应，并能减少对昂贵能源特别是石油的依赖。

新型列车能运载54名乘客，建造一辆列车需花费130万美元。列车利用两台燃烧生物气体的发动机驱动，值得一提的是，目前在瑞典，已有779辆公共汽车采用燃烧生物气体的发动机。

(二) 开发高速电气列车的新信息

1. 研制远程高速电气列车的新进展

(1) 韩国研制高速列车的新成果。2004年12月16日，韩国媒体报道，韩国建设交通部与韩国铁道技术研究院宣布，在京釜高速铁路天安至新滩津区之间，首次进行的韩国高速列车试验中，列车的最高时速达到每小时352.4千米。这一结果，开创了韩国105年铁路史上的新纪元。

韩国新型高速列车，在2003年9月，突破时速300千米之后的约一年半时间，经过每次增加10千米的多次试运行后，终于实现时速超350千米的目标，而目前在京釜线路上运行的高速列车的最高时速只有300千米。

研究人员认为，韩国新型高速列车时速超过350千米，表明这种高速列车的设计，可与超音速飞机相媲美。高速列车的车头采用特殊设计，可以减少高速运行时产生的空气阻力；列车推进装置采用新开发的电动机；高速列车车体采用铝制压缩材料制成，重量更轻；运行制动方式完全实现数字化，乘坐十分舒适平稳。

韩国是继法国、德国和日本之后，高速列车时速超350千米试运行获得成功的国家，这将使韩国铁道产业界更具有国际竞争力。韩国新型高速列车是"韩国国家高速铁路技术开发工程"项目之一，由韩国建设交通部牵头、铁道厅与韩国铁道设施集团等负责组织实施。

（2）日本研制高速列车的新成果。2006年3月1日，俄塔社报道，日本交通部门在仙台市，首次公开实地测试了一辆世界上速度最快的电气列车。测试结果表明，该列车的最快速度达到每小时366千米。

据报道，参与这辆高速电气列车设计工作的有关专家当日表示，截至3月1日，这辆高速列车已经试运行了3万千米。2005年8月在厂区内进行的一次试车过程中，它的最快速度曾经一度达到过每小时398千米。但专家们认为，这并不是电气列车的速度模式极限，他们希望在这种列车实际投入使用前，再进行一些技术创新，将其最快速度提升到每小时405千米！

报道说，3月1日在仙台市铁轨上进行的实地试车过程中，这辆高速电气列车共携带了8节车厢。有关专家表示，由于这辆列车的速度非常快，因此在设计过程中他们运用了双重气动刹车系统；在该系统的帮助下，列车从每小时360千米的速度减速为静止状态，需要4000米的距离。

按照日本交通部门的说法，这种高速电气列车，将于2011年首先在首都东京和本州岛青森市之间的铁路上投入运营。

2. 研制城际高速电气列车的新进展

推出第四代城际高速列车。2015年12月4日，德国铁路公司，在柏林推出其第四代城际高速列车ICE4，新一代列车将通过14个月的试运行，于2017年正式投入使用，并逐渐取代第一和第二代城际高速列车。

德国交通部长多布林特和德铁总裁格鲁伯，参加了当天的首辆新车交付仪式，第四代城际高速列车ICE4由西门子和庞巴迪合作制造，这是德铁公司300辆新型高速列车替代计划的一部分，目前德铁公司已订购了130辆ICE4。德铁公司总裁格鲁伯说:"ICE4将开启德铁城际快车新时代"。

ICE4主要是用来取代业已陈旧的ICE1和ICE2。新型列车将经过14个月包括各种气候环境条件下的试运行,尤其是寒冬和炎热的考验,以检验空调系统等设备是否适应。

ICE4在外观上与ICE3没有多大区别,行驶速度也限制在时速250千米,因为根据德国的情况平均80千米就有一个停靠站,适合时速300千米以上的路段很少。在硬件上有明显变化的是每节车厢增加了8个可停放自行车的位置,这也是适应德国人喜欢远足旅游的需要,另外更加方便了残疾人轮椅上车和在车上停放。

ICE4还有一些小的新颖的地方,如车厢的灯光可以变换,早晨黄色、中午蓝色、晚上红色,据说这种灯光变换更令乘客感到舒适。通道地面也有应急指示光标指向出口。每个座位都有电源插座,乘客可在车厢上网和使用移动通信。

与ICE3相比,新一代列车使用了更多轻质材料,因此更加节能。但座位空间更像飞机上的座位,舒适性略逊于ICE3,总的来说ICE4是一款实用性的高速列车。

(三)研发其他高速列车的新信息

1. 开发超导磁悬浮列车的新进展

研制出时速再创新纪录的超导磁悬浮列车。2015年4月21日,日本东海旅客铁道株式会社(JR东海公司)宣布,该公司当天利用"L0系"超导磁悬浮列车进行了高速运行试验,达到了载人行驶每小时603千米,比现有吉尼斯世界铁道载人行驶纪录高出22千米。

超导磁悬浮列车是利用超导磁体使车体上浮,通过周期性地变换磁极方向而获取推进动力的列车。超导磁悬浮列车除速度快之外,还具有无噪声、无震动、省能源的特点,有望成为21世纪的主力交通工具。

当天上午10时,在山梨磁悬浮试验线所在的隧道内,"L0系"超导磁悬浮列车用10.8秒的时间行驶了1.8千米。这一速度刷新了该系列车4月16日创造的时速590千米的世界纪录,JR东海公司准备就此申请吉尼斯世界纪录。

山梨磁悬浮试验线位于山梨县上野原市至笛吹市之间,全长42.8千米,今后将转为运营线路,作为磁悬浮中央新干线的一部分使用。磁悬浮中央新干线最高速度预计为每小时505千米,东京品川站至名古屋站之间的路段预定在2027年开始运营,并于2045年延长到大阪,实现全线贯通。

JR东海公司说,进行时速550千米以上的更高速行驶试验,是为了获得列车行驶时受到的空气阻力以及晃动等数据,帮助对磁悬浮运营线路的设备进行最佳设计。

2. 研发超级环管道列车的新进展

(1)提出制造速度为飞机两倍的"管道列车"。2013年7月,国外媒体报道,企业家、亿万富翁埃隆·马斯克是太空探索技术公司的首席设计师,开创了民营航天企业,该公司研制的"猎鹰9号"和"龙"式飞船组合,将作为未来十多年进入地球轨道的工具之一。猎鹰系列火箭开启了低成本发射的时代。近日,马斯克还提出了"阿尔法设计",准备打造"超环线"超级列车工程,可以在30分钟内实现旧金山到洛杉矶之旅,速度是飞机的两倍左右。

据悉,马斯克将在8月12日揭开他的"阿尔法设计",透露该设计的全部细节,其中包括"超级列车"是通过何种途径实现超高速运行等。有人认为,这是一个革命性的交通系统,可大大缩短城际之间的旅行时间。

工程师约翰·格尔迪针对马斯克城际直达交通工具的要求,构想了一种可能的方案:"超环线"超级列车工程或为巨大的"回路"装置。物理学家布赖恩·多德森认为,可能通过气动原理实现快速运输,即在旧金山与洛杉矶之间建立巨大的封闭管道,轨道列车可以在管道中达到最高速度,大大减少了空气阻力的作用,这一灵感来自20世纪初提出的类似计划。

虽然有些人认为马斯克的想法不切实际,但是他的想法往往会给我们带来惊喜,比如创立了太空探索技术公司,以私人企业的力量打造廉价的航天发射业务,创办了贝宝和电子汽车制造商特斯拉汽车公司。到时候,马斯克将揭开"超环线"超级列车工程的真实想法,显然该项目是其将要打造的一个史无前例的交通项目。

目前,从旧金山到洛杉矶的旅程,轨道交通需要花费12个小时,汽车为8个小时,飞机也得一个半小时,"超环线"超级列车工程是如何工作的,确实让人捉摸不透。马斯克认为,工程师格尔迪绘制的"气囊管道"是最接近自己设想的方案之一,此外,该工程可能还涉及电磁系统进行加速,结合封闭的管道空间将列车加速。他认为,该工程将花费大约60亿美元,而且其设计的技术是开放的,未来可以进行反馈改进。

(2)超音速高铁系统完成关键测试。2017年8月,物理学家组织网报道,美国超级高铁公司"超级环1号"表示,他们的超音速高铁系统,通过了第二阶段的关键测试,最高时速达到每小时310千米。测试结果表明,超音速高铁技术已经成熟,完全具备了上路的条件,人们将在几年内体验到这一极具未来感的交通工具。

这次测试在拉斯维加斯附近的沙漠地带完成,公司将500米真空管,减压到相当于海拔6万米高空的大气压力,从而将阻力降到最小,原型舱在管道内以每小时310千米的速度通过测试,系统内所有组件,包括发动机、控制器、真空系统和磁悬浮系统都完好无损,经受住了高速前进的考验。之后,公司还将开展第三阶段测试,进一步提升运行速度,而超级环系统的最高时速,可达每小时1200千米。

公司合作创建人谢尔文·皮谢瓦表示,这是一次里程碑式的成功测试,证明超级环高铁的商业化已经来临，公司的工作重点将发生改变，更加侧重于商业化推广。公司首席工程师乔什·吉格尔称，公司已经开始设计生产线，规模化生产超级高铁系统，与世界各国洽谈修建超级环高铁。

超级环高铁系统，根据埃隆·马斯克的想法建立，已经从法国国家铁路公司、美国通用电气及迪拜和俄罗斯的国有企业等募集到 1.6 亿美元资金。其设计思路是，货物或乘客搭载吊舱通过低压管道，以客机的速度远距离来往。超级环系统优势明显：比飞机安全；建造和维护成本比高铁低；平均每位乘客的耗能低到像骑自行车。

马斯克近日曾表示，美国政府已经口头答应在纽约和华盛顿间修建超级环系统。但皮谢瓦接受媒体采访时透露，因其他国家效率更高，第一个超级环系统很有可能在美国以外建成，为节约成本，他们会选择现有铁路线改建超级环管道，而不是重新挖建隧道。

二、研制摩托车与自行车的新成果

（一）研发摩托车的新信息

1. 研制不同功能摩托车的新进展

（1）发明可用手也可用脚控制的履带式摩托车。2006 年 5 月，德国工业美术设计师季曼·舒尔茨和奥利韦·克勒尔，在米其林公司工业品美术设计大赛上，提出一种不寻常交通工具方案，取名为"巴尔"的摩托车，能够利用柔性橡胶制成的履带来行驶，履带可确保它与地面最大限度地紧密接触。

这两名工业美术设计师，同时还解决了如何使控制"巴尔"摩托车更安全和更方便的许多问题，不仅可以用手而且还可以用脚来控制驾驶。另外，"巴尔"摩托车的结构特性，使它可以安装任何一种发动机。

这种履带式摩托车，首先是作为比赛用车，因为它是在很小的自重条件下，能加速到很高速度，也许在不久的将来，它就能参加巴黎—达卡汽车拉力赛的摩托车组比赛。

（2）研制出摩托车与汽车的"混血儿"。2006 年 7 月，英国媒体报道，开车的上班族们，经常因为交通拥堵和车位紧张而烦恼。然而要想解决这一问题，似乎不大可能指望在大城市中再次出现黄包车，也不要期待每个驾驶员都改骑自行车。英国的工程师们日前开发出一款把摩托车和汽车结合在一起、外形超酷的新型车辆，无疑为解决现代人的交通问题提供了一条新思路。

这款名为"纳罗"（Naro）的小车，是复古风格和现代技术的完美结合，它每个轮子上都有自行车式的挡泥板。它的初步设计工作由位于英格兰中部的考文垂大学艺术与设计学院负责；车辆的外观设计由威尔士斯旺西的工业设计学院负责。

据报道，这款两座小车结合了摩托车的动力和小汽车的舒适性。它的车身只有1米宽，驾驶员和乘客像骑摩托车一样，一前一后坐在车内，并且被罩在一个与汽车类似的外壳之内。这款车驾驶起来也像自行车，但它却有4个轮子和汽车的安全设施。最重要的是，它可以在拥堵的车流中任意穿行，并且能够停放在非常狭小的空间，人们甚至可以将它斜靠在街角。目前，有关这款拥有与众不同外形的车辆的研制工作正在威尔士进行，预计3年之内将能够在英国的公路上见到这款车。

专家指出，研制这种车辆的主要原因，就是对日益严重的交通堵塞、车位的缺乏，以及有关污染情况的关心。他们认为，该车的重量和占地面积仅为传统轿车的1/3，其耗油量不足普通轿车的一半，平均每加仑汽油可行驶160千米。这使得这款车的成本效益变得十分诱人。他们的目标，就是在英国生产专供上班族使用的车辆，并在此基础上，利用这一平台开发单人出租车或者城市快递车辆。

2. 开发环保型摩托车的新进展

设计由风能和太阳能提供动力的摩托车。2015年8月，国外媒体报道，化石燃料不可能用之不竭，人类已经意识到这点，并开发了很多替代能源。近日，詹姆斯戴森设计大奖赛入围设计"奇异世界"就是基于这个想法设计的。它是一款由风能和太阳能提供动力的摩托车。

澳大利亚墨尔本皇家理工大学工业设计专业的学生、项目主持人阿里斯泰尔·麦金尼斯解释称："2013年年底，我曾在苏格兰高地骑租来的摩托车穿越格伦科峡谷。在半途中，我突然有了个想法，我想若干年后，我们可能无法享受这种休闲骑行。因此，我就希望设计一种不需要燃料的摩托车，让人们自由地休闲旅行。"

"奇异世界"无法一边行驶一边收集能源，而是在车架下悬挂一个收纳箱，里面装着可折叠的风力发电机，在摩托车不用时树立起来借助风力发电，另外摩托车还可用光伏面板收集太阳能。所有这些能源都能存储在摩托车底座下的电池里。麦金尼斯称，他设计这款摩托车花了8周时间，并用6周时间来制造，总共花了约7000澳元。

目前，他设计的这款摩托车速度可达到每小时80千米，每次可行驶15分钟，其发动机是在网上淘来的混合动力发动机。麦金尼斯表示，他希望最终版本的原型产品，能使用专门设计的发动机，在充满电后能跑500千米。他说，当前的设计只是概念验证，还需要进一步开发以提高性能。

（二）研制自行车的新信息

1. 开发太阳能自行车的新进展

（1）研制出完全依赖太阳能驱动的自行车。2006年5月，有关媒体报道，近日，加拿大的一家公司推出了世界上首款完全依赖太阳能工作的自行车——"阳光自行车"。

该公司总裁彼得·桑德勒介绍说，他们研制的"阳光自行车"是迄今为止唯一一款能够完全依赖太阳能运行的自行车。当然，太阳能也并非这种新型自行车的唯一动力来源。

为了保障自行车获得足够的能量，太阳能电池板被安装到了车轮部位。这样一来，车轮受到风力的影响会比较明显，"阳光自行车"的使用者们就不得不小心地应对从侧面吹来的阵风，以保持骑行的稳定。

桑德勒表示，安装的太阳能电池提供的能量，足以使自行车的速度达到30千米/小时。在平稳行驶状态和停止状态时，太阳能电池板会为自行车上的蓄电池充电。"阳光自行车"的重量为34千克，前轮安装有马达，功率为500瓦。

（2）尝试应用太阳能驱动的自行车。2011年10月，葡萄牙媒体报道，目前，葡萄牙著名旅游城市卡斯卡伊斯向游客提供太阳能驱动的自行车出租服务。

卡斯卡伊斯作为旅游热点，原来就有向游客提供免费自行车的服务项目，平均每年达到2.7万人次。现在，又增加了提供太阳能驱动的自行车的出租服务。

作为应用新能源的尝试，卡斯卡伊斯市政府投资8000欧元，由合作伙伴德国公司提供8辆太阳能自行车。这些自行车使用有机玻璃、铝和钢等材料制成，配备太阳能充电电池。

自行车存放点，建造有专门的太阳能充电站，在充电站的房顶安装有太阳能发电板。自行车用4个小时充足电后，在无须太多人力驱动的情况下，最大行程可达70千米，足以在卡斯卡伊斯市和周边城镇打来回，最高时速为25千米。

2. 开发快速或轻松自行车的新进展

（1）研制出最快的电动自行车。2009年5月，英国《每日电讯》报道，由该国"超机动"公司（Ultra Motor）研制的、世界上速度最快的电动自行车A2B，开始在英国出售，其时速可达32千米。自行车上安装有"提速"按钮，并且骑车人不需要获得执照。

报道称，英国新推出两款电动自行车，即A2B Metro和A2B Hybrid，售价近2000英镑。电动车使用锂离子电池，一次充电可行驶32千米，且伦敦的用户可以免缴交通拥挤附加税。

据"超机动"公司网站介绍，这款有踏板辅助的电动自行车属轻量车型，质量非常好。主要是靠其电动机发电来加速。A2B Metro电动自行车，采用需求式供电系统，需要加速时用户可根据个人需要用脚蹬或用电。这款电动自行车是短途旅行和上下班理想的交通工具，它能保证你按时到达目的地。

英国交通部一位发言人称，"当时速超过24千米时，这款自行车上的电动机就无法驱使自行车前行，必须配合脚蹬才能继续前行；因此根据规定，这款车可以不需要驾驶人配备特定的驾照和佩戴经认可的机动车安全帽，同时还不需要上强制保险。"

（2）研制出让骑行更轻松的智能自行车。2015 年 8 月，外国媒体报道，当下，越来越多的人喜欢骑自行车锻炼身体。那么，有没有相关的智能设备呢？"雄鹰"就是一辆智能自行车，对于常常搞不清楚方向的人，它可以通过车头的 LED 指示灯，协助使用者按照设定的路线骑行，并能够记录骑行时的信息和个人数据，供用户在计算机应用程序上查看。同时，也会实时收集路况信息汇总给其他的"雄鹰"自行车，使骑行越来越安全。

据悉，该车使用碳纤维制造，车身轻便，方便停放。

有关专家介绍道，该款智能自行车通过计算机应用程序连接，可以支持安卓、移动操作系统，以及智能手表，可以通过计算机应用程序设定路线，骑行时它会利用低功率蓝牙连接手机。遇到转弯处，会在车头通过 LED 灯提示转弯。车上也有盲点检测传感器，当感测到障碍物或坑洞时，会通过震动车把提醒骑车人留意，骑行完毕也能通过计算机应用程序获知本次骑行的距离、消耗的热量、最佳速度等信息。自行车在骑行过程中也会自动充电，约 1 小时即能充电完毕，非常便利。

"雄鹰"自行车充分利用物联网的概念，当越多人骑行"雄鹰"时，通过网络技术能收集整个区域的地理数据如坑洞或者障碍物的实时信息，骑行时就越安全。当其被盗时，只要有其他"雄鹰"骑行人靠近被盗的自行车时，就会发送信号给原来的主人，以保障财产安全。

三、研制陆上交通运输工具的其他新成果

（一）开发个人出行代步车的新信息

1. 研制个人出行单轮代步车的新进展

推出新型交通工具单轮智能代步车。2009 年 9 月，英国《每日邮报》报道，日本本田汽车公司向外界展示了一种新型的"个人机动"交通工具 U3-X，乍看上去，骑着它可能有点不稳，不是特别舒服，但本田汽车认为，这种新式工具有望成为道路上的一种常见的交通工具。

U3-X 像一辆非常现代的独轮车，你只要把身体向前、向后、向左、向右倾斜，它就会随之改变前进的方向。这种工具的时速可达 6 千米左右，仍能保持平衡状态。本田汽车表示，记者们已经对 U3-X 进行了试骑，当初设计它时便要求不能太大，安全第一。

U3-X 上的单轮由很多利用发动机控制的小轮子组成，这样它就可以做到向任何方向突然转向。但本田汽车总裁伊东孝绅表示，这种机器目前还处于研发阶段，公司还不打算把它投放市场，也没给它定价，也没有确定它适于在哪些地方使用，以及如何使用。

U3-X 的重量不足 10 千克，由锂电池提供动力，每次充电后可连续使用

1小时。这种工具最适合那些身高超过1.50米的人使用。虽然本田汽车说这种工具适合老年人使用,但目前还不清楚老年人的协调能力是否足以控制它。本田汽车曾研制出会走路的人形机器人Asimo,U3-X采用了其中一些技术。

2.研制个人出行双轮代步车的新进展

推出让低碳出行成为时尚的平衡电动车。2015年8月,有关媒体报道,低碳出行、低碳生活,这可以算得上是近几年出镜率最高的号召和口号之一,各种关于城市生活、生态状况的纪录片也是比比皆是,生活在城市中的大多数人都在思考。但是,全民低碳出行却需要更多人的自发参加与行动,而不是仅仅局限于思想层面。

如何让崇尚、渴望低碳出行的人们,真正以行动做到低碳绿色出行呢?使用平衡车,可能是其中一项有效方法。平衡车带给人们出行方式的变革,并不是使用了原装进口的索尼锂电池这种清洁能源的变化,而是彻底改变了人们的出行模式。

过去,传统交通工具的出行模式是单一的,而平衡车的问世却打破了这样的传统模式,将组合式交通带入了人们的观念中。在面临交通堵塞时,单一的交通出行并不能够解决这个问题,但是如果以"平衡车+公共交通"这种组合出行方式,问题则会迎刃而解。正常情况下,在堵车时坐快速公交车或者地铁,都比开私家车出行要快,但是这样的公共交通覆盖面是却不够完善的,离开固定的站点后所面临的短途出行成了广大出行人群的困扰;然而辅助以平衡车这种代步装备,民众就能够享受到最为快速且有效率的低碳出行方式。

除了日常出行,旅游中的低碳也是格外重要的。绿色出游不仅保护了生态环境,也会给自己带来更靓丽的心情。

无论是机场、火车站,还是景区、展馆,平衡车因为它的低碳零排放,以及毫无噪声的优点,都能够自由进出。这将带给人们更舒适省力的出游方式,让游客免于双腿奔波的劳累,体会一场愉快且无忧无虑的美妙旅途。

平衡车不仅是一种出行工具,也是一种非常健康的骑行运动。长期骑行平衡车,能够帮助骑行者的肩、脊、四肢等全身都能够得到全面的放松与锻炼,并且平衡性和神经放射能力也得到了提高。对于缺乏时间运动的人们,平衡车完全可以借由出行的时间,帮助大家进行健身锻炼,一举两得,可谓是不可或缺的生活帮手。

智能时尚,绿色出行,平衡车一定能够以面面俱到的骑行体验,满足不同人群的需求,以出行改变生活,让生活得到启迪。

(二)开发运输机器人的新信息

1.研制军用运输机器人的新进展

(1)研制出能帮助士兵运输设备的"骡子"机器人。2006年3月,有关媒体报道,日前,美国波士顿动力公司总裁马克·瑞博德主持的一个项目研究小组，研制出一种动作敏捷、用四脚行走的机器人。这种机器人即便是在受到很强的撞击时仍能恢复平衡状态。该公司为这种机器人起名叫"大狗"。它走动起来既像一只羊又像一匹木偶马。这是为美国军方所设计的专门用来负重运输的机器人。

研究人员称这款机器人为"全球最先进的四足机器人"。该研究小组还在网上播放了一段该机器人在斜坡上行走、跨越乱石地面和对抗大力撞击的视频录像。瑞博德说："'大狗'的内置力度传感器能够对地面的变化进行探测，并作出相应的反应。而'大狗'主动的保持平衡，使它能够在受到外力冲击时保持稳定性。"

该项目是由美国国防部国防先进技术研究局投资进行的。该局计划将研制出的机器人，作为在地形崎岖地区帮助士兵进行运输的工具。因为，通常地面作战部队的士兵都要携带重达40千克的设备。

瑞博特说，最新型的大狗机器人能够在倾斜度为35度的斜坡上行走。机器人的液压制动器，是用二行单缸汽油发动机做动力的，它能负重达40千克，这一重量是其自重的30%。该机器人能够根据自己设定的简单线路前进，也可以通过远程控制前进。

该机器人的制造商表示，在下一个型号的大狗V3号机器人腿上将增加一个自带动力的关节，使其能够以更快的速度应付更陡峭的坡度和更崎岖的地形。

（2）研制可运送军用物资的四足机器人。2012年9月，《每日邮报》报道，目前，美国军方投资研制，波士顿动力学公司机器人科学项目主管阿尔弗雷德·里兹博士领导的研究小组，研制可运送军用物资的"猎豹机器人"，已刷新最快四足机器人记录，可达到时速45.6千米。

为了提升猎豹机器人的奔跑速度，研究人员对协调机器人腿部和背部运动的控制算法，进行升级，并增强装置功率。

里兹博士说："在跑步机上实现奔跑时速45.6千米，完全是一个挑战和精湛技能，我对这个机器人研究小组感到非常满意。但是我们的真实目的，是研制一种能够在户外迅速奔跑机器人。目前，我们正在建造户外版四足机器人，它叫作'野猫'，预计不久可以进行测试。"

同时，该公司也在研制一系列军用机器人，由美国国防部高级研究计划署提供资金。研究人员认为，这种"机械动物"未来将用于军用物资补给运输，甚至派遣到战场上执行任务。该公司也计划使四足机器人奔跑更快，近期是希望其达到时速80千米。将来，预计"猎豹"还可以奔跑得更快，目标时速可达每小时113千米。

2. 研制科学考察用运输机器人的新进展

（1）研制能采集冰雪样本的极地运输机器人。2007年3月，美国达特茅斯学院一个研究小组，在本年度北极科学高峰周会议上展示了他们最新研制的极地运输机器人，它可在极地环境中代替人将物资运送到指定地点。

这种机器人重60千克，形状类似一个带轮子的方盒子，上面安装了太阳能电池板。由于需要在极地恶劣环境中作业，因此它的速度并不快。它能适应极地复杂的环境，可携带物资进入人无法到达的地方，还可代替科学家采集冰雪样本。

（2）研制出可在沙地上运物行走的机器人。2009年2月，美国媒体报道，对于大多数车辆而言，一旦陷入沙地便无计可施，只有等待救援。美国科学家利用仿生学研制出一种机器人，它通过模仿沙漠动物的移动技巧，可以快速安全地穿越松散的地形，将来可以开发成穿越沙漠的运输工具。

穿越松软沙地时，机动车高速行驶的后果往往是陷入"沙沼"无法自拔。其主要原因在于，车辆的重量使得松散的沙地在轮胎下方塌陷。美国宇航局火星探测器等，也受同样问题困扰：如果它们的"肢体"在结构松软的表面前进得过快，探测器便有下陷的危险；而慢速行驶，则会让它们在穿越这种地带时浪费太多时间。

据报道，佐治亚理工学院科学家丹尼尔·戈德曼领导的研究小组找到一个折中的方法。他们注意到，沙漠中生活的蜥蜴和蟑螂等动物，在穿越沙漠时有独特的方法：它们的四肢在与沙地接触过程中运动非常缓慢，而在四肢腾空至再次触地之前的运动则非常迅速。这使得这些动物能够在松散的沙漠中安全快速前行。

研究人员据此设计了一个名为"沙漠机器人"的六肢机器人，在围绕轮轴旋转的同时，机器人的3只小爪会在沙地上缓慢运动，而另外3只小爪在触地之前，则会在空气中快速转动。经过一年试验，"沙漠机器人"最终在穿越一片由罂粟种子仿制的"沙漠"时，速度达到了每秒30厘米，这一速度至少是美宇航局火星探测器行进速度的15倍。

研究人员表示，他们下一步打算在安装了轮子和其他附加物的机器人身上使用这项技术，使其成为考察沙漠区域的运输设备。

（三）开发其他交通运输工具的新信息

研制其他生活交通工具的新进展

设计制造能自动行驶的婴儿车。2015年8月19日，雅虎科技报道，自动驾驶汽车的研究才刚刚起步，工程师们却早已按捺不住他们激动的心情。这不，小小的婴儿车也玩起了自动驾驶。据悉，大众公司在近日发布了一款与众不同的原型车。

大众公司荷兰分部发布的一条视频显示，一位奶爸正带着一辆婴儿车散步。婴儿车缓缓地跟在他身后，既能自动巡航控制，遇到障碍也会自动刹车。相比于这位奶爸，反倒是旁边的行人显得有些不太镇定了。

这是一款能够自动驾驶的婴儿车，其创意是，大众公司通过"脸谱网"，向广大消费者征集而来的。

  虽然，到目前为止，德国人并没有把设计婴儿车当一回事，但这辆婴儿车所运用的自动驾驶技术，可是实打实的。一位大众工程师表示，婴儿车里的传感器正是来自大众高尔夫（Golf）。不过，话又说回来了，现实生活中很多的发明，正是来自工程师的灵光一现。说不定哪一天，你的小区里也能看到自动驾驶的婴儿车了。

第二章 水中交通运输工具的新信息

水中交通运输工具通常表现为，利用水的浮力，依靠人力牵引拉动，依靠帆篷风力推送滑行，或者依靠蒸汽机、燃气涡轮机、柴油发动机、核动力机组等动力推进，能够在水上移动的航行器，大的如航空母舰、超级油轮，小的如独木舟、竹筏，其总称为船舶。21世纪以来，国外在水面船舶领域的研究，主要集中于开发游艇、游轮、环保型概念船、太阳能船舶、波浪动力船、依靠水面张力驱动的微型船、多功能天然气运输船，以及对抗全球变暖的"造云船"。研制反海盗机器人快艇、设备先进的反海盗舰船、无人驾驶水面艇、隐形战舰、直升机母舰、大型驱逐舰、破冰船与考察船。在水下运输工具领域的研究，主要集中于推出具有不同特色的潜水器，研制无人驾驶的潜水器，开发用于科学考察的潜水器；研制主要用于水下探索及运送的机器人，主要用于水下采矿和运送的机器人，可用于水下搜索和抢险救援的机器水母，以及仿"章鱼"的人造水下航行器。

第一节 水面船舶研发的新进展

一、研制民用船舶的新成果

（一）*研发游艇与游轮的新信息*

1. 设计制造游艇的新进展

（1）推出数字化游艇设计。2004年9月19日，在法国海滨城市拉罗歇尔举行的游艇业数字设计讨论会上，法国贝内托船厂设计师介绍说，利用一种名为CATIAv 5的软件，他们设计出了一种游艇三维数字模型。借助这种模型，可以清楚了解游艇实际制造中可能存在的问题，比如发动机位置是否合适，发动机产生的热是否会对周边船体产生影响，需要多少材料才能将船体结构安排妥当等。而且，设计师可借助模型随时修改某一处设计，其他部分的参数会随着这一修改自动调整并与新设计相适应，不必人工逐一修改。这大大提高了船厂的生产效率及产品性能。

此外，数字化设计还可以让贝内托船厂与其他船厂共享信息，重复使用有用的产品设计信息。船厂可以在游艇的整个生命周期，从最初的概念设计到最后产品交付和售后支持,进行生产流程优化,还可以与各分公司以及配套零部件商协同工作,在数字网络上共享、浏览和管理产品信息。

一位游艇零部件制造商表示,游艇的数字化设计极大地方便了他们适应市场的变化速度。现在这种工业化与信息化的结合,几乎已成为西方工业设计制造的通行方式,只不过以往只应用于航空、航天以及汽车制造等大型工业领域,而现在,信息化也为他们这种小企业带来了极大便利。

(2)研制出电力驱动的豪华大游艇。2004年11月,在刚结束的汉堡造船、机械和海事展览会上(SMM),德国汉堡一家船厂展出一艘利用高温超导技术与系统装备的一艘电力驱动豪华大游艇,它将于两年后在市场上面世。该船的展示,标志着世界造船技术,在推进系统领域和能源储备方面进行着一场大革新。

高温超导全电动船舶技术由西门子公司研究成功。技术上是用高温超导发电机,配合多个限流器的船舶动力供应系统组成,其科技先进之处是与传统用铜线制造发动机相比,电阻时间极低,但电流密度却飙升50倍之高。

产生此奇妙作用的是用一种流质冷却传导液体氦。它注入高温超导体器内,与适用在限流器的一种液化氮混合,产生传导作用形成电流,与传统发电机输出电流相比,这种发电机会产生更大密度电流,而它的重量仅是传统产品的一半和体积的1/3。

在展览会上,这项技术和系统安装在一艘80英尺长、1500吨的豪华大游艇上作为船用动力。据汉堡这家船厂担任造船工程师的沙特拉表示,在能源储备的推进器工厂内,已经有几个构造方案可利用。他认为,未来的游艇将依靠高速动力推进。

同样,燃料电池应用高温超导技术,其意义十分深远。这种电池作为能源来源,早已用在潜艇动力推进上。年内该展览还将披露它们的最新发展成果,介绍及解释在水面船只上如何应用这种技术。一般估计,这种技术开始时将以移动单位方式在船上电机部分或海港设施用电上出现。

2. 设计建造游轮的新进展

建造有纽约式中央公园的世界最大游轮。2008年4月15日,英国《每日邮报》报道,眼下,总部位于美国迈阿密的皇家加勒比海游轮公司,正在进行一项庞大的工程:建造一艘重22万吨级的超级豪华游轮"创世纪"号。据这家公司透露,他们将在这艘世界上个头最大的游轮上修建一个纽约式"中央公园"。

对于竞争日益激烈的全球游轮市场来说,皇家加勒比海游轮公司的举动无疑掀起了一股新的巨浪。该公司表示,"中央公园"将建在游轮中央,长度相当于一个足球场。公园采用革命性设计,直面天空,园内植物郁郁葱葱,彰显热带风情。

据悉,这艘长360米的豪华游轮正在芬兰进行建造,它的造价高达7亿英镑，绝对让当前最大的游轮变得黯然失色。当前最大的游轮也出自皇家加勒比海游轮公司之手，重量为16万吨。该公司表示，"中央公园"将像一个小镇，可充作餐饮和娱乐之所。公园将位于这艘拥有16层甲板游轮的第8层甲板上，它的宽度达到19米，长度达到100米。园中树木高度将超过两个半甲板，为了让园中植物健康茁壮生长，将采用小气候控制技术。

皇家加勒比海游轮公司主席兼首席执行官理查德·费恩说："这艘游轮堪称建筑和设计史上的一次重大突破，它将为所有与我们一同出海的乘客奉献无与伦比的度假经历。"根据客船航运协会的预测，2008年将有155万英国人选择游轮度假。

5月，皇家加勒比海游轮公司打造的当前最大的游轮之一："海洋独立"号将在南安普敦下水，从此踏上工作岗位。无独有偶的是，P&O游轮公司也推出了"文图拉"号新豪华游轮，海伦·米伦爵士将于16日晚上在南安普敦正式为这艘游轮命名；丘纳德公司最近让"维多利亚女王"号游轮下水，这艘游轮同样是在南安普敦建造的。

最近的信贷紧缩似乎没有影响到游轮业，在未来几年时间里，单是皇家加勒比海游轮公司为两艘"创世纪"级游轮投入的资金，就高达14亿英镑。建造完成后，"创世纪"号可搭载5400名乘客。据悉，这艘海上巨无霸的长度将超过4个足球场，个头也要比现今最大的游轮高出40%。"创世纪"号将于2009年秋季投入运营，佛罗里达州的劳德戴尔堡将成为它的母港。

（二）研发节能环保船舶的新信息

1. 设计环保型概念船的新进展

设计出一种真正环保的零污染概念船。2005年5月，国外媒体报道，在国际航运污染日益严重的今天，各国都推出了各种形式的环保船只，不过这些船只要么减少噪声，要么采用清洁能源，要么合理回收垃圾，并没有一艘真正意义上的环保轮船。北欧挪威航运企业华伦纽斯·威廉姆森公司最近设计出一种真正环保的零污染概念船。

英国一家环境研究机构最近发表研究报告，呼吁对航运业给海洋造成的污染给予足够重视。这家研究机构一项为期两年的研究表明，仅在北欧，航船产生的垃圾、小规模燃油泄漏等问题，造成的经济损失就达7.5亿英镑之多。

根据报告的分析，航运业造成的污染是多方面的：漂浮的垃圾如滤油器、油漆桶等会损坏渔网，使渔业蒙受损失；大量水鸟和海洋动物误食塑料垃圾或被其缠绕，严重的会导致死亡；垃圾损坏过往船只的螺旋桨会引起事故，不仅使船员生命安全受到威胁，而且还增加救生部门的工作量，降低航运效率。

为此，北欧挪威航运企业华伦纽斯·威廉姆森公司最近推出了一艘零污染概念船，可有效地保护海洋环境。概念船在日本爱知世博会上向公众展出，研究人员预计20年后这种船将进入实用阶段。他们给这种零污染环保船取了个名字，叫作"奥塞勒"。"奥塞勒"是缅甸一种珍贵的濒临灭绝的海豚。用这种珍稀海豚命名零污染船，是为了突出这种船的环保意义。为了设计这艘"奥塞勒"，华伦纽斯·威廉姆森公司组建了一支跨学科的设计队伍，集合了造船工程师、环保专家，以及工业设计师等。

据介绍，进入实用阶段的"奥塞勒"主要数据是：长250米，宽50米，高30~40米，航速为16海里/时，最高可达27海里/时，最大载重量为1.3万吨，载货甲板共有8层，总面积8.5万平方米，相当于14个足球场那么大，可载1万辆汽车。

"奥塞勒"仅靠风能、太阳能及波浪动能以及燃料电池技术推动航行，不会释放出有害物质污染环境，既不会污染大气，也不会污染海洋。它利用电力装置，从几种能源中获取能量，大约一半电能由燃料电池供给，其余电能由太阳能电池提供，另外也可以利用海浪能量，海浪可推动专门的螺旋桨转动。"奥塞勒"的一部分螺旋桨，用来驱动海轮在海中航行，其余的螺旋桨用来驱动发电机。

从该公司在日本爱知世博会上展示的"奥塞勒"模型上，人们可以看到，"奥塞勒"的船身两侧共有12块似海豚鳍板一样的装置，可以收集波浪能量；而船上3块表面装有太阳能电池的巨型"帆板"则用来收集太阳能及风能。这3种能量将用来分解出水分中的氢原子，并采用燃料电池技术产生无污染、可循环使用的能源。"奥塞勒"还配备了大容量的储存能量设备，用来储存多余的太阳能、风能和波浪能，以保证轮船在风平浪静、阴天的日子能正常行驶使用。

除了不使用燃料，"奥塞勒"的环保意义还在于，它不需要传统船只的"压舱水"。国际海事组织认为，压舱海水是对远洋水生物生存环境的最大威胁之一。传统船只启航前都要从海里装入几千吨海水，在船只到达目的地之后，这些海水又被倒入大海。

压舱水中携带的海洋生物会被轮船带到一个陌生的环境，而不同的环境将使这些生物的生存受到威胁。多年来，海洋学家还担心，被抽上来的海水很可能夹杂着濒临灭绝的生物。然而，"奥塞勒"设计独特，无须携带压舱物，能保护海洋生态。因为"奥塞勒"在两边船身加装了形状类似于海豚水鳍的稳定翼，可以达到如压舱水一样稳定船只的效果。

华伦纽斯·威廉姆森公司的总裁尼尔斯·迪威克认为，"奥塞勒"的造价应该高于常规海运船，目前同样规模的海运船每艘价值4600万英镑。迪威克还透露，拥有部分"奥塞勒"特征的船，将在5年内制造完成并下水，但真正的完全无燃料动力的"奥塞勒"，可能要到2025年才能面世。

2. 研制利用太阳能船舶的新进展

（1）设计制造出第一艘太阳能渔船。2007年4月，国外媒体报道，古巴渔业部电器工程师、技术局长里卡多领导的一个研究小组在古巴太阳能公司专家的协助下,经过4个月的研究设计,终于制造出第一艘太阳能渔船,并在本国海域试航成功。

里卡多介绍道,这艘太阳能渔船最长航行时间可达4小时。他说,这种渔船与普通的船只相似,但在船上安装了太阳能接收器,把接收的太阳能存储在电瓶内,就可以为船上的电动发动机提供能源了。

太阳能渔船的优点是没有噪声,不会使鱼群受到惊吓,不会对水域造成污染,可广泛用于渔业和库区的巡逻。里卡多透露,他目前正在研究设计更实用的太阳能船只。

(2)世界最大太阳能动力船游开进塞纳河。2013年9月16日,法国媒体报道,世界最大的太阳能动力船,结束了在巴黎5天的公众展示活动,向下一个目的地法国布列塔尼亚大区进发。

这艘双体船,长31米,宽15米,自重89吨,最高速度为每小时9.25千米,船体的唯一动力来自太阳能,船载电子设备均通过太阳能来供电。船长热拉尔·德·阿波维尔先生介绍,该船体顶部为可调节面积的太阳能电池板,最大面积为512平方米。太阳能发电最大功率可以达到120千瓦,但实际上20千瓦即可推动船前进。船上备有6组锂离子电池,电池充满后,可以满足72小时的航行需要。

2010年,这艘世界上最大的太阳能动力船在德国下水,2012年5月完成以太阳能为唯一动力的环球航行。2013年,这艘船两度横跨大西洋。目前,该船已经成为一个多功能的平台,是包括科学研究、教育基地和光伏应用的宣传大使。2013年6月以来,日内瓦大学的马丁·伯尼斯顿教授把该船作为研究墨西哥湾流的科学基地,研究海面上大气沉降对海洋生物的影响。伯尼斯顿教授说,由于此船没有化石燃料的燃烧排放,使其成为研究海上大气沉降最适合的平台。

据法国燃气苏伊士集团能源技术观察员李天伦先生介绍,尽管它停靠塞纳河畔当天一直阴雨不断,但太阳能电池板依然提供了5千瓦的发电功率。除了具有强大的太阳能动力系统,该船船体设计方面也有很多独到之处,例如新材料的使用和船翼船艉的流体设计。它的驾驶舱内有一台实时分析天气情况的电脑,这台电脑可通过卫星连接法国气象局,通过对海面上光照强度和风暴信息的分析,实时调整船的航行方向。

(三)研发特殊功能船舶的新信息

计划研制对抗全球变暖的"造云船"

2009年8月10日,英国《泰晤士报》报道,为了应对灾难性的全球变暖问题,许多科学家提出了许多创意方案为地球降温。丹麦哥本哈根一家智库通过比较各种方案的花费和效果,认为"造云船"计划具有可行性。

在未来25年内,只需花费90亿美元进行实验,一支庞大的"造云船"团队就能驶向大洋深海,利用海水制造云层,为越来越热的地球降温。

近年，全球变暖问题已经成了各国政府和全世界科学家们最为关注的环境问题之一。一些人相信，地球拥有从"全球变暖"伤害中"自愈"的能力；另一些人则相信，全球变暖将给人类带来一系列难以想象的自然灾难。为了拯救地球和人类自己，世界各国的科学家们设想出多种解决全球变暖问题的方案。

尽管许多方案富有创意，但是大部分听起来像是儒勒·凡尔纳科幻小说中的奇思妙想，由于代价太大或是不切实际而不具可行性。比如，向海洋中撒铁粉吸收二氧化碳、将撒哈拉沙漠变成"反射镜"在太空、为地球造"遮阳伞"、建造"水母农场"吸收海里的碳元素、用硕大的"毯子"盖住格陵兰岛、将地球慢慢推离太阳等。

不过，"造云船"计划由于相对经济得到了很多组织的青睐。哥本哈根共识中心对各种方案的投入与收益进行研究后发现，这项方案最具可行性。哥本哈根共识中心是丹麦一家智囊团，能够建议政府如何分配援助资金。

所谓"造云船"计划，就是将一支由1900艘船组成的船队分布在海洋里，利用风能吸取海水，通过高高的烟囱喷射到空中形成巨大的白云：研究表明，云朵越白，反射的太阳光越多，从而辐射至地球的热量越少。这些云，能反射使海水变暖的阳光的1%~2%，足以抵销二氧化碳排放导致的温室效应。

这些船无人驾驶，由卫星根据实际情况定位，以最大限度地增加云层覆盖。它们主要在太平洋上作业，远离陆地并不影响正常的降雨。

丹麦哥本哈根共识中心研究发现，该计划将耗资90亿美元进行试验，而这只占世界主要国家考虑用于减少二氧化碳排放的2500亿美元资金的小部分。而且最快在25年内就能推行。目前，丹麦哥本哈根共识中心也开始资助这一项目。预计英国皇家学会在下个月也会宣布"造云船"计划，其是前景最广阔的创意之一。

哥本哈根的研究，还关注另一项设计，旨在模仿剧烈的火山爆发效应，使地球冷却一年，甚至更久。历史上，多次大规模火山喷发，给科学家提供了将人类从气候灾难拯救出来的巨大启示。

1991年6月15日，位于菲律宾吕宋岛的皮纳图博火山突然喷发，大量火山灰喷发到空中，遮蔽了太阳。这是20世纪世界上最大的火山喷发之一，300多人因此丧生。当时有2000万吨二氧化硫逸出，进入大气层的最上层，像灰霾般遮盖了地球，将太阳光折射回太空。此后几年，气象学家惊讶地发现，这次火山喷发导致地球的温度降低了0.5℃，大大遏制了全球变暖的脚步。

在皮纳图博火山喷发前的一个世纪中，人类工业生产所导致的温室气体排放，已经令地球的温度上升了1℃。而1815年坦博拉火山爆发，则导致了更加戏剧性的结果：1816年竟因为没有夏天而载入史册。

针对科学家提出的其他方案，哥本哈根共识中心比较研究后认为并不可行，比如利用北极的空中加油飞机，发射微粒或气雾降温来保护那里的冰盖。哥本哈根科研人员研究得出结论说，这一计划将耗资2300亿美元，而且比造云船计划更难以控制。而造云船计划一旦发现产生相反的效果后，就能立即叫停。

哥本哈根研究人员通过分析认为，太空"遮阳伞"计划并不可行，因为该计划将耗费惊人的395万亿美元。所谓太空"遮阳伞"计划，就是将数万亿片的超薄硅镜发射到太空中，并用它们改变阳光的路线。美国亚利桑那州大学天文学家罗杰·安吉尔教授建议称，当这些硅镜被送到太空后，它们可以组建成一个10万平方英里的太空"遮阳伞"，从而将射向地球的阳光减少2%。

二、研制军用舰艇的新成果

（一）开发主要用于反海盗的新船艇

1. 研发反海盗机器人快艇的新进展

（1）研制出反海盗的机器人巡逻艇。2005年12月，英国广播公司报道，国际海洋机器人技术公司的基思·亨德森等人组成的一个研究小组，研制出一艘机器人巡逻艇，可以用来保护海上安全，打击海盗行为。

当前，从世界范围看，海盗活动越来越猖獗，尤其是使用快艇和先进武器的海盗计划周密，让很多船员和乘客蒙受生命危险。但随着机器人巡逻船的引入，游客就可以放宽心了。

据国际海事局最新报告显示，随着海盗活动趋于高科技化，过往船只只能使用更加先进的技术自卫。国际海事局同意研制的防海盗技术，包括一种无人驾驶侦察机，可用于在危险水域的空中侦察。此外，其他防海盗技术还包括"安全船"和"ShipLoc"。"安全船"是一张9000伏的电网，挂在船甲板四周，使海盗无法登船。"ShipLoc"则是船上一种秘密识别标签，一旦船只遭到劫持，卫星可以根据识别标签跟踪船只的踪迹。

在接受采访时，亨德森解释了机器人巡逻艇如何预防海盗袭击。该公司已制造出一种称为"幽灵警卫"的船只。这些船艇能沿着预先设定的路线在海上航行，由岸上一名操作人员控制它们的活动。"幽灵警卫"船还能护送其他船只通过危险水域。这些无人驾驶遥控船上的录像和其他设备可以令岸上的操作人员看到过往船只，并与这些船只的船员进行交流。一旦遭受海盗，可以及时发起救援行动。

亨德森说："他们可以遥控船只向一旁航行，让出航道，船上有一个扩音器和麦克风，这样一来，他们就能与过往船只对话。如果他们感觉情况可疑，那么就会打电话通知海军巡逻艇。即使船只丢失、受损或沉没，那么也不会造成人员伤亡。如果机器人巡逻艇从一艘看上去十分可疑的船只身边经过，即使海盗忽然向它开火、扔手雷，或发射火箭助推榴弹炮，船只会受到破坏，但不会有人因此丧命。"

亨德森指出，由于机器人巡逻艇有这样的特点，它们尤其适于应对海盗活动千变万化的特征。亨德森举例说，如果是海军常规巡逻艇追击走私船，一旦走私分子开始把人扔到船外，这时巡逻艇就必须停下来救人，这是走私分子惯用的伎俩。而一旦有了机器人巡逻艇的帮助，即使海军巡逻艇停下来救人，机器人巡逻船也可以继续追赶走私船，甚至尾随走私船进入它们靠岸的地方。亨德森最后说："此时，机器人巡逻艇就可将走私船的位置报告给操作人员。"

（2）研制出可用于打击贩毒和海盗的自动巡逻机器人快艇。2006年8月，国外媒体报道，目前，美国洛克希德·马丁公司、英国BAE系统公司和以色列拉法尔公司联合组成的一个研究团队，正在着手研制一种全新的机器人快艇。据悉，这是美军"滨海战斗舰"计划和"深水"计划的一个组成部分。

报道说，这种被称为"保护者"的机器人快艇具有自动行驶能力，装备有武器系统、雷达和摄像装置，将主要用于在江河、港口和近海水域执行侦察、巡逻、反破坏和反恐任务。它既能够独立行动，也可由其他舰艇进行远距离遥控，与其他无人驾驶装置协同作战。

目前，有关"保护者"快艇的详细数据仍处于保密之中。现在知道的只是：该艇长度近10米，最高速度为40节（74千米/小时），载重量约1吨。其主要武器为一艇大口径的"伯朗宁"M2HB机枪。

BAE系统公司和拉法尔公司的专家们认为，机器人快艇可用于保护在波斯湾地区执行巡逻任务的军舰，或是保护船只和海上石油钻井平台免遭恐怖分子的袭击。此外，这种快艇还可用于在墨西哥湾或是东南亚地区开展打击贩毒和海盗的行动。

报道称，洛克希德·马丁公司将负责整合机器人快艇与美国海军的武器系统，以保证它们所使用的电子系统能够兼容。

2. 研发设备先进反海盗舰船的新进展

推出配备最先进设备的新型反海盗舰船。2009年4月17日，法新社报道，法国海军造船局专家马克·梅纳德领导的一个设计团队说，他们设计出一种专门用于打击海盗和海上犯罪的新型舰船，配备有航海最先进的各类设施，眼下正在寻求订单。

报道称，新型反海盗舰船长90米，配备着当今最先进的海上监视系统和完备的军事、民用设施，可承担打击海盗、营救人质等多项任务。

研究人员说，速度是对付海盗的关键因素，以索马里海盗为例，他们经常采取母船接近袭击目标、接着放出快艇实施打劫的办法。新型舰船可保证5分钟内从船尾向海面投放2个作战小组，从而可以迅速接近并摧毁海盗船。此外，甲板上还特别开辟一块用于停放直升机或无人驾驶飞机的停机坪，以提高舰船机动性和情报搜集能力。

船体舰桥采取了360度全景视角设计，以保证指挥员及时发现海面异常。梅纳德说："这种设计在军用舰船中十分罕见。"

梅纳德说，反海盗舰船正在寻求买家订单，眼下南非、法国等国海军已对这一新型舰船表示较大兴趣。他没有说明这种舰船的造价。

（二）开发主要用于保卫海防的新舰艇

1. 推进无人驾驶水面艇与隐形战舰的研制

部署世界上第一艘避雷达探测的隐形战舰。2009年3月，美国《连线》杂志网站报道，瑞典首开先河，部署世界上第一艘隐形战舰。瑞典军方表示，这是世界上第一艘可以避开雷达探测的隐形战舰。

这种战舰采用合成材料制造，动力是劳斯莱斯喷水式推进器，隐形性能良好，在风大浪急海上半径8英里的范围内，战舰的电子设备不会被雷达探测到，而在平静的水面，隐身的距离可达过14英里。跟拥有巨大的平坦外表和尖角的美国第一代隐形战机F-117"夜鹰"一样，这种战舰的无磁性船体，使它产生的声音信号和光学信号大大降低。喷水式推进器比螺旋推进器产生的声音小10~15分贝。据说，潜水艇很难发现一艘利用喷水式推进器的船只。这种船只产生的信号跟螺旋推进器船只产生的有很大不同，它会很快消失在周围环境中。

多年来，瑞典一直保持军事中立，但在20世纪80年代，该国发现有大量外国潜艇偷偷侵入其领海。为了应对这种局面，瑞典政府开始提倡研发可以在沿海地区巡逻的反潜和扫雷舰只。瑞典潜艇制造商考库姆公司获得了这份研发合同，公司认为隐形潜艇更适合这一要求。

瑞典这种隐形战舰装备有8枚反舰导弹、3个鱼雷发射管、多个榴弹发射器、深水炸弹、潜艇自导鱼雷和一门全自动57毫米口径大炮。除此以外，其行动非常灵活。这种轻型巡洋舰的塑料和碳化纤维船体，排水量600吨，大约是相同体积的常规钢体船只排水量的一半。

2. 推进直升机母舰与大型驱逐舰的研制

（1）着手研制新型直升机母舰。2015年6月19日，俄罗斯"卫星"新闻通信社报道，俄罗斯官员说，该国克雷洛夫国家研究中心已经着手研制新型直升机母舰。该舰只将比法国出售的"西北风"级两栖攻击舰更大。

由于法方以乌克兰危机为借口推迟履行军售合同，俄罗斯迄今没有收到法方承诺建造的两艘"西北风"级两栖攻击舰。

据报道，克雷洛夫国家研究中心官员表示，俄方研制的新型直升机母舰名为"拉维纳"号，可望于2026—2027年交付俄罗斯海军。这名官员在莫斯科郊外举行的军事博览会上说，"拉维纳"号排水量2.4万吨，远超"西北风"级战舰的满载排水量2.1万吨。"拉维纳"号能以18海里的时速，连续航行8000千米，最大时速可达22海里。另外，"拉维纳"号可搭载320名船员和500名士兵、50辆装甲车。

俄罗斯原定从法国进口"西北风"级两栖攻击舰。该战舰是法国研制的第四代两栖战舰，长199米，宽32米，满载排水量2.1万吨，具备远程兵力投送及两栖作战指挥能力，可搭载直升机、水陆两栖装甲车、坦克等重型装备以及900名士兵。

俄罗斯2011年与法国签署"西北风"级两栖攻击舰军购合同，总金额12亿欧元。根据合同，法国定于2014年和2015年分别向俄海军交付一艘两栖攻击舰。由于法方迟迟不交付，俄罗斯联邦政府军工委员会副主席博奇卡廖夫表示，俄罗斯最终决定不再向法国采购"西北风"级两栖攻击舰。博奇卡廖夫说，"西北风"级两栖攻击舰类型的战舰已经列入了俄罗斯的国防计划，俄方会按照自己的标准建造此类战舰。

俄罗斯安全会议副秘书卢基扬诺夫说，俄罗斯不从法国采购"西北风"级两栖攻击舰，不会对俄罗斯防能力造成任何损害。俄方向法国的索赔数额将取决于双方谈判的结果。

报道称，俄罗斯军事技术合作部门主管阿列克谢·季基18日说，法国向俄罗斯提供了部分"西北风"级战舰的建造技术。

（2）有史以来最大的导弹驱逐舰进行海上试航。2015年12月7日，国外媒体报道，美国海军"朱姆沃尔特"号导弹驱逐舰开始海上试航。这艘军舰排水量接近1.5万吨，隐身性能优异，对地打击火力超强，被赞为"革命性""未来"战舰。

"朱姆沃尔特"号编号为DDG-1000，长约180米，造价高达43亿美元，是美国有史以来建造的最大驱逐舰，也是3艘同名级驱逐舰的首舰。当天，伴随着200多名工人、水兵和居民的欢呼声，"朱姆沃尔特"号缓缓滑出船坞，离开缅因州巴斯造船厂，沿着肯纳贝克河驶向大海。几艘拖船随行。

美国海军海上系统司令部在微博客网站"推特"的账户说："'朱姆沃尔特'首次航行。"微博还配上这艘外形充满未来感的战舰的几张照片。巴斯造船厂将在海试中检验这艘军舰的基本性能并进行调整。

"朱姆沃尔特"号虽是一个庞然大物，但斜角式船舷设计使它的雷达截面积只有传统驱逐舰的五十分之一，从雷达上看不比一艘渔船大多少。而且，它在航行过程中几乎没有尾迹，因而更难以被监测到。

这艘驱逐舰由4台燃气轮发电机组驱动，装备创新型集成动力系统，总发电能力达7.8万千瓦，几乎是美国海军主力战舰"阿利·伯克"级驱逐舰的10倍。

有关专家分析说，"朱姆沃尔特"号之所以吨位大、电力功率大，旨在为未来加装电磁轨道炮、高能激光武器等需要巨大电能支撑的新概念武器提供充足电力，以及搭载更多先进雷达及其他传感器。冷战结束后，随着国际局势与军事斗争环境改变，美国海军开始战略转型，从公海大洋夺取制海权，向在濒海区域运用制海权打击欧亚大陆腹地纵深目标转变。"朱姆沃尔特"级驱逐舰便是这一军事思想的产物。

该舰装备大量对地攻击巡航导弹，能够以空前强度实施远程精确打击；舰载 S 和 X 波段雷达可以探测远程目标，为指挥官提供战场决策信息，此舰是一款战场感知能力强的信息化战舰。在作战运用方面，该级舰可与濒海战斗舰、新一代航空母舰"杰拉德·福特"级、B-2 隐形轰炸机联合作战，对敌实施大纵深、立体化、多角度及多批次、不间断的打击，使美国这个海洋国家能够将远程火力投射到欧亚大陆心脏地带。

另外，"朱姆沃尔特"级的造价，足以建造一艘核动力航母或两艘核潜艇，无论是用于编队作战还是单独突防，其性价比也引发质疑。

美国海军学会《世界作战舰队指南》作者兼编者埃里克·沃特海姆说，"朱姆沃尔特"号集成了这么多新的系统和技术，无疑会有一定的风险。由于建造成本太高，美国国会把"朱姆沃尔特"级的建造计划，从原来的 32 艘砍到了只有 3 艘。他接着说，这意味着"朱姆沃尔特"级不会成为美国海军未来水面舰艇的核心，而是可以成为某种技术展示和测试的平台。

三、研制破冰船与考察船的新成果

（一）开发海洋破冰船的新信息

1. 俄罗斯研发破冰船的新进展

（1）新一代破冰船建成下水。2009 年 7 月 12 日，俄罗斯媒体报道，当天该国新一代破冰船"圣彼得堡"号，在圣彼得堡市下水，俄罗斯领导人普京参观了"圣彼得堡"号破冰船，并出席把该船转交给俄罗斯海港公司的盛大仪式，对"圣彼得堡"号破冰船以及建造该船的俄罗斯造船工业，给予极高评价。

普京称赞"圣彼得堡"号破冰船不仅仅是一艘破冰船，同时还是消防船、科考船，可以进行海底研究，可以从事多种复杂作业。但普京指出，近几年俄罗斯类似船只下水、升旗仪式并不多。他接着说："俄罗斯需要一个破冰船船队，为北极地区、波罗的海地区不断增长的运输需求提供服务"。

普京在破冰船的驾驶室里，体验了一把真实的掌舵感觉。参观完驾驶舱后，他还通过卫星通信与正在航行的"格拉尼岑船长"号破冰船船长亚历山大·捷利措夫进行通话，并祝愿船长取得成功。

据报道，"圣彼得堡"号破冰船是近几十年来俄罗斯造船厂建造的第一艘现代化多功能破冰船。在此之前，俄罗斯都不得不从国外订购同等类型的船舶。"圣彼得堡"号破冰船是双层甲板双驱动螺旋形舵船，总功率 1.6 万千瓦，排水量 1 万吨，航速 16 节，并安装有新一代自动操控的数字系统和救生艇。

"圣彼得堡"号破冰船的机动性和通行能力，比俄罗斯原来制造的破冰船大为提高，能够为宽度 50 米以内的大吨位船只提供破冰领航服务，并能将船只拖拽出冰区。此外，"圣彼得堡"号破冰船还提供全年海上救生服务，包括 4 级浪情况下的救生服务。

（2）世界第一艘多用途侧向破冰船建成下水。2013年12月，俄罗斯媒体报道，世界第一艘可侧向破冰的多用途急救船已经建成，近日在赫尔辛基造船厂下水。

这艘名为"波罗的海"的新型破冰船，长76.4米、宽20.5米，特点是船体不对称、倾斜设计并携带3个柴油驱动的可360度旋转的推进器。

专门建造破冰船等特种船只的赫尔辛基造船厂介绍说，现有的破冰船通常是通过大马力推进、在前进时将海冰压碎，而"波罗的海"号的新设计让破冰船可以从侧面、船头及船尾都能进行破冰作业。

（3）在核动力破冰船方面拥有显著优势。2014年1月，有关媒体报道，目前，俄罗斯正在建型号为ЛК-60Я和ЛК-110Я的超级核动力破冰船，最大功率将达11万千瓦，破冰厚度2.8~3.5米。据悉，俄罗斯是世界上唯一拥有核动力破冰船的国家，而且已建成一支独一无二的核动力破冰船队。

自20世纪50年代初，俄罗斯就开始制造核动力舰船，迄今共建成9艘核动力破冰船。其中第一艘核动力破冰船"列宁"号1959年下水，1989年退役。1975年起陆续投入使用的"北极"级核动力破冰船，是俄罗斯现役核动力民用船只中的中坚力量，其中主要有"俄罗斯"号、"苏维埃联盟"号、"亚马尔"号、"胜利50周年"号等。"北极"级破冰船船长148~159米，排水量为2.3万~2.5万吨，破冰厚度2~3米。此外，俄罗斯还拥有2艘"泰梅尔"级浅水区核动力破冰船。

在世界各主要国家争夺北极资源的背景下，俄罗斯在核动力破冰船方面拥有绝对的优势，是其实施北极战略的重要保障。就经济意义而言，它能确保俄罗斯"北方海道"的全年通航，保障俄罗斯在北极地区的经济活动。

所谓"北方海道"，是指沿俄罗斯海岸线往返太平洋与北冰洋之间的海上交通线，大部分路段位于北冰洋水域。该航道年通航期很短，多半时间被冰层覆盖，需破冰船护航。俄政府要求进入航道的船舶事先申请，强制接受俄破冰船护航。

2. 韩国研发和使用破冰船的新进展

"阿龙"号破冰船开始再次北极勘探。2011年7月15日，韩国媒体报道，韩国海洋研究院极地研究所透露，韩国首艘破冰船"阿龙"号于当天12时从仁川港起航，再次前往北冰洋进行勘探。

"阿龙"号曾在2009年12月首次执行了历时88天的南极勘探任务，截至2011年5月，"阿龙"号已赴南极两次、北极一次。

据介绍，"阿龙"号将经由韩国东海、鄂霍次克海、白令海、阿拉斯加诺姆市，在北冰洋一带航行，计划于9月3日返回仁川，全程将历时51天。期间，研究人员将对北风海岭与门捷列夫海岭的海洋环境变化、北冰洋海洋调查、北极圈冻土层环境变化特点、基地海洋生态界重要微生物群的环境系统生物学研究等课题进行科学研究。

（二）研制和使用海洋科学考察船的新信息

1. 法国设计和使用海洋科学考察船的新进展

（1）设计出竖式的新型海洋科学考察船。2009年11月28日，《泰晤士报》报道，法国建筑师雅克·鲁热里设计出一艘名为"海洋空间站"的新型海洋科学考察船。与普通船不同，"海洋空间站"是"竖着"的船，大部分船身处于水下，使科学家可以近距离探索海洋世界。

据介绍，"海洋空间站"高51米，只有导航、通信设备和一个瞭望平台在海面上；科研和生活设施位于其海面以下的部分，船身下部有一个加压层，以便潜水员实施考察任务。船身上的窗户让科学家可以全天候观察水中的生物。它外形酷似太空船，船上的防碰撞系统也源自国际空间站的类似设计。

鲁热里说："船上还有健身房和其他娱乐设施。锻炼身体相当重要。每个床位都配备一台视频播放器供船员娱乐。"

根据设计者的设想，"海洋空间站"首航将搭载18人，其中包括6名船员和6名科学家，还可搭载6名乘客。这些人可能是曾在严酷环境中接受过训练的宇航员，也可能是研究人类在潜艇内行为的科研人员。

鲁热里希望"海洋空间站"能成为海洋中的"宇宙空间站"，为探索海洋世界提供一个"窗口"，同时帮助科学家们研究海洋与全球气候变化之间的联系。他说，直到最近50年，我们才发现海洋里有四季、沙漠和森林。未来食物和药物将来自海洋。我们同时意识到，海洋在我们星球脆弱的生态平衡中，扮演着重要角色。

鲁热里希望建造6艘"海洋空间站"科考船。第一艘预计耗资大约3500万欧元，鲁热里眼下已筹集到一半资金。他对筹到足够的钱充满信心。他说："一年前，造船可能性是50%，现在我可以说是90%。"

鲁热里的信心并非毫无根据。2009年夏天，法国总统尼古拉·萨科齐在一次演讲中提及"海洋空间站"。此外，建造"海洋空间站"的计划，得到法国海军造船局、大型军工企业泰雷兹阿莱尼亚宇航公司等企业的支持。

（2）"塔拉"号科考帆船成为太平洋上流动的实验室。2018年2月1日，有关媒体报道，近日，法国塔拉（Tara）科考基金会秘书长罗曼·特鲁布莱在法国驻华大使馆展示了法国科考帆船"塔拉"号在太平洋拍摄的色彩斑斓、生动美妙的珊瑚群影像，当如诗画面旋尔变成珊瑚群因全球气候变暖而大片白化死亡，沉寂如灰烬时，令人震撼。

"塔拉"号计划于2018年2月24日至4月28日第一次抵达中国，并先后在三亚、香港、厦门和上海停靠，届时将面向公众举行一系列科普活动，科考队科学家会与儿童和青少年互动，介绍海洋的富饶与脆弱，以及保护海洋生态环境的紧迫性。

"塔拉"号，一艘以保护地球和海洋为使命的双桅科考帆船，建于1989年，36米长、10米宽，载重120吨，2003年开始出海科考。

在海洋科考领域，"塔拉"号享有盛誉，曾完成对南北极地区大浮冰研究；首次在公海进行全球范围浮游生物研究；对塑料制品危害进行深入研究。船上有一个由法国国家科学研究中心和摩洛哥科学研究中心科学工作者组成的多学科研究小组。

2016年5月，"塔拉"号从法国起航，开展在亚太海域"2016—2018年塔拉太平洋科考项目"。特鲁布莱介绍，这次科考活动最独特之处在于，太平洋海域聚集了全球40%的珊瑚礁群落，经过极为广阔的地理"大穿越"，研究团队比较了不同水域珊瑚分布状况，把调查研究范围从生物基因扩展到生态系统。此前从未在如此大范围内开展这样的研究。

法国国家科学研究中心研究员、科考队科研负责人塞尔日·普拉勒认为："这个项目旨在充分揭示珊瑚礁在基因组、基因、病菌和细胞层面的生物多样性，并与周边海水中生物群体状态进行比较，以获得对全球珊瑚礁生物多样性的认知。这项研究也有助于获得与珊瑚礁生物集群生活至关重要的生物学、化学和物理学数据信息，增进对其适应环境变化能力的了解。"

珊瑚礁仅占全球海洋面积的0.2%，却为多达30%的海洋生物提供着庇护和生存空间，因此，它们的健康状况对依赖海洋资源的人类而言，重要性不言而喻。

特鲁布莱介绍说，这趟独特的科考之旅路线，覆盖太平洋从东到西、由南向北分布最广阔的珊瑚礁群落。从巴拿马海峡到日本列岛，从新西兰一直到中国，"塔拉"号穿越了太平洋上11个时区，还探访了极其偏远、与世隔绝的土地和珊瑚礁。

据介绍，塔拉基金会目前已邀请厦门大学科学家参与到塔拉太平洋科考活动中。厦门大学优势学科是海洋学科，并拥有长77米的"嘉庚"号科考船，今年1月开始科考中国南海。

厦门大学地球科学与技术学部主任、近海海洋环境科学国家重点实验室主任戴民汉教授说："当'塔拉'号与'嘉庚'号2018年一起在厦门下锚时，两个同样的灵魂将相遇。虽然它们分别来自两个遥远的国度，但是不管是多么辽阔的海洋，无论是多大风险的挑战，都无法阻止它们实现共同的目标——更好地了解和保护我们的海洋。"

2. 南非使用海洋科学考察船的新进展

南非厄加勒斯号南极科考船完成考察任务。2012年3月4日，有关媒体报道，南非厄加勒斯号科考船和国家空间局科考队员，在南极基地完成14个月科考任务后，于当天返回开普敦。南非国家空间局科考活动，得到南非国家南极计划的资助。

南非国家空间局对于南极研究特别感兴趣,因为南极极点向内弯曲的磁力线,能够使空间粒子研究成为可能,科考队收集的数据可用于国内外空间科学研究。科考任务包括监测空间气象,能获得气象如何影响通信卫星的相关数据,而通信卫星在日常生活中发挥着重要作用,对于全球定位系统和手机通信也是必不可少的。此次南极科考,也为非洲国家研究生的研究与培训提供了很好的机会。

厄加勒斯号南极科考船已经服役33年,将退役用作近岸考察船。今后南非的南极科考船任务,将由耗资13亿兰特的厄加勒斯Ⅱ号船来完成。

3. 俄罗斯建造和使用海洋科学考察船的新进展

(1)建成新型南极科考船并交付使用。2012年10月10日,俄罗斯媒体报道,圣彼得堡海军上将造船厂举行了隆重的"特列什尼科夫院士号"科考船交付使用仪式。这是自俄罗斯联邦独立后首次自行建造的科考船,距离苏联时期建造的现役科考船有30多年。俄罗斯领导人梅德韦杰夫亲临圣彼得堡,参加了该船的交付活动。以科学院院士的名字为科学考察船命名,是俄罗斯历来的传统。

"特列什尼科夫院士号"科考船,是由著名的俄罗斯国家科学中心克雷洛夫船舶研究院设计的,用户为俄联邦水文气象与环境监测署,造价约为2亿美元,搭载了先进的电子设备,具有破冰功能,它将取代"菲奥德洛夫院士号"科考船,成为新的俄罗斯科考队的旗舰,用于开展俄罗斯南极科考活动。

该科考船长133.59米,宽23米,高13.5米,吃水深度8.5米,载重量5580吨,水面行驶速度16节,破冰行驶速度2节(破冰厚度1.1米),可连续航行45昼夜,航行距离为1.5万海里,船员60人,可载科考人员80人,甲板可停放起降2架卡-32直升机,3个主发动机,其中两个功率各为6300千瓦,一个为4200千瓦,两个推进电机功率各为7100千瓦。

该船可在极端基地条件下在零下40℃行驶,将为俄南极站点、野外基地提供物资技术保障,包括:运送燃料、食品、科研设备、越冬换季极地人员更换。该船功能齐全,集货船、油轮、舰载直升机、载客和研究等功能于一体。船上装备了更多的现代化科考测量设备,可以保障从事海洋学、地球物理学、气象学、海冰等大范围的研究工作。与同级别船舶相比,该船的航速较快。

"特列什尼科夫院士号"科考船的下水,标志着俄将重返南极洲太平洋板块,即地球上最无人问津角落的研究,俄南极"别林斯高晋"站的年度保障将得以恢复,甚至有可能重启1989年关闭的南极"俄罗斯"站。南极"俄罗斯"站是纵向监测东经至西经数千千米空间各种自然过程的唯一站点,它还可以为俄本国的格洛纳斯卫星系统提供运行保障。

梅德韦杰夫对于"特列什尼科夫院士号"科考船的投入使用给予很高的评价,称之为"整个俄罗斯和俄罗斯造船业期待许久的阶段性事件。新的科考船将在俄罗斯新的南极科考交通图中起到重要作用"。

（2）新型科考船在南极完成冰上实验。2013年4月26日，有关媒体报道，近日，俄罗斯水文气象局宣布，隶属该局的"特列什尼科夫院士号"新型科考船，在南极海岸完成冰上测试，达到预期质量要求。

"特列什尼科夫院士号"科考船在圣彼得堡建造，用于替换已经在南极和北极地区使用超过20年的"菲奥德洛夫院士号"科考船。该船于2011年3月下水，并于2012年12月启程前往南极，开展海上和冰上相关科目测试。

据悉，测试过程整体比较顺利。冰上测试期间，该船顺利通过厚度达1.2米的冰层。并以完美表现，经受住9级暴风雪的考验。该船于4月12日返回圣彼得堡，随后由专门的委员会对外公布本次测试结果。

4. 韩国使用海洋调查船的新进展

韩国海洋调查船将扩大研究范围。2015年1月，有关媒体报道，韩国的远洋航行研究项目正在改变策略。在过去的20多年里，它一直聚焦于发现和开发海底矿产，但如今一项正在进行中的举措将扩大研究主题。一艘名为"伊萨布"的5900吨探测船正在建造当中，其有能力启动智能水下机器人作业、执行海底地震探测任务，并收集长达40米的沉积岩芯。

目前，1422吨的"奥努里"号海洋调查船在韩国海洋科学和技术研究所深海矿物研究组的指挥下，将大约1/3的时间放在了搜寻海底矿藏上。这个付出沉重经济代价的研究重点是由韩国海洋渔业部确定的。它监管着韩国海洋科学和技术研究所，以及该国的港口和船舶。

海洋渔业部的控制是如此全面，以至于在其22年的管理过程中，没有一位韩国海洋科学和技术研究所之外的研究人员，曾经主导某一次巡航。首尔大学海洋地球物理学家李桑莫表示："这真的是太荒唐了。"尽管他所在大学和其他机构的科学家一直可以在船上工作，但对"奥努里"号调查船去哪里，或要解决什么样的研究问题，几乎完全缺乏话语权，这让他们产生一种深深的挫败感。

不过，到2015年3月，这一切将会发生改变。一直支持拓展"奥努里"号调查船服务人群，并在2014年8月成为韩国海洋科学和技术研究所所长的洪吉勋介绍说，该所将公开"奥努里"号接下来的巡航路径，并邀请外部研究人员提出一些巡航路上能同时完成的项目。最终，调查船上的时间将通过基于价值的评估系统做出分配，而其目前每天的花费达1.2万美元。

韩国将海洋调查重点放在矿物开发上的做法，要追溯至20世纪70年代早期韩国海洋科学和技术研究所的成立之初。当时，该国正处于一个持续了10年的经济繁荣期的中间阶段。多金属结核，包括锰结核和铁、镍、钴等在海底堆积的其他金属矿物，被视作一种极具价值的潜在资源。尽管国际上对矿物的兴趣在随后几十年里逐渐消退，但韩国政府继续资助关于多金属结核和其他海底矿藏的研究。

第二节 研发潜水器及其他水下运输工具

一、研制潜水器的新成果

（一）推出具有不同特色的潜水器

1. 开发具有新一代技术特色的潜艇

研发具有五大新技术的新一代潜艇。2006年3月，美国《国防科技》网站报道，美国海军正进行新一代潜艇技术的研发。该研发计划，是在2004年11月提出的，按照美国海军方面的规划，未来潜艇应具备或超越现有"弗吉尼亚"级核攻击潜艇的作战能力，但在成本和大小方面缩减50%。计划重点研究的五个技术创新方面，主要包括：

一是无轴推进系统。目前，潜艇在设计和建造时，必须按照推进系统的大小进行。美国海军准备用核动力电力推进方式，替代目前的核动力齿轮传动方式，从而缩小潜艇尺寸，并保证新一代核潜艇的最高航速达到"弗吉尼亚"级的水平。

二是外置式武器存储及发射模块。未来潜艇配备武器的方式类似于战斗机发射弹药的方式，武器通常悬挂在艇体外。这种武器挂载方式的优点，是可以自由选择武器的尺寸，无须占据艇内空间，有利于无人潜航器的使用。

三是适应壳体的声呐。未来潜艇会布置声呐阵列。这种声呐阵列可以适应潜艇壳体的变化，有比较宽的频率范围，探测和跟踪性能将比现在服役潜艇的声呐系统更胜一筹。

四是简化艇壳、机械及电子的基础结构。美国海军方面，希望将消防与安全设备及艇操纵系统等液压控制的机械设备，最大限度地换成电控制设备。这种新设备需要较少的维护和操作人员，有利于减少艇上人员的编制。

五是提高自动化程度以减少艇员编制。美国海军准备在艇内建立一个自动化指挥控制中心，实现各种新系统的综合集成，艇内的操作人员将有望减至8名。

现代潜艇的建造成本居高不下，也是美国海军下决心进行技术研发的重要原因。2006年2月服役的"海狼"级潜艇，是美国在冷战时期用于对付苏联的，可以说是当今世界最强的潜艇。但随着苏联的解体，这种造价达30多亿美元的"巨无霸"已无用武之地，只好停产。此后，美国研发的"弗吉尼亚"级潜艇的成本，也高得让美国海军难以承受。因此，美国海军只有通过技术研发来实现建造数量更多、性能更好潜艇的愿望。

2. 开发具有更加隐蔽特色的潜艇

研制攻击力强而更隐蔽的水泥潜艇。2006年4月，俄罗斯《军事检阅》杂志报道，俄罗斯著名的红宝石中央设计局有关水泥潜艇的研究已取得重大突破，未来5年内，将可能制造出第一艘排水量在150吨左右的袖珍特攻水泥潜艇。

普通潜艇无法克服的技术问题，如潜深、噪声等问题都将被水泥潜艇一一克服，由于制造材料及结构设计不同寻常，水泥潜艇能下潜得更深，具有惊人的攻击力。

据该项目参与者、大名鼎鼎的基洛级潜艇设计师马卡罗夫介绍，这种潜艇是以水泥为制造材料，所以能靠自身的重量下潜到极深的海底。在深海中水压大，声波传达不方便，平常的声呐系统不易搜索，水泥潜艇能像寂静的野兽般攻击猎物。

水泥潜艇跟传统潜艇一样，以柴油机和电机为动力来源，不同的是，水泥潜艇的电机储存在水泥艇壳内，没有重量的限制，还可以扩大潜艇的内部空间。此外，水泥潜艇还运用了许多高科技的操作控制技术，使潜艇的操作只要为数不多的人就可以完成。

通过运用流体动力学及水下飞行器的设计原理，水泥潜艇采用了能在水下高速航行的外形，艇身的外侧装有与常规潜艇不同的滑翔翼，能在向前航行时产生"升力"，使艇体离开海底。这种特殊的设计，突破了传统柴电潜艇水下航行速度的极限。水泥潜艇在艇身外加装了"监听分离舱"和鱼雷垂直发射系统，发射鱼雷的角度也突破了普通潜艇的限制。

艇外的"监听分离舱"，可以严密监视水下或水面舰艇的活动。水泥潜艇还配备了多种先进的武器系统，其中包括时速超过370千米的特制鱼雷（比目前最快的鱼雷至少快两倍），使目标舰只几乎不能发现，因而没时间采取规避行动。

3. 开发具有环保特色的潜水器

研制以海水热量为动力的环保型潜水器。2008年2月13日，国外媒体报道，美国韦博研究公司本·霍奇斯等人组成的一个研究小组最近成功地设计制造出一款新型潜水器，与其他潜水器靠电力或者柴油提供动力不同，它具有节能环保特征，能通过吸收海水中的热量来提供动力。

这款新型潜水器，已成功地在美属维尔京群岛中的圣托马斯和圣克鲁斯之间来回穿行过20多次。美国伍兹霍尔海洋研究所的研究人员，计划利用这个潜水器收集数据，从而对该海域中的洋流进行深入研究。相比以前使用电池为能源的潜水器，这种新型潜水器在海洋中停留的时间至少是其两倍。据美国伍兹霍尔海洋研究所称，这是首个使用绿色能源进行长时间水下旅行的自主潜水器。1985年，该所研制的遥控潜水器"亚尔古"，在纽芬兰岛附近发现了沉船泰坦尼克号的残骸，这次事件使得潜水器名声大震。

报道称，这款潜水器利用来自海洋的热能作为其推动力，当它从较冷的水域移动到较暖的水域时，内部的蜡管就会受热膨胀，将四周箱中的气体向外排出，从而增加压力。跟压缩弹簧一样，压缩气体保存了势能，可以被用作推动力。与推进器驱动的机动化潜水器不同的是，这种鱼雷状的助滑器可以通过改变浮力进行下潜和上浮，穿梭于海洋之中。上升时，它将油从内部向外球胆中排出，在不改变质量的前提下增加了助滑器的容积；反过来，又可以将油向内推进，增加密度，从而使机器下沉。同时，助滑器使用一个垂直尾舵进行水平方向的行驶。从技术角度来说，这种新型潜水器是一个混合产品，就像丰田公司的普锐斯汽车，使用较少的电能来运行车载仪器和方向舵。

霍奇斯说："以前使用电池作为能源的潜水器，最长只能执行6个月的任务，而这种助滑器使得潜水器可以执行更长时间的任务，比方说一年或者两年，而且更环保。这种新型潜水器最适宜用来执行人类所难以从事的长期、远距离的多点测量任务，而且相对而言成本要低得多。"

4. 开发具有定点悬浮特色的潜水器

发明能在海里定点悬浮于一定空间的潜水器。2008年10月，《21世纪趋势》周刊网站报道，美国麻省理工学院的工程师设计出一款能悬浮在海里的潜水器。这一研究成果，将有助于海洋学家、石油公司和海洋考古学家的工作。

据报道，这一新装置名为"奥德赛4号"，是麻省理工学院西格兰实验室研发的小型人工智能潜水装置"奥德赛"系列中的最新一款。"奥德赛4号"打破前几代"奥德赛"机器人无法悬浮在某处的局限，它能在最深达6000米的水下活动，并能停留在任何水流中，适时调整自己的位置。同时，它还能行驶到预先设定的任何目的地。

报道说，"奥德赛4号"，不仅能简单地观察一个海底物体，还能像直升机那样在水下负重工作。现在，利用这一装置可以造访油井、采样并带回到陆地上来。

这款潜水器，与其他类似装置最大的区别，在于它能在水中垂直下沉。此外，它的速度非常快，每秒能移动约2米。

（二）研发无人驾驶的潜水器

1. 研制固定型无人潜水器的新进展

研制小型无人隐形潜艇。2010年2月20日，《印度时报》报道，印度中央机械工程研究所主任比斯瓦斯当天对该报记者说，该所正在研制的一种国产小型无人隐形潜艇，将于下月进行水下试航，以尽快投入使用。

比斯瓦斯说，这种国产小型无人隐形潜艇代号为AUV-150，下月将在东南沿海测试一系列性能，包括海床测绘和海洋环境数据搜集等内容。

比斯瓦斯表示，一旦试航成功，AUV-150将接受定制生产，在军用方面它可以用于扫雷、沿海监视和侦察等，在民事方面它可以用于勘查海底电缆和管道等。

据介绍，AUV-150原型长4.8米，直径50厘米，重490千克，它集成了一系列先进技术，包括深度传感器、声呐和全球定位系统等。隐形潜艇使用锂聚合物电池驱动，最大下潜深度可达150米，航速每小时2~4海里。

2. 开发可变型无人潜水器的新进展

研制出可由无人机变身而来的无人潜水艇。2015年8月17日，美国商业内幕网站报道，2015年春季，美国专利商标局通过了波音公司申请"快速部署的水空两栖飞机"专利。这项专利体现的创新成果是：制成可变身水下潜艇的远程遥控无人机。也就是，一架无人机摇身一变，便成了无人潜水器。

据波音公司称，这种无人机由一架主飞机运入部署区域，后经远程遥控脱离主飞机自行前飞，必要时会潜入水中。入水时，双翼和螺旋桨借助爆炸螺栓和水溶胶脱离飞机，以减轻重量和优化其水动力特性；同时无人机展开新的操纵面和螺旋桨。

波音公司表示，水空两栖推进的实现得益于一个简单的引擎。无人机入水后可部署其负载的物资或武器，还可用于水下侦探，通过机上的压载水舱来控制潜下的水深。水下任务完成后，它浮出水面将其收集的数据传给其他遥控飞机或传回指挥中心。

波音公司在专利文件中称："此飞机兼适于空中和水下飞行。空中模式下飞机配备双翼、稳定器和两套同轴的螺旋桨叶，其中第一套推动空中飞行，至少一组附件将第一套桨叶连接到飞机上；转换为水下模式后，第二套螺旋桨叶负责水下推动，那些附件将第一套桨叶从飞机上脱离。"

与其他专利一样，文件中描述的无人机还只是个概念。如果波音公司将可飞的潜水无人机投入生产，任何潜在买家都需技高一筹才能指挥这款"双栖机"。

（三）研发用于科学考察的潜水器

1. 研制可用于深海甚至最深海底考察的潜水器

（1）研制出可到达99%海底的深海考察船。2004年8月6日，有关媒体报道，美国伍兹—霍尔海洋研究院一个研究团队当天宣布，他们成功研制出新型深海考察船，这艘深海考察船能够对99%的海底盆地进行科研观测，它比著名的"阿尔文"号深海考察船能力更强，探测范围更大，下潜深度更深。新型深海考察船将能够广泛用于海底火山、海底地质构造以及深海生物等领域的研究。目前，法国、俄罗斯和日本都拥有深海考察船，中国也在建造。

该研究团队称，这艘新型深海考察船能够下潜的深度，比"阿尔文"号深数千英尺，它能够携带更多的科学仪器，在海底停留更长的时间，并以更快的速度与外界联络。据研究人员透露，新型深海考察船能够下潜到6400米的海底，而"阿尔文"号的下潜深度只有4570米，尽管如此，新型深海考察船还是有部分海底无法到达，比如深达 11034 米的马里亚纳海沟。伍兹—霍尔海洋研究院还计划研制一艘能够遥控的深海探测船，探索海底最深处的奥秘。

目前，这艘新型深海考察船还没有正式命名，但一些业内专家希望它能够沿用"阿尔文"这个名字。对于深海考察专家们来说，"阿尔文"号考察船是一个难以忘记的传奇，它诞生于 1964 年，迄今为止已进行过 4025 次深海考察，在水下停留的时间超过 2.7 万小时，累计将 12068 人送到海底进行生物、地质、化学研究及搜索、打捞等工作。

（2）研制出下潜到最深海底探秘的自控潜艇。2009 年 6 月 3 日，美国《探索》杂志报道，当勇气号和机遇号火星车在火星上跋涉探索，赢得人们关注和喝彩时，在地球上最难以到达的海洋最深处却有自控在进行探秘。美国时间 5 月 31 日，美国伍兹霍尔海洋研究所研制的"海神"号自控潜艇，成功下潜 1.1 万米，探秘世界上最深的马里亚纳海沟。

"海神"号自控潜艇一路下潜，成功抵达马里亚纳海沟最深处，即 1.1 万米深的"挑战者深渊"。这是 1998 年以来，第一个抵达"挑战者深渊"的探索装置。"海神"号也是有史以来抵达海洋最深处的第一个自动工具。之前只有两种由人操作的工具拜访过这个地方。

马里亚纳海沟位于太平洋中西部马里亚纳群岛东侧，海沟的形成据估计已有 6000 万年，全长 2550 千米，为弧形，平均宽 70 千米，大部分水深在 8000 米以上。这条海沟以近乎壁立的陡崖，深深地切入大海的底部。马里亚纳海沟最深处"挑战者深渊"深达 1.1 万米，是地球上最深的地方，比珠穆朗玛峰的高度还要多出 2000 米。该深度的压力，是地球表面的 1100 倍。

1960 年 1 月，科学家雅克·皮卡和唐·沃尔什乘坐"的里雅斯特"号深海潜水器，首次成功下潜到马里亚纳海沟最深处进行科学考察。在 9 小时的任务中，两人只在洋底停留 20 分钟，并测量出下潜的深度为 10916 米。令人惊奇的是，在这样的海底，科学家们竟看到有一条鱼和一只小红虾在游动！

35 年后，日本的遥控潜艇"海沟"号出现在"挑战者深渊"，并创下 10911 米的无人探测的深度记录。它也再次发现了沉积岩心，拍到了许多生物照片，包括海参、蠕虫和虾。与"海神"号潜艇不同的是，"海沟"号潜艇必须依靠一根与水上船只相连的缆绳，才能获得动力和进行控制。2003 年，因与水面船只相连的缆突然断裂，日本的"海沟"号潜艇在一次潜水中神秘失踪。

为了这次海洋最深处的探索活动，美国伍兹霍尔海洋研究所专门设计研制了功能强大的"海神"号自控。"海神"号能够远程控制，因此它比任何其他探索工具都可下潜得更深，同时还能进行拍照、采集海底样本。研究人员在海面船上，通过纤维光纤光缆对"海神"号进行远程控制，"海神"号在海底探索时的实时视频数据和其他数据通过这根纤维光纤光缆传输。这种光纤光缆直径只有一根人的头发粗，由玻璃纤维制成。由于这种纤维光纤光缆很容易折断，其外部包覆了塑料保护膜。"海神"号携带了4万米长的纤维光纤光缆，下潜时就会像滚轴上的线一样慢慢释放。"海神"号不仅能够在研究人员远程控制模式下工作，而且能够以自泳式自动模式工作。

"海神"号能执行预定的任务，绘制海底地图。它还能通过使用化学传感器、声呐和数字摄影找到特别重要的区域。目前，研究人员只发布了一张"海神"号在世界最深海底工作的照片。照片显示"海神"号正在用机械臂挖掘海底沉积物。

2. 推出可用于考察南极海冰的潜水器

使用可丈量南极海冰的水下潜水器。2014年11月报道，一个以南极海冰信息为探索对象的研究小组，近日在《自然·地球科学》期刊网络版上发表论文称，他们的成果是针对以下问题展开研究的：南极洲周围海冰的边缘正在发生什么？这些冰是在增加还是减少？这片大陆的不同地区的发展态势为何存在显著差异？

近年来，上述疑问一直困扰着科学家。为了找出答案，研究人员需要知道的不仅仅是海冰的空间范围，还需要了解它们的厚度。但厚度信息，很难仅靠卫星数据，或很少的几个冰川钻孔点取得的测量结果进行估计。

现在，这个研究小组想出了第三种方法收集数据：从冰的底部向上看。研究人员使用了一个名为"海床"的自主式潜水器，它的外形类似2米长的双层床，装备有向上仰视的声呐，以绘制海上浮冰底面的轮廓。

在2010年和2012年春季中晚期的两次研究考察中，该潜水器往返穿越了南极洲附近数个不同水域，以类似割草机的模式，在冰下20~30米处游动，收集海冰底部地形的3D调查数据。在整理了南极大陆的威德尔海、白令豪山和威尔克斯地等区域海冰的10张浮冰比例图后，研究人员发现，随着山脊和山谷的不同，海冰的厚度趋向于变化多样。

研究人员指出，平均而言，南极海冰比预想的更厚，这可能会显著改变科学家对海冰动力学的评估，以及在日益变暖的气候中海冰与海洋的交互作用。

二、研制其他水下运输工具的新进展

（一）开发可承担水下运送任务的机器人

1. 研制主要用于水下探索及运送的机器人

（1）开发出能承担探索或运送任务的水下机器人。2010年10月，国外媒体报道，加拿大约克大学科学与工程学系教授迈克尔·詹金牵头的研究小组，与视觉研究中心教授巴特·沃奇伦伯格主持的研究小组联合起来，共同开发出一款使用脚蹼游动的水下机器人，它可通过无线方式接收并执行指令，有望独立承担水下探索或运送任务。

这款机器人小巧灵活，使用脚蹼而非推进器游动，设计用于从沉船地和暗礁处搜集准确数据。它通过防水平板电脑进行无线控制。身在水下的潜水员可以在平板电脑中编程,在屏幕上显示提醒标签,类似于智能手机阅读的条形码。接着,该机器人携带的相机扫描这些二维标签,接收和执行指令。

如何让水下机器人具有独立操作能力,一直是科学家面临的巨大挑战。水会干扰无线电信号,妨碍传统上通过调制解调器实现的无线通信。将通信装置连在机器人身上是个极为复杂的难题,潜水员会面临安全问题。

詹金说:"用缆绳使机器人与水面的交通工具连在一起会产生一个问题,在这种情况下,潜水员、机器人和水面操作人员之间的沟通变得相当复杂。例如,调查沉船就是一项要求非常高的操作,潜水员和机器人需要具备对环境变化做出快速应变的能力。通信上任何失误或延迟都是非常危险的事情。"

在意识到市场上没有满足这一要求的设备后,该研究团队着手开发新系统。功夫不负有心人,他们终于发明了一个可在水下操作的新系统,测试表明,它在18米的深处也不会漏水。具有丙烯酸层的铝制外壳可以保护平板电脑,而潜水员则通过拨动开关和屏幕提示控制平板电脑。

詹金说:"18米深处的潜水员,可以对比他们还深10~12米的机器人进行操作。毋庸置疑,这样一来,潜水员的工作会变得更轻松,也更安全。"通过平板电脑,潜水员还能像使用电子游戏操纵杆一样控制机器人:将平板电脑向右转,机器人也会跟着向右转。

在这种模式下,该机器人通过细长光缆与平板电脑连接,从而避免了机器人与水面缆绳牵引带来的许多问题。光缆还能使机器人将视频反馈提供给操作人员。在无线模式下,机器人可以通过闪烁机载灯光装置,表示识别了提示信号。其相机可以被用于构建某个环境的三维模型,接着引导机器人从事特定水下任务。

詹金说:"在传统模式下,机器人必须返回水面与操作人员沟通,而新技术则对这种沟通方式做了相当大的改进。"过去,潜水员利用分层闪卡与水下机器人进行图像上的交流。但是,这使得潜水员只能依照提前设置好的指令序列工作。詹金接着说:"一旦进入水下,可能会发生你提前预料不到的事情。我们希望开发出一套新型系统,让我们可以在操作过程中随时拟定指令,对千变万化的环境做出快速回应。"

(2)开发用于探寻并传送南极水底信息的机器人。2010年10月,有关媒体报道,加拿大英属哥伦比亚大学水下机器人和流体力学中心一个研究团队,新近研制出新型高科技水下机器人,这个子弹形状的金色机器人被取名为"加维亚",它可以帮助人类探寻南极洲附近水下的冰融情况。

加拿大研究团队研制的机器人"加维亚"能通过声呐系统来获取方圆4.8平方米的信息资料。同时它装配有数字摄像机,海流计和判断海水温度、盐度和水质的传感器。该研究团队的两位博士生已经赶去南极洲,并启动机器人"加维亚"的水下作业。他们的这一研究项目，也隶属于由科学家史蒂文斯带领的新西兰国家水源大气研究所的大型研究项目，其主要研究海洋海水对冰川的影响。

"加维亚"一旦被放入水中，将会立即开始作业，并取得和传送回特定的所需信息。奔赴南极的博士生安德鲁·哈密顿表示，"加维亚"探测到并传送回来的信息资料将是非常有研究价值的，并且很多资料是以前在海洋下面无法得到的。

2.研制主要用于水下采矿和运送的机器人

（1）加紧研发深海采矿和运送的海底机器人。2010年4月，韩国联合通信社报道，韩国政府在2007年就提出用于深海采矿和运输机器人的开发构想，并从2009年起着手向前推进。2009年6月，韩国海洋研究院和韩国地质资源研究院共同研发的深海采矿和运送机器人，成功进行了海底采矿试验。2010年1月，韩国釜山成立了海洋机器人中心，用以推进机器人部件及设备商业化。此后，便着手研发能在海底6000米处执行任务的"海底机器人"。

根据韩国国土海洋部公布的研发计划，此次针对"海底机器人"的研发经费，预算为1600万美元，研发过程分为两个阶段：

第一阶段，2010—2012年，将研发出在水深低于200米的沿海海底，能够代替潜水员长时间作业的浅海用多关节海底机器人，并从2013年起将这种机器人用于查找沉海船只、搜救遇难人员、探测海底环境、维修海底设施等水下作业，此阶段预算为720万美元。

第二阶段，2013—2015年，将研发出能够在最深6000米的海底游动或步行，执行精密探测和各种尖端操作任务的深海多关节机器人，此阶段预算为880万美元。

（2）开展海底机器人采矿和运送试验。2013年8月1日，韩国媒体报道，韩国海洋水产部和韩国海洋科学技术院当天表示，韩国成功使用机器人在深海底进行采矿试验，同时提出加强矿石运送研究。

此次采矿和运送试验是在韩国庆尚北道浦项东南方向130千米处进行的，试验用机器人在水深1370米的海底挖到了海底锰结核模型。采矿机器人由韩国自主技术开发，名为"密尼禄"。机器人长6米、宽5米、高4米，重28吨，配有移动用履带、浮力系统、采矿以及储藏系统，在没有母船指示下可以自行在海底寻找锰结核。

韩国政府最终目标是在夏威夷东南方2000千米、太平洋海域水深5000米的海底开采锰结核。据测算，仅此海域就有5.6亿吨锰结核。韩国政府认为，如果成功进行开采的话，每年将有17亿美元的进口替代效果。韩国海洋水产部海洋政策室长文海南表示，按目前趋势看，2023年相关技术的商用化就可以完成。

韩国政府1994年在联合国将此海域申请为勘探矿区，2002年又在国际海底管理局获得了 7.5 万平方千米的专属勘探权。由于该专属勘探权截止到 2015 年，韩国政府计划在此之前确保开采技术，并向国际海底管理局申请延长勘探权。在本次成功进行机器人采矿试验后，韩国方面将主要研究如何用泵将挖出的锰结核输送到母船，因为只有开采和运送同时成功，该项技术才具有真正的经济价值。

（3）研制在无人之境采矿和运送的水下机器人。2017 年 10 月，国外媒体报道，英国德文郡被水淹没的怀特希尔·约奥矿坑周围的场景，就像一幅宁静月球的景观。然而，在几年前它未被废弃时，柴油车每周 7 天源源不断地把陶土从这儿的矿井里拉出去。

但不要被这里的安静所迷惑：其实，这是一个非常活跃的地点。只不过所有的挖掘都发生在平静的水面下。这是一个试验场，也是用水下机器人进行的第一个新型采矿试验。

这是一个由欧盟资助的，名为"可行备用矿山操作系统项目"的一部分。其目标是从废弃的、被水淹没的矿井中提取矿物资源，这些资源的提取被认为是危险或成本高昂的。如果怀特希尔·约奥矿坑的示范项目可以发挥作用，那么这些水下采矿和运送机器人将会走向全球，在不需要挖掘新矿，并能减少传统采矿的环境或噪声问题的情况下生产原材料。

任何时候，当矿井被挖到地下水位以下时，它就会被水淹没，除非那里的水不断被抽出。但矿山通常很深：许多金属矿石是火山活动的结果，开采得越深，矿石的质量就越高。

最后，即便仍有矿藏未被开采，也要被迫将其放弃，因为泵水的成本太高，而且太不稳定，无法保证矿工的安全。此外矿井深部也过热，无法让人们在地下深处保持舒适。

那么，如果让矿井洪水泛滥下去又会怎样呢？那时将不用抽水，而是让水变成一个盟友：液体可以帮助抬升和运输岩石、冷却发动机以及润滑切割设备。

这意味着将没有必要进行钻井和爆破。在地下深处的冷却也变得没有必要。而且由于矿石和岩石的分离是在现场进行的，因此可以用更少的卡车来运输。水下机器人在湖床上的泥泞轨道上运行，通过一个"脐带"被连接到水面上的一个小驳船上。它会将发现的矿物粉碎，并将其作为泥浆运送到驳船上。当泥浆中的水被除去后，它就会重新返回被淹没的矿坑中。

这种方法甚至可以去除采矿相关的有毒废水。佛蒙特大学的吉莉安·加尔福德说："限制废水的流动，似乎是这项新技术很有吸引力的一部分。"

（二）研制承担水下搜索及运送任务的其他机器

1. 研制出可用于水下搜索和抢险救援的机器水母

2012 年 4 月，美国弗吉尼亚理工大学塔德斯领导的一个研究小组，在英国物理学会出版的《智能材料和结构》杂志上发表论文称，他们研发出一种新型的机器水母，不仅具备理想的水下搜索和抢险救援的本领，而且可从海水中不断"汲取"氢能作为补给，至少在理论上总能保持精力充沛。

研究人员说，德国费斯托工程公司曾研制出一种小型仿生机器水母，可利用圆顶结构内的11个红外发光二极管实现彼此间的通信，但那还只是一件小小的电子艺术品，不能在人类生产生活中执行特殊任务。

塔德斯说，这种机器水母由一套智能材料制成，其中包括碳纳米管，在一定的刺激下，会改变形状或大小。将它放置在一个水箱里，其表面材料会在水中发生化学供电反应，使其能够模仿水母的自然运动。这是首次成功使用外部氢气，给水下机器人提供动力燃料源。

水母是一种理想的无脊椎动物，依靠肌肉纤维控制内腔的收缩和扩张来吸入和喷出水流，由此产生推力使水母沿身体轴向方向运动。

研究人员在碳纳米管外，包裹了一种可"记住"原来形状的智能材料记忆合金，并让水中氧和氢在最外层黑色铂金涂层产生热化学反应。这些反应释放的热量，传递到机器水母的人工肌肉，使其转变成不同的形状。这意味着机器水母，可以从外部自然环境中补给绿色的可再生能源，而不需要一个外部电源或不断更换电池。同时，汲取氢动力的机器水母，可以被压在水箱下运行。

塔德斯说："目前的设计，允许机器水母的钟摆部分，弯曲八个片段，每个都由燃料驱动的记忆合金模块操作，如果所有的钟段被启动，便足以使其将自己在水中托起。我们正在研究把燃料传递到每个部分的新方式，以让机器水母可向不同的方向移动。"

2. 研制出仿"章鱼"的人造水下航行器

2015年2月，物理学家组织网报道，英国南安普敦大学南安普敦海洋研究所讲师加布里·埃尔博士与美国麻省理工学院、新加坡—麻省理工学院科研中心专家组成的一个研究团队，在近日出版的《生物灵感和仿生学》上发表研究成果称，他们开发出一种像章鱼一样的水下通行工具，它可以在水中收缩，从而以超快速度推进和加速，成为前所未见的人造水下航行器。

最快的水生动物外形光滑而细长，这有助于它们轻易地在水中通行，而头足类动物，如章鱼，能够用水填充自己的身体，然后迅速将水压榨出，以这种方式获得动力快速逃逸。

据报道，受此启发，这个研究团队制造了一个像章鱼一样的可变形水下航行器，骨架是3D打印的，除了一个薄弹性外壳外，没有移动部件及能源装置。

这个自推进水下航行器长30厘米，尽管一开始是非流线型，充水后快速缩小，通过底部发射出水为其提供显著的推进和加速动力。

该水下航行器工作起来像吹足的气球，撒了气之后满场子飞。而里面用3D打印的聚碳酸酯骨架可保持气球紧致，最终的形状会呈流线型，鳍片设在后面以保持其直线前进。

这种水下航行器能够在不到一秒钟内加长到身体 10 倍的长度。在最近的实验室测试中，它加速载荷 1 千克，不到 1 秒钟时速达 10 千米。相当于一个迷你库柏车在水下携带额外重量 350 千克（使车的总重量达到 1000 千克），由静止加速到每小时 100 千米。

这种表现，在之前的人造水下航行器中是前所未有的。埃尔说："人造水下航行器的设计要尽可能精简，但除了使用大量推进剂的鱼雷例外，之前这些运载工具没有一个能达到这种程度，尽管在机械方面设计得很复杂。"

他说："刚体物体总是把能量损失到周围的水中，但迅速收缩形式的水下航行器实际上是使用水来助力推进，以超快速度逃离，形成了 53% 的能源效率，这要比突然弹动的鱼游得快。"

研究人员计算，若把这种水下航行器造得更大些，可以提高它的快速启动性能，将其应用发展为人工水下运载车辆，可以匹配相应的速度、机动性和生物灵感的效率。并且，这项研究给其他工程领域带来影响，如克服阻力是至关重要的，这可应用到飞机机翼的设计上，并对生物系统不同形状的变化研究也带来触动。

第三章 空中交通运输工具的新信息

空中交通运输工具一般称作航空器,它安装着发动机或电动机作为动力系统,用以产生前进的推动力,并由机身固定或可伸缩机翼产生升力,经过机场起飞上升到大气层内飞行,如运输机、直升机。另外,还有不需要动力,完全靠空气飘浮的浮空器,如热气球、氢气飞艇,有时,它们也可以用作空中运输工具。21世纪以来,国外在有人驾驶飞机领域的研究,主要集中于推出可连接全球任何两城市的环球客机,首架波音787"梦想"飞机下线;世界最大客机载客远程试飞取得成功,空客完成四维航迹空管技术试飞,空客宽体飞机圆满完成航路验证环球飞行。开始研制新一代低噪声超音速商务客机,联手研制机身机翼融为一体的"静音飞机",推出零排放超音速客机的概念机,设计全塑料机身的节能客机。研制新型直升机和运输机,研制电动飞机、太阳能动力飞机、氢动力飞机、生物质能动力飞机,研制新一代战斗机和轰炸机、侦察机与预警机,以及可变形机翼飞机。在无人驾驶飞机领域的研究,主要集中于开发微小型无人侦察机、"吊扇"无人侦察机、海上无人侦察机、可生物降解无人侦察机,开发氢能无人机、太阳能无人机、充电电池无人机,开发仿鸟飞行无人机、仿蝙蝠飞行无人机、仿昆虫复眼无人机、仿槭树种子飞行无人机,开发具有识别和躲避障碍物功能无人机、具有自主灵活飞行功能无人机、具有垂直与平行飞行功能齐备无人机,开发用于救灾救援无人机、快递送货无人机、协助考古无人机、追踪污染物无人机、预报恶劣暴风雨无人机。在其他航空器领域的研究,主要集中于研制三栖飞行器、水上飞机、飞碟、滑翔机、高空无人飞艇,研制用于太空旅行或科学探测的气球,研制个人飞行器、超重载荷飞行器、超轻体型飞行器、无人翼伞与人工动力飞行器。

第一节 有人驾驶飞机研制的新进展

一、研制客机方面的新成果

(一)大型远程客机研发的新信息

1.波音系列大型远程客机研发的新进展

(1)推出可连接全球任何两城市的"环球客机"。2005年2月15日,美国媒体报道,该国波音公司当天推出首架"环球飞机",其具体型号为777—200LR(远程型),它将是目前世界上航程最远的民用飞机。"环球飞机"这个名称,凸显出其连接全球城市的非凡能力。

波音民机集团总裁兼首席执行官艾伦·穆拉利说:"这种性能卓越的飞机,可以通过直飞服务,将世界上任意两个城市连接起来。波音777—200LR环球飞机,是我们已经取得巨大成功的波音777系列飞机的最新产品。波音777系列包括5款客机机型和一款研发中的货机机型,能够为客户提供安全、高效的服务。"

波音"环球飞机"的出现,使市场领先的波音777系列的航程又延长了2775千米,波音"环球飞机"可以满载乘客及货物运营纽约——新加坡或洛杉矶——迪拜等直飞航线,该飞机可以搭载301名乘客飞行17446千米。波音"环球飞机"能够飞这么远的航程,是因为它安装了更大、更强劲的发动机,并且在后货舱内安装了三个备用油箱。

波音"环球飞机"将是首款全部采用波音2004年推出的醒目蓝色喷涂的波音飞机。该飞机的首飞时间定在三月初,执行试飞任务的员工将对监测和评估飞机的系统进行最后测试。为期7个月的试飞项目,包括近300小时的地面测试和500小时的飞行测试。首架波音"环球飞机"将于2016年1月交付给巴基斯坦国际航空公司。截至目前,已有两家客户订购了5架波音"环球飞机"。

(2)首架波音787"梦想"飞机下线。2007年7月8日,美国媒体报道,美国波音公司的全新机型787"梦想"飞机,当天下午在西雅图下线,1.5万多名宾客到场一睹这款新式环保型飞机的风采。这是波音公司1995年以来推出的首款全新民用客机。

据报道,波音787型飞机是该公司研发的中型双发动机宽体中远程客机。它采用了4项关键技术:新型发动机技术、轻型复合材料技术、更高效的集成系统技术和先进的启动技术。具有以下特点:一是轻,大量采用轻而坚固的复合材料,飞机重量大大减轻;二是节能,波音787型飞机要比其他同类飞机节省20%的燃料;三是噪声低,起飞和降落时的噪声要比其他同类飞机低60%;四是卫生,该机型具有良好的气体过滤设施,从而保证机内空气质量更佳;五是耐用,与其他同类飞机相比,使用期更长,检修率要低30%。

波音787飞机载客量可达330人,航程根据具体型号可连续航行6500至16000千米,每架标价在1.46亿美元至2亿美元之间。波音787于2006年开始生产,2007年进行组装和测试,将在2008年获得认证、交货并开始投入运营。迄今,波音公司已经收到677架飞机的订单,其中中国的航空公司订购了60架。交付日期已经排到2015年。

(3)将用人工智能生产波音777X飞机。2015年6月28日,据《日本经济新闻》报道,日本三菱重工业将新增一条自动化生产线,生产美国波音的新一代大型飞机777X的机身。新生产线将大量使用最先进的机器人,以及充分利用人工智能,将较波音的要求再削减约15%的成本,同时实现较高质量。投资金额预计为250亿~300亿日元。

目前,三菱重工在广岛制作所工厂内生产飞机,新的生产线也将设这个工厂内,定于2020年投放市场的"777X"机型的后部机身及乘降门等将在这里量产。

新生产线在机身钢板打孔及铆接等大多需要人工完成的工序上,将充分利用机器人和自动化设备。在机器人加工技术方面,三菱重工将与数控经验丰富的日本发那科公司合作。打孔等工序将用人工智能计算出精密且高速加工的最佳条件。

三菱重工将在机器人和设备上安装传感器,收集运行数据,提前分析控制设备等发生故障的可能性,预测故障发生时间,避免因更换零部件导致的生产线停工等情况。

2. 空客系列大型远程客机研发的新进展

(1)世界最大客机首次试飞获得圆满成功。2005年4月27日,法国媒体报道,当天在人们的一片欢呼声中,空客A380客机徐徐降落在法国图卢兹的机场。这标志着世界最大客机的首次试飞获得圆满成功。

这个新诞生的世界最大客机的引擎声非常小,甚至经常被周围起降的中小飞机的声音所掩盖。空中客车公司总裁兼首席执行官弗加德激动地说:"A380客机采用了当今世界最先进的技术,尽管它很大,但它很安静。飞行结果大家都看到了,我今天非常兴奋,我想大家都和我一样。"

A380首飞时的起飞重量为421吨,这是迄今为止民航客机起飞时的最大重量。除了安装水罐作为压舱物,这架飞机还安装了全部的试验仪器,以记录进行飞行性能分析时所需要的成千上万的参数。作为一架真正意义上的双层双通道客机,试飞的A380安装了两套试验设备和工作站,一套安装在主客舱,另一套安装在上层客舱。

为了保障今天的首飞能够顺利进行,A380之前已成功地通过了一系列地面测试。这些试验从2004年夏季开始,当时进行了首次通电试验。此后,空中客车公司系统而详尽地测试了A380的所有系统,在法国、德国和英国已累计进行了几千小时的试验。

2005年4月27日的首飞,标志着A380飞行试验项目的启动,将有5架试验飞机完成共计2500小时的试飞。这些严格的试飞结果,将递交给美国和欧洲的有关管理部门,以确保A380飞机在2006年下半年在新加坡航空公司首次投入运营。

(2)空客宽体飞机圆满完成航路验证环球飞行。2014年8月14日,法国媒体报道,法国空中客车公司宣布,A350XWB宽体飞机圆满完成为期三周的航路验证环球飞行，并返回空客公司总部法国图卢兹。

此次试飞，穿越五大洲、四大洋，并飞临北极，先后飞抵分布于全球各地的14个主要国际机场，总计飞行时间约180小时，航程约15.13万千米，所有航段均按计划准时完成。

（二）环保节能型客机研发的新信息

1. 设计制造环保为主客机的新进展

（1）开始研制新一代低噪声超音速商务客机。2006年8月，有关媒体报道，美国洛克希德·马丁公司，目前正在设计一种低噪声的商用超音速飞机。在这种飞机投入使用后，纽约至洛杉矶的飞行时间将被缩短至2小时15分钟。最为重要的是，新机在进行超音速飞行的过程中，将不会惊扰到地面的居民。

洛克希德·马丁公司介绍称，这种被称为"宁静超音速飞机"的新型运输工具，将是一种12座的超音速商务客机，最高飞行速度可达到音速的1.6倍，航程在7400千米左右。

据工程师们估算，通过运用一系列最新开发的空气动力学技术，尤其是特殊的机头和倒"V"字形的尾舵设计，"宁静超音速飞机"所产生的噪声水平，将较"协和"式客机下降20分贝。

有消息称，负责"宁静超音速飞机"设计工作的，是洛克希德·马丁公司旗下著名的"臭鼬"工厂，它设计过U-2高空侦察机、F-117隐形战斗机等产品。预计这种新型飞机，将在2012年之前投入使用，单价约为8000万美元。

（2）联手研制机身机翼融为一体的"静音飞机"。2006年11月6日，"静音飞机计划"研究团队负责人，在伦敦英国皇家航空学会举行新闻发布会，公布了概念性的设计方案。这个研究团队，有来自英国剑桥大学和美国麻省理工学院的40多名研究人员，此外，还有来自30家企业的工程师。他们正在研制一种新型飞机，其努力的目标是，通过特殊设计，让将来的飞机不但具有省油和宽敞等优点，而且几乎没有噪声。这个研究项目的资金支持，主要来自英国贸易和工业部。

"静音飞机"设计上，至少有3项降低噪声的措施：一是摒弃机翼尾部可以偏转的襟翼，从而消除起飞和降落时噪声的一个主要来源。襟翼是一种辅助翼，主要功能是增加空气浮力或阻力。二是它的引擎将装置在机身内，而非像传统飞机那样装置在机翼部位，这样可以降低传到地面的噪声。三是这种喷气式飞机引擎的喷射管，大小可以调节，以便在飞机起落时减缓喷气推力，而飞行中途则加力高速飞行。

这些形状和技术特点能够降低引擎噪声，使飞机在空气中穿梭时，地面几乎听不到让人烦恼的噪声，从而达到"静音"效果。噪声扰民，尤其是影响机场周边居民，往往是扩建机场和增开航班遭遇阻力的主要原因之一。参与"静音飞机计划"的，美国麻省理工学院飞行学教授爱德华·格雷策说，"静音飞机"能够解决这一问题,从而有助于满足日益增长的航空运输需求。

研究人员表示,这项研究计划的目标,并不是近期投放商业市场的产品,而是积累经验,以便在2030年前开始研发这种飞机。它的商业表现如何还是未知数。

"静音飞机计划"主要工程师之一、麻省理工学院航空学教授佐尔坦·斯帕考夫斯基说:"我们的目标,是找出需要的技术,而且也尝试一下,如果把低噪声作为设计的主要追求之一,飞机看起来是什么样子。"

"静音飞机计划"吸引了全球各地30多家企业参与设计,其中包括飞机制造商美国波音公司和引擎制造商罗尔斯·罗伊斯股份有限公司。

罗尔斯·罗伊斯公司发言人马丁·布罗迪说,他们之所以参与这一项目,主要是看准了它追求环保的理念,可能成为飞机设计领域走向的决定因素之一。

除追求低噪声外,"静音飞机"还将考虑其他一些飞机设计领域的主流理念。这种飞机可搭载215名乘客,燃油效率为每加仑燃油支持124名乘客飞行1英里,优于波音公司计划2008年交付的"梦幻航班"波音787型客机。波音787型客机的燃油效率,是每加仑燃油支持100名乘客飞行1英里。

"静音飞机"的另一特点是机身和机翼融为一体,使其整体都产生向上推动飞机的空气浮力。传统飞机机身一般是狭长形。机身和机翼融为一体的飞机设计其实已经存在,但其应用基本局限于某些特殊要求的军用机型,如远程轰炸机。

美联社记者马克·朱厄尔认为,"静音飞机计划"相当于,在省油和更大空间两项要求的基础上,额外增加一个新目标。

(3)首架天然气合成燃料客机试飞成功。2009年10月12日,卡塔尔航空公司在其官方网站上发表新闻公报称,当天世界上首架以天然气合成燃料驱动的客机成功试飞,这标志着全球航空业在开发替代燃料方面取得了一项重要成果。

新闻公报说,卡塔尔航空公司一架空客A340—600型客机,12日晚从英国伦敦飞抵卡塔尔多哈,客机以传统航空燃油与天然气合成,按照一比一的比例组成混合燃料,供飞机发动机使用,整个航程历时约6个小时。

卡塔尔是世界上最大的液化天然气生产国,目前年产量为3100万吨。卡塔尔航空公司首席执行官阿克巴尔·贝克尔说,天然气合成燃料客机试飞成功,具有里程碑意义,是全球航空业在寻找替代燃料方面迈出的第一步。

2. 设计制造节能为主客机的新进展

(1)全塑料机身的节能客机即将起航。2006年8月,国外媒体报道,随着新材料技术的不断发展,越来越多的复合塑料被用于航空零部件的制造。空客A380全机重量的25%是由非金属复合塑料制造。波音公司也将于2008年推出半塑料机身的787"梦幻客机"。同时,波音公司也已宣布,全塑料机身的波音

787正在加紧研制当中。

航空制造所用复合塑料是一种聚合体树脂制成的矩阵结构，由耐热性能良好的增强型碳素纤维层或玻璃纤维层胶合而成，再利用熔炉打造成所需要的形状，以适应不同零部件所承受的压力。

目前的新型复合塑料重量只有铝合金的一半，但强度却比铝合金高出20%，而且绝缘性能好，抗腐蚀能力要比一般的金属材料高。用其替代部分金属材料制造航空零部件，不但生产成本低，还可减轻飞机重量，降低耗油，提高飞行的航程和航速，改善飞机的飞行性能。但是这种复合塑料的缺点是，使用过程中必须小心维护，因为它的磨损乃至断裂的情况与金属很不一样。

对于金属材料而言，如果压力达到其最高可承受压力的10%，疲劳裂纹就会出现，不过这种裂纹的增大过程比较缓慢，检修师有足够的时间发现裂纹并及时修复，从而防患于未然。复合塑料正好与之相反，只有当压力达到最高可承受压力的60%~70%时才可能出现疲劳裂纹，但是一旦裂纹出现，也就意味着这一零部件必须马上更换，否则就可能酿成大祸。

正是由于复合塑料材料存在着这种可能会突然分崩离析的风险，再加上考虑到遇上气流或者飞机尾流而造成的额外负荷，飞机只能在比可承受压力水平低得多的条件下飞行，才能保证不会发生空中解体的危险事件。

由于复合塑料材料制成的机壳在碎裂前不会发生变形，在例行维护时利用常见的视觉检查或者敲打辨音检查很难发现其内部存在的损伤。直升机生产商美国西科斯基飞机公司的前复合材料工程师戴维·麦斯表示："试图通过目检来确定复合材料是否出现损伤，这无异于根据一个人的面容来判断他是否患了脑瘤。"麻省理工学院的机械工程师、复合材料专家詹姆士·威廉姆斯也认为，采用视觉检查只能说明对"复合材料各层之间黏合结构的一无所知"。

虽然目前工程师可以借助超声波或者热感应器等来确定复合塑料结构的损坏情况，但是这些检测方法并没有得到广泛应用。带回实验室的零部件可以很容易确定问题所在，不过这种检测手段也还没有实用化，维修师需要的是现场快速检测所使用的便携工具。加拿大运输安全董事会负责航空调查的主管尼克·施托斯表示，航空工业需要开发新的技术，以便更容易确定可引发不安全事件的关键因素。

这种便携检测工具很可能在不久的将来问世。加拿大国家研究委员会的皮埃尔·莫查林及其同事，正在为他们发明的可暴露复合塑料材料内部损坏情况的激光检测技术，申请专利。

这种检测系统通过激光局部加热复合塑料表面，使塑料受热膨胀后产生振动，振动波在材料内部的各个黏合层传播，如果材料结构出现损坏或者裂纹，振动频率就会改变。裂纹越大，频率就越低。借助干涉计的帮助，另一台激光仪就能很容易地判断出振动频率的变化。莫查林已经通过实验证实这种被称为

"激光敲打检测"的技术,可以发现从复合塑料表面无法觉察的损伤。他表示,由于激光能够通过光纤传送到位置比较高或者人工不方便检测的部位,利用这种检测系统,维修师无须拆除零部件,就能检测整个飞机的复合框架。

毋庸置疑,塑料飞机的安全性是重中之重。波音公司和空客公司都声称,制造前检验、计算机模型以及加速老化实验,再加上目前普遍使用的视觉检查,都能够确保波音787和空客A380在交付使用时的安全性。按照计划,波音787将接受多达16.5万次飞行测试,这相当于3架飞机的飞行寿命。此外,飞机还要接受增压、扭转、盘旋以及弯曲等一系列试验,比如,将长约1米的切断机刀片作为"子弹"射向机身,以此来测试飞机在遇到小鸟撞击时机身材料的弹性和恢复性能。与此同时,空客公司复合材料专家罗兰·塞维因也表示,空客正在研制传感器,用于监测飞行状态下A380所使用的复合塑料材料的结构变化。

(2)研制具有前瞻性的气动布局节能飞机。2007年9月,俄罗斯媒体报道,该国航空财团总经理瓦连京·克里莫夫宣布,以"俄罗斯航空财团"金融工业集团中央公司为首的集团公司,正在研发具有前瞻性气动布局的新型节能飞机IC-1。

克里莫夫指出,俄罗斯航空财团正在与航空工业的主要企业和科研所合作,组成一个研究团队,开发IC-1飞机项目。参与该项目研发的有"航空仪器控股公司""航空发动机"股份公司、西伯利亚航空科学研究所。

研究人员认为,目前他们已具备制造新一代高效干线飞机的所有先决条件。因为航空制造业取得了长足进步,大涵道比涡扇发动机和新型结构材料已经面世。目前航空制造业有两个巅峰,一是空客A380的载客量,二是波音787的技术工艺。

为IC-1飞机所选择的气动布局,将赋予优质的空气动力性能,并将成为飞翼型飞机目前最佳指数和潜在指数的过渡。研制者所面临的任务是:推广应用整体布局,综合提高飞机的效用,将每旅客千米的燃油效率至少改进到14~16克,并保障俄罗斯在这种整体布局方面的优先地位。

IC-1飞机预计结构的重量效能,约比常规空动布局的飞机高出40%。IC-1飞机的载客量与图-154飞机相当,然而,图-154的重量为100吨左右,而IC-1的重量为61~64吨。

据专家介绍,IC-1飞机的航空发动机布局可能在机翼下方,也可能位于机身。由"航空仪器控股公司"研制的机载设备为完全数字化,可以解决所有当代的问题。

(3)设计可大幅度节省燃料的D8新概念客机。2018年1月,《科学美国人》杂志官网报道称,据预测,飞机排放量到2050年将增长3倍。不久前,美国南加州大学航空与机械工程助理教授亚力杭德拉·乌兰加为首席研究员,麻省理工学院、美国国家航空航天局和业界联合组成的一个研究团队，正试图设计一款被称为"双泡"的新型D8概念飞机，如果在全面测试中得到验证，有望显著降低航空业碳足迹，并提高燃油效率。

D8基于180座标准波音737机型和空中客车A320飞机进行了重大修改，例如，机身比传统的喷气机更宽也更显椭圆。乌兰加解释说，这种修改可以让机身本身产生一些升力，侧翼和尾翼更小更轻，"鼻子"也更符合空气动力学原理。此外，D8的设计将喷气发动机从机翼下方悬挂位置移到机尾顶上，能吸入并重新加速减慢的空气，从而大大减少阻力。

乌兰加说，这些改造将使新型飞机，比普通客机节省37%的燃料。合作方已经建造并在美国国家航空航天局风洞中测试了第11个模型机。他说："如果将新设计与未来技术进步结合起来，可进一步减少燃料使用，并最终在20年内节省高达66%的燃料。"

乔治亚理工学院航天工程师布兰恩·德文未参与这项工作，他盛赞这个新型设计非常值得期待。但他同时指出，D8开发者必须在克服经济障碍的同时，确保引擎足够强大。

现在，合作方之一的极光飞行科学公司，正在研发一半尺寸的原型机。如果所有努力获得成功，旅客有望在2035年体验D8的飞行感受。

（三）客机研究开发方面的其他新信息

1. 提高乘客安全性客机研发的新进展

（1）设计出可有效保障乘客安全的喷气式飞机。2004年3月4日，路透社报道，最近，加拿大批准了一款新型未来喷气式商务机的设计专利，这种新型飞机可在紧急情况发生时机体分离，各分离部分能在降落伞的帮助下缓慢降落地面，从而保障机上乘客的生命安全。

不过在3月2日，飞机设计圈里的专家们却表示，这项在007系列影片中才可能出现的商用机计划成功的概率极小，而且配备降落伞的飞机其重量将超乎寻常，造价不菲。

多伦多瑞尔森大学航空工程副教授大卫·格雷特里克斯认为，对于一架大型客机而言，这项专利计划是不可行的。他表示，这项专利听起来实在怪诞不经，如果拿此专利同航空工业领域的任何一个人讨论，他就会认识到该计划的不切实际性。

这项设计于上月正式获得了专利权。根据它的设计，商用喷气式飞机应该先建造相互分离的各个部分，然后再焊接整合到一起。在飞机飞行途中遇到紧急情况时，小到机械故障大到导弹袭击，飞行员只需按下可控制爆炸装置的按钮或"激光切割器"按钮，就可使机体分离，而飞机分离后的每一部分都配备有降落伞、震动吸收体、膨胀筏和推进喷射装置，这些设备将引导该部分机体缓慢落向地面。

格雷特里克斯指出，降落伞、震动吸收体以及推进喷射装置所产生的额外重量，将使一架商用喷气式飞机不堪重负，那样的话，飞机将只能携带很少的乘客。所以说，根据当前的技术，在短期内它不可能通过鉴定。

另外，在多伦多大学教授飞行器设计学的詹姆斯·德劳里尔也对这项计划持不信任态度。他说，这极有可能演变为一个持续不断的噩梦，因为谁也无法确定所有系统都能正常工作，假如这些系统运转失灵，则其造成的后果是极端糟糕。但德劳里尔在否定这项设计的可行性的同时，也坚信人们并不会因为这项计划的不可行而停止加强飞机安全性的努力。

（2）首架防劫客机进入地面测试。2006年9月，有关媒体报道，由英国宇航部门、空中客车公司和欧盟组成的一个财团开发的，首架防劫持客机已经进入测试阶段。

这种客机在飞行时，可以自动避开高层建筑物，甚至在飞行员遭遇危险时，能通过地面遥控方式安全着陆。

这种客机已于2006年8月，分别在英国的布里斯托尔和德国的汉堡进行地面测试。据报道，这种防劫持客机上，安装有监听乘客对话的麦克风和闭路电视，劫机者在采取行动前便可能被发现。客机的驾驶舱门不仅得到了加固，而且由能扫描虹膜和指纹的生物识别技术加以控制，只有经授权的机组人员才能进入驾驶舱。

驾驶舱的仪表盘上安装有生物传感器，在恐怖分子打死飞行员使飞机失控的情况下，飞机上的计算机系统，便会自动防止飞机偏离预定航线，并允许地面控制人员遥控飞机降落到附近机场。

2. 开展乘客空中受伤紧急救治的手术实验

在飞机上成功完成世界首例失重手术。2006年9月27日，法国网络媒体报道，当天中午12点30分，一架空客300飞机在飞行3小时后，顺利降落法国波尔多地区的梅里纳克机场。人们之所以关注这架飞机的此次航行，并不仅仅是因为它是一架经过特殊改装的空客飞机，关键在于在这3个小时的飞行时间内，机上的一组科研和医疗人员成功地完成了世界首例失重状态下的人体外科手术。

负责这项计划的，是法国波尔多大学医疗中心的多米尼克·马丁教授，也正是他曾在2003年10月中旬，领导一个显微外科小组同样是在这架经过改装的空客300飞机上，对老鼠进行了多次模拟失重状态下的显微外科手术。3年后的今天，他和他的医疗研究小组，又在相同的失重的环境中，成功地为一位名叫菲利普·尚肖的46岁志愿病患，摘除了前臂上的一个脂肪瘤。

马丁教授在手术成功后举行的新闻发布会上介绍说，在整个3小时的飞行过程中，他们有过32次，每次持续20多秒的模拟失重状态，而他和他的医疗小组（3名外科医生和2名麻醉师）就是利用这些失重时间完成了此次手术，整个手术过程累计用时不超过 10 分钟。失重时，手术台悬浮起 2~3 厘米。为了防止在失重环境下失去重心而飘浮，手术器械全部放置在强力磁铁上，医疗小组成员也全部穿上特殊服装并被固定在滑轨上。他表示，如果模拟失重时间能再长一点的话，比如能有持续 2 个小时的模拟失重状态，他就可以完成一次阑尾切除手术。

马丁教授表示，此次实验性手术得到了法国国家空间研究中心和欧洲航天局的支持和合作。他说，从技术角度讲，与此前他们对 4 只老鼠进行得非常精确的神经和血管缝合显微外科手术相比，这次只是个简单的前臂脂肪瘤切除术，对于病人没有任何风险。而且此次实验手术的关键，并不是要在技术上有所突破，只是在于确认如何在失重状态下正确运用外科手术技术和麻醉技术，进行人体临床手术。

同时，该项实验手术，也是未来太空手术计划中电子遥感外科手术项目的一次实践。这一计划的目标，是在未来能通过卫星，由地面医生来遥控空间站或飞行器里的医疗机器人或遥控机械装置，在太空为宇航员进行手术。他希望明年就能进行模拟失重状态下，通过地面遥控，由医疗机器人实施远程外科手术，为今后尝试进行太空遥感手术创造条件。

研究人员特别强调，虽然此次手术技术难度不大，但意义非常重大。首先，它证明他们所使用的手术器械可以适应失重环境。其次，它证明在失重环境下可以进行血管手术以外的外科手术。还有，在失重环境下对人体实施外科手术的成功，也为今后实现太空手术打开了成功之门。但是，多年来，一直参与这项模拟失重状态外科手术计划的麻醉师库尼克也坦言，出于安全考虑，目前在失重环境下，对人体还不可能实施诸如肾脏、心脏移植等大型手术，只能进行一些外科的伤科手术。他同时表示，至今已有 400 多人从事过太空旅行，而太空人在太空任务中受伤的概率也愈来愈高，如果把伤者从太空中送回地球进行治疗，不但风险大，而且花费也很大。所以进行太空外科手术的需求和前景都十分广阔。

作为该项研究计划负责人的多米尼克·马丁教授，对于自己所从事的研究前景更是充满信心，他希望将来与欧洲航天局合作，在未来的人类月球基地上建造一个太空手术室。

3. 新型喷气式支线客机首飞成功

2015 年 11 月 11 日，日本媒体报道，日本三菱飞机公司正在研发的日本首款国产喷气式支线客机"MRJ"进行首飞试验，从爱知县的名古屋机场起飞。在太平洋一侧的远州滩上空飞行约一个半小时后，该机按计划在名古屋机场降落，成功完成首飞。

报道指出，这是自 1962 年 8 月首飞的螺旋桨客机"YS-11"以来，时隔约半个世纪日本再次实施国产客机首飞，力争让凝聚日本技术实力、具备最先进性能的MRJ打入全球客机市场。

报道说，日本国产喷气客机启动研发10多年后，终于迎来了首飞阶段，此次成功是迈向商用的一大步。三菱飞机公司的母公司、三菱重工业公司董事长大宫英明在MRJ首飞后向记者表示："接下来，还有一些必须确认的事项，但我认为取得了巨大成功"。

据报道，当天上午8点半左右，日本自卫队出身的三菱飞机公司试飞员安村佳之进入MRJ机舱，飞机从停机位缓缓移向跑道。9点35分，MRJ起飞。为减少降落时的风险，飞机未收起落架。11点01分，MRJ成功着陆。

二、研制直升机与运输机的新成果

（一）研制直升机方面的新信息

设计制造直升机的新进展

（1）首架智能直升机成功完成试飞。2004年12月27日，俄罗斯新闻网报道，由美国加利福尼亚大学伯克利航空机器人研究小组设计的智能直升机，成功进行首次试飞。据研究小组成员霍恩古尔·希绿表示，该直升机不需要任何人为干预进行各种复杂天气条件下的飞行。

说起微型智能直升机我们早已耳熟能详，但我们以前所认识的机器人直升机都必须在人的操控下进行无距离飞行，即使是能够自动飞行也是在生硬的程序系统指挥下进行的。

早些时候，有消息称澳大利亚也研制出所谓的智能直升机，据说可以完成自主飞行。但美国科学家们对其远隔重洋的同行们的所取得的这一成果一无所知。但他们坚信，由他们研制的该智能直升机智能化程度将是目前最先进的。

由加利福尼亚大学研究小组研制的新型智能直升机，在试飞场进行试验时，充分展示了它克服障碍、随机应变的雄厚实力。它能够在超低空飞行中灵敏地绕过楼房和灌木丛等障碍，并准确飞回指定的地点。当然，该智能直升机能有如此优良的性能，完全是依赖其体内安装的各类传感器和智能化程度极高的软件设置。它在首飞试验中表现绝佳，已体现了其各个系统优良、可靠的性能，但它是否能像研发人员所说的能在任何艰难条件下自主飞行，还需要我们拭目以待。

该智能直升机发现并克服障碍的主要元件，是其随身携带的激光扫描器。据称，它在飞行中偏离航线的最大值不会超过30厘米。该项目设计人员表示，他们研发的这一智能直升机能够，自动在大城市或田野中飞行，可以执行各种观测和侦察任务。

（2）研发飞行速度最快的直升机。2005年6月5日，俄罗斯纽带新闻网报道，创建于1923年的美国西科斯基飞机公司，是当今世界直升机制造业的领头羊。该公司披露，目前正在积极研发世界上飞行速度最快的直升机，并有望在近期内开始投入生产。

据报道，该公司新闻发言人日前在会见媒体时披露了上述消息。目前，世界各国所使用的巡航速度最快的直升机，最高时速一般限制在每小时250~350千米的范围内；而此次西科斯基飞机公司正在研发的直升机，最高时速将超过现役所有直升机的最快飞行速度，有望达到每小时400千米。这种新型直升机动力系统，也将采用X2型螺旋桨推进技术。

报道说，美国西科斯基飞机公司研发出的X2型螺旋桨推进技术，是在直升机机身的水平中心轴上，分别安装一个纵向和横向的螺旋桨旋转系统，当两个螺旋桨旋转系统同时工作后，就会大大提高直升机的水平飞行速度。该公司的技术专家说，这种新式直升机除了巡航速度将达到世界最快以外，也拥有包括空中滑翔、高速转弯等一系列先进的直升机飞行技术。

2. 研究发现监管直升机的新方法

发现地震探测仪能够追踪直升机。2017年4月，国外媒体报道，秘密情报机构可能会很高兴，因为冰岛地球物理学家组成的一个研究小组，近日在《国际地球物理学杂志》发表论文称，他们发现了一个追踪空中目标的新方法——使用用于记录地下地震的传感器。

该研究小组在研究火山震动时，注意到一些奇怪的事情。通常岩浆在地下运动会产生一些快速重复的迷你地震。研究人员分析了赫克拉火山数据，发现有一次震动并不是火山引起的，而是由于一架直升机掠过。

由于旋翼桨叶转动，直升机产生了一系列密集的压力脉冲，从空中扎入地下。这些脉冲似乎形成了一次震动，并在地形和风的影响下，被40千米外的地震探测仪捕获到。

研究人员表示，洪水、泥石流和冰川等引发的地震震动已经被记录过，但这是首次探测到一架飞机产生的震动。

为了进一步探索相关信号，并确保直升机信号不是误判的火山信号，研究人员记录了一架直升机飞过由7个地震探测仪组成的网络时产生的震动。通过测量直升机飞过每个探测器引起的信号频率变化，研究人员确定了该飞机大致的方位、高度、速度和飞行方向。

虽然大多数直升机无法改变旋翼转速，但研究人员仍能用震动频率推断旋翼叶片的数量和转速。只要拥有不同直升机规格的足够信息，研究人员就可能确定直升机的型号。尽管该研究只针对直升机，但理论上说，这一新方法，能追踪任何旋转体或螺旋桨飞行器，也包括无人机。

（二）研制运输机方面的新信息

1. 运输概念机或样机的研制进展

（1）研制节能环保型商业运输的概念机。2008年10月6日，美国宇航局宣布拨款1240万美元给6个科研小组，以研发节能环保型概念机或"未来飞机"，并力争在 21 世纪 30 年代投入使用。

美国宇航局发布的新闻公报说,这 6 个科研小组由波音、洛克希德—马丁、诺思罗普—格鲁曼、麻省理工学院等企业和科研机构的研究人员领衔,他们将首先进行亚音速和超音速新型商业运输飞机的概念机研发。在第一阶段研发中胜出的科研小组,将获得进一步的资金支持。

美国宇航局说,如果一切顺利,"未来飞机"预计可在 2030—2035 年间投入飞行。美国宇航局官员胡安·阿朗索在新闻公报中介绍说,未来的空中运输就是要在保护环境的同时,又能有效解决燃料成本问题。阿朗索说:"我们需要更加安静、燃料利用效率更高的飞机,但同时又不希望以牺牲空中商业运输的便利和安全为代价。"

这些研究小组为此将把研发重点放在设计更先进的机身和推进系统,以及减小飞机对环境的影响等方面。美国宇航局称,"未来飞机"将代表飞机研发的"N+3"代,即比现有的空中商业运输飞机先进 3 代。

(2) 加快推进"全球高效运输飞行样机计划"。2008 年 4 月,美国媒体报道,因为飞机燃油成本上升,以及担心美国对外国原油的依赖,美国空军开始加快研发由复合材料和其他高端材料制造的运输机,它可以烧更少的燃料飞更远的航程。

这项材料研发计划被称为"全球高效运输飞行样机计划"。该计划将力争在 36 个月内制造和试飞最大的高端材料运输机样机。它所使用的材料,包括塑料、铝和玻璃。

人们期望它能提供一种低能耗和廉价的运输机,以替代目前耗费巨大的洛克希德·马丁"银河"运输机,因为它仅空载时的起飞重量就重达 17 吨。这项计划,就是要实现低成本低能耗的目标,要在运载量、航程和速度方面都超越现有的运输机。

2. 新型运输机的研制进展

(1) 开发高超声速运输机。2005 年 11 月 14 日,美国《航空周刊与航天技术》杂志报道,美空军正在研究可搭载 5443 千克有效载荷,在不到 2 小时内飞抵 16668 千米外的高超声速运输机方案。据称,被称为"隼"的 1 号高超声速试验机,可能在 2007 年就能做好试飞准备。最近,在美空军阿诺德工程发展中心位于马里兰州白橡树的 9 号的高超声速风洞设施中,高超声速试验机的模型完成了一系列试验。

"隼"运输机是美国国防部国防先进技术研究局和美空军的合作项目,目的是开发和演示一种能实现有效载荷全球快速部署的高超声速技术。美国国防部国防先进技术研究局的官员则表示,该项目的目的是开发和验证高超声速飞行技术,满足近期和远期打击时间关键目标和实现快速全球到达的要求,并演示一种可买得起的、反应迅速的空间运输机。

美空军研究实验室的航空器理事会,为"隼"运输机项目提供了技术指导,这次风洞试验正是在它的建议下进行的。在"隼"运输机项目开始后不久有一点就已很明确:用于描绘模型周围流场的计算流体动力学模型,需要用高精度地面试验数据进行验证,而美空军阿诺德工程发展中心的9号风洞能提供验证试验所需的条件和精度。

该风洞准确地实现了高超声速试验机,以10倍声速飞行时的雷诺数,而较大的模型尺寸可保证速度在10~14倍声速之间时,都具有高的流场分辨力。试验获得的数据,将帮助美空军和美国国防部国防先进技术研究局在两个重要的设计点上,对"隼"运输机的空气动力学数据库进行验证。按计划,近日该项目将进行一次关键设计评审。

美空军认为,开发高超声速巡航飞行器的关键技术,包括热防护系统、高温材料、高升阻比气动外形和导航/制导与控制系统。美空军将逐步突破这些技术的现有限制。

美空军阿诺德工程发展中心是美国最大的飞行仿真试验基地,可进行从海平面到空间、从亚声速到高超声速的飞行试验。该中心最近完成的工作,是进行"微型空射诱饵"与F-16战斗机的分离试验。微型空射诱饵由雷声公司开发,投射后可模拟作战飞机的飞行剖面和雷达特征,从而欺骗敌防空系统。

为验证计算流体动力学的结果,美空军阿诺德工程发展中心的研究人员,将微型空射诱饵的比例模型安装在一架5%比例的F-16模型的右翼,在4T跨声速风洞中进行了大约115小时的试验。这些试验已于11月3日完成,为微型空射诱饵的最终试飞和装备F-16铺平了道路。该诱饵还将装备B-52H,为此将进行一系列新的风洞分离试验。

(2)研发军民两用的重型运输机。2007年12月,俄罗斯国防工业综合体网站报道,俄罗斯米亚西舍夫试验机器制造厂,正在研发载重量60吨的未来运输机。这种正在开发的飞机属于两用性质:重型军用运输机和民用运输机。

军用型可以空投各种作战技术装备,并将用来替换安-22重型军用运输机和伊尔-76系列飞机。

米亚西舍夫试验机器制造厂的"60"项目,将历时15年。所有研究项目将按照承重机身空气动力学布局来完成。这种飞机模型在中心茹科夫斯基空气动力流体动力研究所所进行的空气动力学试验,展现了巨大的前景。这种空气动力学布局,能够使机身释放出更大的空间,增加飞机的载重量,飞行距离和巡航高度。

有关专家说,在"60"项目框架内研制的飞机,可以在空军和专业从事货运的民航公司中得到广泛应用。

(3)成功研制新一代大型运输机。2010年1月26日,日本媒体报道,日本自行研制的航空自卫队新一代大型运输机,在岐阜县举行首次试飞并取得成功。当地专家认为,这种飞机如投入使用,有望显著提高日本自制运输机的运输能力。

当天上午,代号为"XC-2"的新型运输机一号样机从位于岐阜县各务原市的航空自卫队岐阜基地起飞,进行1个多小时的试飞。日本防卫省认为试飞结果良好。

这一运输机由日本川崎重工业公司研制,是为了接替日本于20世纪70年代启用的C-1型国产运输机。新一代运输机在设计上谋求实现大型化,该机全长43.9米,翼展44.4米,高14.2米,最大运载重量达30吨,约为C-1运输机的4倍,而且续航能力也有大幅提高。

"XC-2"是与2008年8月已交付防卫省的海上自卫队新一代固定翼巡逻机"XP-1"同时研发的。两款新飞机有部分部件可共用,从而节省了研发成本。

(4)独特双机身运输机开始进行动力测试。2017年1月,俄罗斯媒体报道,茹科夫斯基中央空气流体力学研究院新闻中心表示,该机构实验室初级研究员叶夫根尼·皮古索夫等人组成的研究小组,正在对独特双机身运输机进行空气动力学测试。

这款飞机最大载重量达40吨。初步计算表明,在载重量相同情况下,双机身飞机比单机身飞机的结构重量轻。此外,双机身运输机装卸货物更加便捷省时。

皮古索夫表示,该飞机主要优势是结构重量轻,需要的发动机推力较小,所以它只有三个发动机,而不是四个;而其运输能力更强:可用其中一个机身运载乘客,另一个机身运输设备。这是唯一可以同时运送60个人和步兵战车的飞机。而货物装卸时间短的特点,使该型飞机还有望用于军事目的。

茹科夫斯基中央空气流体力学研究院,还在对另一种有前景的机型,即推力换向式支线飞机进行测试,这种飞机的特点是可以从客机变为运输机,也可从运输机变为客机。

3. 在运输机上开展外伤空中医治研究

在运输机上进行首个零重力外科机器人手术。2007年10月8日,国外媒体报道,机器人太空手术将不再是科幻梦想。非营利性研发机构美国斯坦福研究院国际公司,在一架飞越墨西哥海湾上空的美国航空航天局C-9运输机上,首次进行零重力外科机器人手术,外科医生在远至千里之外对机器人进行远程控制。

C-9运输机进行一系列抛物线飞行,以模拟太空的微重力环境。此零重力手术将考虑到人类和机器人外科医生的速度和精确度,两人都要快速而准确地进行开刀和伤口缝合。

美国斯坦福研究院国际公司开发的相关软件,将帮助机器人外科大夫修复"环境错误",因为重力场强度会出现片刻的骚动或动荡。而真正的外科大夫,则通过电信网络，对位于病人身边的这位多臂机器人外科大夫进行遥控。

在太空飞行时，机器人外科手术系统可存放在一个狭小的空间里，是专门为战斗中受伤的士兵和太空探索中生病的宇航员进行手术，提供紧急救治的。2007年4月，此机器人在美国佛罗里达州沿海的宝瓶宫水下，实验成功完成了水下手术测试。一位远在2400千米之外的加拿大外科医生，成功地让机器人缝合了一条破裂的假动脉。在这次太空手术中，远程机器人手术，还将与同机的外科大夫进行同台竞技，做同一手术看谁的效果更好。

该公司前身是著名的斯坦福研究院，是开发其他远程控制手术系统的先驱。他们正在与美国国防部国防先进技术研究局合作，开发外伤战场医治系统，可高级诊断和远程控制仪器，对战争伤兵进行救治。

三、研制环保型飞机的新成果

（一）电力推进飞机研制的新信息

1. 单座电动飞机研制的新进展

单座电动飞机实现首次载人飞行。2008年1月6日，英国《泰晤士报》报道，日前一名法国飞行员驾驶由电池供应能源的飞机飞上蓝天，改写了人类的飞行历史。飞机实现了人类遨游天空的梦想，但它却极耗能源，飞机引擎发出的巨大噪声也让人感到头疼。在过去几十年里，研究人员一直试图寻找更清洁的能源，研制低耗能飞机。现在这种想法终于变成现实。

在2007年12月23日的试飞活动中，这架名为"伊莱克特拉"的单座飞机在南阿尔卑斯附近飞行了48分钟，一共飞了50千米。致力于实现绿色飞行的法国阿帕姆公司表示，试飞成功之后，实现无污染、低噪声飞机运用的目标已经触手可及。公司总裁安妮·拉夫兰迪表示："这将是为每个拥有飞行执照的人设计的。"

近年来，随着电池技术的改进，在飞机上使用燃料电池的目标，已经不再那么遥不可及。此前，已经有用电池供应能量的无人机飞上蓝天，但如何应用于载人飞机则是一项全新的挑战。最终这家法国公司采用了新一代锂聚合物电池。该机每小时的燃料花费为1欧元，同样的飞机若使用汽油每小时则将花费60欧元。面对日益上涨的油价，这是一个好消息。事实上，美国航空航天局和波音公司也已经着手致力于把有关技术运用于大型飞机，乃至客机。

2. 双座电动飞机研制的新进展

（1）双座电动试验飞机首飞成功。2011年5月26日，法国媒体报道，总部位于法国图卢兹的空中客车公司当天宣布，该公司赞助的电动试验飞机，在德国巴伐利亚州明德海姆机场起飞，完成了升空20分钟的首次飞行。

该飞机的最大亮点，是它的电力推进系统，可将电力飞行功率极限提高到60千瓦。首飞的主要目的，是检查该飞机在空中的操控性能，测试其独特的推进系统。预计,这架飞机还将接受与飞行性能和电力推进系统稳定性相关的一系列测试,其飞行距离将更长。

该飞机翼展18.86米,可容两名飞行员并排而坐,最大起飞重量850千克,巡航速度最高每小时235千米。

这款电动飞机由德国斯图加特大学飞机设计学院设计,6周前在德国腓特烈斯哈芬国际航展首次公开亮相。该项目得到空客大力支持,空客正在考察将电力作为飞机主要替代能源的长期潜力。

(2)双座电动飞机创最远飞行纪录。2012年7月10日,法国媒体报道,空客公司生产的一架电动飞机当天首次成功跨越英吉利海峡,创造了该机型最远距离的飞行纪录。业内人士认为,这次颇具象征意义的试飞,有望开启航空业的新时代。

空客公司生产的双座电动飞机E-fan,当地时间10日上午,从英国利德起飞,跨越英吉利海峡后,成功降落在法国加来港。

这架飞机长6.1米,重不到0.6吨。整个飞行历时36分钟,动力全部来自安装在机上的锂离子聚合物电池,实现了温室气体"零排放"和近乎零噪声。空客公司当天也做好了试飞失败的准备,在飞行沿线布置了救生艇和直升机。

(二)太阳能动力飞机研制的新信息

设计和展出太阳能飞机样机

展出首架可昼夜飞行的太阳能飞机。2007年11月5日,瑞士太阳驱动公司官方网站报道,瑞士太阳驱动公司设计的太阳能飞机的样机,当天在瑞士杜本多夫军用机场展出。专家说,设计这种飞机的目标,是最终使其在仅靠太阳能的情况下,实现载人环球飞行。

这是名为"太阳驱动"的太阳能飞机的第一阶段样机。它由超轻碳纤维材料制成,翼展达63.4米,相当于空客A340型飞机,而重量却仅相当于一辆家用轿车。公司创办人之一贝特朗·皮卡德说,之前世界上还从未有过尺寸如此大而重量如此轻的飞机。

皮卡德介绍说,机翼上装有1.2万对太阳能电池板,为机上4台电动机供电。飞机白天飞行时,可将多余的太阳能电力储备到高性能蓄电池中供夜间飞行使用,因此可实现昼夜飞行却不需要一滴航空燃油。

样机计划两年内进行首次试飞,将在试飞的基础上收集数据,以便建造第二架翼展80米、重2000千克的样机。"太阳驱动"太阳能飞机预计项目耗资1亿瑞士法郎,由欧米茄公司、德意志银行和达索飞机公司等共同资助,项目第一阶段已经筹资6500万瑞士法郎。

(三)氢能与生物质能飞机研制的新信息

1. 氢动力飞机研制的新进展

全球首架氢电池动力双座飞机试飞成功。2008年4月3日,美国媒体报道,美国飞机制造业巨头波音公司宣布，他们已成功完成氢电池动力飞机的试飞，这也是全球第一次利用氢电池的飞行。这项技术突破，有助于推动航空业发展"绿色飞机"。

据报道，波音公司在 2008 年 2 月和 3 月共进行了 3 次成功试飞。用于测试的小型双人座螺旋桨飞机重 800 千克，机身长 6.5 米，翼展长 16.3 米。试飞时机上只有一名飞行员，依靠氢电池提供动力，在 1000 米高度以时速 100 千米飞了约 20 分钟。

氢电池被安装在测试飞机的乘客座上，而驾驶座旁放着一个类似潜水员使用的氧气筒。氢电池利用的是氢氧化合生成水时产生的能量，只会生成对环境无害的水蒸气，是一种干净且能再生的绿色"燃料电池"。波音称，这架氢电池飞机的飞行时间可达 45 分钟，起飞时仍须靠其他电池提供辅助动力，但是在空中飞行时就完全靠氢电池。

波音首席技术官约翰·特雷西说："这是航空史上开先河之举，波音已经完成以氢电池为动力的载人飞行。这项进展是波音历史性的技术成功，它预示着更环保的未来。"

不过，氢电池还难以成为大型商用客机的动力来源。负责试飞计划的波音工程师拉裴纳说，氢电池作为大型飞机的后备动力来源，大概是 20 年后的事情。

2. 生物质能动力飞机研制的新进展

（1）研制出首架乙醇动力单座飞机。2005 年 3 月 15 日，巴西媒体报道，一家巴西公司把世界上首架"乙醇驱动"飞机，交给一家作物喷洒公司。这家巴西公司正见证着"酒精驱动"飞机市场的蓬勃发展。

这架单座位的"EMB 202"型伊帕内玛飞机，是被巴西民航当局批准的首个"酒精驱动"飞机，飞机用作驱动的乙醇燃料炼自甘蔗。

该公司介绍，这架飞机的造价为 24.7 万美元，这比通常的"汽油驱动"飞机贵了 1.4 万美元。不过"乙醇驱动"飞机的燃料价格非常低。在巴西，一升乙醇的价格是 0.44 美分，而一升汽油的价格则为 1.85 美元。此外，该公司称，"乙醇驱动"飞机更为耐用，并且其驱动力比"汽油驱动"飞机高出 7%，这些都弥补了它在造价方面的高昂之处。该公司称，今年他们已经接到了 70 笔预购这种飞机的订单。

"乙醇驱动"飞机，是巴西全国乙醇燃料计划的最新进展，这一计划启动于 20 世纪 70 年代的石油危机时期。

巴西是世界领先的甘蔗生产大国。到 20 世纪 80 年代，从该国甘蔗中提炼的乙醇燃料已经成为巴西汽车的主宰燃料。截至目前，巴西全国大约 1/3 的汽车被改造成了"乙醇汽油两用汽车"。

在该架"乙醇驱动"飞机出厂之前，巴西已有近 400 架小型"乙醇驱动"飞机。不过，这些飞机，绝大多数都是从"汽油驱动"飞机改造而来，并且被禁止用于商业生产。

（2）使用植物油燃料飞机试飞成功。2007年4月，阿根廷《民族报》报道，该国科学家研制的用酯化后的植物油作燃料的飞机，日前在阿空军飞行试验中心成功升空。这是南美洲第一架使用大豆作燃料的喷气式飞机，也是世界航空史上第二架生物燃料飞机。

报道说，这架"普卡拉A-561"型飞机，配备两个法国制造的涡轮螺旋桨发动机。其中一个发动机，使用通常的航空煤油（JP1），另一个则使用20%的大豆油衍生物和80%的JP1混合燃料。

试验证明，使用植物油燃料的发动机，比使用航空煤油的发动机更加清洁，而且能散发芳香。这种燃料在作用上，与纯粹的JP1燃料无异，但在环境保护和经济方面，却具有巨大优势。

报道指出，这次试飞是阿根廷科学、教育、农业和军事部门众多合作项目的其中之一。这些项目，将使阿根廷在农业燃料使用方面，处于世界领先地位。

据悉，除为"普卡拉A-561"型飞机的生产技术谋求专利，并让其在全世界商务飞机生产领域普及之外，阿根廷还制定了另外一项关于生物燃料生产技术的国家计划，即使用甜高粱生产生物乙醇燃料以及使用油菜生产生物柴油。

（四）制订发展环保飞机的新计划

启动下一代高效环保飞机的研究计划

2013年10月17日，外国媒体报道，加拿大国家研究理事会宣布，启动"航空21世纪"研究计划。该研究计划，旨在应对航空业目前所面临的经济和金融压力，通过发展和推进现有及新飞机所配置的关键技术，改善商业和客运飞机的燃油效率和性能。

为满足日益高效、经济的飞行编队需求，该研究计划将聚焦于以下4个方面的工作：生产效率、燃油效率、排放控制及飞行新方法。上述各领域的工作将包括对现有飞机进行改造以提供增量效益，在未来的飞机生产中采用最新技术（如复合建模工艺、清洁燃烧系统及先进的发动机材料），并开发下一代飞机机身和发动机概念技术。这些技术将在一个逼真的原型环境中加以验证和演示。

加拿大国家研究理事会将通过其位于渥太华、蒙特利尔和汤普森的世界级先进设施及专业知识网络，为用户提供独特的机会参与大型航空技术示范项目，同时在跨供应链的航空业者之间创建重要的链接。

加拿大国家研究理事会宇航部总经理耶日·科莫罗夫斯基表示，加拿大国家研究理事会将与加拿大宇航业充分合作，助其在下一代高效、环保飞机的竞逐中继续保持全球领先地位。

四、研制其他飞机的新成果

（一）战斗机与轰炸机研发的新信息

1. 设计制造战斗机的新进展

（1）联合制造第五代战斗机。2009年10月15日，有关媒体报道，俄罗斯国防部新闻局当天宣布，俄罗斯与印度将在年底前，开始第五代战斗机的实际制造工作。

俄印双方当天在莫斯科结束了两国政府间军事技术合作委员会第九次会议，俄罗斯防部在会议结束后宣布，双方一致决定在"年底前解决涉及联合研制第五代战斗机的所有问题，并着手其实际的制造工作"。双方还表示将在联合研制直升机和步兵战车方面开展合作。

据了解，俄第五代战机将具备隐身性好、起降距离短、超机动性、高度一体化和超音速巡航等特点。比起第四代战机，俄第五代战机的作战性能将有本质提高，将成为21世纪俄军的主力战机。

（2）签订联合研制战斗机合同。2011年4月20日，有关媒体报道，韩国防卫事业厅透露，韩国国防科学研究所和印度尼西亚国防研究开发院，于当天签署了关于联合研制KF-X战斗机的合同。

根据本合同，印度尼西亚国防研究开发院将在今后2年内，向韩国国防科学研究所提供1000万美元（占研发所需费用的20%），并派遣30余名研究人员，到即将在韩国大田成立的联合研发中心开展研制工作。

KT-X研制项目由韩国国防科学研究所主管，并有韩国航空宇宙产业、印度尼西亚国防研究开发院和国营航空公司等参与。2010年7月，韩国防卫事业厅与印度尼西亚国防部就联合研制KF-X签署了合作备忘录。根据协议，印度尼西亚将承担20%的投资，并在新机量产后购买50余架。

韩国防卫事业厅相关负责人称，此次合同明确了韩国与印度尼西亚双方在联合研制过程中所需的基本条件、费用分担原则和支付方式，以及工作分工、参与人员规模等具体细节。

2. 设计制造轰炸机的新进展

推出最新型F-15"无声鹰"轰炸机。2009年3月17日，美国波音公司网站报道，该公司当天推出F-15"攻击鹰"轰炸机的最新改进型号——F-15SE"无声鹰"。作为改进的重点内容之一，波音公司为F-15SE设计了全新的能够用于储存弹药的悬挂式油箱。由于这一改进，使得这款飞机能够多携带一些武器，包括"空对空"导弹，每个油箱隔舱内最多两枚，以及"空对地"弹药，根据型号的不同，每个油箱隔舱内最多四枚。当然，这些额外增加的弹药也可进行组合挂载。

在悬挂油箱内挂载弹药的情况下，该飞机的航程会缩短333~370千米。除此之外，如果安装这种新型悬挂式油箱，F-15SE 将无法使用 F-15"攻击鹰"上标配的传统弹药挂架。当然，在必要时，新型油箱也可被卸下，更换为传统的弹药挂架。

波音公司还专门为 F-15SE 开发了新型的数字化无线电机载设备。同时，如果客户有需求，还可为其涂装具有吸收雷达波能力的"隐形"涂料。除此之外，与 F-15 相比，这款飞机的尾翼结构也有所改变：其尾翼由基本型号时的垂直设计，改为向外倾斜 15 度。

波音公司发言人布莱德·琼斯表示，在当天展示的 F-15SE 并未涂装"隐形"涂料，但可根据用户需求加装。他同时指出，目前的 F-15"攻击鹰"均可通过加装悬挂式油箱、"隐形"组件和数字化机载系统改进为"无声鹰"。

（二）侦察机与预警机研发的新信息

1. 设计制造侦察机的新进展

（1）发明可垂直起飞的隐形单座侦察机。2013 年 1 月 24 日，有关媒体报道，美国国家航空航天局设计出一种供单人飞行的，电动隐形飞机"海雀"，它能像直升机一样垂直起飞，飞行时则如固定翼飞机，这点和海军陆战队使用的"鱼鹰"有些相似，但"海雀"有更独特的地方。

"海雀"的动力来自电动机，因而比普通飞机具有更好的静音效果。它在 150 米飞行高度时噪声只有 50 分贝，这跟一般人谈话的声音一样。它比目前的低噪声直升机还安静，静音效果是它们的 10 倍。同时，由于海雀使用了碳纤维复合材料，也很难被探测到。这些独特的性能使得"海雀"具有侦察机的特殊用途。

2. 设计制造预警机的新进展

（1）"先进鹰眼"预警机再升级。2015 年 7 月 19 日，有关媒体报道，近日，美日澳联合军事演习"护身军刀"在澳大利亚北部城市达尔文等地启动。"护身军刀"两年一度，是澳大利亚规模最大的军演。而日本陆上自卫队这是首次参加，被国内媒体称为"蹭"军演。

近一段时间，日本自卫队不断购买、升级军备，以增强与美国的军备配套能力。2015 年 6 月初，美国务院批准向日本出售 4 架 E-2D 型预警机，价值 17 亿美元。E-2D 预警机来自 E-2 舰载预警机家族，也被称为"先进鹰眼"预警机，与家族其他成员相比作了很大改动。

从外形上看，E-2D 预警机在很大程度上保持着"鹰眼"的原有布局，但通过采用新型螺旋桨、嵌入式卫星天线和加装空中加油设备等改进措施，显著提高了总体飞行性能。它沿用了 T56-A-427 型发动机，但换装了一种可加快处理速度又成本低廉的全权数字发动机控制系统，以提高动力装置的可靠性。

同时，E-2D 预警机采用了新型 8 桨叶 NP2000 复合材料，通过数字化控制，不仅振动更小、噪声更低，而且减少了零件数目，降低了维修费用。

E-2D 预警机提高飞行性能的另一个举措，是将采用一种新型嵌入式卫星通信天线。试验结果表明，这种技术不但可以改善天线系统的性能，而且能够减轻飞机重量，有利于改善飞机的飞行性能。其所配备的加强型电子支援系统，以及现代化通信及数据链接组，能够实现关键信息与监控数据的综合和传输。E-2D 所搭载武器系统的射程及精确性，也远远超过其他同类预警机。

此外，此次卖给日本的 E-2D 预警机，还安装新型 APY-9 有源相控阵雷达。据报道，这种雷达工作在 UHF 波段，美国海军官网称之为"海军的反隐身秘密武器"，称它能够有效发现隐身战斗机。

在机舱设计上，它采用完整的"全玻璃"战术座舱，能够搭载五名飞行员，包括 1 名驾驶员、1 名副驾驶员及 3 名任务系统操作员。当飞机进入巡航状态时，驾驶员或副驾驶员能够作为第 4 名操作员，参与执行作战任务。

7月1日，美国海军还成功进行了 E-2D 预警机的空中加油关键设计评审。2020 年 E-2D 的空中加油能力有望形成初始作战能力。

增强了空中加油能力的 E-2D 预警机将扩展航程，增大持久留空能力，从而为航母战斗群的决策者提供更多有用、及时的信息。

早在 2013 年，美国海军授予诺斯罗普·格鲁曼公司一份价值为 2.267 亿美元的工程、制造和研发合同，为容纳 E-2D 空中加油能力进行设计系统升级。升级内容包括：改进燃油系统以容纳加油探头，改善灯光系统提高 E-2D 和空中加油机之间的可视性及空间定向，改进飞行控制系统软件提高飞机空中加油的可操作性。

增强型 E-2D "先进鹰眼"，将可以更好地应对广阔开放水域、沿海地区和密集杂乱地形上的现代威胁，从而提供更好的海上安全。

（2）研发新型预警机雷达性能测试系统。2016 年 9 月，有关媒体报道，俄罗斯军工企业莫斯科仪器制造联合集团公司总经理里亚博夫，在莫斯科州库宾卡市举办的"军队·2016"军工展会上宣称，他们研制出一套"地面机动模拟系统"，在停机坪上就能测试预警机雷达的目标研判和追踪能力。

研究人员指出，预警机性能如何，主要看其机载雷达的功能是否强大，但若每次检测机载雷达时，都让预警机升空，就会耗费大量人力物力，"地面机动模拟系统"就是为解决这一问题而研制的，它可对俄最新型预警机 A-100 型进行雷达测试。在军工展会上，这一模拟系统，受到媒体广泛关注。

里亚博夫介绍说，这套系统，主要由一辆大型厢式指挥车，与多台雷达信号通过发送与接收天线组成。在测试时，工作人员在车内通过操控"战术情景模拟器"和散布在远处的所有天线，向 A-100 型预警机发送模拟雷达回波信号。随后，该预警机的多个雷达信息显示屏上，会同时出现几十个空中或地面"目标"。

研究人员表示，这些虚拟目标，将单独或编队行进，其移动方向和速度各不相同。而 A-100 型预警机的雷达需记录、加工处理和追踪这些目标的"回波信号",并将研判结果传输到附近的空军地面监测站。为了模拟敌方电子对抗的场景,这种模拟系统还会施加无线电压制性干扰,以测试预警机雷达能否抗压正常工作。

研发人员说,运用这种模拟系统的最大好处就是节省人力物力,因为一旦预警机起飞测试,就必须调派几十架飞机同时升空,并按预定"剧本"模拟各种战术飞行场景。同时,地面还需有大量装备和车辆,为这种空中"情景剧"提供保障服务,这种规模的测试难以多次重复。

第二节 无人驾驶飞机研制的新进展

一、研制无人侦察机的新成果

(一)微小型无人侦察机研制的新信息

1. 开发微型无人侦察机的新进展

(1)计划研制蜜蜂大小的微型侦察机。2004年3月,法新社报道,英国巴斯大学,机械工程系专家伊斯梅特·吉斯尔领导的一个研究小组表示,他们从对蜜蜂飞行的研究中获得灵感,准备以此为原型研制超迷你型侦察飞机。

吉斯尔说,他们正在寻找一种最有效的飞行方式,而蜜蜂的翅膀就非常灵活,能够快速地拍动,正是可借鉴的方式之一。

巴斯大学发言人托尼·特鲁曼介绍说,微型飞机目前只有美国研究人员研制过几种,但都只能飞行几秒钟,飞行距离仅为几米,美国研究人员也开始意识到,过去刚硬的飞机翅膀也许应该变得可以灵活快速拍动,这才是更加有效的飞行方式。

特鲁曼说,巴斯大学研究人员有信心解决研制过程中的空气动力学问题,研制项目预计在未来18个月内即可完成,研究人员现在规划中的飞机长度仅有15厘米,重约50克,持续飞行时间可达1小时,但吉斯尔说,这样的尺寸仍然过大,他们最终要使飞机可以与蜜蜂相媲美,缩至3~4厘米长。

目前,该研究小组已经收到来自英国政府、英国航空航天系统公司及美国空军等各方的共计115万美元的项目资金。

侦察机缩至蜜蜂大小,在诸多领域都有了极大用武之地。特鲁曼介绍说:"军队可以利用这种昆虫大小的无人驾驶飞机探测生化武器,但不大可能直接用作进攻武器。因为它太小了,连一枚导弹都装不下。"它还能降落敌机顶部,作为进攻标识,在民用领域,这种微型飞机也大有可为,如监控交通、边界"巡逻"、火灾监测救援、野生动植物调查、核事故等场所进行物质探测等。

（2）研制香烟盒大小的微型侦察机。2009年5月，英国《每日邮报》报道，挪威普罗克斯动力公司，近日研制出一款迄今世界上最微小的直升机。它的体积只有一个香烟盒大小，持续飞行时间约25分钟，未来可用于间谍活动或者战场侦察。

挪威普罗克斯动力公司研制的这款微型直升机，被命名为"PD-100黑黄蜂"，它由一台微型电动机来进行驱动。这种直升机的发动机叶片只有4英寸大小，可以携带一架微型数码照相机，飞行速度达到32千米/小时，持续飞行时间约为25分钟。

该直升机配备着世界上最微小、最轻便的伺服传动装置。这种新型伺服传动装置重量仅为0.5克，它使得这种新研制出来的直升机的重量，比玩具电动直升机还要轻。但是，它也存在一些缺陷，这主要体现在它不能像普通直升机那样进行加速或者减速飞行，也无法在空中进行盘旋飞行。研制人员称，这种直升机主要通过地面遥控操作飞行，并通过微型电传飞行控制系统保持平稳。

目前，"PD-100黑黄蜂"直升机，已顺利通过内部和外部轻风环境下的测试飞行。挪威普罗克斯动力公司的官员说："这种微型直升机可以装进口袋中，只需要短短数秒钟就可以起飞，并且很快就能在遥控装置的控制下抵达设定的位置。它可以很方便地接近敌对位置，或者是进入遭受了污染的建筑物内进行探测。"在实验飞行中，"PD-100黑黄蜂"直升机的电池耗尽时，会出现碰撞等问题，但研发人员称这些问题将会很快得到解决。另外，它的零部件很可靠性很强，也能够很容易地进行更换。挪威普罗克斯动力公司正在对它进行改进，以使得其持续航行时间能够达到30分钟。

研制人员还表示，这种微型直升机能够在空中飞行工作，主要取决于其轻重量的电池，这种新型电池质量非常轻，但却能输出功率12瓦特。研究人员不再需要额外的泵提供足够的空气供给，目前正在研制的新燃料电池的风力，由微型直升机的动叶片直接从气孔中获取。

同时，科学家还解决了氢供给的问题，通常制造氢的传统压力罐太重，非常不适用于微型直升机。一位名叫哈恩的研发人员说："我们建造了一个包含固体钠硼氢化物的小型反应堆，如果向其中注入水，就能生成氢气。"由于直升机在空中飞行状态中始终需要相同数量的能量，这个小型反应堆可以提供持续数量的氢。目前，研究人员已建造了一个轻型燃料电池原型。

参与开发工作的研究人员设想，这种微型直升机可以配备给在前线作战的士兵，这样他们就可以对整个战场环境，随时进行侦察和了解，提前获知周边存在危险。微型直升机携带有微型相机，它们可以适时传回各种图像。

美国军方也正在培育体内植有电脑芯片的"半机械昆虫"，它们背上安放有侦察装置，可被遥控按照人的想法四处飞行。报道说，美国政府和私营实体的一些人承认，他们正在研制这种侦察器。"半机械昆虫"可以跟踪嫌疑人，可以引导导弹命中目标,也可以在倒塌建筑的各个角落搜寻幸存者。

2. 开发小型无人侦察机的新进展

(1) 发明能有效监察地球环境的小型侦察机。2005年10月,有关媒体报道,俄罗斯中央科学研究院一个研究小组公布了一项他们的最新发明。它是一架只有400克重的小型飞机,能够用于侦探地球上发生的各类事情,有效监察地球环境的变化。

研究人员说,在它的发动机上连接着一架数码摄像机。这种飞机能够在1分钟之内,在聚会的人群中发现形迹可疑的人,并知道要发生的恐怖事件。另外,它还能预测灾难的危害程度,或者发现需要帮助的热点地区。

更为方便的是,这种飞机尽管重量轻和体积小,但却能很容易地进行全方位的连续飞行,不需要太多的时间,也不用连续起降,同时还可以承受相当大的风力。据估计,第一架完整的这种飞机,会在不久的将来问世。

(2) 研制最高时速80千米的小型无人侦察机。2006年5月,美国媒体报道,该国霍尼韦尔公司日前宣布,一款小型无人侦察机的研制工作,即将于近期全部完成。该飞行器是美国军方"未来战斗系统"计划的重要组成部分之一。

霍尼韦尔公司介绍称,这款无人机的体积非常小,平时可储存在专用的运输箱内,只需一名士兵便可轻松操作。正式投入使用后,它将主要装备陆军各排级作战单位,用于执行侦察、目标指示、通信和定位任务。该无人机装备有一台汽油发动机,可垂直起降,最大飞行速度超过每小时80千米。

到目前为止,霍尼韦尔公司研制的无人机已完成了200多次飞行测试。现在面临的一个主要问题是,对小型发动机进行必要改进,以使其能够使用与美军主战装备所使用的相同型号的汽油。

据悉,今后该无人机还将被融入美军的信息网络之中,以便进一步提高步兵分队的信息化水平。除了军事用途外,该无人机还可以用于民用领域,包括森林防护、公路巡逻和草原防火等。

(二) 其他无人侦察机研制的新信息

1. 用常规材料研制的无人侦察机

(1) 研制出能连续飞4天的"吊扇"无人侦察机。2004年9月,有关媒体报道,美国雷声公司最近研制出一种无人侦察机,它的模样长得像个吊扇,擅长跟踪移动目标,能够在目标地区上空盘旋长达96个小时,即4天。

这种无人机的中央是个轴心,上面有4个固定机翼,每个长3米,看去很像一个吊扇,也有人形容它是"长了翅膀的飞碟""吊扇"侦察机。它每个机翼上都有一个垂直于翼面的小螺旋桨,靠它产生向上的推力;机翼的尽头是一个向上翻起的可以调整方向的风板,它的作用好比帆船的帆,靠它来改变方向,既能顺风飞,也能逆风飞,即使在高空的强烈气流中也能保持稳定。

与其他侦察平台相比,"吊扇"侦察机有许多独特的优势。研制者之一约翰·里贝赫称，它是"吊扇与帆船的混血儿"，比传统的直升机更稳定。由于它能在空中悬停，所以是跟踪地面移动目标的理想侦察机，那些非盘旋式无人机必须不断调整自己的轨迹，很难精确跟踪移动目标。"吊扇"携带先进的雷达，由于它是在地球大气层内活动，因此它拍摄的照片要比间谍卫星拍摄的更为清晰。它充一次电可以在天上盘旋4天，而目前的主力无人侦察机"全球鹰"只能不间断地飞行36小时。

目前，雷声公司已经制造出一架翼展为6米的原型机，据研究人员介绍，一架"吊扇"侦察机价格只相当于"全球鹰"的1/50。

（2）推出首架"人鱼海神"海上无人侦察机。2012年6月14日，有关媒体报道，美国海军首架MQ-4C型广域海上监视无人机，当天在加利福尼亚州帕姆代尔的诺思罗普—格鲁曼工厂正式亮相。美国海军沿用根据希腊海神名字命名侦察机的传统，宣布其代号为"人鱼海神"。

该无人机是在美国空军"全球鹰"无人机基础上为海军研制的，它长约13.4米，翼展约39.9米，可在1.8万米的高空飞行24小时。这种无人机将装备能对下方海域360度扫描的雷达，一次飞行即可侦察近700万平方千米的海域。发现可疑目标后，它还可降低飞行高度，对目标进行重点侦察。

诺思罗普—格鲁曼公司航空航天部副总裁杜克·迪弗雷纳在当天举行的仪式上说，广域海上监视无人机项目，代表美国海军航空兵的未来，也是海军的一个战略要素，而"人鱼海神"无人机则是这一项目的关键，它将显著提高海上情报、监视和侦察能力。有媒体称，未来美国海军，将在全球5个基地部署"人鱼海神"无人机。

2. 用可降解生物材料研制的无人侦察机

用真菌制成首架可生物降解的无人侦察机。2014年11月12日，《新科学家》杂志网站报道，美国国家航空航天局艾姆斯研究中心林恩·罗斯柴尔德、斯坦福大学拉曼·内拉坎提等人组成的一个研究团队，制成全球首架生物无人机，其大部分制造材料都取自有生命的真菌。这也让这架刚刚在11月初成功完成首航的无人机，具备了可生物降解的特性。

无人机广泛应用在军方侦察、信息采集和环境监测等领域，不过，倘若意外坠毁，留下的残骸，不仅可能给某些敏感的环境造成污染，也是在告诉对方"你被盯住了"。但生物无人机或许能够避免这些问题，因为它在降解后，就变成了一小洼黏液。罗斯柴尔德说："没人知道这到底是糖水洒了留下的痕迹，还是原本有一架飞机。"

据报道，这架原型机的主体部分，是由被称为菌丝体的材料制造的。菌丝体是真菌的营养体，由许多菌丝聚集在一起组成。纽约生态设计公司，把菌丝体培育成了定制的无人机形状。无人机的"真菌身体"，被一层在实验室中利用细菌制造出的黏性纤维素"皮革"保护着；在保护层之外，还覆盖着蛋白质，这些蛋白质是利用胡蜂的唾液克隆的，具有防水功能；电路则是用银纳米粒子墨水印刷的，目的是尽可能让无人机能够生物降解。

内拉坎提说："肯定有一些部件是生物无法取代的。"比如，在波士顿举行的国际基因工程机器大赛上，这架生物无人机进行自己的第一次短途飞行时，研究人员就给它安上了从一个普通的机械四轴飞行器上借来的螺旋桨和操纵装置。另外，它还有一块标准电池。

研究团队的下一步目标，将确保生物无人机的传感器也能够安全降解，他们已经开始探究如何利用大肠杆菌来制造传感器。

但密歇根大学的航空航天工程师艾拉·阿特金斯提醒说，如果生物无人机分解得太快，也可能造成麻烦。他说："我们可不希望无人机生物降解时像雨点一样从天而降，我们也不希望坠毁的无人机碎片散落在地上和海上，即使它们最终会生物降解。"

二、研制环保节能无人机的新成果

（一）氢能无人机研制的新信息

1. 推出以液态氢或氢燃料电池产生动力的无人机

（1）研制的氢能无人驾驶飞机首次试飞成功。2005年7月，美国媒体报道，飞机试飞并不稀奇，但是最近在亚利桑那州的尤马试验场，进行试飞的无人驾驶飞机却倍受关注。原来，这是美国研制的氢飞机进行的第一次成功试飞。

报道称，美国一家公司，成功地完成了一架以液态氢为动力的飞机的飞行测试。这架被命名为"全球观察"的飞机，看起来更像一架滑翔机，它的翼展超过15米，翼展下面悬挂着机身，而后面是一条伸展出去的"龙尾"，沿着机翼边缘有排成一线的8个螺旋桨。

加利福尼亚无人机制造公司表示，机身上的"油箱"是这架飞机最具创意的地方。"油箱"里储存着大量的液态氢，当液态氢与大气中的氧结合在一起并充分燃烧后，就能产生使螺旋桨转动的动力，这样飞机也就能够自由地翱翔了。

由于氢非常活跃，如果储存不当极容易引起爆炸。该公司华盛顿地区主管亚历克斯·希尔解释说，"我们给飞机注入低温保存的液态氢。因此油箱的绝缘性及密封性就变得至关重要。这次飞行试验证明，我们可以控制液体氢。在此之前，我们已经在地面做过多次试验，而这次试飞的主要目的，就是想测试一下这种技术，是否能在天空中应用，所以我们自始至终都没有给飞机加足燃料。如果我们加足燃料的话，一油箱液态氢，可以保证无人机连续飞行24小时。"

这架氢飞机的首次试飞，是在美国陆军的亚利桑那州的尤马试验场进行的。该公司认为，它今后可用作电信平台，取代或补充人造卫星。更值得一提的是，以氢为动力，可以减少飞机，在全球气候变化方面所扮演的负面角色。

由于飞机排放出的温室气体越来越多，跨政府气候变化委员会，早在1999

年就比较与评估了影响气候的各种数据，最后发现：飞机在人类造成的全球变暖因素中所占的比重大约是 3.5%。

民航旅客数量每年以 5% 的速度递增，而航空货运增长的速度甚至更快，每年增幅达 6%。即使改进飞机的性能，到 2050 年它在全球变暖中的负面作用，也将增加 2.6~11 倍。这个问题，已经引起各国环保部门的广泛重视。避免使用碳氢化合物燃料和排放二氧化碳的新技术，可能成为一种控制这种趋势的重要手段。

（2）研制用氢气燃料电池产生动力的无人机。2006 年 8 月，美国媒体报道，一直以来，民航客机在空中排放的二氧化碳都被认为是温室气体的主要来源。然而，美国波音公司眼下正在研制一种堪称全球最环保的"绿色飞机"，它以氢气燃料电池取代高污染的燃油，不产生二氧化碳等有害气体，仅产生水蒸气，而且噪声也可大大降低。不过，它的最高时速只有每小时 113 千米。

据悉，波音新一代"绿色飞机"，是在澳大利亚的"钻石戴莫娜"飞机基础上改建的，这是因为该双座位的小型飞机机身非常轻巧。波音公司的工程师们取出"钻石戴莫娜"飞机的原有燃油箱，然后以数瓶压缩氢气加以取代。当压缩氢气被输送入燃料电池之后，它们将与空气中的氧气发生化学反应，从而产生出动力，继而通过一个电动马达促进飞机推进器运转。由于氢气燃烧产生出的产品是水蒸气，而不是二氧化碳，所以从理论上讲，"绿色飞机"将不会对环境构成污染。

虽然燃料电池没有运动机件，运行安静，可是一直以来由于体积笨重、造价高昂而无法大规模推广。如今因为技术进步，使得新一代的燃料电池体积更轻巧，而且造价更便宜。目前，波音公司正在与英国燃料电池设计公司"智慧能量"公司合作，预计一年后完成处女航。

一旦试飞成功，它将成为世界上首架有人驾驶的、由燃料电池驱动的飞机。2005 年，由美国航空环境公司研制成功的"全球观察家"侦察机，是世界上首架无人驾驶的、由燃料电池驱动的飞机。

2. 推出以固态氢产生动力的无人机

飞行测试成功固态氢动力无人机。2016 年 3 月 27 日，物理学家组织网报道，市场上的无人机多采用锂电池作为动力来源，其软肋在于一直无法突破续航时间短的"瓶颈"。日前，苏格兰海洋科学协会在苏格兰机场，成功进行了第一架使用固态氢动力系统无人机的飞行测试，起飞 10 分钟运行 60 米，并平稳着陆。其性能胜过锂电池，且重量还轻 3 倍。

据报道，这个以固态氢为动力系统的无人机原型，是英国塞拉能源公司和阿科拉能源两家企业，依靠"创新英国"资金合作研发的。新系统采用的气体发生器，使用专有的固态物质，该物质加热到 100℃ 以上时将释放出大量的氢原子，作为燃料能提供 3 倍于锂电池的电力供应，同时还可因特定用途形成一系列的形状，适用于像无人机这样的移动设备。

无人机采用清洁、可靠的能源，对于环境和气候监测相当必要。苏格兰海洋科学协会海洋技术研发组组长菲尔·安德森表示，无人机装载这种燃料可飞行两个小时，其动力系统采用塞拉能源公司的储氢技术，旨在解决围绕压缩氢气潜在危险运输的问题。

2016年2月，绿色汽车大会上发布的一份报告称："新研发的这种材料，在温度低于500℃的空气中具有稳定性，解决了以往需要在运输过程中压缩氢气的问题。由于它是一种氢化物，在化学过程上是需回收的材料，因此塞拉能源公司称其正在与化工行业的伙伴合作，在一定规模下采取既有的方法，进行具有成本效益的工业回收。"

塞拉能源公司的常务董事史蒂芬·本宁顿说："这次飞行测试，使用的是一个小的原型系统，而不久的将来会进行另外一个更大版本的新型氢动力系统。"该公司执行总裁亚历克斯还指出，用户迫切需要的是一个超越现有技术的电源，尤其对于那些急救服务部门，以及调查或测量风力涡轮机和燃气管道等基础设施的公司。

（二）太阳能无人机研制的新信息

1. 研制具有人造卫星作用的太阳能无人机

（1）成功试飞太阳能无人飞行器。2012年3月，韩国媒体报道，该国航空大学宣布的一项科研新成果称，他们研制出来的太阳能无人飞行器，成功完成了连续12小时以上的飞行。研究人员说，他们的远期目标，将使这款太阳能无人机具有人造卫星的用途。

据介绍，这款无人飞行机，机翼宽3.6米、重3千克。机翼上安装有硅材质的太阳能电池，可把白天飞行时吸收的太阳能，储存到锂电池中，以供晚间飞行使用。

与目前只依靠燃料飞行的无人机相比，它算得上是半永久性的结构。但是，这款新无人器的飞行高度，只有200~400米，与航空发达国家的技术比较，还有一定差距。

有关资料显示，世界上飞行时间最长的无人机记录，由英国民营公司保持，可在15~20千米的上空，连续飞行14天。韩国航空大学在长期计划中，打算把无人飞行器的飞行高度，提升到15~20千米，旨在替代低轨道人造卫星的作用。

（2）推出可当大气卫星的太阳能无人机。2013年9月30日，物理学家组织网报道，在华盛顿举办的国际无人系统会议和展览期间，美国新墨西哥州的泰坦航空航天公司推介了，长航时太阳能无人机"索拉拉"50和"索拉拉"60，并将其未来充当的角色定位为大气卫星。

有关专家说："若能发射无人驾驶的太阳能飞机到天空中，担当大气卫星的作用，那将节省大量能源和资金。"

报道称,"索拉拉"50正在建造中,将于2014年准备就绪,而更大一些的"索拉拉"60将随后完成。它们均采用太阳能作为动力,具有待在高海拔地区数周甚至数年的耐力。

说到高海拔,具有极端耐力的太阳能无人机将需要很多技能和专长,泰坦航空航天公司认为,"索拉拉"型无人机对此有着坚实的回答。

根据相关规定,该公司已经在新墨西哥州向空中投放了一个体积更小,并带有一个10米翼展的概念机进行验证,而更长的续航能力测试正在计划中。定于2014年实施"索拉拉"50的测试。

泰坦航空的飞机将由飞机弹射器发射,可以通过底部轮滑着陆。该类飞机可以在2万米高空,携带一个70磅重的有效载荷,以每小时最大速度96千米左右巡航。

据该公司称,这类飞机不受天气的影响,无论白天和黑夜都会夜以继日地工作。在其表面上,几乎每一个可见之处,都已经设计布满了数以千计的高效率太阳能电池,总共约有3000个太阳能电池覆盖在机翼上表面、升降机和水平尾翼。白天产生的多余能量储存在位于机翼内的锂离子电池中,以便为夜间飞行提供动力。

电池管理系统确保电压和热阈值,保持在零摄氏度以下的状态。"索拉拉"50具有50米的翼展。该飞机被设计可飞至2万米以上的高空,并在那里停留较长的时间,据一些外媒报道说,该飞机可以服役五年。

虽然,"索拉拉"50只有70磅的有效载荷,而下一个生产线设计的"索拉拉"60将可以携带250磅。该公司指出,"索拉拉"60无人机能够承载通信、侦察、大气传感器及其他有效载荷。

泰坦航空航天公司指出,"索拉拉"60型机在未来会有很多潜在的用途,例如资产跟踪、搜索及救援、管道监控、灾后恢复、大气和天气监测和火灾监测。

2. 研制为通信网络服务的太阳能无人机

(1)研制拟用来传输5G网络的太阳能无人机。2016年2月1日,物理学家组织网报道,谷歌推出的太空通信传输项目,正在位于美国新墨西哥州,拉斯克鲁塞斯附近沙漠地区美国航天港进行测试。该项目旨在通过使用太阳能无人机,进行高空5G无线网络传输,其速度要比目前4G快40倍。

在测试中,太阳能无人机进行网络传输的方式,与热气球不同,它是通过在高空自主飞行的飞机,将信号从手机传输到基站。

覆盖范围,是这个项目中的一个难点。新的网络采用毫米波无线电传输技术,速度虽是目前4G网络速度的40倍,但其覆盖范围要小得多。西雅图华盛顿大学的电气工程教授雅克对此分析说:"由于现有的手机频谱过于拥挤,而毫米波的巨大优势是获得新的频谱,但其缺点就是毫米波传输的范围小。"

为解决该问题,谷歌正在研究用复杂的"相控阵"集中传输技术,来提高其 5G 无人机传输网络的覆盖范围。雅克说："当然这是非常困难、复杂的，且消耗大量电力。"

欧洲电信标准协会指出，使用这一波谱存在许多阻碍，其中包括各国条例不同，而缺少主要零件将导致设备成本过高，以及设备型号过多。他们对于这一技术也缺少自信。但谷歌决心努力通过这项技术，实现把世界更多地方的网络连接起来的愿望。特别是在紧急情况下，无人机可在一些人们无法企及而通信上迫切需要的地方升降，提供互联网接入。

目前，谷歌并不是唯一一家致力于向偏远地区提供互联网的公司。社交媒体脸谱公司 2015 年 8 月已开始全面测试"天鹰座"无人机，为网络全球化做准备。

（2）携带通信设备的太阳能无人机首飞成功。2016 年 8 月 2 日，俄罗斯《消息报》报道，偏僻地区有时难以铺设光纤网络，依靠卫星通信又花费太高。为解决这类问题，不少研发人员将目光落在能携带无线通信设备的无人机上。日前，承担这一任务的俄罗斯首架太阳能无人机已试飞成功。

据报道，俄罗斯"前瞻研究"基金与自动控制专家共同组成的一个研究小组，研制了这架代号为"猫头鹰"的无人机。其机身主要由碳纤维材料制作，自重只有 12 千克，翼展达 9 米。机翼上表面遍布太阳能板，机舱内装有蓄电池。在日前完成的首次试飞中，"猫头鹰"无人机在距地 9000 米的空中，不间断飞行了 50 个小时，其飞行空域位于北纬 66.5 度以上的高纬度区域。

"前瞻研究"基金副主任杰尼索夫介绍说，此次试飞主要是为了检验这架无人机飞行性能，其实它还能飞更长时间，但 50 个小时的连续飞行，对于验证其所有特点已经足够了。

杰尼索夫还表示，在远离城镇的边远乡村和茫茫大海中的航船上，往往很难进行无线通信。如果让人造卫星、有人驾驶的飞行器或是使用燃料的无人机，携带专门设备为这些地区服务，其服务成本又会太高，而太阳能无人机恰好能发挥优势。

研究小组提供的资料显示，"猫头鹰"无人机携有无线通话及视频信号自主转发器，能扮演无线网络传输平台的角色。这样的无人机在相关空域持续巡航飞行，就能给当地带来无线通信网络。

按计划，当"猫头鹰"无人机的试飞顺利结束后，它将能为俄各地特别是北极地区提供中继通信服务，或者更换设备对俄高纬度区域的国土及海疆进行实时监察。

（三）研制环保节能无人机的其他信息

1. 制成以充电电池为动力的环保型无人机

2005 年 7 月 20 日，日本媒体报道，当天上午，日立信息通信集团在日立东京通信展上，推出了三款最新智能无人机，重量仅为 400 克。

根据现场工作人员介绍，三款无人机两翼展开长度分别为0.6米、0.9米和1.5米，使用类似手机电池的充电电池，可随时进行充电，多用在灾害地形探查或科技研究等领域。一般使用前，只需要用笔记本设定好飞行路线，无人机就会沿着固定路线飞行勘察。而放飞时也非常简单，现场的录像资料显示，无人机可像放飞风筝一样，将其抛向空中。

日立东京通信展是由日立信息通信集团独立举办的一个展会，每年一届，意在展示自己最新的科技研发成果。

2. 制成可伸缩机翼的节能型无人机

2012年6月4日，物理学家组织网报道，西班牙和美国一个机器人技术研究团队，模仿蝙蝠翅膀的运动机制，利用形状记忆合金，研发出一架名为"蝙蝠机器人"的节能型无人机，其机翼在飞行中可改变形状以减少空气阻力，降低能耗35%。

美国布朗大学工程学院教授布洛伊尔，已经研究蝙蝠十几年，发现它具有极不平凡的空气动力能力，例如可密集成群飞行、避开障碍物、灵活地用翅膀捕食、穿越浓密的热带雨林和高速180度转弯等。"蝙蝠机器人"翼展的灵感，便来自一种特定类型的蝙蝠：澳大利亚最大蝙蝠"灰头飞狐"。

马德里理工大学的研究人员朱利安说，蝙蝠的翅膀具有惊人的可操纵性水准，其翅膀的骨骼类似人类的双臂和双手，将这种机制运用到飞行设备上，机翼形状可在飞行中改变，可潜在提高飞行机动性。具体而言，"蝙蝠机器人"复制蝙蝠可改变其翅膀上、下行运动之间的外形方式。蝙蝠通过翅膀向上一击并朝向自己身体折叠时，可减少空气阻力，节约能源。

他们使用形状记忆合金作为"肌肉"，其行为类似人的二头肌和肱三头肌，如同驱动器沿着机器人机翼骨架结构制动。当不同的电流通过时，在形状记忆合金丝的控制下，机翼在延伸和收缩两种形态之间切换。机器人之间"肩"和"肘"的电线旋转肘部，在机翼向上一击时，拉动翼指收缩翼展。

研究人员表示，这种设计还可以用于其他方面，建造出由较软材料和人工肌肉制成的仿生系统机器人；通过模仿蝙蝠翅膀在飞行中运动的方式，改善飞行设备的可操作性，最终建造出比固定翼飞机更敏捷、更自主的无人机。

三、研制不同功能无人机的新成果

（一）开发仿生功能无人机的新信息

1. 模仿鸟类飞行功能研发的无人机

（1）模仿海鸥设计出具有快速翻滚功能的无人机。2005年8月，国外媒体报道，美国佛罗里达大学航空工程师里克·林德领导，博士生阿布杜拉希姆等人参与的一个研究小组，正在为美国军队研制一种遥控间谍机。这种飞机的机翼形状与普通飞机的形状相比，已经发生了重大变化，它可以在城区飞行。这一计划的目的，是制造一种可以沿着城市林荫大道飞行，也可以在高楼大厦间穿行的飞机。

林德以前在美国航空航天局里工作过，帮助为F-18战斗机研制形状可改变的机翼，自那以后，他重新审查了莱特兄弟是如何控制早期的飞机的，他希望用可以转动弯曲的机翼代替襟翼，他想到了真正的飞行大师，那就是鸟类。

阿布杜拉希姆拍摄了飞行中的海鸥，根据海鸥的侧翼和肘部能够弯曲和伸缩的能力，研制了一种原型无人机。当"肘部"伸直时，飞机可以滑行，"肘部"下垂时，飞机就失去了稳定性，但却更加灵活，这种无人机可以在一秒钟内做3个360度翻滚，而一架F-16战斗机在一秒钟内只能做一个翻滚。阿布杜拉希姆说："飞机足够快，可以在城市复杂的地形中使用。"

（2）模仿鸟群飞行设计出具有协调配合功能的自控无人机。2014年3月，自然网站报道，匈牙利罗兰大学物理学家达马斯·维塞克领导的研究小组，开发出一种无人驾驶直升机，群体飞行时就像一群鸟，能协调配合在空中形成队列、变换阵型，甚至追随一个"首领"，而这一切都无须中央控制系统。研究人员近日带了10个飞行器，到布达佩斯郊外试飞，实地观察了它们的空中飞行效果。

研究人员说，它们都有4个轮子，称为"四脚直升机"，利用来自全球定位系统（GPS）接收器的信号导航，通过无线电来沟通彼此的位置，并计算出自己将要怎么飞。

据维塞克介绍，通常的无人机都设计为单飞模式。虽然此前也有其他小组研制过群飞机，但那些实验采取了一些捷径，比如只让直升机在室内试飞，或通过中央计算机来控制。唯一真正的自主无人机群，是瑞士洛桑联邦理工学院机器人研究专家达里奥·弗洛里诺在2011年研发的，但他的飞机是固定式机翼，只能以固定速度飞行，而且不同飞机要在不同高度飞行以避免碰撞。维塞克说："它看起来像一个群体，但并非真正的群体，因为它们彼此之间不能互动。"

相比之下，维塞克小组的无人机可以协调自身，排成旋转的环形或直线形。如果"告诉"它们前面有一堵墙，而墙中间有个缺口，它们还能排着队从缺口中挤过去。

据报道，他们的灵感来自于一款名为"类鸟群"的计算机程序，是加利福尼亚大学圣克鲁兹分校计算机图形专家克雷格·雷诺德，在1986年开发的。雷诺德按照3个规则，来设计虚拟飞行物的运动：配合邻居的平均方向、飞向它们、保持距离避免拥挤。这些规则包括对齐方式、吸引、排斥，能让计算机模拟鸟群飞行。此外，研究小组还解决了GPS信号噪声和延迟的问题，无人机群才终于成功。

美国普林斯顿大学集体动物行为研究专家莱恩·科辛说："这是一项非凡的成果，它第一次在户外演示利用仿生规则开发的恢复性动态集群。这也意味着，我们在实现大型协调性机群方面,将比许多人预期的要快得多。"

维塞克研究小组已经向2015年9月将在美国芝加哥召开的"国际智能机器人与系统大会"提交了他们的论文。

目前,无人机之间靠无线电通信,有时会导致信号拥挤,给它们装上摄像机可能会解决这一问题。维塞克说:"鸟类都有极佳的视力,这不是偶然。下一步,是让直升机能互相'看得见'。"

2. 模仿蝙蝠飞行功能研发的无人机

研制出具有与蝙蝠共舞功能的无人机。2018年3月,美国一个由野生动物学家组成的研究团队,在《生态学与进化方法》杂志上发表研究成果称,他们曾把无人机用于计算鲸的数量、检查鸟巢和逮住偷猎者。现在,他们设计了一种当快速移动的蝙蝠群穿过黑暗的夜空时,可在其内部盘旋的无人机。

这架名为"蝙蝠侦探"的无人机装备有麦克风,以记录发挥回声定位作用的蝙蝠叫声,以及可通过探测体热"看见"蝙蝠的热成像摄像机。类似技术已被用于记录来自地面和高塔的蝙蝠,但"蝙蝠侦探"的优势在于,其可被放置到三维空间中的任何地方。

举个例子:该研究团队把"蝙蝠侦探"部署在美国新墨西哥州的一处洞穴外面。约80万只巴西无尾蝙蝠生活在那里。黎明前夕,蝙蝠会形成密集的聚合体,并且以每小时超过100千米的速度沿着一个嘈杂的空中"高速公路"返回洞穴。该研究团队操控"蝙蝠侦探",使其在这个快速移动的蝙蝠群内以5~50米的高度,盘旋了84分钟。那里的蝙蝠是如此之多,以至于科学家每分钟记录到46次回声定位的蝙蝠叫声。

研究人员希望,在无人机跟随蝙蝠群返回洞穴并获得更多录像和录音后,他们能弄清楚这些快速飞行的哺乳动物,是如何避免撞到彼此的。"蝙蝠侦探"还可被用于其他地方,以研究蝙蝠如何在涡轮机和其他人造结构附近移动。在针对该技术开展的测试中,并没有蝙蝠受到伤害,因为它们都会转向,以避免与"蝙蝠侦探"发生碰撞。

3. 模仿昆虫复眼功能研发的无人机

设计出具有新型电子眼功能的无人机。2015年8月4日,瘾科技网站报道,近日,瑞士联邦理工学院电子信息工程实验室的一个研究团队,为无人机打造了一种新型电子眼。这种电子眼以昆虫的复眼为原型,主要针对的是新一代迷你监视无人机。

昆虫的眼睛,不能达到足够高的空间分辨率(一张图像上的像素量)。所以,它们会快速对行进过程中的光线变化及物体的现灭,做出快速反应。这种新型电子眼,就是采用了这一原理。

它由三个光电探测器,以及其上的一个镜头组成,通过计算物体从出现到离开每个探测器探测范围的时间,得到物体的速度以及方向。这些传感器只有3

立方毫米大小，差不多2毫克重，但仍旧可以用三倍于家蝇的速度，探测物体运动状态。不仅如此，它们不管在室内光线还是室外光线环境，都能表现出色。

为保证无人机可以即时探测到任意区域，研究团队还特意开发了一种视觉编带。这是一种类似胶带一样黏合这些电子眼的装置，据报道，它还可以装配于任意曲面，无论是机器人、工业设备，甚至是家具以及衣物表面上。

（二）开发其他功能无人机的新信息

1. 研制具有识别和躲避障碍物功能的无人机

研制出具有绕开障碍物功能的无人直升机。2008年11月，美国媒体报道，近地面飞行是飞行员的梦想：建筑物、树木和电缆都可能导致飞行提前结束。然而，美国卡内基梅隆大学机器人专家桑吉夫·辛格领导的研究小组，如今研制出第一架能够低空飞行，并绕过这些障碍物的大型无人直升机。

无人驾驶飞行器拥有这种能力后，将有助于在城区开展军事行动和灾后搜救工作。

大多数无人驾驶飞行器，根本不具备识别并躲避障碍物的能力。这是它们不能在民用空域飞行的重要原因。但现在，一架雅马哈公司制造的商务民用无人驾驶直升机，经过匹兹堡卡内基梅隆大学的工程师改装后，能够识别到其飞行时遇到的障碍物。

这架直升机的"眼睛"是一台为其量身定做的三维激光扫描仪，可以在3.5米长的机身前方沿椭圆形轨道进行扫描。像150米外的电线这样很难被发现的物体，都可以被这台扫描仪探测到。

这架直升机采用两套导航方案。首先，根据现有三维地图、通过一套远程航线规划算法计算出一条避开建筑物、树木等较大障碍物的基本路线。这种三维地图可以预载，也可以在直升机探测新地区时临时制作。

当飞机沿某一航线飞行时，其扫描仪将搜寻其他障碍物。一旦新障碍物出现，飞机将转而采用本地航线规划系统，绘制绕行的航线。无人驾驶直升机从两个障碍物之间穿过时，机身两侧与建筑物之间的空隙最小只有3米左右。

轮式机器人曾成功运用这套由两部分构成的导航方案，而激光扫描仪的研发使飞行器运用这套方案成为可能。

研究人员是在佐治亚州本宁堡的一个虚拟城市环境中，测试这架直升机性能的。这个虚拟的环境包括建筑物和仅有6毫米粗的电线。在700次试飞中，这套系统时速可达36千米、飞行高度在5~11米的情况下，成功地为直升机导航。

瑞士联邦理工学院工程师祖弗雷说："如果你看到的是一般的无人驾驶飞行器，它们都不能在低空绕过障碍物飞行。大多数都在不受约束的高空飞行。因此，尝试靠近障碍物、靠近城市环境、靠近人群具有很广泛的应用意义。"

辛格说，此次研究源于国防部国防先进技术研究局的一项现已废弃的计划。

据悉，该研究小组还研制出一架具有相同功能的袖珍无人机。这架仅重 1.5 千克的四旋翼直升机，拥有自己的袖珍激光扫描仪。他们希望最终能将这种技术应用到正常大小的直升机上，从而作为无人空中救护车从战场上救回受伤的军人。

2. 研制具有自主灵活飞行功能的无人机

（1）研制具有强大自主飞行和控制功能的无人机。2012 年 4 月 24 日，物理学家组织网报道，在欧盟微型飞行器项目框架内，瑞士苏黎世联邦理工学院的研究人员开发出一种微型飞行器，直径约 50 厘米，重量仅 1500 克，无须 GPS 和遥控器，仅用机载摄像机和微型计算机即可开展航拍或灾区救助，达到了新的自动水准。

发展和完善微型航空器的研究工作一直在进行，但目前的飞行器大而重，距离像鸟一样优雅飞行的目标仍相去甚远，而且在开放的领域使用时，往往离不开 GPS 或受过训练的飞行员。为此，欧盟在 2009 年启动微型飞行器项目，目标是开发超出既有限制的飞行器。现在开发工作已完成，飞行器也已经成功通过了严峻考验。

据该项目协调员达维德介绍，与基于 GPS 的飞行机器相比，苏黎世联邦理工学院自治系统实验室开发的这项技术有两个重大优势：第一，它既可在露天也可在密闭空间飞行；第二，摄像头会帮助飞行器更准确地定位，这对于几个近距离工作的飞行机器人尤其适用，而 GPS 的误差根据环境的不同可高达 70 米。

该微型飞行器被设计用来检测及绕飞任何障碍，未来可能的用途包括执行保护或救援任务，它能够比较理想地飞越灾区，从空中拍摄现场图像或定位受灾者。

苏黎世联邦理工学院自治系统实验室负责人罗兰说："这是一个研究项目，旨在探讨上述所有技术的可能性，我们可以想象，在微型飞行器项目下开发的自动无人飞行器可能在不太遥远的将来，会成为救援队在执行救灾任务时的重要援助。"

（2）开发出具有自主导航和降落功能的无人机。2012 年 7 月 24 日，英国《新科学家》杂志网站报道，美国国家航空航天局喷射推进实验室，开发出一种新型微型飞行器，无须全球定位系统或人工操作，就能利用摄像机自主导航并选择着陆地点，并可识别出人类或是其他物体，使其轻松穿越城市街道和建筑物内部等人为无法控制，或定位系统无法工作的区域。

微型飞行器与拥有复杂导航系统的大型飞行器不同，通常需要借助定位系统信号确定自身位置，并在人工指引下避开障碍物，确定前进方向和最终的降落地点。而新型微型飞行器只需操控者在其起飞前告知两点：起飞位置和到达位置，就会自动利用摄像机和自带软件，实时构建出周围环境的三维地图，从而避开障碍物，并按照之前设定的高度等要素，探测适合的平面作为降落区域。

一旦选定了某个地点，飞行器就会高空盘旋，对该处进行详细的分析，待确定后再逐步降落。

在实验中，50厘米见方的带翼直升机，能借助摄像机导航系统，穿过布满障碍的室内空间成功降落在高架平台上。目前，研究小组正在测试，这一系统在规模更大、更复杂环境中的表现。

宾夕法尼亚大学的维杰·库马尔表示，这种自主导航和降落的能力，此前从未在这一尺寸的飞行器上实现过。他表示，定位降落地点和保持机体平衡所需的信息量，约为每秒100次，目前尚未有类似大小的系统能够具备如此强大的处理能力。这帮助士兵能够轻易了解高岗或室内的复杂情况，或是在无风险的情境下侦查可疑的物体。未来这一系统，还有望与更小尺寸的无人机系统融合，实现微型飞行器大小与性能的双赢。

3. 研制同时具有垂直与平行两种飞行功能的无人机

（1）开发既可竖直飞行又可水平飞行的无人机。2012年2月13日，有关媒体报道，韩国最大的航空公司大韩航空，在釜山会展中心与韩国航空宇宙研究院，签署了共同开发倾转旋翼无人机TR-6X的协议。

专家认为，韩国此举，打算推进倾转旋翼无人机的实用化进程，而这在全球范围内尚属首次。倾转旋翼机，是一种将固定翼飞机和直升机特点融为一体的新型飞行器。也就是说，倾转旋翼机，既可以在起飞和降落时竖直飞行，又可以水平飞行。与直升机相比，倾转旋翼机航程远，航速高。高速性是倾转旋翼机最重要的特点，该特点能使搭载人员以较快速度通过危险地区，在完成任务后又可以迅速返航。所以，不论是在军事领域还是在民用航空领域，倾转旋翼机都可以被广泛利用。美国目前进入了倾转旋翼机的实际使用阶段，但在倾转旋翼无人机领域还没有实际使用的先例。

大韩航空拟推出的这款TR-6X倾转旋翼型无人机大小，将是韩国航空宇宙研究院开发出来的智能无人机模型的60%。这种飞机最高时速可达250千米，飞行距离达60~150千米，在3千米以上高空可以持续飞行5个小时以上。

（2）组合垂直起降与平行巡航两种功能的无人机。2017年3月，有关媒体报道，近日，新加坡国立大学一个无人机系统研究团队，开发出新型复合无人飞行器"U-狮子"。这种无人机可以像直升机一样垂直起降，并且可以像普通飞机一样巡航飞行。

过去几十年中，复合无人机因其在军事和民用中的巨大潜在应用价值，吸引了各国科学家的兴趣。但由于垂直起降无人机和固定翼无人机存在巨大结构差异，将两个功能组合在一架无人机上是一项巨大挑战。因此，现有复合无人机会优化两种飞行模式中的一种。此外，由于在两种飞行模式切换过程中气动力具有高度不确定性，飞行模式的切换过程难以实现自动化。

为了解决这些问题，研究人员为"U-狮子"使用了尾座式构型，并采用可变形的机翼和矢量推进的动力装置，以便设备适用于不同的飞行模式。它的机翼可以完全收起或展开，以提高飞行稳定性或提供有效升力。新无人机也能完全自主飞行，例如，自主进行飞行模式的转换。

"U-狮子"可以根据任务的需求，切换垂直悬停或者巡航模式，机翼可以根据飞行状态调整到优化状态，以克服无人机飞行模式切换不确定性，实现全包线飞行的有效性。它让复合型无人机离实际应用更近了一步。

研究人员表示，"U-狮子"的双重优化飞行模式，会带来一种新的无人机操作理念，而快速反应和定点悬停的能力，让其具有了巨大应用潜力，例如，垂直起降功能可让其在船只上作业，巡航功能使其进行远距离、长航时任务。在未来的5~10年内，复合式无人机将被广泛用于森林测绘、海上巡检、电力巡检、灾害防治等领域。

四、研制不同用途无人机的新成果

（一）用于救灾救援无人机开发的新信息

1. 研制火灾救灾无人机的新进展

发明可飞入室内火灾现场的救灾无人机。2007年1月，德国《世界报》报道，德国卡尔斯鲁厄大学电子技术和系统优化研究所格特·特罗默尔领导的研究小组，近日研制出一种微型救灾直升机。这种迷你蜂式直升机，配有照相机或传感器，能向救援人员提供通常无法获得的信息，能在室内飞行，还可独立飞到人无法进入的火灾现场再返回。

据报道，这种迷你蜂式直升机，是"会飞的眼睛"。它的驾驶员，不在机内而是从地面上进行操控。特罗默尔说："这种飞机，就像民航飞机里的自动驾驶设备那样运作，自动按照指定航线飞行。目前，我们已能让它在很小的空间内工作。"

这种微型直升机，由4个旋翼驱动，它的电动马达的蓄电池可供在5千米活动半径内飞行25分钟，飞行高度最高可达500米。它高约90厘米，重1千克，可选择装载夜视仪、化学传感器或照相机等重量不超过0.2千克的仪器。

这种微型直升机，有一个比香烟盒还小的小黑匣子，里面装有不断测量直升机加速度等参数的传感器。此外，它的位置由全球卫星定位系统测定，方向由罗盘确定，气压传感器负责调整高度。

导航系统使这种微型救灾直升机，能自动飞行。参与研制的奥利弗·迈斯特说："我可以对它下令，让它飞到指定地点停留1分钟，拍摄照片后再飞回。"

2. 研制战场救援无人机的新进展

设计用于战场医疗救助和撤退的无人机。2007年2月7日，英国《飞行国际》报道，以色列正在研制一种无人机，用于作战医疗救助和撤退。非盈利的航宇医学研究中心，正领导工业界在初步设计阶段，确定旋翼或涵道风扇布局，是否是最佳垂直起降平台。

埃尔比特系统公司、以色列飞机工业公司和城市航空公司都参加了这一项目。旋翼平台的选择，是基于现正在运行的医疗救援直升机，不通过驾驶人员而是地面站来控制操作。涵道风扇平台，可能是基于城市航空公司的"马骡"（Mule）无人机。

以色列在黎巴嫩的作战行动中，发现以色列空军直升机不得不在密集的火力下，执行医疗救援任务，这对救援人员的生命造成很大的威胁，从而迫切需要一种无人平台，从战区运送伤员撤退。空军正联合实施该项目，并可能随后提供这种系统的需求定义。

根据航宇医学研究中心负责人伊兰·辛克博士表示，所选择的平台，将配备用于救伤和运输的机动生命保障系统，并能远程监视伤员的身体状况和实施远程急救治疗。此外，该无人平台，还将携带一种被动和主动的自保护系统。该项目团队的首次会议，形成了一种涵道风扇无人机的基础设计，其最大起飞重量为1725千克，其中有225千克燃油和705千克有效载荷，最大飞行速度达到185千米/小时，最大飞行高度为3660米，续航时间为3~5小时。

以色列飞机工业公司的马拉特分部数，正在开发一种能将有人驾驶直升机，转变为无人机的装置，该装置已在贝尔206直升机上进行了试验。与此同时城市航空公司正在开发一种用于战区补给和救伤任务的"马骡"涵道风扇无人机，这种重达1090千克的无人机，将能携带两名受伤的士兵和持续飞行2小时的燃油。

（二）用于快递送货无人机开发的新信息

1. 研制快递送货无人机的新进展

开始测试无人机的快递用途。2015年7月8日，英国《卫报》报道，"无人机快递"是目前全球方兴未艾的一种新型邮政快递服务。瑞士联邦邮政当地时间7日宣布，公司已开始为期近一个月的"无人机快递"测试，以最终实现使用无人机向普通交通方式难以抵达的地区，运送紧急包裹的目的。

在位于瑞士巴斯·维利的试飞现场，一架白色四翼无人机，携带印有"瑞士邮政"标识的包裹飞驰而过。这款商业版四轴无人机的结构极为轻巧，有4个支架，从马桶座大小的空心环延伸出去，4个支架尾端都装有螺旋桨。空心环的中间放有一个黄色盒子，上印"瑞士邮政"标识。在实际运行中，这个位置用来放置快递邮包。

这款无人机可承载1千克货物飞行10多千米，仅需1节电池的电量，发动机位于机身后部。无人机上装有GPS定位系统，可自主飞行，其飞行路线和区域等均由云计算软件控制。无人机按照定义明确、安全的飞行路线自行作业，路线由美国无人机制造商Matternet开发的云计算软件设计。

Matternet是一家硅谷创业公司，在过去几年中一直探索在发展中国家利用无人机实现货物快递运输，尤其是把食物和医疗物资运送到车辆难以到达的地区。其业务优先针对的是商业客户而非个人。此次"无人机快递"测试，便是由该公司与瑞士联邦邮政公司、瑞士国际航空公司共同开展的。

瑞士全境以高原和山地为主，有"欧洲屋脊"之称，有许多偏远或普通交通工具难以抵达的地区，"无人机快递"恰好解决这一问题。瑞士联邦邮政公司表示，无人机还将为遭遇"紧急事件"的地区运送救援物资，或托运实验品和药品等特殊物品，比如运送补给到遭遇狂风暴雪等极端天气后与外界联系中断的区域。

在全球邮政快递服务中，瑞士并不是第一个尝试"无人机快递"的国家。美国网购巨头亚马逊公司2013年就提出"无人机快递"概念，德国邮政系统也尝试过"无人机快递"。

不过，这项邮政服务目前尚不成熟，还有许多问题需要解决。比如，亚马逊公司的无人机，在美国面临着美国联邦航空管理局的监管障碍。根据该局今年发布的无人机监管提案，无人机不允许离开操作人员的视野范围，而这对于亚马逊的"无人机快递"来说，显然是不现实的。对此，亚马逊表示，将会力争改变这一条款。

瑞士联邦邮政公司也表示，"无人机快递"业务在瑞士同样面临诸多限制，包括无人机投递的监管体系尚未建立，无人机电池的续航能力需要突破等。因此，"飞机邮差"预计还需要5年时间才可能广泛使用。在这5年内，"无人机快递"不会在瑞士广泛使用，也不会取代传统的快递方式。

2. 推进无人机快递送货方式研究的新进展

发明可以与快递无人机协同工作的机器人。2015年8月21日，英国《每日邮报》报道，网购今天已经成为多数人的一种生活方式，但我们舒舒服服坐等货物的时候，却少不了快递哥和货运车队的忙碌。亚马逊推出无人机送货一度令人欢欣鼓舞，现在一个以色列学生又构想了一款快递机器人，这很有可能让快递哥车队退出舞台，还能免了错过货单的烦恼。

报道称，以色列申卡尔工程设计学院工程设计系的学生科比·西卡，构思出一种新型的"转轮"机器人，它能快速方便地把包裹送到我们的门口，而且不论物件大小。

这种机器人能用机器手臂搬运货物，靠单排轮电动平衡车行驶。该车使用了与电动平衡车"赛格威"类似的平衡系统，能在运货的时候保持直立行走。

西卡说，这种快递机器人甚至可以替代集装箱卡车，缓解交通拥堵。另外，机器人会在业主时间方便的时候及时出现在家门口，免去了接不到单的烦恼。

西卡说："'转轮'机器人重新构想了包裹分配，由它们全天候自主完成服务，共同确保及时有效的交货。每辆车都带有自动平衡系统，电子钟以及GPS通信能力。单个包裹可由单个快递机器人完成，对于大型包裹，机器人可组合起来适应其尺寸。"

"转轮"机器人是西卡的毕业设计项目,他表示这些机器人可以和亚马逊的快递无人机协同工作。目前"转轮"机器人还处在概念设计阶段,西卡希望能找到工业合伙人,研发出工作原型机。

据西卡介绍,这种车可以夜间行驶,还可以开上路肩,这样就不会挡其他车辆的道。机器人有 LED 信号灯,夜间能为其他车辆所见,在电池电量低的时候,机器人还知道如何返回安全地点。

(三)其他用途无人机开发的新信息

1. 用于协助考古方面无人机研制的新进展

试验用无人机测绘秘鲁古迹。2012 年 8 月 11 日,美国媒体报道,无人机的应用早已不限于军事用途,美国范德堡大学人类学家韦恩克等人参加的一个跨学科试验项目研究小组日前宣布,他们计划在 8 月下旬利用新开发的无人机,对秘鲁一处印加文明古迹进行航空测绘,以便收集图像数据,建立精确的三维地图,协助考古学家进行深入研究。

报道称,研究小组所使用的无人机非常轻便,上面配备了相关的测绘仪器可开展多种任务。研究人员将把它携带到秘鲁山区一处印加人曾居住的古迹,这个古迹位于海拔 4100 米的地方,在 16 世纪,西班牙殖民者曾到达那里。

研究人员说,这架无人机只需 10 分钟,就能测绘相当于 25 个足球场大小的古迹遗址,而如果使用传统方法,考古学家可能需要数月时间才能完成这项任务。

韦恩克说,利用无人机进行这项任务非常合适,因为无人机能以最快速度,细致记录古迹中的建筑和墙垣。他认为,随着无人机生产成本逐步下降,这类设备能在更广阔领域发挥作用,比如创建考古遗址的数字模型、跟踪全球气候变化的影响等。

2. 用于环保与气象方面无人机研制的新进展

(1)研制用于追踪污染物的无人机。2006 年 4 月,有关媒体报道,美国加州大学圣地亚哥分校斯克里普斯海洋研究所,海洋学家德兰·拉马纳坦领导的一个研究小组,近日宣布,他们利用无人驾驶的飞机,分别在云层下、云层上和云层中进行飞行,追踪了颗粒污染物。这是人类追踪污染地球大气的污染物的一个里程碑。

拉马纳坦报告说,该无人驾驶的自动控制飞机,在靠近马尔代夫群岛的印度洋上布满污染物的天空中飞行,成功地完成了 18 次数据收集任务。在试验期间,三架飞机一组同时垂直飞行,这样,飞机上携带的仪器就可以同时监测云层下、云层中和云层上部的污染状况。

研究人员希望能够利用飞行期间所取得的数据,非常详细地揭示颗粒污染物,是如何致使天空变得昏暗,以及如何影响云层的形成的,因为云层扩大了污染所引起的昏暗效应。

拉马纳坦表示，在五年之后，可能会利用几百个这样轻量级无人驾驶飞机，记录人类污染地球的过程，并且为未来潜在的环境灾难，提供一个前期的预警系统。

（2）研制用于预报恶劣暴风雨的彪悍无人机。2013年6月，物理学家组织网报道，美国俄克拉荷马州立大学开发机械和航空航天工程技术学院教授詹姆·雅各布、科学和技术秘书斯蒂芬等人组成的一个研究团队，设计出一种可直接潜入最恶劣暴风雨之中的彪悍无人机，能在第一时间发回实时详细数据及预报。

斯蒂芬说："俄克拉荷马州是龙卷风走廊的中心，已经连续7次遭到风速超过每小时320千米龙卷风的重创，而5月20日在摩尔镇造成24人死亡的龙卷风就是其中之一，亚拉巴马州则经历了迄今强度最厉害的EF5级别的风暴。基于这些因素，这里是最适合研究龙卷风的地方，也是世界上最好的天然实验室。"

设计者估计，该无人机大约会在5年内实际操作，如果一切按计划进行，它将深入一场龙卷风内部，收集湿度、压力和温度数据，并在此基础上增加提前预测恶劣天气时间的关键细节。雅各布说："可以通过装备无人机来回答气象学上的最紧迫问题，例如，为什么一个风暴会酿成一次龙卷风而其他的不会？"

但立即应用此技术还存在一定的障碍，其中包括目前美国联邦航空管理局的规定，比如需要获得使用授权，以及确保飞机在美国领空安全启动。该机构的法规还要求在任何时候都能看到飞机的机身，限制范围在1.6~3.2千米以内，因此开发者正设法让使用方能够通过卫星链路查看数据，以锁定飞机踪迹。

雅各布说："该技术已经真正达到我们想要做的。而在未来，无人机可以用来监视野火和发送信息给消防人员，因为它们不会被大火燎退，而是可以飞越农家作物，分程传递火灾势头的照片。显然，这是一个非常有意义的项目，可以帮助避免更多悲剧的发生。"

第三节　其他航空器研制的新进展

一、三栖飞行器与水上飞机的新成果

（一）研发三栖飞行器的新信息

1. 由超轻材料制成水陆空三栖飞行器

2008年2月1日，俄罗斯媒体报道，俄罗斯工程专家亚历山大·比盖克，发明了一架名叫"进化"的神奇飞行器，这架飞行器具有水陆空都能行驶的功

能,堪称是一架"三栖飞车"。

据报道,比盖克是一名俄罗斯发明家和飞机设计师,在过去两年中,他耗费了大量时间和心血,终于发明出了一架被他起名为"进化"的神奇飞车。据悉,这辆"三栖飞车"在地上、水中和天上都能行驶。

比盖克接受俄罗斯媒体采访时说:"它是一种全面的交通工具。它既可以像水陆两用汽车一样,在地面和水面上行驶,也能像飞机一样在距地面4000米的高空中飞行,当它加满燃料后,它可以一次性飞行400千米远的距离。它使用的是30马力的发动机,它在空中飞行时的时速是160千米,而在陆地上行驶的时速是80千米。飞车上配备有电脑设备,它可以帮助飞行员进行控制。"

与现代航空业中沉重无比的飞机不一样的是,"进化"飞车非常轻,它很容易进行运输。它是由超轻材料和凯夫拉尔纤维制成的,外壳用的是超强度材料,总重量只有60千克。

"进化"飞车比大多数飞机和直升机都安全,因为它装有降落伞系统,一旦在空中遇到紧急情况,譬如发动机失灵,降落伞系统就会启动,张开的降落伞可以确保"飞车"平缓而安全地降落到地面。而当驾驶员在水面上航行时,如果遇到危险,他们还可以激活"飞车"的紧急膨胀系统,一个充气膨胀设备会起到救生圈的作用,从而确保"进化"和它的驾驶员不会沉进水里。

2. 推出能滑雪可折叠的三栖飞行器

2012年8月29日,外国媒体报道,日前法国一家航空公司推出一种能在天上飞、又能在水中游、甚至还能在雪地滑行的飞行器。为了节省空间,它的机翼甚至还可以折叠起来放进车库。

此外,这架飞行器在不用时,可以将机翼折叠起来,便于存放。出于安全考虑,一旦飞行器发生危险坠落水中,它分量较重的引擎将沉在水下,以使驾驶舱翘起来浮上水面,这样可以保证驾驶员和乘客的安全。

(二)研发水上飞机的新信息

1. 研发或可折叠的新型未来派水上飞机

2014年8月,美国媒体报道,空中飞行已经是司空见惯的事情,科学家正在研发一种新型飞机,可以在水上飞行。美国威洛杉矶图标航空公司,展出了一款具有未来派色彩的新型水上飞机"图标A5",这款水上飞机造价约合18.5万美元,时速可达到193千米,旨在让更多人体验到飞行的乐趣。

据悉,图标A5重685千克,采用100制动马力的"罗塔克斯912"汽油发动机,发动机可以采用汽油和航空燃油。最大速度可达到每小时193千米,航程可达到555千米。这款水上飞机的机翼长10.36米,可以折叠,便于飞机存放到车库。

图标公司表示A5配备了可选性弹道学降落伞,这种降落伞利用一次小爆炸,从飞机顶部的包裹中射出,让整架飞机在遇到紧急状况时平稳着陆,希望飞机能够像苹果、宝马一样平民化。这家制造商希望利用联邦航空管理局的新规定作为发展机遇，对运动飞机的监管进一步放宽，同时降低获得运动飞机驾驶执照的难度。

图标公司共制造 3 架 A5 是样机，它们的制造历时 5 个月，在加利福尼亚州特哈查比进行第一次试飞。这 3 架 A5 用于性能验证，以获得联邦航空管理局的批准，而后进行批量生产，2015 年交付给消费者。

图标公司创始人兼首席执行官科克·霍金斯表示："这是图标公司迄今为止最重要的里程碑之一。我们拥有一支杰出的团队，这是他们多年不懈工程学研究、设计和制造的结晶，图标公司研究团队为了能够给消费者带来 A5，付出了他们的心血和灵魂。A5 不再是一个原型机或者概念飞机，而是一款先进的飞机。

2. 以空中飞艇为蓝本提出巨型水上飞机设想

2015 年 6 月，国外媒体报道，英国伦敦帝国理工学院艾利克斯·李维斯博士领导的一个研究小组，近日提出了一种中长途水上飞机的设想。这种巨型水上飞机采用清洁燃料，无须建设新机场就可起降，一次最多可载客 2000 人。研究人员认为，这将有助于大幅缓解内陆机场的压力。

目前，全球空中交通正在经历爆发式增长。为满足不断增加的市场需求，航空业不断扩建机场，制造更大、更快和更高效的飞机，但同时也不可避免地带来一些环境问题。该研究小组正是在这种背景下展开创新研究的。

这项设计，以 20 世纪 40 年代的空中飞艇为蓝本。水上飞机具有一个 V 型船体，能在着陆和从水中起飞时为飞机提供浮力和适航性能。它还有一个"翼身融合体"结构，船体向上倾斜无缝融入飞机宽体机翼的下侧，整体外观看上去更具流线型。这种设计能有效减少空气阻力，同时还能提高飞行效率。此外，这种水上飞机还有一个巨大的优势是可以采用环保的氢燃料，飞行中不会排放有害气体。研究人员称，这种飞机最多一次可搭乘 2000 名乘客。而目前在飞的最大客机空客 A380 采用最高密度座位安排时，也只可承载 850 名乘客。

在英国皇家航空协会公布的一项研究中，研究人员对这种水上飞机替代传统飞机飞跃大西洋的可能性进行了评估。结论是，这种新颖的设计是可行的，但仍需要进一步改进。

李维斯说，对许多人来说，20 世纪 40 年代雄伟的飞艇曾唤起航空史上一个浪漫的时代。然而由于载客数量和效率的限制，这些飞艇无法和新型客机竞争，最终在 20 世纪 50 年代逐渐退出了市场。在 21 世纪，航空业正面临着全新的挑战，在应对机场和土地等限制性因素时，需要展示一种更为创新的想法，在新技术的支撑下，这种新型水上飞机或许能成为长途航行的一个新选择。

下一步，李维斯研究小组将改进现有设计，并根据新设计制造出实验模型。不过，该研究小组表示，考虑到庞大的资金需求和相关基础设施建设，这种飞机距离实用还有很长的一段路要走。

二、飞碟与滑翔机的新成果

(一) 研发飞碟型航空器的新信息

1. 研制离地 3 米平衡飞行的"飞碟"

2007 年 7 月,国外媒体报道,目前,美国"穆勒国际"公司正在研制一种状似"飞碟"的新型交通工具"M200G 飞行器"。它可垂直起降,一次可容纳两人,适合于任何地表。借助所谓的"气垫"效应,它可以在距离地表 3 米的高度上平稳飞行。

报道称,美国"穆勒国际"研制"M200G 飞行器",已经进行了 40 余年。其首部原型机早在 1962—1964 年间便生产完毕。经过发明者穆勒博士数十年苦心研究,如今堪称全球首款人造"飞碟"的"M200G 飞行器"终于面世。其直径为 3 米,高约 1 米。由于内部安装有 8 台发动机,它的最大飞行速度与普通汽车相当,约为每小时 160 千米,续航力同样为 160 千米。对于控制"飞碟"的驾驶者来说,并不需要接受复杂的训练以及申请特别许可。

"穆勒国际"公司称,这款人造"飞碟"的形状已经最终确定。同时,它还可在各种类型的地表飞行,其中除了普通的地面,还适合于水面、沙漠、雪地、沼泽和草地。借助所谓的"气垫"效应,它可以在距离地表 3 米的高度上平稳飞行。此外,其上安装有数台计算机,它们不但限制着"飞碟"的飞行高度,而且还会自动保持平衡。

据称,它将从 2008 年开始上市销售,单价约为 9 万美元。目前,这种"飞碟"已完成了相关试验,"穆勒国际"公司正在生产所需的零件,现在已经有 6 个"飞碟"的机体生产完毕。该公司宣称,可以在一天内完成相关装置的生产工作。

除了"飞碟"以外,"穆勒国际"公司还研制了一款名为 M400 的飞行汽车,并有望在不久后推向市场。据悉,M400 为四座飞行汽车,可以像直升机那样垂直地起飞和降落。它装有几架风扇发动机,可任意变换角度。起飞时,风扇向下排风,产生向上的推力,随着风扇向后转动,又产生向前的推力。当飞行时速达到 160 多千米时,由机翼形车体产生的升力就足够支持车身重量。M400 飞行时速最高可达 644 千米,最大飞行距离为 1449 千米。值得一提的是,它对燃料并不挑剔,汽油、酒精、柴油、煤油、丙烷等都可作为其燃料。

2. 提出开发大载运量的飞碟型航空器计划

2010 年 3 月 5 日,国外媒体报道,日前,在乌里扬诺夫斯克召开的州议会主席团有关研制创新运输工具的会议上,航空动力设备制造公司向俄罗斯领导人梅德韦杰夫,递交了可运载 600 吨货物的飞碟型航空器的开发计划。

专家一致认为,这个重型货运飞行器,将会在俄罗斯工业部门赢得普遍欢迎,也是在发展交通不便地区的经济过程中,降低运输、建造成本的众多举措之一，这些地区主要拥有石油天然气资源。乌里扬诺夫斯克州州长谢尔盖·莫洛佐夫在谈到这一计划时表示，航空动力设备制造公司的飞碟型航空器，将在该州的工业区生产。

梅德韦杰夫为进一步了解了飞碟型航空器的项目前景，向参加会议的航空动力设备制造公司代表，询问了新一代飞行器的技术与经济特征。航空动力设备制造公司董事会主席基里尔·莱亚茨，在他的报告中详细介绍了此类航天器。莱亚茨也是这个创新项目的负责人。

莫洛佐夫在谈到飞碟型航空器的实用性时，提出了在俄罗斯建立运输飞船创业园的想法。这一提议得到了梅德韦杰夫的支持，他代表俄罗斯联邦政府签署了相关法令。以下是航空动力设备制造公司构想的各种型号飞碟型航空器的未来用途：

一是航空地理物理学勘探。飞碟型航空器可用于航空地理物理学勘探，负载能力达 1000 千克。它由空中机组人员驾驶，机组由 2~8 人组成。空气静力学航空地球物理学环境令飞碟型航空器可以使用最先进的重量分析和电磁设备，对地球内部、海洋大陆架进行航空地球物理学勘探。利用这种飞碟型航空器，可以使航空物探数据的精确性是原来的数倍，与此同时，成本却是原来的 1/2 或 1/4。

二是货运以及客货两用平台。载重量分别为 40 吨、60 吨、120 吨、240 吨和 600 吨的飞碟型航空器，能帮助解决将大宗超大尺寸货物运送至偏远和交通不便地区的问题。飞行器确实不需要地面机构的帮助。它们可以在不使用绞车等设备的情况下，在开阔地带着陆。由于目前的货物集装箱类型多样，借助飞碟型航空器就能将货物运送至铁路平台、公路拖车、载驳船上面。通过包装和借助传动装置等工具的传统方法，飞碟型航空器还能携带模块化设备，如生产模块、家用组件、钻机、挖掘机等，以及加工后的干燥和液体产品，如煤炭、合成油、甲醇等。一架载重量为 600 吨的飞碟型航空器，货运能力相当于整列火车。但是，与火车形成鲜明对比的是，飞碟型航空器可以携带超大尺寸货物，还能被改装成客货两用工具。

三是监视与控制。载重量为 0.5~1.5 吨的飞碟型航空器，可用于监视和控制。这种型号的飞碟型航空器可由一人控制，在有指示标志的道路上进行自动巡逻。它们可以利用扫描设备，包括红外线和超声波操作模式，监控目标地区的状态，如电力传输网、天然气、石油等产品的管道，工业区、特殊目标等。

（二）研发滑翔机的新信息

1. 研制出以氢为燃料的机动滑翔机

2009 年 7 月 7 日，世界首架利用燃料电池驱动的，有人驾驶的机动滑翔机，在德国汉堡升空，实现二氧化碳零排放。在最佳情况下，这种飞机可连续飞行 5 小时，飞行半径达到 750 千米。

这架飞机名为"安塔里斯"DLR-H2 型机动滑翔机。它由德国航空航天中心和一些私人企业共同研制。德国航空航天中心专家约翰—迪特里希·沃纳说："我们在电池效率和表现上实现了许多改进，飞机可以只靠燃料电池实现起飞。"

"安塔里斯"利用氢作为燃料，通过和空气中的氧发生电化反应产生能量。全过程不发生燃烧，不排放温室气体，产生的唯一副产品为水。如果生产氢燃料的过程，也采用可再生能源，那么这种飞机就可实现真正彻底的"零排放"。

2. 制成有望打破世界滑翔高度纪录的滑翔机

2016年8月，有关媒体报道，一架能够比任何飞机都要飞得高的"佩兰"系列滑翔机，本月将在阿根廷上空进行它的第一次试飞。对于这架飞机的飞行员和工程师来说，"佩兰"飞机项目拥有令人兴奋的打破世界纪录的滑翔高度，并且或许有一天能够接近真空空间。

然而，对于该项目首席科学家伊丽莎白·奥斯汀来说，这里还有另一个令人激动的原因——这架滑翔机将会携带进行气候、航天以及平流层研究的科学仪器，这是利用其他手段无法完成的。

作为美国内华达州度假村极端天气预报机构的创始人，大气物理学家奥斯丁表示："这架滑翔机所能实现的可能性，令人难以置信。"

具有一个密封驾驶舱的碳纤维滑翔机，被设计在距离地面约2.7万米的高空持续飞行，这里的空气密度只有海平面的2%。在这架滑翔机将于8月中旬开始的一系列飞行试验中，它将只在1.5万~1.8万米的高空飞行，这部分缘于天气状况，但其依然足以打破，较早前由另一架"佩兰"滑翔机创造的15445米的滑翔高度纪录。

这架滑翔机将携带仪器测量气溶胶和温室气体的水平，包括臭氧、甲烷和水蒸气，并将收集地球大气层的两个较低层位，即对流层和平流层之间的气体与能量交互信息。

奥斯丁表示，近两年收集的这些数据将可以改善气候模型。由于以往的气候模型一直无法很好地阐明这些大气间的相互作用，并包含了水蒸气在平流层高度的含量与属性的"可怕"的不确定性。

奥斯丁强调，科学气球已经能够飞到更高的高度，但它们必须随风而行，而一名飞行员却能够驾驶并控制一架滑翔机。她说："我们可以在想要停留的地方花上几个小时飞行。一架滑翔机就是一个令人难以置信的科学平台，没有其他手段能够得到这样的数据。"

马里兰州绿地市美国国家航空航天局，科学与探索理事会大气动力学专家龚杰表示："这是一个非常激动人心的工程。"他强调，根据其预期的飞行路线，"佩兰"滑翔机可以提供第一次直接观察极地平流层云的数据，这是一种在极地平流层形成的独特冰云，有助于消耗臭氧。

一旦"佩兰"滑翔机完成了充分测试，奥斯丁说，她希望能够获得资金，以便使其成为长期科学平台，进而监测平流层每小时、每个季节，甚至10年间对天气和气候造成的影响。

该项目首席执行官埃德·瓦诺克表示，无人滑翔机在未来或许能够携带更多的科学仪器，但目前有人驾驶的滑翔机更可取也更简单。他指出，在这样苛刻的飞行条件下，机器尚无法与人类飞行员实现最佳匹配。

然而现在，工程师和科学家都只是希望看到滑翔机能够在安第斯山脉上空的平流层中飞行，并顺利接收数据。

奥斯丁说："这架滑翔机的一切都是试验性的。这是一项非常艰巨的任务，要保证它的安全并不容易。"

3. 研制出能像鸟儿一样翱翔的滑翔机

2018年9月19日，美国加州大学圣地亚哥分校，电子专家马西莫·韦格索拉及其同事组成的一个研究团队，在《自然》杂志网络版上发表的一项人工智能研究称，机械滑翔机现在已经可以借助机器学习，学会像鸟儿一样"翱翔"。

鸟儿会乘着上升的热气流飞行、升高，而不需要挥动翅膀。然而，这些气流复杂多变，人类尚不清楚鸟类如何发现并利用这些气流飞行。如果不充分理解这一点，就很难教会飞行器在现实环境里做到同样的事情。

而所谓机器学习，是指计算机获取新的知识或技能，重新组织已有的知识结构，从而不断改善自身的性能。这是人工智能的核心，也可看作是使计算机具有智能的根本途径。此次，为了应对上述挑战，该研究团队把眼光瞄准机器学习中的"强化学习"。这是一种动态机器学习技术，其中的智能主体，通过与其环境相互作用来学习，就像孩子学习一样：行为正确会被"奖励"，行为不当则被"惩罚"。

科学家指出，能够顺着热气流向上飞，只是候鸟或其机械模拟物可安全地进行数百千米快速飞行的部分原因。未来，如果能对如何识别强大上升气流的导航线索进行补充研究，将进一步增强人类对鸟类飞行模式和动力的理解，并有助于开发更高效的远距离自主滑翔机。

三、研制浮空器的新成果

（一）开发飞艇方面的新信息

1. 研制可连续飘浮十年的高空无人间谍飞艇

2009年3月14日，英国《每日电讯报》网站报道，美国五角大楼近日表示，它打算耗资4亿美元，开发一种能飘浮在2万米高空的巨型飞艇。这种飞艇能在空中飘浮10年，对下方的车辆、飞机甚至行人进行不间断的雷达监控。

空军首席科学家沃纳·达姆说："这绝对是革命性的一步。"他表示，拟议中要开发的无人驾驶飞艇，是卫星和侦察机的混合物。

官员们说，长达137米的巨型飞艇，可以使美国军方更好地掌握对手的行动、习惯和战术。飞艇可以大范围，譬如说在阿富汗和巴基斯坦的边境地区，不间断地监控下方的一举一动,这将极大地提高美军的情报收集能力。

达姆表示:"飞艇可以实现不间断的监控。很多时候,短时间内观察到的东西,不管是几个小时还是几天,并不足以说明整件事情。"

研发间谍飞艇的计划,反映出在国防部长罗伯特·盖茨的领导下,五角大楼策划和拨款的优先目标有所转变。盖茨敦促军方提高情报收集能力,加强侦察行动,同时减少对高科技武器的投入。

军队官员表示,如果成功的话,这种飞艇将是空军和五角大楼研发部门的发明成果,这将为美军组建间谍飞艇舰队铺平道路。

另外,这也标志着飞艇这种令人不安和充满怀疑的飞行器的回归。1937年"兴登堡"号飞艇在美国新泽西州发生爆炸,导致36人死亡,引起人们对飞艇这种航空器的担忧和质疑。

美国军方曾使用不那么复杂的叫作"浮空器"的带缆飞艇,在伊拉克的军事基地周围执行侦察任务。但在2万米的高空,这种巨型飞艇几乎就是隐形的,远在任何肩扛式导弹和大多数战斗机的射程之外。而这个高度也意味着,间谍飞艇可以在任何军事行动区的高空进行侦察活动,或许远在地对空导弹的射程之外。

过去五年来,随着"食肉动物"无人驾驶侦察机和其他无人驾驶飞行器的增多,美国空军的情报收集、监控和侦察能力大大提升。尽管这些无人驾驶飞行器,也能在某个区域上空逗留一段时间,但它们无法实现不间断监控。

巨型飞艇的军事价值,主要来自它的雷达系统。巨大的天线可以让军方看得更远,侦察到更多细节。这种巨型间谍飞艇将充入氦气,用太阳能电池板为氢燃料电池充电,提供动力。军队官员说,这些潜在技术,加上非常轻的艇体,对间谍飞艇的正常运作至关重要。

《洛杉矶时报》报道,美国空军已经跟国防部国防先进技术研究局签订协议,在2014年前研制出飞艇原型。原型艇是计划中实际间谍飞艇长度的三分之一,雷达系统将成为飞艇构造的一个组成部分。

五角大楼尚未选定承造样艇的承包商。先期研制工作由诺思罗普—格鲁曼公司和洛克希德—马丁公司等企业完成。

2. 提出大力发展飞艇等浮空器的构想

2016年6月3日,俄罗斯《消息报》报道,俄罗斯防部当天讨论通过一份关于2025年前发展飞艇等浮空器的构想。

飞艇等浮空器的载重量远超过无人机,并能在指定地点上空悬浮数周,因此被称为"静态侦察机",可替代无人机执行侦察任务。

报道称,俄罗斯防部发言人说,俄空天部队至今仍用1953年生产的浮空器执行军事和科研任务,现在俄军不仅计划替换这些设备,还将成立专门的浮空器技术部门,并订购包括飞艇在内的新型浮空器,以保障空天部队的使用。

俄罗斯防部第30中央科学研究所前研究员列昂科夫认为，浮空器在现代军事冲突中所起作用显而易见，它能够在战场上空悬浮很长时间，并处于拦截武器射程之外。

（二）开发气球方面的新信息

1. 开发用于太空旅行的气球

研发能把人带入35千米高空的新型氦气球。2011年8月，英国《每日邮报》报道，一个能够将有胆量的旅行者送入地球平流层的氦气球，将在两年时间内完成准备工作。该氦气球直径达128米，能够上升到距离地面35千米的高空。

要体验这一难得的5小时的高空巡游，每人将会花费9万英镑。尽管花费昂贵，但是通过此次太空旅行，旅行者可以有一览地球全貌的机会。

氦气球拥有与太空飞船相近似的内部环境，其载人吊舱直径有4米左右，可以为2个气球驾驶员和4名乘客提供足够大的空间。对于旅行者来说，坐在里面会相当舒适。同时，舱内温度可以允许旅行者穿着衬衫。

旅行者们将在一个固定高度，巡航3个小时观赏日出美景。氦气球与吊舱分离之后航行就结束了，届时专业人员将安排旅行者利用降落伞回到地球。

该公司首席执行官、企业家洛佩斯·尤迪亚勒斯称，自己在与其作为天文学家的父亲交谈时，萌生了研制这载人气球的想法。

到目前为止，尤迪亚勒斯已经进行了五次无人气球试验飞行，在试验中，氦气球已经可以飘升至32千米的高空，为普通飞机飞行高度的3倍。他表示，乘坐气球进入地球的平流层，比乘坐火箭便宜得多。对于旅行者来说，如果乘坐气球的话，他们会拥有更多的时间去体验高空旅行的乐趣，同时还没有烦人的发动机噪声。

2. 开发用于科学探测的气球

（1）加快在南极发射科学探测气球。2010年12月20日，国外媒体报道，美国航空航天局和国家科学基金会，当天从南极施放了一个科学探测气球，以探测宇宙射线对地球的影响。由马里兰大学设计的宇宙射线能量学与质量实验，是为研究来自于银河系遥远超新星爆炸引发并到达地球的高能宇宙射线粒子。目前，这种粒子悬浮在南极约39千米的上空。

报道称，每年12月至次年2月是南极夏季，也是科学家利用南极独特自然条件开展科学研究的大好时机。仅仅在12月一个月内，美国国家航空航天局和国家科学基金会就将在南极施放5颗科学探测气球。

在此之前，两个相对较小的气球，用可手工发射的空间科学有效载荷，在成功升空飞行后，已经完成其使命。它们携带的用于研究辐射带相对电子损失的气球组实验，由达特茅斯学院设计和建造，该实验的目的，是寻找产生极光的地球范艾伦辐射带，及其在何处如何与地球高空大气层发生周期性相互作用。

除此之外，宾夕法利亚大学正在开展亚毫米光圈望远镜的气球实验，它将研究银河系中磁场如何阻碍天体形成。亚毫米光圈望远镜的测试设备和望远镜将采集数据,第一次在一些天体形成区域获取磁偏振尘埃的高清晰图像。

另外,美国航空航天局的超压气球测试飞行,也正在南极进行。这个科学探测气球,用轻型聚乙烯膜制造的,飞行高度接近40千米,有效载荷高达2700千克,体积达到约40万立方米。它是目前升空飞行的最大单体、全密封和具有超压结构的气球,其体积是上个年度升空飞行的同类探测气球的两倍。该局的最终目标,是研发出一个约74万立方米的超压气球。

(2)打破在南极上空飞行时长纪录的科学气球。2013年2月4日,美国国家航空航天局网站报道,该局于2012年12月8日发射升空的,一个名为"超级虎"的科学气球,在南极洲上空飞行了55天,其飞行时长已创下同类科学气球的新纪录。

这个气球主要用于探索宇宙的高能射线。在本月1日降落前,"超级虎"在南极洲上空共飞行了55天1小时34分,比2009年美国国家航空航天局发射的科学气球创下的飞行纪录多1天。研究人员说,这得益于南极上空的风力模式,"超级虎"的飞行高度达到3.87万千米,是大部分商用飞机飞行高度的4倍多。

美国国家航空航天局表示,"超级虎"携带了新工具,用于测量宇宙射线中比铁元素重的稀有元素含量。通过其获得的数据,科学家可以更好地理解这些元素来自何方,以及如何获得能量。

"超级虎"项目首席科学家鲍勃·宾斯认为,"超级虎"飞行非常成功,其携带的仪器运转得很好。由于获得的数据相当丰富,地面科学家预计要花费两年的时间来分析数据。

四、研制其他航空器的新成果

(一)个人飞行器开发的新信息

1. 个人飞行器管理的新进展

个人飞行器获得民航局准飞证。2013年8月,国外媒体报道,新西兰厂商多年前研发个人飞行器,近日获得新西兰民航局飞行准证,这将允许展开载人飞行实验。

据报道,这款个人飞行器是研发者格伦·马丁发明的,他为此努力了30多年。2009年7月,格伦·马丁首次对外公开展示了这款飞行器。它装备一对200马力的螺旋桨推进器,加满油后能在半小时内飞行48千米左右。

根据新西兰法律规定,这款飞行器的重量没有超过规定的限制,所以使用者无须飞行执照就能驾驶它。

2. 个人飞行器研制的新进展

(1)发明媲美一千零一夜飞毯的"飞板"。2006年2月,国外媒体报道,看过《一千零一夜》的人,都知道阿拉伯飞毯的神奇,而最近新西兰人鲍勃·哈里斯发明的"飞板",足以和阿拉伯飞毯相媲美。

哈里斯发明的"飞板"长1.7米,重52千克,外壳由碳纤维制成,包括主体、可伸缩机翼、计时器和自动化装置等设备。"飞板"升空后,前后翼会迅速作出调整,适应当时的风向、风速和飞行高度。飞行时,驾驶员面朝下,俯身在飞板上,靠双手进行操控。

哈里斯说,未来的"飞板"还将大大瘦身,变为一个能随身携带的背包。"飞板"将高空滑翔和伞降两种极限运动结合在一起,从外观到功能,都很像007电影中出现的那些外观很酷的道具。

试飞员保罗·史密斯经过试驾后,对"飞板"的功能赞不绝口。他说,这种"飞板"结合了高空滑翔和伞降两种玩法,是货真价实的飞行,棒极了。

作为"飞板"的发明者,哈里斯的设计初衷是发明一种私人飞行器,让跳伞爱好者能够将飞行技巧提升到另一个高度。但初次试飞后,连两位专业试飞员都大呼过瘾,显然,这种充满了刺激和挑战的新游戏,将会吸引不少极限运动爱好者的目光。

(2)发明能像"钢铁侠"那样飞行的飞行喷射包。2015年7月2日,有关媒体报道,传闻能让普通人像"钢铁侠"那样飞来飞去的航空科技产品马丁飞行喷射包,当天下午起,在中国区接受预订,售价高达160万元人民币。未来马丁喷射包的交货地点为深圳,交货期预计为1年,但可能因国家规定或是航空许可等问题延期交货,意向金为2万元人民币。

马丁飞行喷射包是世界上第一款商业化、实用化飞行喷射包。这一产品,源于新西兰马丁飞行器有限公司创始人格伦·马丁1981年的设想和发明,曾被《时代》杂志评为2010年"50大最佳发明"之一,由汽油发动机提供动力,可以垂直起降,也可以快速前进,能在狭小空间内运作,计划用于应急救援、军事和休闲娱乐等领域。

目前定型的马丁飞行喷射包载重量为120千克,由200马力的汽油发动机提供动力,装满汽油时可在海拔1000米高空以74千米的时速飞行30分钟。它的外框架由碳纤维构成,飞行员身体两侧有操纵杆,由双导管风扇提供升力。

2014年,中国深圳光启旗下的港股上市公司光启科学投资,并购了马丁飞行器有限公司。马丁飞行喷射包有载人和无人驾驶两大类型,其中,载人的又分为专业版和个人版。

在2015年6月举办的巴黎航展上,北京飞行人科技有限公司已与光启科学和马丁公司的合营公司,即光启马丁飞行喷射包有限公司,签订战略合作框架协议。

(二)超重载荷与超轻体型飞行器开发的新信息

1. 研制超重载荷飞行器的新进展

将首次试飞垂直起降超重载荷飞行器。2013年2月9日,有关媒体报道,由美国国防部和美国国家航空航天局出资研发的一款新型垂直起降超重载荷飞行器原型机,已于2013年夏天进行了首次机库外测试飞行。

这款飞行器原型机全长约70米,覆盖聚酯薄膜外壳,框架由超轻碳纤维和铝制成,能搭载大量货物并在多种复杂地理条件下垂直定点起降。

研发工程师称,这款新型飞行器是航空史上的一个进步,有可能对未来整个航空运输业的发展产生较大影响。

2. 研制超轻微型飞行器的新进展

(1)造出超轻微型的"水母飞行器"。2014年1月25日,据物理学家组织网报道,美国纽约大学应用数学实验室科学家斯蒂芬·乔德里斯主持,航空工程师雷夫·里斯托夫等人组成的一个研究小组,在英国皇家协会《交界》杂志上发表论文称,他们在20世纪初那些飞行器先锋们的启发下,造出世界上第一架"水母飞行器"。这是一种超轻微型实验机,重量仅2.1克,也是第一架能像水母在水中运动一样,在空中盘旋、移动的人造飞行器。

里斯托夫说:"我们最初的兴趣是想造一种机器昆虫,用它替代直升机。最终,它变得有点奇怪,成了一只水母。"

工程师们一直非常欣赏水母,它们的运动简单而有效,是经过数百万年的进化选择才塑造出来,只需一条简单的肌肉和最基本的神经系统,而无须大脑指挥。水母有一个钟形的、半透明的"裙摆",最初扇动一下鼓起来后就紧紧闭合,从它的小开口处向外喷水,让它自己运动起来。

研究人员设计的水母飞行器有四个花瓣形的翅膀,每个8厘米长,还能收拢折叠起来变成一个面朝下的"圆锥"。飞行器上装有一个微型发动机,能让翅膀向外推,然后向下,每秒可扇动20次,迫使空气从圆锥下面出来。这样,一个"扑翼飞机"或飞行器就能盘旋飞行了,而且还非常稳定,无须持续的能耗矫正。

里斯托夫说:"如果从上面撞它,它会自动保持稳定。"它会让自己4个翅膀中的一个更加卖力从而改变方向。

制造飞行器骨架的材料是轻质碳纤维,能支撑住发动机并形成翅膀框架。然后在上面蒙上透明一种叫作"迈拉膜"的聚酯类高分子膜,这种膜可以在普通模型商店买到。里斯托夫说,他与乔德里斯被电影《飞行先锋》中的片段迷住了,早期研发飞机的先锋们努力模仿昆虫来建造扑翼飞行器,但当时的知识和材料都还很匮乏。他说:"那些早期的飞行实验,在当时看来非常有创新性,他们想出了许多好主意,但也有馊主意。"

里斯托夫还说,按目前的状态,水母飞行器还属于一种概念论证性设备,正在测试研究人员的各种想法。纽约大学已对此提出了专利申请。下一步将增加一个电池,作为由精细电线供电的样机,并实现遥控,在操作和能源效率方面也有许多工作要做。但最终,也许用不了几年,扑打着翅膀的无人驾驶飞行器就会变得很常见。

里斯托夫说："毫无疑问，像这样的飞行器有许多军事用途，比如监视，但我希望它也能成为一种民用设备。比如发出一群数百个这种飞行器分散到各个角落，去检测空气污染。这种飞行器轻得像根羽毛，它还需要一个官方的名字。我们平时把它叫作'飞行水母'，但'航空水母'也很酷。"

（2）研制出首只无线飞行机器昆虫。2018年5月，美国趣味科学网站报道，第一只无线飞行机器昆虫振翅起飞了！美国华盛顿大学一个研究团队首次让其研制出的"机器蝇"独立振翅飞行，这或许只是微型机器人的一次小振动，却是整个机器人领域的一个大飞跃。

该研究团队称，"机器蝇"体重与牙签相当。现有的飞行机器昆虫仍然需要一根电线与地面相连，因为它们驱动和控制翅膀所需的电子设备太重了，这些微型机器承载不了。而"机器蝇"由激光驱动，自带"大脑"。

研究人员解释，研制昆虫大小的飞行机器，面对的最大挑战来自振翅。拍打翅膀是个非常耗电的过程，电源和引导翅膀的控制器大而笨重，小小的机器无法运载。因此，该研究团队之前研制的"机器蜂"，必须通过地面电线与其电源和控制器相连。

但飞行机器人应该能够自主操作，因此他们决定使用一束细细的、看不见的激光来为机器人提供能量。他们把激光束对准位于"机器蝇"顶部的一块光伏电池，它能将激光转化为电能。但仅靠激光并不能提供足够的电压使翅膀动起来，为此他们设计了一条电路，可将光伏电池输出的7伏电压，提升到飞行所需的240伏。

为了让"机器蝇"自主控制翅膀，研究人员还给了它一个"大脑"：在同一条电路里添加了一个微控制器。微控制器的作用好比"机器蝇"的大脑，向翅膀发出诸如"现在加紧拍打"或者"别拍了"之类的指令。

第四章　航天器及其发射工具的新信息

　　航天器是指往来于地球大气层以外的交通工具或探测器,它摆脱了地球大气层的束缚,有机会直接接触来自宇宙空间各种天体的电磁辐射,它可以直接为气象观测、军事侦察和资源考察提供服务,可以用作太空无线电中继站为全球通信和广播提供服务,也可以利用太空高真空、强辐射和失重等特殊环境为各种重要科学研究提供服务。航天器的出现,使人类活动范围从地球大气层拓展到广阔无垠的宇宙空间,引起人类认识自然和利用自然能力的飞跃,并由此产生了一大批具有前瞻性、先导性和探索性特点的前沿技术。21世纪以来,国外在航天器研制领域,主要集中于推出两小时可飞遍全球的亚轨道军用飞行器计划,试验一小时环游地球的激光驱动亚轨道客机项目,拟启动90分钟内从欧洲飞抵澳大利亚的亚轨道航天班机项目;试飞民用亚轨道超音速客机概念机、军用亚轨道飞行器概念机,亚轨道太空游飞船首次点火试飞后又完成超音速飞行测试。推进开发"联盟"号飞船系列、"龙"飞船系列,研制登月与星际航天器,发射升空新款式宇宙飞船、新功能宇宙飞船、新一代宇宙飞船,以及3D技术制造宇宙飞船。进一步推进国际空间站建设,做好国际空间站维护工作,开展国际空间站特有资源的研究。设计研发太阳帆航天器,首架太空战斗机成功发射升空,研发可重复使用的空天飞机;成功试飞锐边飞行实验航天器,建造"亲密"接触太阳的航天器,研发火星上用的碳纤维滑翔无人机。在航天器发射推进工具领域,主要集中于研制发射"联盟"系列火箭、"阿丽亚娜"与"自由"系列火箭、"猎鹰"与"黑雁"系列火箭,开发超重型与可回收运载火箭、探索火星火箭。开发微型卫星离子推进器、等离子推进器,开发航天器电力推进工具、激光与微波推进工具。

第一节　航天器研制的新进展

一、研制亚轨道飞行器的新成果

（一）亚轨道飞行器研究计划的新信息

1. 亚轨道军用飞行器研究计划的新进展

推出研究两小时可飞遍全球的亚轨道军用飞行器计划。2006年12月,国外媒体报道，美国军方推出一项最新研究计划，如果其进展顺利，那么在25年之后，美军将有能力在两小时之内将25名全副武装的海军陆战队士兵，从美国本土投送至全球任何地点。而执行运输任务的，将是一种能够从根本上改变部队作战战术的空间运输系统。

这里所说的是一种全新的亚轨道飞行器，其项目名称为"用于进行空间运输和投送的小型装置"，简称"超级飞船"。该计划的主要提出者和推动者是美国海军陆战队退役中校罗斯福·拉方丹。他目前供职于谢弗公司，这是一家专门从事军事技术研究的企业，与美国海军陆战队保持着合作关系。

按照国际法准则，距离地面80千米以内的空域均属于一国领空范围。要想合法地穿越一国领空，必须得到所在国的同意。

据拉方丹介绍，在2001年执行一次打击"基地"组织的行动中，由于在寻求邻国外交许可的过程中耗费太多时间，以至于美国海军陆战队员搭乘的直升机，未能及时抵达位于阿富汗的作战地点。正是由于这次事件，使其产生了绕过领空范围、将小股作战分队直接从基地或军舰上投送至作战区域的想法。

需要说明的是，进行空间投送的想法之前也曾有人提出过。除此之外，尝试将这一构想变为现实的努力，也不只进行过一次。

按照罗斯福·拉方丹的构想，这种亚轨道飞行器一次可搭载10~15名海军陆战队士兵，以及两名驾驶员。在飞行过程中，超级飞船先是被悬挂在一架大型亚轨道飞机的腹部，在被带到数千米的高度后便与母机分离。

为了提升速度，超级飞船将装备冲压喷气发动机，将飞行器提高至30千米的空域；同时，用火箭发动机负责将飞行器提升至更高的空域。其中，火箭发动机将使得超级飞船，以抛物线的轨迹被抛出。这时，其高度将远远超过80千米。当到达距离地面1.1万千米的高度后，超级飞船将展开双翼并开始进入着陆阶段。尽管超级飞船的后掠角非常大且尺寸相对较小，但它却可在几乎任何平坦的地面着陆。这一点可能是在所有方案中受争议最大的。

需要指出的是，美国国防部国防先进技术研究局、空军和航空航天局等，也在与一些大型公司合作研制多种超音速亚轨道飞行器（例如"猎鹰"超音速轰炸机等），此外还包括一些大型的可重复使用飞船。

有消息人士指出，美国国会已对拉方丹的方案表示出了兴趣，而美国海军陆战队有可能在15年后开始对首架试验型的超级飞船进行测试。至于超级飞船的批量生产时间则要接近2030年。拉方丹表示，超级飞船行动迅速，非常适合前往那些局势不稳定的国家执行解救人质的任务，而这正是美国政治家们愿意为该项目投入资金的原因之一。

2. 亚轨道民用飞行器研究项目的新进展

（1）试验一小时环游地球的激光驱动亚轨道客机项目。2009年8月，美国太空网报道，美国纽约特洛伊的伦斯勒理工学院，航空航天工程学教授莱克·米拉伯等科学家，正在进行一系列的激光推进实验项目，有望引发一场利用激光作为推进动力的飞行器革命。据悉，借助于激光推进进入亚轨道的客机，用不到一小时的时间，乘客就可从地球一端飞到另一端。

米拉伯是定向能、空间原动力、航空航天系统、以及先进推进领域的专家，他在佛蒙特州本宁顿创建了光动力飞行器技术公司。在过去30年时间里，他通过自己的研究，提出了很多与未来飞行器非化学推进有关的想法，并加以验证。米拉伯对太空网表示："通常情况下，一种新型推进技术需要25年才能走向成熟。只有在成熟以后，才能让它施展拳脚。现在已到实现梦想的时候了。"

目前，这项利用高能激光的基础研究性实验正在巴西进行。在这个位于巴西的实验室，一个极超音速震波风洞与两个脉冲红外激光器相连，峰值功率可达到十亿瓦特。米拉伯说，这是迄今为止进行的功率最高的激光推进实验。

他指出："在实验室内，我们对全尺寸的激光发动机进行测试，使用这种发动机的飞行器，将让造访太空的方式发生革命性变化。这是真实存在的硬件。这是真实存在的物理学。我们能够获得真实数据，绝不是在纸上谈兵。迄今为止，我们已获得大量数据。点燃发动机时你会发现，它真的是一个不可思议的家伙。它发出的声音，就像是有人在实验室内用猎枪射击，声音真的是太大了。"

米拉伯表示，激光推进实验，也同样与发射重量在1~10千克的纳米卫星，以及重量在10~100千克的微型卫星进入低地球轨道，联系起来。米拉伯打造和放飞的"激光高速公路"，是一个系统工程，一直有条不紊地进行。1996—1999年，他在新墨西哥州的白沙导弹发射场，利用10千瓦的高能红外激光，发射了光动力飞行器原型。2000年，他又创造了一项新的激光推进飞行器飞行高度的世界纪录。

最近，美国一家出版社出版了米拉伯与约翰·刘易斯合作的新书《光动力飞行器飞行手册：LTI-20》。米拉伯接受太空网采访时，解释自己为何热衷于激光推进飞行器，他认为这种造访太空的方式，成本低并且安全。他说："对于利用高功率射束能推进冲破大气层的物理学研究，与之有关的专业知识和技术并不是很多，因此很难使之成为现实。这是一项完全不同于以往的研究。我已经为之努力了30年，知道该怎么做。"

米拉伯指出，几十年来，研究激光推进的物理学家一心要实现这样一个目标，那就是将每瓦特激光能的成本控制在几美元。他说："我们已经逼近这一目标。这是我们的愿望，我们愿意为之付出努力和汗水。这项技术在商业上成为现实的一天，很快就要到来。"

（2）准备启动90分钟内从欧洲飞抵澳大利亚的亚轨道航天班机项目。2013年1月28日，物理学家组织网报道，德国航空航天中心航天班机项目协调人马丁·西佩尔宣布，将规划、建立和启动一艘亚轨道太空船在短短90分钟内从欧洲直飞澳大利亚的项目，并有望在50年内打造完成。

由欧洲航天局支持的航天班机项目，自2005年以来就一直存在。其目标是建立一种交通工具，类似于美国以前的航天飞机飞行，主要区别是，该交通工具是在全球范围内点对点的运送人，而实际上并不到达太空空间。它也将使用液态氧和氢气推进剂，将只会把氢和水蒸气留在大气中，是一个比其他火箭在行进中的推出物更清洁的方法。

这种太空班车，一辆最多可搭载50名乘客。它将附加到一个火箭助推器上直立发射，在到达47~50千米高空处助力器消失。而后太空船将会滑行到地球轨道上，到达预先指定的目标。当太空船滑翔时，最高时速可达15000英里，由此将可以计算出短行程的时间。

但是，这样的计划也给工程师提出了挑战，作为空间再入飞行器，会遇到相同的热量积聚。出于这个原因，太空船本身的设计工作仍在进展之中。

（二）亚轨道飞行器飞行测试的新信息

1. 亚轨道飞行器概念机试飞的新进展

（1）试飞民用亚轨道超音速客机概念机。2005年10月10日，日本时事社报道，日本宇宙航空研究开发机构，当天上午在澳大利亚南部伍默拉火箭发射中心，用火箭把不携带引擎的小型无人超音速试验飞机发射升空，让其在亚轨道高空与火箭分离并以2倍音速的速度滑翔。

据报道，该小型无人超音速试验飞机长11.5米，重2吨，由火箭发射升空，到达约2万米亚轨道高空后与火箭分离，15分钟后打开降落伞着陆。这是一项概念机试验，是为开发下一代超音速客机进行必要的技术准备。2002年7月，日本宇宙航空研究开发机构的前身——航空宇宙技术研究所试验小型无人超音速飞机时，曾因制导装置设计失误而失败。

日本小型无人超音速飞机机翼的空气阻力，比英法联合开发的协和式客机小10%，在滑翔过程中地面人员通过无线电收集速度和压力等数据。

协和式客机2003年10月因老化和航空业不景气而退役，但是日本和法国一致认为，太平洋和大西洋远距离航线需要超音速飞机，于是2005年6月决定共同研发下一代超音速飞机。

（2）成功试飞军用亚轨道飞行器概念机。2011年11月17日，国外媒体报道，美国国防部宣布，由陆军空间和导弹防御司令部与战略司令部负责，在美国东部时间6时30分左右，从夏威夷考爱岛的太平洋导弹试射场成功试飞一个亚轨道飞行器，为进一步开发全球即时打击武器搜集了相关数据。

国防部发表声明说，试飞的飞行器为一架概念机，隶属高级超高音速武器项目，当天是首次试飞。飞行器发射的预定目标，是陆军位于夏威夷西南约3900千米的马绍尔群岛夸贾林环礁上的里根试验场。这个飞行器利用三级推进火箭发射，送入地球大气层预定轨道后，开始超高音速滑翔，最终击中里根试验场的预定目标。

声明说，这次试飞目的是测试飞行器的推进、滑翔及远程飞行能力。试飞中，陆军位于海、陆、空的信息平台，搜集了飞行器在空气动力学、导航和热保护等方面的数据。这些数据，将用于开发今后的超高音速飞行器。

高级超高音速武器项目，是陆军用于开发全球即时打击能力的武器项目。全球即时打击能力，指的是利用洲际弹道导弹、超高速巡航载具等运送精确制导的常规弹头，对位于全球任何地点、只有很窄攻击窗口的高价值目标实施精确打击，从发起攻击至攻击结束，所用时间不超过1小时。

在与俄罗斯签署的核裁军条约中，美国发展和部署全球即时打击武器未受限制。美国政府认为，全球即时打击武器是在削减核武器的同时，维持威慑能力和快速打击的一种办法。

2. 亚轨道太空旅游飞行器飞行测试的新进展

（1）亚轨道太空游飞船首次点火试飞。2013年4月29日，美国媒体报道，美国商用航天器"太空船二号"进行首次发动机点火试飞，飞行速度一度达到1.2马赫，成功突破音障。

"太空船二号"飞船由"白骑士二号"飞机搭载，从加利福尼亚州莫哈韦升空，45分钟后在距地面大约1.4万米的空中与飞机分离，依靠自身动力继续飞行。飞船的火箭发动机点火持续16秒钟后，飞船升上1.68万米高度，随后返回地面。

该飞船由斯凯尔德复合技术公司建造，"业主"是维尔京银河航天公司，此前曾进行25次带飞、滑行等无动力试飞，火箭发动机点火进行动力试飞是首次。

维尔京银河首席执行官乔治·怀特赛兹在一份书面声明中说，火箭点火持续时间、发动机性能和飞船操控状态都达到预期；再进行几次点火试飞后，飞船将尝试亚轨道试飞。

"太空船二号"设计用于搭载太空游客进行亚轨道飞行，即轨道最高点位于大气层外、但还不能绕地球一周的飞行。其"票价"为每人单次20万美元，可让旅客短暂体验失重状态、领略从太空中遥望地球的景观。

维尔京银河航天公司说，它已经接受大约580名太空游旅客"预订"、收取合计超过7000万美元"定金"，预计最早于今年年底投入实际运营，成为全球首家商业航天运营商。"太空船二号"长18米，能搭载两名机组人员和6名乘客。

（2）亚轨道太空游飞船完成超音速飞行测试。2014年1月10日，美国媒体报道，维尔京银河航天公司的亚轨道飞行器"太空船二号"，在美国西部完成了第三次超音速飞行测试，并攀升至21.6千米的新高度。

当地时间10日7时22分，在两名飞行员控制下，母飞船"白骑士二号"携带"太空船二号"，从美国西部的加利福尼亚州莫哈韦航空航天港起飞，升至大约14千米的高空后,将"太空船二号"释放。

"太空船二号"的火箭发动机随即启动,工作了约20秒时间,"太空船二号"加速至每小时1715千米,攀升到21.6千米的高空,这也是3次超音速飞行测试中"太空船二号"飞行的最高高度,随后该飞船安全返回。

维尔京银河航天公司创始人理查德·布兰森对媒体说,这是"太空船二号"又一次"完美的超音速飞行",验证了不同系统的功能。

二、研制宇宙飞船的新成果

(一)"联盟"号飞船系列开发的新信息

1. 以"联盟"号飞船为基础研制新飞船

研制兼有"联盟"号飞船特征的混合型飞船。2005年7月27日,俄罗斯能源火箭航天集团向媒体宣布,他们正在研制混合型新一代宇宙飞船。据设计人员介绍,飞船船体大部分呈舱式形状,可以像"联盟"载人飞船一样发射。飞船返回舱安装着折叠式舱翼,在它准备降落进入地球大气层时,返回舱的舱翼会自动展开,使飞船像"暴风雪"号航天飞机一样着陆。这样,飞船就兼有"联盟"系列的舱式载人飞船与"暴风雪"翼式航天飞机的优点,使今后的航天载人飞行更加安全可靠。俄罗斯专家认为,将来这种兼有"联盟"飞船和航天飞机特点的载人飞船,将具有很大应用前景。

据介绍,新一代混合型载人飞船的优点之一,是其表面隔热层可对飞船返回舱舱翼产生有效防护。与美国航天飞机的绝热层采用耐热陶瓷瓦不同,混合型载人飞船返回舱的绝热层由耐高温的合金做成,可有效防护飞船返回舱舱翼,不会像美国航天飞机一样因耐热陶瓷瓦受损而产生安全隐患。而且,耐热合金也不像航天飞机上的耐热陶瓷瓦一样造价昂贵。

2. 联合开发将替换"联盟"号飞船的软着陆飞船

2008年7月,英国广播公司报道,俄罗斯与欧洲合作开发的新一代载人宇宙飞船设计图片,日前首次公开。该宇宙飞船采用俄、欧先进的航天技术,将用于替换俄罗斯目前使用的"联盟"载人飞船。届时欧洲将直接参与机组人员的运送。

据报道,俄罗斯与欧洲正在联合开发的载人航天器,被称为"机组空间运输系统"。俄罗斯航空航天专家、平面设计师阿纳托利·扎克,根据俄航天器制造商近日在英国法保罗夫航空展上公布的设计,推出了新型宇宙飞船的示意图。

这种联合开发的宇宙飞船,与美国正在研制的"奥赖恩"新型载人飞船,在某些方面具有相似性,它重约18~20吨,可以将6名宇航员送入低地轨道,将4名宇航员送入月球轨道。俄罗斯将为宇宙飞船发射提供运载火箭,这可能是一种全新的运载工具,或是现有火箭的改进型号。

该宇宙飞船与之前的载人航天器不同的是,它在返回地球时,将使用推进器实施软着陆。扎克表示，如果欧洲航天局和俄罗斯联邦航天署达成协议，欧洲将为宇宙飞船提供服务舱。这个服务舱将采用欧洲开发的自动转移飞行器所用的技术，如推进系统。自动转移飞行器是一种无人驾驶货运飞船，从2008年3月首次升空后，一直担负为国际太空站运送补给的任务。

研究人员说，软着陆是指人造卫星、宇宙飞船等在降落过程中，逐渐减慢降落速度，使得航天器在接触地球或其他星球表面瞬时的垂直速度降低到很小，最后不受损坏地降落到地面或其他星体表面上，从而实现安全着陆的技术。例如，通过推进器进行反向推进，或者改变轨道利用大气层逐步减速，或者利用降落伞降低速度。一般来说，每种航天器都是通过多种减速方式共同作用进行减速，达到软着陆的目的。2008年5月，美国探测器"凤凰"号就是以软着陆方式登陆火星。

3. 经过现代化改进的"联盟"号飞船发射升空

2010年10月8日，俄罗斯媒体报道，载有俄美两国宇航员的俄罗斯"联盟TMA-M"号宇宙飞船，莫斯科时间当天3时11分，从位于哈萨克斯坦境内的拜科努尔发射场升空，飞往国际空间站。俄航天部门的消息说，飞船将于莫斯科时间10日4时2分与国际空间站对接。

来自拜科努尔发射场的消息说，此次发射升空的"联盟"号飞船，是第一艘经过现代化改进，并载有空间站长期考察组成员的该系列飞船。

飞船上3名宇航员，分别是俄罗斯宇航员亚历山大·卡列里、奥列格·斯克里波奇卡和美国宇航员斯科特·凯利。按计划，他们将在国际空间站工作5个月。

(二) 商业航天器"龙"飞船系列开发的新信息

开发利用商业航天器"龙"飞船的新进展

首艘商业航天器"龙"飞船平安返回地面。2012年5月31日，美国媒体报道，造访空间站的首艘商业航天器"龙"飞船，成功返回地球。尽管只是一次测试飞行，但此行具有多种意义。

对美国航天局来说，这意味着当初政策转向收到的回报。由于发射成本和风险过高等因素，航天局2011年终结了已运行30年的航天飞机项目，鼓励商业公司开发往返空间站的"太空巴士"。有人质疑此举将导致美国过于依赖俄罗斯飞船，损害美国在太空的领先地位。

"龙"飞船的成功表现，显然有助于打消这种批评，让航天局更有底气。发射成功后，航天局局长博尔登便宣称，这标志着"美国再次成为太空探索的领头羊，其重要性怎么评价都不为过"。飞船返回后博尔登又说："通过设计并使用新一代航天器向空间站运送货物，美国的创新和灵感再次展现了强大力量。"

此行成功，也意味着商业太空飞行的"钱途"初见曙光。制造"龙"飞船的太空探索技术公司与航天局签署了价值16亿美元的合同，向空间站发射12

次货运飞船。航天局将视"龙"飞船此行成功与否确定何时开始执行合同。此行成功，意味着企业已具备向近地轨道发射飞船的能力，也给航天局吃下"定心丸"，将相关业务交给企业。与航天局签了19亿美元合同的另一家企业轨道科学公司，也计划下半年向空间站试射商业飞船。

事实上，商业太空飞行的"钱途"，已吸引美国多位知名企业家和投资者前来"淘金"。例如，网上支付公司贝宝创始人埃隆·马斯克（太空探索技术公司现任首席执行官）、微软公司联合创始人之一保罗·艾伦，以及网上零售巨头亚马逊公司创始人杰夫·贝索斯等。

这次成功飞行还意味着，至少在美国，企业参与航天有助于降低发射成本。以航天飞机为例，这种火箭和飞机的"杂交体"，每次往返空间站的成本约为4.5亿美元，考虑通胀因素之后，美国花在航天飞机项目上的资金已超过登月、制造原子弹以及开凿巴拿马运河的总和。而太空探索技术公司等企业的成本远低于此，这也是奥巴马政府极力推动企业进军太空发射的重要原因。

太空政策专家、美国海军军事学院教授约翰逊·弗雷泽认为，最近几十年来的研究表明，太空领域公私合作非常有必要。以飞机和计算机领域为例，最初也是政府出资研发，随后企业介入，最终实现整个行业的繁荣。更多企业的参与，将有助于美国实现长期太空目标。

当然太空"企业化"还在萌芽状态，面临诸多不确定因素。比如，进军太空领域的企业仍需要政府合同，一旦政策变化它们即"钱途"堪忧；目前的太空企业能否仅依靠发射盈利还是问号，投资者不可能无限"烧钱"；企业削减成本是否会损害航天发射的可靠性、安全性也未可知……

但是，竞争是推动人类航天发展的主要推动力。冷战时代，美苏太空竞赛曾极大促进了航天事业进步，而冷战后时代则多年未见重大突破。引进商业竞争，有望改变这一沉闷局面。就这一角度看，"龙"的成功意义或许更大。

（三）研制登月与星际航天器的新信息

1. 设计制造登月飞船的新进展

（1）自主开发出无人登月飞船。2008年11月27日，韩国《朝鲜日报》报道，韩国科学技术院宇航工学教授权世震率领的一个研究团队，最近自主开发出用于探测月球的无人登月飞船，由此，韩国的探月计划有望大幅提前。

权世震当天表示："已开发出可以在地球轨道上利用自带助推器到达月球，且登陆地面的登月飞船，并成功进行了试验。"

登月飞船和只绕行固定轨道的卫星不同，是在搭载火箭发射到地球轨道后，再多次利用自带助推器进入月球轨道。此次开发出的登月飞船高和宽分别为40厘米，由助推发动机和控制装置组成，有四条腿支撑。发动机不仅可以用于在轨道上行进，还可在登陆月球时减缓速度。

权世震表示："发动机的力量，可以在承受登月飞船本身的25千克的基础上，再搭载 20 千克以上的探测设备。特别是，由于燃料没有毒性，所以开发费用仅为美国正在研制的登月飞船的一半。"

据推测，美国航空航天局主导的多国联合探月计划，需要 1 亿美元来制造无人探月飞船。权世震表示："美国登月飞船的燃料含有强烈的致癌物质，因此在保障开发人员安全方面花费了很多资金，但是，韩国开发出的登月飞船使用的是环保燃料，只需要美国的一半，即 5000 万美元。"

登月飞船和火箭技术一样，都是太空发达国家回避转让技术的核心太空技术。最近发射探月卫星的日本和印度，至今尚未开发出登月飞船也是因为这个原因。

权世震表示："我们的最终目标，是通过进一步研究让登月飞船不仅能登陆月球，还能在月球上采集有用的物质，然后返回地球。"

（2）着手研制飞往月球的载人飞船。2012 年 8 月，俄新社报道，俄罗斯已经着手实施载人飞往月球的计划。为此，俄有关部门正在研制跨轨道宇宙飞船、能够在月球上着陆和起降的飞船，以及为轨道飞行器进行技术维修的飞船。

俄罗斯早就考虑研究与开发月球。俄罗斯宇航局正在制定的《2030 年前航天活动发展战略》，将使俄罗斯航天计划步入新的发展阶段。该战略除了包括一项全新的火星探险计划，也包括考察和开发月球表面。在筹集到相关经费后，俄罗斯将能够在月球上建立永久基地。

俄专家认为，太空探索正在成为国家经济的重要组成部分，从某种意义上说，宇航学是促进俄整个科学技术发展的引擎。宇航事业发展已经今非昔比，比起 20 世纪 70 年代来，开发月球成本要低得多。

首先，在月球上，发现了相当多的水。由此无须从地球上带水，可以直接在月球上得到动力、氧气，乃至构成燃料的其他许多化学物质。

其次，俄科学界与俄罗斯原子能公司，共同研制了独特的动力运输模块：核动力推进器。俄正在研制装配这种核动力推进器的宇宙飞船，用于轨道间飞行、探索深太空、研究火星等行星。采用新推进器，运送时间将缩短至原来的数十分之一。由于飞行时间缩短，大大增加了宇航人员的安全性。但由于速度太快，其中也会产生其他一些问题，如需要加强防辐射保护等，所有这些问题都在考虑之中。

2. 设计制造星际航天器的新进展

（1）开发采用核动力的星际宇宙飞船。2009 年 11 月 12 日，俄罗斯媒体报道，俄罗斯将在能源发展和节能领域优先考虑发展核能源，特别是在"建造用于保证星际飞行的动力装置方面，将积极采用核技术研究成果"。

俄罗斯航天署官员说，他们计划研制配备有 1000 千瓦级核动力装置的宇宙飞船。并认为，这个项目的实施，将使俄罗斯的航天技术达到新高度，超越外国的发展水平。据悉，核动力飞船研制项目的实施，需要 9 年时间，共需财政预算 6 亿美元左右，飞船的初步设计草图在 2012 年完成。核动力飞船项目的实施，还将大幅提升俄新一代载人飞船的性能、降低飞船发射和运行时的能耗，同时有助于能源创新产品的研制工作。

俄航天专家表示，在目前的航天技术条件下，要实施登火星项目及开发太阳系必须考虑使用核动力装置。并认为，人类可以先在发射的各种卫星上试验核能技术，之后可以建造使用核能的货运飞船及载人飞船，然后发射到地球同步轨道、月球轨道、火星及太阳系其他星体进行探索。此外，根据飞行任务的不同，人类探月及登陆火星所需核动力装置的功率将从 500~6000 千瓦不等，而要开发宇宙深空所需的功率要达到 2.4 万千瓦。据估计，人类在未来 10 年间，能研制出功率为 150~1000 千瓦的星际飞船用核动力装置。

（2）正在集中力量研制能重复使用的星际载人飞船。2012 年 1 月，俄罗斯媒体报道，随着 2011 年 7 月美国"阿特兰蒂斯"号航天飞机的最后一次飞行，历时 30 年的美国航天飞机时代宣告结束。在美国下一代航天器问世以前，在载人航天领域俄罗斯将获得难得的机遇。

俄罗斯航天局载人航天项目主管科拉斯诺夫近期透露，国际工作组拟定了人类征服宇宙的专项计划。参加计划拟订工作的不仅有国际太空站建造项目的成员（俄罗斯、美国、加拿大、日本和欧洲航空航天局），还有中国、印度、哈萨克斯坦、乌克兰等国。根据此"路线图"，初步设想登陆火星的三种方式为：由地球飞往火星；飞往月球后向火星飞行；飞往小行星后向火星飞行。最终选择哪一种方式还未做出决定。

俄罗斯目前正集中力量研制能重复使用，并能以第二宇宙速度返回地球的飞船。新的航天载人飞船，能够以最低的轨道飞行并从月亮前往火星，这将为人类最终征服火星奠定基础。

新的航天载人飞船的研制工作由俄罗斯能源集团承担，整个系统将基于载人飞行器及其改型构成。发射计划，安排在目前正在建设的，位于俄远东阿穆尔地区乌戈勒格斯克镇的东方航天发射场，航天飞船的降落地点同样也将位于俄罗斯本土。

（3）建议把小行星打造为前往其他星球的"天然飞船"。2013 年 11 月 14 日，有关媒体报道，俄罗斯赫鲁尼切夫国家航天研究和生产中心，设计和研究局负责人谢尔盖·安东年科当天表示，小行星今后可能成为人类太空探索和旅行的"新型交通工具"。

安东年科说，绕地球轨道运转的小行星约有 1 万颗。一些小行星距离地球相当近，飞抵这些小行星比飞抵月球更容易，它们有望成为人类的"天然太空飞船"。

安东年科建议，可以先在小行星上建立永久基地，继而把它们打造为前往火星和木星的太空飞船。一些小行星定期靠近地球，比月球离地球的距离还近，人类可以轻易登陆这些小型天体。

俄罗斯科学院西伯利亚分院，生物物理学研究所所长安德烈·德格曼奇认为，人类在小行星建立基地，生存下来，继而前往其他行星，并非不可能。首先，小行星绕轨运动可以产生重力。其次，可以在小行星上创建封闭循环生态系统，为人类生存创造条件。再次，一些小行星绕火星和木星的椭圆形轨道运转，人类可以搭乘这些"太空飞船"，前往宇宙深处。

德格曼奇说，美国有意在今后数年启动以小行星为目标的载人飞行。不过，与其瞄准小行星的矿产资源，不如先研究它们的内部构造。科学界迄今尚未获得小行星地表构成的一手数据。了解小行星构造后，更长远愿景是"星际拓荒"，探索包括火星在内的行星上人类生存繁衍的可能性。

（4）着手打造有望返回地球的下一代火星车。2015年8月，国外媒体报道，美国航空航天局好奇号火星车在2012年登陆火星表面，使用核动力推进，目前它正在火星表面寻找微生物的踪迹。随着火星探索计划的推进，美国航空航天局开始寻找下一代核动力火星车，时间预计在2020年，该火星车的设计将全面借鉴好奇号的设计，比如着陆系统和火星科学实验室的设计方案。几乎是以好奇号为蓝本继续建造一台火星车。下一代火星车仍然采用核动力，目的是采集火星土壤样本，有望返回地球。

好奇号的成功着陆，使得下一代火星车可以使用它的登陆装置，目前美国航空航天局科学家正在选择未来的登陆场。火星探测计划首席科学家迈克尔·迈尔说："火星2020年登陆计划，将是我们当前制订的最后一次火星无人登陆探索计划。此后，可能转入载人登陆火星，我们的目的是将人类送出近地轨道，火星是终极目标。"火星2020年探测车会利用好奇号的设计，比如下降减速装置、着陆系统、平台架构等。

下一代火星车的车载仪器选择，将围绕着火星样本返回地球制定，这辆火星车将对火星岩石和土壤样本进行采集，因此如何严格控制污染是美国航空航天局科学家面临的一大难题。如果返回样品被地球微生物污染，那么就无法确定火星上是否存在微生物。因此这辆火星车看似利用了好奇号的成熟地方，但仍然有许多设计要改变，而且工艺要求更高。由于仪器的数量可能增加，因此火星车的车轮需要负重，车身体积也会变大，重量比好奇号要大。

研究小组面临一个难题，就是车轮的问题。好奇号的车轮已经磨损严重，下一代火星车的车轮需要更耐磨的材料制造。美国航空航天局工程师还想出来一个方法，采用先进的处理器计算火星车的路线和驱动动力，这样可以减少火星车部件的磨损，任务效率将提升到95%左右，远超好奇号。火星着陆场指导委员会主席马特·格伦贝克认为："岩石是地质学家最喜欢的东西，它能反馈火星信息，但也能破坏火星车，我们要做的就是把车轮弄得更加坚固。"

（四）研究开发其他宇宙飞船的新信息

1. 发射升空新款式货运宇宙飞船

欧洲首艘自动货运飞船升空。2008年3月9日，国外媒体报道，欧洲首艘自动货运飞船（ATV）于当天上午中欧时间5点3分，在法属圭亚那库鲁航天中心被发射升空，发射这艘飞船的是欧洲阿丽亚娜-5ES型火箭。

这艘以法国著名科幻作家儒勒·凡尔纳名字命名的自动货运飞船，将于4月3日飞抵国际空间站并与其对接，飞船将给国际空间站带去8吨饮用水、食品、燃料和科学仪器，另外还将提升国际空间站轨道，回收空间站垃圾，飞船预计在6个月后返回地球。

欧洲首艘自动货运飞船，由欧洲宇航防务系统公司在德国不来梅阿斯特里姆工厂制造，飞船呈圆筒状，长9.79米，直径4.48米，重达20吨，相当于一辆双层巴士。制造这艘飞船共花费了10年时间，耗资13.5亿欧元，其中德国承担了24%。

欧洲首艘自动货运飞船的成功发射，标志着欧洲在太空运输方面，不再完全依赖于美国的航天飞机和俄罗斯的太空飞船，甚至欧洲很快也有能力发射载人飞船。

2. 开发具有新一代特征的宇宙飞船

（1）正在研制可重复使用的新一代载人飞船。2009年11月11日，有关媒体报道，俄罗斯"能源"火箭航天企业科学技术设计中心主任哈米茨当天宣布，俄罗斯正在研制新一代载人飞船"罗斯"号，这种飞船可以多次重复使用。

哈米茨当天在位于哈萨克斯坦境内的拜科努尔航天发射场对媒体介绍说，新一代俄载人飞船"罗斯"号，目前正在初步设计当中。飞船将借鉴俄"联盟"号载人飞船的经验。此外，按初步设计，除飞船的动力系统为一次性使用外，飞船的其他部分将能够重复使用，最多可达10次。

他介绍说，这种飞船将由两名宇航员驾驶，不仅用于近地轨道飞行，还将用于月球开发。在用于探月飞行时，飞船的设计将有部分改动，需要为其安装辅助传感器，加强外部材料的隔热功能，"但基本上还是同一种飞船"。

（2）着手研制载人数量增加的新一代宇宙飞船。2013年5月，俄罗斯媒体报道，近日，俄"能量"火箭宇航公司负责人，在"联盟TMA-08M"飞船，与国际空间站成功对接后宣布，俄罗斯已经着手研制载人数量增加的新一代宇宙飞船，目前已完成技术设计，技术评审工作将在数月之内完成，之后将转入详细设计阶段，并生产第一架样机。

据该负责人此前介绍，俄罗斯新一代宇宙飞船与"联盟"号系列飞船的主要特征区别在于：①返回舱使用可替换的热防护层，可重复使用；②载人数量增加到4人，从近地轨道站返回地球时可增加到6人；③货物载重量于空间往返时均可增加到500千克；④使用新的返回着陆技术，机载系统使用现代化数字设备，着陆精度更高；⑤机载无线电通信设备能力进一步提升；⑥返回舱在救生逃逸时采用二级火箭推动装置。据悉，俄罗斯新一代载人宇宙飞船，计划在阿穆尔州东方航天发射场发射。

三、研究开发国际空间站的新成果

（一）进一步推进国际空间站建设

1. 制造组装国际空间站新实验舱

建成国际空间站"希望"号实验舱。2009年7月18日，日本媒体报道，美国"奋进"号航天飞机两名宇航员，当天与国际空间站机组人员合作，完成了空间站日本"希望"号实验舱的最后一个组件外部实验平台的安装工作。这意味着，日本"希望"号实验舱的组装工作全部完成，标志着日本在太空拥有了本国首个载人宇宙设施。

"希望"号实验舱的建设耗资7600亿日元，它由舱内实验室、舱外实验平台、舱内保管室、舱外集装架、机械臂和通信系统6大部分组成，最多可容纳4人。

"希望"号的组件共分3次，搭乘美国航天飞机前往国际空间站。日本宇航员土井隆雄和星出彰彦，分别于2008年3月和6月组装了"希望"号的舱内保管室、舱内实验室和机械臂等。

2. 成功运送并组装充气式太空舱

（1）国际空间站迎来首个充气式太空舱。2016年4月，美国航空航天局官网报道，当地时间4月8日下午4时43分，首个充气式太空舱搭乘太空探索技术公司的"龙"飞船，从美国卡纳维拉尔角空军基地发射升空。按照计划，发射10分钟后，"龙"飞船到达预定轨道，进入飞行状态。飞船在4月10日到达国际空间站，宇航员使用空间站的机械臂捕捉"龙"飞船完成对接。

研究人员说，国际空间站的"建筑面积"又增加了，而与以往不同的是，这次来的是一个对接后能变大数倍的"充气房间"。

此次"龙"飞船携带约3.18吨物资，主角便是由美国毕格罗宇航公司研制的可扩展式活动模块，即充气式太空舱，此外还有一些科研设备和船员补给。

这个充气式太空舱以折叠状态升空，在"龙"飞船与空间站完成对接后，由空间站上的机械臂安装在空间站的3号节点上。根据宇航员的时间表，充气式太空舱将于5月末或6月初充气，完全充气后，其内部空间将扩大到发射时的5倍以上。它将在国际空间站停留一段时间，用于测试充气式太空舱长时间使用情况下的保温与辐射隔离效果，以及能否抵御偶尔出现的太空碎片。

充气式太空舱最大特点是结构紧凑，能够最大限度利用运载火箭中有限的空间。与其他方案相比，占用空间更小，质量也更轻，能大幅减少发射费用，尤其适用于长期深空飞行任务。

除了在国际空间站上对充气式太空舱进行测试外，美国航空航天局还与毕格罗宇航公司签署了另外一项合同，目的是检验该公司研制的 B330 充气模块能否在未来开展的月球乃至火星探索任务中发挥作用。该技术也被认为，是建造火星基地和太空酒店的又一种解决方案。

（2）国际空间站首个"充气房"成功展开。2016年5月28日，美国媒体报道，经过7个多小时的艰苦工作，国际空间站上的首个试验性充气式太空舱，在第二次充气尝试中成功展开。这个"充气房"被看作未来人类探索深空的栖息地雏形。

当天的工作，从美国东部时间9时4分开始，由空间站上的美国宇航员杰夫·威廉斯负责，给这个名为"比格洛可展开活动模块"的太空舱充气。鉴于微重力环境与地面完全不同，为确保安全，威廉斯每次只把充气阀门打开很短时间，最长30秒，最短只有1秒，然后观察一段时间。

充气过程中，威廉斯向地面控制中心报告说："我听到了像在锅里炸爆米花的噼啪声。"充气式太空舱的制造商比格洛航天公司随后在社交媒体推特上解释说："好消息，'噼啪声'是（充气房）内部条带展开的声音。"

人工充气工作到美国东部时间下午4时10分全部结束。期间，威廉斯先后开关充气阀门25次，总充气时间2分钟27秒。充气式太空舱的长度，从两天前的0.15米增至1.7米，直径扩至3.2米。

随后，威廉斯打开了充气式太空舱内部储存的8个气罐，用了10分钟把此太空舱内气压增加到与空间站内部大体相同。在此过程中，充气式太空舱长度继续增加，最终长度达到约4米，而内部空间大小为16立方米，与一个小型卧室相当。

美国航空航天局有关专家说，接下来一周将检查充气式太空舱是否漏气。如果一切顺利，威廉斯将在检查工作完成后约一周打开舱口，第一次进入其内部。

按计划，这个充气式太空舱将与空间站对接两年。美国航空航天局称，充气式太空舱重量轻，在运载火箭内占用空间小，但膨胀后可供利用的空间大，人类未来到月球、小行星、火星乃至其他太空目标的旅行都可能用得上。

（二）做好国际空间站的维护工作

1. 确保国际空间站与地面基地之间运输畅通

（1）"联盟"载人飞船同国际空间站顺利对接。2011年12月23日，俄罗斯地面飞行控制中心发布消息说，俄今年发射的最后一艘载人飞船"联盟 TMA-03M"，于莫斯科时间当天夜晚，同国际空间站"曙光"号对接舱以自动方式顺利对接。

"联盟 TMA—03M"载人飞船搭载的3名宇航员，分别是俄罗斯人奥列格·科诺年科、美国人唐纳德·佩蒂特和荷兰人安德烈·凯珀斯。飞船于21日在哈萨克斯坦境内的拜科努尔发射场由一枚"联盟"运载火箭送入预定轨道。

按计划，这3名宇航员在未来5个月内将完成百余项科学实验，其中多项试验是首次进行。他们还将进行舱外作业，并实施两艘俄"进步"货运飞船和一艘欧洲航天局货运飞船同空间站的对接。

据俄航天部门公布的材料，此次飞抵国际空间站的3名宇航员，均具有太空考察经历。其中56岁的佩蒂特不但年龄最大，而且太空飞行经验也最为丰富。这位具有化学博士学位的宇航员曾在2002—2003年及2008年两次在国际空间站执行考察任务，并多次完成舱外作业。

（2）货运飞船顺利抵达国际空间站。2015年7月5日，美国国家航空航天局官网报道，3日从哈萨克斯坦拜科努尔航天发射场升空的"进步M-28M"货运飞船，已与国际空间站实现对接。

报道称："美国东部时间7月5日3时11分，俄罗斯'进步M-28M'与国际空间站俄罗斯'码头（PIRS）'号对接舱顺利完成对接。"

据悉，俄罗斯"进步M-28M"号无人货运飞船，这次为国际空间站运来了近3吨的物资。其中包括880千克推进剂，48千克氧气，420千克水和1421千克备用零件、给养和实验装置。

2014年10月，携带美国"天鹅座"飞船的"安塔瑞斯"号运载火箭，在弗吉尼亚州瓦勒普斯岛发射升空时爆炸。2015年4月，俄罗斯"进步M-27M"货运飞船，在发射后出现故障而后失去联系，未能与国际空间站对接。6月，执行国际空间站货运补给任务的美国"猎鹰9"火箭，在升空2分半钟后突然爆炸解体，携带约2500千克补给的货舱也被炸毁，原本计划的火箭回收着陆试验同样未能进行。这是9个月以来，空间站补给任务连续3次失败后的首次成功补给。

据悉，因货运飞船连续发生事故，国际空间站储备物资无法得到补充，此前国际空间站上的宇航员不得不采取节约资源的措施。按照计划，"进步M-28M"货运飞船，将在国际空间站停留4个月的时间。

（3）"进步MS"系列货运飞船与国际空间站成功对接。2015年12月23日，俄罗斯联邦航天署对外界发布消息说，俄罗斯新型货运飞船"进步MS-01"与国际空间站成功对接，送去约2.4吨补给物资。

据报道，"进步MS-01"货运飞船，此次向国际空间站送去水、燃料、压缩氧气等补给物资。"进步MS-01"货运飞船21日发射升空，经过两天自主飞行后与国际空间站对接。

俄新一代货运飞船"进步MS"系列，装备新型KURS-NA交会对接系统，以及新型控制和遥测系统，并针对空间中小陨石及空间碎片的危害采取特别防护措施。据悉，"进步MS"货运飞船所采用的大部分先进技术，将被利用到俄新一代载人飞船中。

此前，俄罗斯利用"进步M"系列货运飞船，向国际空间站运送货物。

2015年10月1日，该型号最后一艘"进步M-29M"完成任务。

2. 按照要求调整国际空间站的运行轨道

利用货运飞船把国际空间站运行轨道抬高。2015年7月10日，俄罗斯媒体报道，俄罗斯航天部门专家当天接受采访时表示，目前，航天控制中心的工作人员，已利用"进步号"M-26M货运飞船的发动机，抬高国际空间站的运行轨道。

报道称，莫斯科郊外的航天控制中心专家指出，"进步号"货运飞船的发动机，已在计划时间点启动，随后工作了约11分钟，以每秒1.22米的速度，将国际空间站的平均运行轨道抬升了2.1千米。

据专家介绍，之所以进行此次抬升工作，是为了让随后将升空的"联盟号"载人飞船能够在最优条件下与国际空间站对接。

按照目前的计划，"联盟号"将载着一批新宇航员，于7月23日在哈萨克斯坦的拜科努尔航天发射场升空。而预计"联盟号"在起飞6小时内，与空间站进行对接。

3. 确保宇航员能够更加安全高效地开展工作

（1）研制国际空间站使用的能自我修复宇航服。2006年7月，英国《新科学家》杂志网站近日报道，美国特拉华州多佛有限公司的研究人员，正使用"聪明材料"研制能够自我修复破损的宇航服。美国航空航天局计划在2018年左右让宇航员重返月球，届时可能会使用这种更加安全的宇航服。

多佛有限公司主要生产航天服及其附件、航空机组设备、浮空器、汽艇和气球、飞机燃料电池、武器减速装置、冲击缓冲气囊、增压服和充气空间结构等产品。自20世纪60年代以来，它一直为美国宇航员提供宇航服

要让宇航员能在寒冷、没有空气而且充满有害辐射的太空中安全生活，宇航服必须"天衣无缝"，一点点破损都可能造成严重后果。为此，新型宇航服最里面的密封层，将使用三层结构的"聪明材料"制造。

所谓"聪明材料"，就是在两层聚氨酯之间夹着厚厚的一层聚合物胶体。如果聚氨酯层出现破损，胶体就在破损部位渗出、凝固，自动将漏洞堵上。在真空箱中进行的试验表明，该材料可以自动修复直径最大为2毫米的破洞。

"聪明材料"将附有一层交叉的通电线路，如果材料出现较大破损，电路就会被破坏，传感器会立即把破损位置等信息传送给电脑，及时向宇航员发出警报。另外，"聪明材料"将使用涂银的聚氨酯层，因为银涂层能够缓慢释放出银离子，它们可以杀死病原体。

研究人员正在用几种不同的材料进行测试，尚未最终决定设计方案。他们还打算用类似材料来设计可充气式的太空"住房"，供月球基地或国际空间站使用。

（2）宇航员空间站测试高科技除味内衣。2009年7月30日，美国太空网报

道，日本宇航员若田光一，当天随美国"奋进"号航天飞机返回地球，结束他4个多月的驻站生活。在他的随身行李中，有一套日本研制的高科技除异味内衣，此次在太空接受了长达约一个月的试穿。

据报道，这套内衣被称作"J服"，是日本专为宇航员长期太空生活研发的，包括短裤、衬衣、裤子、袜子等一整套行头。这套内衣的最大特点就是能控制异味，因此长期穿着也无须清洗。此外，"J服"的抗菌、吸水、阻燃、抗静电等特性，也都适合宇航员太空生存的特殊环境。

若田光一在与地面控制中心的媒体通话时介绍说："这套内衣我穿了大约一个月，同伴们在那期间并没抱怨有异味，所以我认为试穿进行得很顺利。"

据悉，在若田光一之前，另外一名日本宇航员土井隆雄，2008年搭乘美国航天飞机飞行时，也曾试穿过"J服"，但那次太空飞行仅持续十几天。此次长达一个月的空间站内试穿，真正测试了"J服"的各项性能。若田光一说，试穿结束后，他会把这套衣服保存好，带回地球，然后由科学家对其进行分析。

美国航天局空间站项目经理迈克·苏弗雷迪尼评价说，在太空中测试太空服装这类旨在提高宇航员太空生活质量的物品非常重要，毕竟在太空根本没法洗衣服，以往穿脏了的衣服，都被当成垃圾由货运飞船运离空间站。

（三）开展国际空间站特有资源的研究

研究国际空间站外壳附着的海洋浮游生物。

2014年8月，俄罗斯科学家使用高精度设备，在对取自国际空间站窗户和墙壁的样本进行分析时，发现国际空间站的外壳竟然附着了海洋浮游生物，目前科学界对其来源还没有达成一致说法。而最新一项研究观点认为，这些浮游生物，可以成为"地球生命来自外太空"的有力证据。

俄罗斯科学家，在国际空间站表面上找到的浮游生物痕迹，成了研究课题的一大热门。空间站成员称该实验的结果"绝对是独一无二的"，但目前仍不清楚这些浮游生物是如何进入太空的。它们在海洋中容易找到，但俄罗斯的升空地点是哈萨克斯坦的拜科努尔发射场，属于典型的内陆地区，这里是难以找到此类生物的。这项发现可表明，某些生物是能够在国际空间站的外壳上生存的，有科学家甚至认为，这些生物应该也可以在恶劣的环境下，例如真空、低温、辐射等航天条件中生长。

以往的实验也曾显示，细菌可以在地球以外的环境中生存，但这却是第一次在外太空发现了更复杂的生命体。据英国《每日邮报》网络版近日消息称，一项最新的来自英国白金汉郡大学的研究认为，该发现证明了地球上的生命都是"外星血统"这个命题，不过，该结论目前仍有争议。

来自白金汉天体生物学中心的研究员钱德拉·威克拉马辛表示，藻类生物体或硅藻类，以前曾被发现经由陨石降落到地球上，"在斯里兰卡的陨石样本上就发现了硅藻类，但一直没有证据表明它们是从何处来的。而现在是第一次有证据指向复杂生命形式可以'从天而降'来到地球。"

尽管有一种观点认为，这些浮游生物是从空间站"美国那部分"来的，因为美国航空航天局的发射场，多数临近大西洋。但威克拉马辛表示，鉴于空间站外部是一个完全真空的环境，那些说海洋浮游生物是从地球带过去的人，完全是无视物理定律。唯一的解释是，它们来自太空的其他区域。英国谢菲尔德大学的微生物学家弥尔顿·温赖特教授也认为，对于这项惊人的发现来讲，有压倒性证据表明它们来自外太空。

因此，研究人员认为，这些浮游生物支持了长期以来的一个命题：宇宙才是包括人类在内的地球上所有生命的"发源地"。这一理论也被称为有生源说，如果其确实站得住脚，将预示着宇宙里存在生命，且任何地方都有可能存在这种情况。不过，该理论也一直遭受质疑，因为在传统观点看来，宇宙放射线对微生物构成的伤害将推翻这一可能。

而关于在空间站上发现的浮游生物一事，美国航空航天局尚未确认他们过去是否曾得出过相同的结论，也没对最新发现表明立场。

四、研制其他航天器的新成果

（一）太阳帆航天器开发的新信息

1. 设计研发太阳帆航天器的新进展

拟用特殊涂料制造太阳帆航天器。2005年2月，国外媒体报道，美国加州大学埃尔文分校科学家本·福德，与管理美国加州"微波科学公司"的弟弟詹姆斯，共同提出了一个超级太阳帆航天器的设想。这一设想，是从地面发射微波能，将涂在太阳帆上的特殊涂料分子汽化，当太阳帆发射大量分子时，则产生反作用力，使航天器获得推力。

福德说："利用这种涂有特殊涂料的太阳帆，只需一个月就能使从地面起飞的飞行器飞达火星，可比承载勇气号和机会号火星车的飞行器快7倍。"

太阳帆由一些巨型反光镜组成。当太阳光子射向镜面时，太阳帆可由此获得推力。5年前，福德兄弟在研究如何增加太阳帆推力时发现，将微波能射向很薄的碳网孔太阳帆时，太阳帆获得的动力能比预期的增强几倍。他们最终发现，是微波能中的热使一氧化碳气体从太阳帆表面逃脱，逃脱过程所产生的反作用力，使太阳帆获得了额外的推力。

在即将发表的论文上，福德介绍了如何利用太阳帆一个月到达火星的设想。他说，科学家先用火箭将宇宙飞船送入地球轨道，在宇宙飞船打开跨度为100米的太阳帆后，地球上的发射器将微波发射至太阳帆，以加热其上的涂层分子。根据计算，1小时的微波发射能量，可将宇宙飞船加速到每秒60千米，比目前任何行星际宇宙飞船速度都快。这需要有60兆瓦微波束能，其波束直径与跨度100米的太阳帆相当，并能跟踪加速的宇宙飞船。但现有的微波传送系统，尚无法实现这样的微波束能。

新的挑战是如何配制易挥发的涂料。理想的涂料应能"留住"大量像氢一样轻的气体,这些气体仅在极高温度下才能被释放。高速气体分子被释放后,会使反作用力达到最大。最理想的情况是让所有涂料都被汽化,从而推动微米厚的太阳帆继续飞向火星。美国航空航天局格林研究中心的物理学家兰迪斯说:"尽管还有很多细节尚待解决,但这一设想是有意义的。"

2. 发射试验太阳帆航天器的新进展

发射成功首个绕地球运行的太阳帆。2011年1月26日,美国物理学家组织网报道,美国中央时区1月20日下午,美国国家航空航天局的纳米帆–D卫星,在地球上空650千米处,张开了它闪闪发光的太阳帆,成为迄今首个绕地球运行的太阳帆纳型卫星。

报道称,从母舰卫星释放后,"纳米帆–D"在环绕地球运行时,其内部的一个计时器开始三天倒计时。当计时器计数为零时,太阳帆开始展开。在5秒钟内,"纳米帆–D"将展开一个约9.29平方米的聚合物太阳帆。据美国国家航空航天局官方介绍,如果展开成功,"纳米帆–D"将在低地球轨道上运行70~120天。根据大气环境的变化,运行天数可能有所变化。

2010年12月6日,美国国家航空航天局按计划触发了释放动作,将"纳米帆–D"从"FASTSAT"卫星释放出去。在"FASTSAT"卫星上,还携带了许多其他的科学有效载荷。当时,研究团队证实舱门已打开,相关数据也表明释放成功。然而,进一步分析发现,没有任何证据能够证实"纳米帆–D"位于低地球轨道上。因此,项目组曾经断定,"纳米帆–D"极有可能仍待在"FASTSAT"卫星内部,释放失败。

历史性时刻是在1月20日下午,纳米帆–D真正打开了它的太阳帆。经甲板计时器激活,几秒钟内,太阳帆逐渐展开,它的聚合物反光材料薄膜扩展成一张薄薄的、近10平方米大小的帆。

如果纳米帆–D能清理近地轨道的垃圾,太阳帆可能成为一种未来卫星标准。任务结束后,将凭借它的帆靠空气动力的拖拉力量返回地球,在到达地面以前在大气层中无害地烧掉。专家表示,要避免这种航天器本身成为近地轨道的垃圾。

纳米帆–D证明了一种简洁廉价的航天探测方法。马歇尔航空飞行中心纳米帆–D的主要研究人员迪恩·艾尔豪称,这是个历史性时刻。

(二)太空飞机开发的新信息

1. 航天飞机开发利用的新进展

"阿特兰蒂斯"号航天飞机踏上"绝唱"之旅。2010年5月15日,有关媒体报道,美国"阿特兰蒂斯"号航天飞机,在美国东部时间5月14日14时20分,从佛罗里达州肯尼迪航天中心发射升空,前往国际空间站。服役25年的

"阿特兰蒂斯"号由此也奏响了生命的"绝唱"。

美国航天局电视台的直播画面显示,"阿特兰蒂斯"号拔地而起。升空近9分钟后,它顺利进入预定轨道。其此行的任务期为12天,主要任务是为国际空间站运送俄罗斯制造的"黎明"号小型试验舱。"黎明"号长约7米,重约7.8吨,携带有空间站的重要硬件设备,如散热器、欧洲航天局制造的机械臂等。"阿特兰蒂斯"号抵达空间站后,"黎明"号将被永久固定在空间站"曙光"号节点舱底部。

"阿特兰蒂斯"号此行还将为空间站运送6块太阳能电池板及Ku波段天线等关键部件和货物。每块重达166千克的太阳能电池板,将被安装在空间站的主动力托架上。

此次共有6名宇航员随"阿特兰蒂斯"号升空,其中指令长是肯·哈姆,飞行员为托尼·安东内利。他们将进行3次太空行走,完成相关部件的安装工作。

当天的发射,是"阿特兰蒂斯"号1985年服役以来的第32次飞行,也是计划中的最后一次。"发现"号和"奋进"号航天飞机,将分别于9月和11月进行一次飞行后,美国航天飞机将全部退役。

不过,此次飞行后,"阿特兰蒂斯"号仍有升空机会:如果"奋进"号最后一次飞行时的机组人员遇到紧急情况,"阿特兰蒂斯"号将升空执行救援任务。

根据美国总统奥巴马4月份公布的美国新太空探索计划,国际空间站的寿命将至少延长至2020年。在航天飞机退役后,美国宇航员将依赖俄罗斯飞船前往空间站。

2. 太空战斗机与航天飞机研制的新进展

(1)首架太空战斗机成功发射升空。2010年4月23日,有关媒体报道,美国东部时间4月22日19点52分,美国研制的人类首架太空战斗机X-37B成功发射升空,"阿特拉斯5号"火箭执行了此次发射任务。X-37B在战时,有能力对敌国卫星和其他航天器进行军事行动,包括控制,捕获和摧毁敌国航天器,对敌国进行军事侦察等。

X-37B发射后进入地球轨道并在太空遨游,在太空具体逗留时间尚未确定,X-37B在设计上能够执行最长为期270天的太空任务。结束太空之旅后,X-37B将进入自动驾驶模式返回地球,最后在加州范登堡空军基地或附近备用基地爱德华兹空军基地着陆。

X-37B空天飞机尺寸大约只有美国现役航天飞机的1/4,长约8.8米,翼展约4.6米,起飞重量超过5吨。专家分析称,X-37B空天飞机是1982年"哥伦比亚号"航天飞机爆炸之后,最值得期待的太空发射项目之一,在近20年的研制中,美国政府共投入数亿美元资金。虽然X-37B仅是一种小型航天飞行器,但却是美军最高等军事机密之一。

（2）研发可重复使用的空天飞机。2014年7月15日，国外媒体报道，美国军方当天宣布，已与波音等3家公司签订合同，开始研发一种试验性的XS-1空天飞机。其设想是，这种可重复使用的非载人航天器，在使用成本、操作方式和可靠性方面，将能与飞机相比。

美国国防部国防先进技术研究局当天发表声明说，3家被选中参与XS-1第一期研发工作的公司，分别是波音、马斯滕太空系统和诺思罗普—格鲁曼，另还有蓝色起源等3家公司作为合作伙伴参与。这些公司将把现有和新兴技术整合起来，尽最大可能设计出可靠、易用和低价的XS-1空天飞机。

声明说，XS-1项目分多个阶段，其中在第一阶段，3家公司将分别研发一个示范模型，并制订相关飞行测试计划，明年对这些工作进行评估，以决定哪家公司进入第二阶段。

据国防部国防先进技术研究局介绍，XS-1空天飞机的设计目标，是一种像飞机一样进入太空，并能多次重复使用的无人航天器，分两级或多级，其中第一级能以超音速飞到地球低轨道，然后再返回地球以供下次发射使用，第二级及其他可能的上面级与第一级分离后，可以在太空部署小型卫星。

美国军方希望这种试验性空天飞机，能在10天内完成10次发射，其中至少一次飞行速度超过10马赫，最终能把1361~2268千克的载荷送入轨道，且每次飞行费用不超过500万美元。

国防部国防先进技术研究局没有透露XS-1的研究费用。但波音公司在一份声明中说，它这次获得400万美元的研究合同，重点将研究XS-1可重复使用的第一级。

（三）其他航天器开发的新信息

1. 开发地球轨道航天器的新信息

成功试飞锐边飞行实验航天器（Ⅱ型）。2012年6月22日，德国航空航天中心发表公报说，该中心研制的锐边飞行实验航天器（Ⅱ型）试飞成功，这一航天器不仅在重返大气层时承受住了2500余℃的高温，还向地面发送大量测量数据。

公报说，锐边飞行实验航天器（Ⅱ型）于22日21时18分号，在挪威安岛探空火箭发射场发射。这架棱角分明的航天器由一枚长约13米、重约7吨的火箭发射至大约180千米高度后，再高速重返大气层，整个飞行耗时10分钟。其间，航天器上超过300个传感器每秒将数千个压力、温度等测量信息传回地面。

项目负责人亨德里克·魏斯说，这次试飞成功，使他们在研发航天器的道路上又迈进了一步。这种未来航天器将像飞船一样简单，像航天飞机一样飞行可控，而且造价更加低廉。

锐边飞行实验航天器（Ⅱ型）表面由多个平面组成，整体形状类似于有棱边的子弹头。与通常使用有弧度绝热瓦的航天器相比，锐边飞行实验航天器

（Ⅱ型）具有制造简单、成本低廉等特点。

据悉，锐边飞行实验航天器（Ⅱ型）项目耗资 1600 万欧元，是完全由德国独立资助并实施的技术验证科研项目。试验目的包括验证航天器锐边设计和热防护的主动再生冷却技术。锐边飞行实验航天器（Ⅱ型）总长约 12.6 米，总重约 6.7 吨，驱动系统由巴西的 VS40 和 VS44 作一二级火箭，第三段由德国自行研制，含 800 千克燃料，有效载荷为 400 千克。

德国航空航天中心锐边飞行实验项目已有 10 年历史，锐边飞行实验航天器（Ⅰ型）于 2005 年 10 月发射升空，当时重返大气层速度为 7 倍音速，如今，锐边飞行实验航天器重返大气层的速度已达 11 倍音速，即每小时约 1.1 万千米。航空航天中心计划于 2016 年发射速度更快的锐边飞行实验航天器（Ⅲ型）。

德国航空航天中心介绍，"锐边飞行实验"的目标，是发明一种能在失重状态下长时间进行实验，并最终毫发无损返回地球的小型航天器。

2. 开发星际航天器的新信息

研发火星上用的可折叠碳纤维滑翔无人机。2015 年 7 月，美国电气和电子工程师协会网站报道，火星上飞行器在进入火星大气外层前后要用镇流器，以完成对重心和姿态的控制，但随后镇流器会被抛掉。鉴于数百千克重的镇流器的重要作用，以及将其送往火星难度高、费用大，美国国家航空航天局计划改用微型滑翔无人机替代镇流器方案，日前正在研制一种能在火星着陆的气动飞行器，若测试成功，或将于 2022 年搭某个火星飞行器飞往火星。

报道称，美国国家航空航天局与阿姆斯特朗飞行研究中心联合组成的一个研究团队，正着手开发一种叫作"普朗特-m"能着陆火星的气动飞行器原型设计。它是一种很小的可折叠碳纤维滑翔无人机，可放置在立方体卫星中，其机翼展开约 60 厘米长，总重仅 500 克。"普朗特-m"没有引擎，立方体卫星从火星飞行器弹出进入火星大气层后，会在火星表面上方近千米的地方将它释放出来，它会飞行大约 10 分钟，约 30 千米，然后坠落到火星上。

在执行任务的 10 分钟内，"普朗特-m"能传回很多有价值的数据，拍摄的照片要比从轨道上拍摄的像素更高，质量更好。由于飞机所占空间原为镇流器所设，因此不会增加成本和风险。

据报道，美国国家航空航天局已制成一个试飞版本，这个稍大一些、非折叠的滑翔无人机名为"普朗特-d"，将于 2015 年晚些时候进行飞行测试。科学家希望它能在一定高度稳定飞行，一旦成功，下一步研究，除了看它能否在立方体卫星中由折叠状态打开之外，还要看它能否完成在火星表面上方的飞行任务。

最后的测试任务，则是将一个音速火箭发射到 13.7 万米高空，然后释放滑翔机并控制其飞行 5 个小时左右。阿姆斯特朗飞行中心首席科学家、"普朗特-m"项目主管阿尔·鲍尔斯说："如果'普朗特-m'能完成最后的挑战，美国国家航空航天局同意将其搭载在某个火星飞行器上就指日可待了。希望这一计划,能在2022—2024年间变成现实。"

第二节 航天器发射推进工具的新进展

一、研制运载火箭的新成果

(一)开发不同系列运载火箭的新信息

1. 研制发射"联盟"系列运载火箭的新进展

(1)准备首次从法属圭亚那发射"联盟"运载火箭。2010年10月11日,国外媒体报道,总部位于法国的阿丽亚娜空间公司发表公报说,俄罗斯"联盟"运载火箭于2011年4月首次从法属圭亚那库鲁航天中心发射升空。

公报称,首次发射完成之后,公司当年还将在同一地点发射两枚"联盟"火箭。2010年5月,由阿丽亚娜空间公司、欧洲航天局、俄罗斯联邦航天署,以及法国国家空间研究中心组成的"联盟"火箭咨询委员会,曾在圭亚那召开会议,将发射的时间定在2010年第四季度。

由于俄罗斯"联盟"火箭的部分市场经营,已由阿丽亚娜空间公司负责,因此"联盟"火箭的发射地点,也由哈萨克斯坦境内的拜科努尔发射场,改到了靠近南美赤道的库鲁航天中心。然而,运载火箭的移动起重机迟迟未能交付,导致"联盟"火箭的发射时间被一拖再拖。

(2)研制出两级轻型"联盟"运载火箭。2011年7月,有关媒体报道,俄罗斯萨马拉国家火箭科研生产中心领导吉里林,在第49届巴黎航展上宣布,俄罗斯新型运载火箭"联盟-1"的首次试验发射,将在普列谢茨克航天发射场进行。

"联盟-1"为两级轻型运载火箭,是"联盟-2.1B"的改进型,取消了捆绑式助推器,火箭一级配备NK-33火箭发动机,火箭二级与"联盟-2.1B"的二级相同。"联盟-1"火箭可将2.85顿重的有效载荷送入200千米高的轨道。原计划"联盟-1"于2011年发射升空。但由于各种原因,"联盟-1"的发射被推迟到2012年。

2. 开发"阿丽亚娜"与"自由"系列运载火箭的新进展

(1)投资研发"阿丽亚娜6型"火箭。2010年12月14日,法国总统府发表公报称,法国总统萨科齐表示,该国将一如既往地把航天业视为"战略优先发展目标",并会从政府借贷计划中拿出2.5亿欧元用于研发"阿丽亚娜6型"火箭。

萨科齐表示,国家将在政府借贷计划(总计350亿欧元)的框架下,拿出5

亿欧元航天专项经费，其中2.5亿欧元用于研发"阿丽亚娜6型"火箭，其余用于研发创新型卫星项目。

据报道，法国政府已与法国国家航天研究中心签署协议，首期投入8250万欧元进行"阿丽亚娜6型"火箭的研发工作，新型火箭有望在2020年到2025年间投入使用。

（2）联合开发送人上天的低成本"自由"系列火箭。2011年2月9日，国外媒体报道，欧洲阿斯特里姆公司和美国阿莱恩特技术系统公司日前宣布，两家公司正联合开发一种低成本的"自由"系列火箭，用于将人类送上环地轨道。

两家公司已经向美国国家航空航天局提交了报价单，希望用这种名叫"自由"的新火箭，为美国国家航空航天局提供商业载人航天服务，填补美国航天飞机退役后留下的空缺。

设计中的"自由"系列火箭，将结合美国航天飞机助推火箭与欧洲"阿丽亚娜5型"火箭的特点，能够将约20吨的载荷送入国际空间站轨道，可运载目前正在设计中的各种载人航天器。

3. 发射"猎鹰"与"黑雁"系列运载火箭的新进展

（1）试射"猎鹰9"号火箭。2012年4月30日，美国媒体报道，美国私营企业太空探索技术公司，当天在佛罗里达州卡纳维拉尔角空军基地，成功试射了一枚"猎鹰9"号火箭，模拟利用火箭向国际空间站发射"龙"货运飞船的情形。

太空探索技术公司表示，他们对火箭的9个发动机进行了静态点火测试，整个过程仅持续两秒。由于发现一台飞行管理计算机出现小故障，限制了火箭点火，测试耽搁了大约一小时。不过，在倒计时结束火箭喷射出白色浓烟后，该公司在推特上表示："成功——两秒燃烧！在我们为即将到来的发射任务做准备时，工程师们将评估数据。"

太空探索技术公司2010年曾测试过"猎鹰9"号火箭，并因此成为首个将飞船运出地球轨道并返回的私营企业。报道称，一周后，该公司计划发射"龙"飞船，向空间站运送500多千克货物，并运回约660千克载荷。如果一切顺利，"龙"飞船将成为空间站迎来的首艘商业货运飞船。

美国航天飞机2011年退役后，俄罗斯"联盟"飞船成为唯一可向空间站同时运送宇航员和货物的航天器。目前，美国航天局鼓励私营企业开发可运送宇航员往返空间站的太空飞行器，太空探索技术公司、波音公司、内华达山公司以及蓝色起源公司4家企业，在竞争这一项目。"龙"飞船经改进后，可以运送宇航员。

（2）发射用于测试空间技术的"黑雁"系列火箭。2015年7月7日，美国媒体报道，美国航空航天局当天宣布成功发射一枚"黑雁IX"探空火箭，其携带的仪器用于测试空间技术。

报道称，美国东部时间当天早晨6时15分，携带两个空间技术测试项目的

"黑雁 IX"探空火箭，从位于美国东海岸的瓦勒普斯岛基地发射升空。发射约 10 分钟后，有效载荷按计划从约 331.5 千米高处，坠入瓦勒普斯岛外约 263.9 千米处的大西洋海域。

两个测试项目，一是为艾姆斯研究中心"亚轨道空气动力再入试验"的"外构刹车"飞行测试，用以测试在极高速度和低气压状态下类似降落伞的新型"外构刹车"技术。这种技术被认为有可能应用于国际空间站返回货运飞船。二是格伦研究中心的"径向核心散热器"项目，采用了可应用于放射性同位素电力系统的新型散热技术。

美国航空航天局在当天发布的一份声明中说，两个测试项目的数据接收正常，有效载荷不会回收。

（二）开发超重型与可回收运载火箭的新信息

1. 研究开发超重型运载火箭的新进展

（1）开始设计全球最大的超重型运载火箭。2016 年 8 月 22 日，俄罗斯国家航天事务集团网站报道，该集团当天确认，决定以苏联航天飞机所用的火箭技术改进现有火箭发动机，在今后 5～7 年间，研制出近地轨道运载能力达 160 吨的超重型运载火箭，这将是全球最大的运载火箭。

俄罗斯家航天事务集团，是原俄联邦航天署于 2015 年改组后成立的集团公司，其主要工作是在航天界推行改革措施，部署研发工作，安排国家订购。按照设想，俄未来的首批超重型火箭的运载能力将达 120 吨，进一步增强推力后能把 160 吨的载荷发射上近地轨道，为月球考察做准备。

此前，俄航天界曾有专家主张，全新研制氢燃料的"安加拉 A5B"型运载火箭，但俄罗斯家航天事务集团与负责火箭研发的"能源"火箭航天集团商议后认为，研制"安加拉 A5B"火箭需开发新技术，耗资巨大，因此这两家机构最终决定舍弃氢燃料火箭研发，转而采用较成熟的液氧加煤油的运载火箭。

"能源"火箭航天集团总经理索恩采夫表示，为实施月球考察计划而研制的超重型运载火箭，将借鉴 1988 年苏联发射航天飞机时采用的"能源"运载火箭的技术，当时这种火箭的近地轨道运载能力为 100 吨。"能源"运载火箭中转移出来的相关技术，将用来改进俄"格鲁什科"科学生产公司制造的 RD-171 型火箭发动机，使其能够驱动新的超重型运载火箭。

20 世纪，苏联的"能源"火箭和美国的"土星 V"火箭，近地轨道运载能力都达到 100 吨级，但目前全球已没有这一量级的超重型运载火箭。

（2）计划在"巨无霸"火箭首发中载人升空。2017 年 2 月 15 日，《大众科学》网站报道，美国航空航天局正在加速其最大推进力火箭"太空发射系统"的任务进程，更令人震惊的是，其有意在火箭的第一次发射中，就携带宇航员升空，而在火箭首发中载人升空是非常"反传统"的。

"太空发射系统"本质上是一种从航天飞机演变来的超重型运载火箭，之所以被称为"巨无霸",是因为它将是史上最强的运载火箭。其第一阶段以70~110吨的任务为主,之后会发展出130吨的货舱型载荷任务,最终运载能力将达到143吨甚至165吨。除了庞大体型和惊人载荷,该火箭还将成为载人火星任务的一部分,美国航空航天局也希望能以此铺就未来探索深远太空之路。

按照此前的任务表,该火箭将在2018年进行首飞,也就是"探索任务一"(EM-1)环节,届时将携带一个空的舱室,宇航员并不会乘坐其中。直到约2021年,火箭才会发射"猎户座"载人舱进入月球轨道,但现在美国航空航天局正在开展研究,评估在EM-1环节就实施载人飞行的可行性。

不过,原计划中该火箭首航所携带的舱室虽也是载人舱,却并没有适用于人类的安全系统,研究团队现在不得不增加所需设备,这就有可能延误火箭首次发射的时间。

按照以往的做法,美国航空航天局的载人航天任务,包括最早的"水星"计划以及后来的"双子星座"计划和"阿波罗"计划,在首次载人飞行之前都经过了测试飞行,以致今天的私人航天公司也都采取这种谨慎的做法。但美国航空航天局"猎户座"载人舱工程师斯图尔特·麦克朗则表示,就他个人而言,对火箭在EM-1阶段就搭载宇航员升空感到兴奋,因为这极具挑战性。

2. 研究开发可回收运载火箭的新进展

(1)计划开发可重复用的太空火箭发射器。2015年6月11日,物理学家组织网报道,欧洲航空巨头空中客车公司将推出一个新计划,到2025年实现太空火箭发射器的可重复使用,以把火箭最昂贵的部分引擎从太空带回,再利用10或20次。

据报道,自2010年以来,该公司工程师团队一直秘密在巴黎郊外空客的一个仓库里工作,寻找回收太空火箭发射器的方式。他们需要解决的一个难题是,确保回收火箭发射器的成本,要小于传统上的一次性发射所耗费用。

空客将分两个阶段实现发射器可重复使用的理念:结合了创新引擎和经济性的先进发射器艾德琳(Adeline)和太空拖船(Space Tugs)。空客防务与航天项目主任弗朗索瓦解释说:"在第一阶段工作中,主要是发射和操作火箭。后期将进入行动的第二部分。"在进入操作艾德琳阶段,要依靠发射器底部的一个稳定器,及配备的小机翼和螺旋桨发动机。与大多数飞机一样,燃料储存在机翼里。太空拖船则要求设备可在海拔1000千米处盘旋,在卫星技术帮助下为发射器加油。

弗朗索瓦说:"为了达到重复利用的终极目标,我们要把火箭发射器最昂贵的部分从空间带回实现再利用,此方法比使用新的发射器更为便宜。"他们的想法是,将占发射器总价值80%的推进装置舱和引擎放在隔热板里,以保护它们返回地球,然后重复使用。一旦艾德琳完成了其使命,会像无人机一样远程飞行并在地球上着陆。弗朗索瓦说,希望可以重复使用发动机10或20次。

空客公司表示，这将完全区别于竞争对手美国太空探索科技公司（Space X）的理念。空客防务与航天技术总监赫尔夫声称，空客在这个项目上是出众的，因为它可以比美国公司设计出更多可以重复利用的版本。此外，空客估计，将火箭发射器带回地球需要两吨燃料，这相当于其竞争对手需要燃料的一半。

（2）"猎鹰9"火箭成功实现着陆回收。2015年12月21日，美国太空探索技术公司官网报道，当天晚上该公司的"猎鹰9"运载火箭，在把11颗通信卫星送入预定轨道的同时，成功实现火箭第一级的着陆回收。

网上发布的现场直播视频显示，"猎鹰9"火箭从位于美国佛罗里达州的卡纳维拉尔角空军基地升空，大约2分30秒后火箭的第一级开始与第二级"分道扬镳"，并调头返回地面，最后在一片火光中稳稳地垂直降落在距发射场不到10千米处。掌声、欢呼声在现场瞬间爆发。

"猎鹰9"并不是第一个实现第一级着陆回收的火箭。上个月，亚马逊掌门人杰夫·贝索斯旗下蓝色起源公司的一枚火箭，已经抢占先机。不过，"猎鹰9"火箭此次升空高度是前者的两倍，约200千米。它的垂直着陆，可以说是火箭回收利用技术的里程碑事件。

太空探索技术公司一直试图通过重复利用火箭等太空探索工具，来削减私人太空探索的成本，但屡遭不顺。此前，该公司曾多次尝试让"猎鹰9"火箭的第一级降落在海上平台，均以失败告终。2015年6月，"猎鹰9"在执行国际空间站货运任务时发生爆炸。这次发射，是爆炸事故以后该公司第一次发射火箭。它的成功，也标志着这家公司的巨大进步。

太空探索技术公司首席执行官埃隆·马斯克曾表示，目前私人太空探索行业方兴未艾，但竞争十分激烈，拥有火箭回收技术可以实现火箭的重复利用，从而大大减少该公司太空探索的成本。马斯克为庆祝这次成功，在社交网站上发帖说："欢迎回来！宝贝儿！"

（3）首次利用"二手火箭"发射卫星。2017年3月31日，美国太空探索技术公司官网报道，该公司当天在肯尼迪航天中心LC-39A发射平台执行SES-10任务，这是其首次利用之前回收的"二手火箭"发射卫星，如此次发射成功并再次完成火箭回收，则意味着人类在快速可重复用火箭的道路上树立了一座里程碑，更将被视为航天工业的又一个分水岭。

传统火箭都是一次性使用的，但美国太空探索技术公司的"猎鹰9号"，却在2016年成功实现了火箭海上回收，并在之后数次重复完成这一动作。此次一旦利用"二手火箭"发射成功，便标志着该公司已"彻底掌握"火箭重复使用技术，而火箭复用正是降低发射成本最为关键的一步。据估算，火箭回收再利用一次，至少能将发射成本降低30%，重复使用10次，则能降低80%左右。

美国太空探索技术公司此次的客户，是位于卢森堡的全球最大卫星运营商——SES公司，其在全球提供可靠和安全的卫星通信解决方案。"二手火箭"

运送的货物名为 SES-10 卫星,用于向拉丁美洲提供通信服务。该卫星将在发射后约 32 分钟部署,最终将在距离地球表面 3.54 万千米的地球静止轨道上运行,成为覆盖拉丁美洲的迄今最大的卫星之一。

美国太空探索技术公司此前拥有卡纳维拉尔角第 40 号发射台,但其在 2016 年 9 月 1 日火箭爆炸事故中受损。自 2017 年恢复发射以来,该公司启用了改造后的肯尼迪航天中心 LC-39A 发射复合体。该平台历史悠久,曾经在阿波罗登月时代执行过所有登月任务所用的"土星 5 号"火箭发射;后又在航天飞机时代执行过多次发射,包括第一次和最后一次的航天飞机升空。

(三)研制运载火箭的其他新信息

1. 设计制造探索火星火箭的新进展

(1)着手研制可数月往返火星的核聚变火箭。2013 年 10 月 7 日,美国太空网报道,现有技术让宇航员往返火星约需 500 天,但美国科学家正研制一种利用核聚变技术驱动的火箭,可将往返时间缩短半年左右。他们预测,数十年内核聚变火箭就将帮助人们进行火星等深空探索。

据报道,美国空间推进技术公司科学家安东尼·潘科蒂领导的研究小组,最近给美国航天局介绍核聚变火箭研制进展时指出,核聚变火箭并非科幻情节,而是完全可实现,有关物理学基础已在实验室里得到证明。利用核聚变火箭将人类在 90 天内送上火星,有可能在几十年内实现。

潘科蒂说:"大体上这将成为现实,核聚变不仅发生在太阳上,也发生在我们的实验室里。"

按潘科蒂等人的设想,火星往返旅程只要 210 天,其中去程 83 天,回程 97 天,在火星上停留 30 天。他们的核聚变火箭工作原理是,先将氢的同位素氘氚等离子体注入一个金属室,然后利用磁场压缩等技术让等离子体发生核聚变,从而获得驱动能量。飞船上还装有太阳能电池板以收集太阳能,提供触发核聚变所需的初始能量。

研究人员说,他们正制造与真实火箭工作时差不多大小的核聚变实验设备,希望近期能取得突破。

(2)着手设计送宇航员上火星的新火箭。2015 年 7 月,美国媒体报道,美国航空航天局日前完成美国有史以来最大推进力火箭:"太空发射系统"第一型的设计评估。而美国航空航天局的最终目标是利用这型火箭把宇航员送上火星。

报道称,该火箭高度 98 米,重达 2500 吨,安装在尾部的四台大推进力发动机在火箭升空时,最大推力可达 3810 吨,火箭可载 70 吨货物。

此外,该火箭主体直径约 8.4 米,采用液态氢和液态氧作为燃料,外挂两个推进器。报道指出,"太空发射系统"无人任务包括:拍摄、观察接近地球的小行星;研究月球表面矿物丰富的区域;用酵母菌研究生物体长时间暴露于太空辐射的影响等。

2. 发射试验性运载火箭的新进展

发射配备液体推进剂发动机的试验性运载火箭。2014年9月1日，有关媒体报道，巴西航天部门当天成功发射了，该国首枚配备液体推进剂发动机的试验性运载火箭。

巴西航空航天研究所发布的消息称，此次发射是在该国东北部马拉尼昂州的阿尔坎特拉发射中心进行的。其主要目的，是测试巴西完全自主研发的 L5 型火箭发动机，及乙醇与液氧推进剂的性能。此次发射的火箭型号为 VS-30 V13 型，是一枚亚轨道火箭，即飞行距离不满一整圈太空轨道，其飞行时间为3分34秒。

飞行测试期间，专家们对巴西北里奥格兰德州联邦大学研发的全球定位系统，以及巴西航空航天研究所制造的航天器安全装置进行数据收集分析，为今后发射亚轨道航天器和卫星积累经验。

据专家介绍，这是巴西首次在自然条件下测试 L5 型火箭发动机。与以往相比，此次发射使用的液体推进剂能够更充分地燃烧和推动火箭，有助于提高火箭的有效载荷及入轨精度。

3. 发射一箭多星运载火箭的新进展

发射成功搭载 104 颗卫星的运载火箭。2017年2月15日，印度媒体报道，该国搭载 104 颗卫星的 PSLV-C37 火箭，于当天在萨迪什·达万航天中心发射升空。随后，印度航天局宣布发射成功，所有卫星进入预定轨道，印度总统慕克吉、总理莫迪发推特表示祝贺。这标志着印度创造了新的世界纪录，此前的纪录为 2014 年俄罗斯一箭发射了 37 颗卫星。

此次搭载的 104 颗卫星中，最重的为印度 714 千克的 CARTOSAT-2 卫星，其他 103 颗卫星总重为 664 千克，其中 96 颗来自美国、2 颗来自印度，其余各有 1 颗来自以色列、哈萨克斯坦、荷兰、瑞士、阿拉伯联合酋长国。

据媒体报道，CARTOSAT-2 对地观测卫星，将对包括巴基斯坦、中国在内的区域进行亚米级的观测。

二、研制航天器推进工具的新成果

（一）微型卫星离子与等离子推进器的新信息

1. 开发微型卫星离子推进器的新进展

（1）研制使用离子为燃料的微型卫星推进器。2012年4月1日，国外媒体报道，瑞士洛桑联邦理工学院科学家赫尔伯特·谢尔、穆莱尔·理查德等人组成的一个研究小组，正在研制一种微型卫星推进器，名为"微推力"，只需 0.1 升燃料便可飞往月球。研制者希望"微推力"能够开启一个低成本太空探索的新时代。据悉，这种迷你发动机只有区区几百克，使用离子化合物作为燃料，利用电喷射离子产生推进力。

不久后，瑞士洛桑联邦理工学院实验室将公布"微推力"迷你发动机的第一个原型。在设计上,这种微型发动机并非用于将卫星送入轨道,而是帮助卫星在太空中机动。目前,卫星需要使用笨重而昂贵的发动机进行机动。科学家希望"微推力"能够引领一个低成本太空探索的新时代。

微型卫星的成本远低于大体积卫星,但目前缺少用于这种卫星的高效推进系统。该研究小组希望"微推力"发动机能够解决这个问题。这种发动机允许卫星在以时速4万千米的速度绕轨道飞行时改变方向。谢尔表示:"我们的目标,是为纳米卫星打造推进系统,让它们在轨道中机动。"

按照瑞士洛桑联邦理工学院的计划,"微推力"将安装在"清洁太空一号"卫星上。目前,该院正在研制这种用于清理太空垃圾的卫星。"清洁太空一号"耗资1100万美元,能够捕捉轨道中的碎片,将它们扔向地球大气层,让它们在重返地球大气层过程中燃烧殆尽。

(2)研制出连续运行时间最长的离子发动机推进器。2013年9月9日,美国国家航空航天局宣布,该机构研制的新一代离子发动机,代号为NEXT的氙气推进器,完成了持续工作超过4.8万小时的测试,换算成年数约为5年半,创造了空间推进器系统最长的连续测试时间纪录。

美国国家航空航天局当天发表声明说,这种氙气推进器是一种太阳能电力推进系统,通过太阳能电池板获得驱动电力。它使用氙气作为推进剂,在超过4.8万小时的测试中,只消耗了860千克的氙推进剂,但产生的总冲量与消耗10吨传统火箭推进剂相当。

声明说,通过长时间提供稳定的小推力,这种推进器可以加速到每小时14.5万千米,而推进剂消耗不到传统火箭的1/10。这好比两人开车,一个司机猛踩油门,很快把油用光,然后高速运行一段距离;而另一个司机则轻踩油门,慢慢提速。在太空环境下,后者最终将会超出并在太空中走得更远。

早在20世纪50年代,美国国家航空航天局就开始研制离子发动机,这种代号为NEXT的氙气推进器是最新进展。研究人员表示,今后将在一些重要的深空探索任务中,使用这种之前常存在于科幻作家想象之中的技术。

2. 研制微型卫星等离子推进器的新进展

设计出可实现卫星星际飞行的等离子推进器。2013年7月,国外媒体报道,最近关于立方体卫星的消息引起了航天领域的"轰动",低廉的价格可以迅速建造并随着其他航天器一同进入太空,从某种意义上可以认为,立方体卫星是"一次性"的纳卫星,进入轨道后运行的时间相对较短,进行完科学实验后就在地球的大气层中烧毁,但是科学家在此基础上提出了一个新的想法:使用该平台打造出可飞出太阳系的探测器系统,配备新型推进器的立方体卫星可以进入深空,甚至是飞出太阳系进入星际空间。

报道称,目前,等离子推进器,已经在一些轨道卫星上使用,只需进行小型化,就可以安装在纳卫星上。

来自密歇根大学的研究人员詹姆斯·卡特勒和本杰明通过研究发现,可在立方体卫星平台上,设计出微型等离子推进器,由于立方体卫星质量很轻,等离子推进器产生的动力可以获得较大的速度。

这种新型推进器,被命名为"立方体卫星双极性推进器",属于等离子推进器的范畴。当前,离子推进器已经在多颗地球轨道卫星上使用。卡特勒认为,只需要一些资金,就能将两者进行整合,立方体卫星双极性推进器可以推动一个重量为5千克的卫星进入深空,远远超出近地轨道,而成本却只是以往类似任务的千分之一。显然等离子推进器驱动纳卫星的构想是令人振奋的,这意味着此类飞行器可以在土卫二、小行星上寻找生命,也可以对太阳耀斑进行调查。

密歇根大学的一份新闻稿中提到,如果得到资金支持,从原始的数据状态到进行首次飞行只需要18个月,该计划无疑创造了一个先河,等离子推进技术与纳卫星的结合,可以使行星探索,甚至使星际飞行变得更快、更便宜。目前,深空1号已经使用等离子推进器进行测试,我们要做的就是将该动力系统小型化,先在地球轨道上进行测试,然后就可以进行深空飞行,如同一种被称为"水滴"的恒星际探测飞行器雏形。

(二)研制航天器推进工具的其他新信息

1. 航天器电力推进工具开发的新进展

(1)设计出以电解装置为基础的航天助推器。2004年7月,俄罗斯《科技信息中心》报道,该国"能源"火箭航天公司专家最新设计出一种以电和水为能源的航天助推器,并计划在从近地低轨道向距地面约3.6万千米的地球同步轨道或行星际轨道转移的航天器上安装这一新型助推器。

参与这项设计的俄专家波多别多夫介绍说,太阳光将通过这种助推器的特制半导体板转化成电能,这些电将被导入一个装有水的电解装置。电解水所生成的氢气和氧气,将在动力装置内相互作用,产生喷射推进的牵引力。

波多别多夫说,目前航天器在从近地低轨道向高轨道转移时,必须启动多以液氢为能源的助推器。但是,液氢在保存、使用时存在安全问题。新型助推器产生牵引力时发生爆炸事故的可能性远比直接使用液氢的助推器低。此外,新型助推器可间歇工作,在适当时提供脉冲式牵引力,使航天器绕地球运行的近地点、远地点高度逐渐增加,直至其进入目标轨道。所用时间虽比用液氢助推、直线入轨的方式多数个月,却能避免携带低温装置长时间保存液氢的麻烦及相关技术难题。

据悉,俄罗斯专家已绘制了这种助推器的图纸并申请专利,还制作出了与该助推器配套、负责分离氢气、氧气和水的分离机及气泵,并正在模拟的太空环境中对这些装置进行测试。

(2)研制登陆火星用电力推进系统。2016年4月20日,美国航空航天局官网报道,该局与阿罗吉特洛克达因公司签署了一项总额为6700万美元的合同,旨在设计并研制一款先进的电力推进系统。美国航空航天局希望这个为期36个月的合同,能显著提升美国的商业太空能力,并使包括小行星重定向任务和探测火星在内的深空探索任务成为可能。

据悉,该合同研制的电力推进系统,相对目前的化学推进系统,燃料效率有望提高10倍以上。另外,与目前的电力推进系统相比,推力能力增加2倍。美国航空航天局太空技术任务理事会副理事长史提夫·尤尔奇克表示,通过这一合同,该局将着力研制先进的电力推进单元,为将于2020年左右进行的先进太阳能电力推进系统验证铺平道路。这一技术的研发将提高太空运输能力,可用于美国航空航天局的多项深空载人和机器人探索任务,以及"火星之旅"。

阿罗吉特洛克达因公司,将负责一整套电力推进系统的研制和生产,包含一个推进器、电源处理单元、低压氙流量控制器以及电缆。该公司还将制造一个工程开发单元,并对其进行测试和评估,为飞行单元的制造做准备。

研究人员介绍称,电力推进系统的第一个工作试验,是于1964年7月20日进行的格伦空间电火箭实验。从那时起,在长期的前往多个目的地的深空机器人科学和探测任务方面,美国航空航天局一直在精益求精地推进航天电力推进技术的研发工作。

这个先进电力推进系统,是美国航空航天局的"太阳能电力推进"的下一步,该局打算在21世纪20年代中期,开展的小行星重定向任务,将对有史以来最大最先进的太阳能电力推进系统进行测试。

张天平说:"该合同研制的电力推进系统,不仅性能达到国际领先水平,更重要的是它能为高功率电力推进发展奠定坚实的技术基础,并将对未来载人深空探测等任务产生积极影响"。

2. 航天器激光与微波推进工具开发的新进展

(1)研制用于发射航天器的激光推进器。2006年1月,国外媒体报道,俄罗斯圣彼得堡光电仪器综合试验研究所一个研究小组,成功研制出用于发射航天器的激光推进器实验装置。激光发动机的优势在于:动力源在地面或在轨道上,航天器将无须随身携带超过本身重量的大量发动机燃料;同时,使用激光发动机发射航天器时,由于只燃烧了少量的氧气而不污染环境,很容易借助激光站调整卫星的运行轨道,容易保护航天器避免与太空垃圾碰撞,并可销毁太空垃圾。

有关使用地面激光站发射航天器的思想,诞生于20世纪70年代。由苏联和美国科学家共同提出。其主要原理是:用强大的激光束照射某种气体或物质后,发生局部爆炸现象,爆炸产生的强大冲击波可用做推进器的动力源。装备激光发动机的宇宙飞船,就像一艘快速航行的帆船,除了"桅杆"和"帆"外,没有一个多余的部件。1997年美国科学家首次借助于激光发动机,成功发射了一种航天器。

俄罗斯研究的使用激光器的宇宙飞船实验装置,具有简单而独特的结构。

其中，使用了两个镜子，目的是为了使航天器永远迎着光束飞行，同时，光束在这样的结构中不会在蒸发材料上发生散射。第一个镜子像一个抛光了的尖顶装置，光束投向后，发生反射，并聚焦到第二个镜子上。第二个镜子套在尖顶镜子的大部分上，它将收集到的光聚焦到含有蒸发物质的暗室里。蒸发物质在激光束的作用下加热膨胀爆发，推动着航天器飞行。

在3年的试验工作中，研究人员首先使用液态燃料做蒸发材料，但效果差。后来使用固体燃料做蒸发物质，发现聚甲醛的效果最好，而使用聚氯乙烯效果要低30%，聚碳酸酯的效果更小。

俄罗斯研制的使用激光推进器飞行的宇宙飞船规模很小，第二个镜子的直径只有20厘米，重20克。在实验中该飞船在5千瓦激光器的推动下，以每秒3~4米的速度飞行，激光转换出的动力达到了1.5牛顿。据悉，该项目得到了国际科学技术中心和日本国家宇航实验室的资助。

俄罗斯研究人员认为，要使用激光器将航天器发射到轨道，最少需要1000千瓦的功率。现在许多国家正在研制这样的激光器。谁第一个研制出，谁将是第一个使用激光器发射航天器的国家。研制激光发动机宇宙飞船的成本，要比使用核电力发动机低得多。但在太空中安置激光站，已经属于反导弹防空系统的一部分，会引起国际社会的关注。

（2）研制把航天飞机送上天的微波能量传输装置。2015年8月，美国媒体报道，近日，美国卫星成像初创公司行星实验室传来消息，他们研制出一种通过微波能量传输装置来驱动发动机的方式，可使航天飞机不需要携带燃料，利用远程微波能量传输，就能把地面上的能量传输到航天飞机上，通过热交换器形成推力，最终推动航天飞机升空。

其原理是：大规模电池组从普通电网汲取能量，能量随后被转化为微波，一组模块化的微波天线相位阵列接收微波后，朝航天飞机上的一台热交换器发射微波能量束，热交换器借此加热燃料箱中的氢，产生能量后驱动航天飞机进入轨道。入轨放下载荷后，航天飞机重返发射台，再次补充能量，为下一次飞行做准备。

本项技术的特点在于：不需要携带燃料，可以大大节省航天飞机内部的空间，也降低了携带燃料后存在的发射风险。利用陆基大功率微波能量传输装置对航天飞机提供持续的能量，可以满足航天飞机进入轨道，该技术也会用于发射卫星等，降低发射费用。

第五章　交通工具配套用品的新信息

　　交通工具不管是地面跑的，水中游的，还是天上飞的，都由相关配套用品或零部件组装而成。现代交通工具种类繁多，外貌各别，规格款式可谓五花八门。不同的交通工具需要不同的配套用品或零部件，简单交通工具可能只需数十或数百个零部件，而复杂的交通工具则需要数万甚至更多数量的零部件。交通工具的质量，是以相关配套用品或零部件质量为基础的，所以，国外厂商非常重视零部件的研发与制造，涌现出大量的创新信息。21世纪以来，国外在动力设备领域的研究，主要集中于开发增压汽油发动机、节能型汽油发动机、节能环保型柴油发动机，开发氢能源车用发动机、压缩空气车用发动机、生物质能车用发动机、金属粉末车用发动机。设计出水下交通工具动力的紧凑涡流推进器。开发出超低能耗航天器发动机、液氧甲烷燃料火箭发动机、超音速冲压火箭发动机，还用3D打印技术制造飞机喷气发动机和火箭发动机。在配套设备领域的研究，主要集中于开发车用配套设备、船舶配套设备、飞机配套设备和航天工具配套设备。在供用电设备领域的研究，主要集中于开发车船用锂离子电池、锂空气电池、锂硫电池、氢燃料电池和光伏电池，开发电动汽车充电设备、飞行器充电和输电设备、车船供用电设备，开发车用氢燃料电池原料的制造设备和储存设备、车船电力驱动系统。在燃料领域的研究，主要集中于开发车船用生物燃料，以废物废液开发车用燃料，以天然气与石脑油开发车用燃料，研制航空用燃料、火箭与航天器燃料。在零配件领域的研究，主要集中于开发汽车轮胎、车轮与轮毂、万向节与轴承、阀门与减震器、车灯与车镜、汽车油箱、车用螺钉，回收报废车零部件。制造出最大"整体式"复合材料飞机翼盒，测试拥有18个引擎的电动机翼，用3D打印设备制成火箭发动机喷嘴。在材料领域的研究，主要集中于开发车用纯金属和金属氧化物材料、车用钢材和其他合金材料、船舶用钢材、军舰用金属涂料、飞行器用金属材料。开发车窗挡风玻璃、车用无机纤维材料、车电池材料与热电材料、车用气囊填充材料、车辆表面超疏水材料；发明航天器用碳纤维增强耐高温陶瓷瓦。开发汽车轮胎有机材料、车用油漆与涂料、车用塑料、车用有机纤维和面料；开发飞机用有机材料、航天器用有机材料。开发车船用复合材料、飞行器用复合材料。

第一节　交通工具动力设备的新进展

一、车用石化燃料动力的新成果

（一）开发车用汽油发动机的新信息

1. 研制增压汽油发动机的新进展

（1）研制出首台直喷涡轮增压汽油发动机。2005年9月，德国媒体报道，世界上首台新型带涡轮增压的直喷汽油发动机，于近期问世。这款2.01FSI发动机，适用于大众集团生产制造的诸多车型：如奥迪A3、A4、A6和高尔夫GTI等。该发动机已被来自26个国家的56个专家评为"今年最有影响力的发动机"。

该机在发动机直喷的过程中燃料分层喷射，燃油在高压下通过喷嘴直接射入燃烧室，与可选择的空气循环一样，FSI也有助于实现最理想的空燃比。结合涡轮增压，FSI拥有性能高和油耗低的特点。

曼·胡默尔集团公司，为此款新型发动机提供了技术复杂的进气歧管，还引入了活性炭过滤系统。它不仅整合了进气歧管，还引入了活性炭过滤系统、汽油喷射和节气门。在燃烧室内，它还为可选择的空气循环系统提供一个优化气流的下降活塞。有一个电驱动的杠杆系统有效控制每个气缸内的每个旋涡，风门被铸在钢轴喷射器上，用于控制燃烧室内的气流，确保空燃比达到最佳状态。

（2）双重增压发动机获年度最佳发动机奖。2006年6月，有关媒体报道，在"2006年度国际最佳发动机奖"的评选中，德国大众汽车公司研发的机械与涡轮双重增压、125千瓦（170马力）新型1.4升TSI发动机，独得"1升~1.4升最佳发动机"和"年度最佳新型发动机"两项大奖。

大众汽车的研发人员，把机械增压技术和涡轮增压技术巧妙组合，兼顾了低速时的扭矩输出和高速时的功率输出，解决了两种技术各自的不足，使TSI双增压发动机以170马力的功率和百千米7.2升的油耗获得成功。

"2006年度国际最佳发动机奖"评审团，由来自29个国家的61位资深汽车研究者组成。评审团认为，大众汽车的这款TSI双增压发动机，在升功率和技术先进程度上表现突出，堪与2升发动机媲美，体现了未来10年发动机技术的发展方向。据悉，这款新型发动机已经实现量产，包括两种性能等级。

2. 研制节能型汽油发动机的新进展

（1）研制成功节油30%的新型汽车发动机。2004年10月，有关媒体报道，法国马德依埃高科技研发中心在2004年9月底，成功设计并制造出一种能省油达30%~40%的新型汽车发动机。

该汽车发动机是由位于马德依埃的空气与发动机技术研究中心与MCE—5发展公司共同研发的。此种新型发动机利用可变压缩机制，以达到降低汽车油耗的功能。

据空气与发动机研究中心主任费德里克·迪傲内介绍，该发动机排放的废气也相应减少，更重要的是，这款新型发动机正式投入产业化生产也相当方便，不需要对目前通常的发动机生产线做过多的改动。

（2）推出更强大更节能的新型6缸发动机。2005年11月9日，美国媒体报道，该国第二大汽车制造商福特汽车公司当天推出动力更强大更节能的新款6缸发动机，同时宣布不久将在纽约市推出福特混合动力出租车。

福特最新推介的3.5升250马力6缸发动机，将首先用在2007年推出的两款混合型车上。这两款车型还将运用福特的新型6速自动变速箱，实现节油7%，并能有效减少噪声和振动。

福特公司介绍说，与此前刚刚推出的新产品上运用的发动机相比，新型发动机动力性能更强，扭矩更大，而且它的技术适用空间较大，可以应用在诸如油电混合型发动机，以及可控直喷发动机等不同等级的多类引擎上。福特公司称，这款新型发动机将在未来10年内逐步在福特公司旗下20%的车辆中使用。

此外，福特公司还宣布，已经在美国西部城市旧金山出租车市场，投入运营的混合动力车，不久也将在纽约市区出租车市场正式使用。这款车在市区的油耗仅为百千米6.5升。

（3）研制出可大幅提升燃油效率的节能高效引擎。2016年10月，物理学家组织网报道，当纯电动汽车技术越来越成熟并成为投资方新宠的时候，一些研究人员和企业却仍在专注于提高传统汽车效率。例如，以色列"水瓶座引擎"公司一个研究小组宣称，他们开发出超级高效的全新引擎，其燃油效率是目前引擎的两倍多，将大大降低能耗，带动汽车工业革命。

以色列研究小组表示，新引擎工作原理与传统发动机完全不同：传统发动机都是往返活塞式内燃机，借助多个活塞上下运动向汽车提供能量，而新引擎只用一个活塞，通过水平运动产生能量。单个活塞将大大减少汽车发动机的组件，从而降低成本。

德国FEV公司对该引擎的功能进行了检测，结果发现，其效率达到目前引擎的两倍多。研究人员表示，使用新引擎的汽车，一箱燃油能行驶1600多千米，也是现有汽车的两倍多，新引擎造价将低至100美元。汽车引擎是温室气体排放的关键来源，而如此高的效率能大幅减少汽车碳排放，对汽车保有量剧增的国家来说，这是一大利好。

目前，"水瓶座引擎"公司正在为新技术寻找投资方。不过分析人士认为，汽车巨头们现有研发预算本来就不富裕，而像特斯拉公司这样致力于电动汽车制造的噱头更有诱惑力,"水瓶座引擎"公司寻找资金应该比较困难。但该公司联合创办人高尔·弗里德曼认为,纯电动车的宣传太过夸张,高价格和各种限制使其只能是少部分人的选择。他说:"特斯拉公司称2016年二季度销量突破5万辆,这与全球燃油汽车销量相比,简直小巫见大巫。就算有政府部门推动,15年后电动汽车还是无法与需要引擎的燃油汽车相提并论。"

分析人士表示,如果人们因为价格高、充电时间长等原因不选择电动汽车,新引擎将成为汽车业的未来。法国标致公司正在与"水瓶座引擎"商讨合作事宜。标致公司发言人表示,新引擎能提高公司与电动汽车的竞争力。

(二) 开发车用柴油发动机的新信息

1. 研制既节能又环保柴油发动机的新进展

研制高效率低污染的卡车柴油发动机。2005年6月,有关媒体报道,法国一个项目研究小组,研制出一种新的燃烧程序,使卡车柴油发动机在旧技术的基础上,转变为高效率低污染的新引擎。

对污染物日益严格的限制,给发动机的运转带来了新的要求,特别是针对高效柴油发动机。对于运输车辆来说,自燃式的柴油发动机,可以产生高效的能量。由于柴油发动机,具有较高的经济性和较低的二氧化碳排放量,它们早已在市场上占据了很大的份额。但是,它们也必须符合关于氮氧化物和微粒的排放新标准。

为此,法国研究小组,以旧技术为基础对燃烧程序进行创新,该创新成果使用了燃烧室的全部空间。研究人员运用一种称为"均质充量压缩点燃"的专业技术,实现这项创新程序。通过一种新开发的柴油喷射系统的帮助,空气燃料混合物,注入均质压燃发动机。

该点火系统的基本理念是:每个喷射孔喷射出的雾状燃料,只占用适当的"空间",将多个喷射的效果相结合。因此,这种柴油发动机的燃烧程序,能在燃烧室的最大空间内进行,而且不会有燃料引起气缸壁变湿。

该柴油发动机的压缩程序,经过不同的单汽缸在稳定状态下的运转检测,结果显示,排放出来的微粒极少,氮氧化物的排放量接近于零,而且还保留了柴油发动机的高效性。

2. 研制节能为主柴油发动机的新进展

研制出紧凑型高效率节能柴油发动机。2004年6月,外国媒体报道,美国底特律柴油机公司与德国MTU柴油机公司联合,研制出世界上配置最紧凑、最轻小、节能省耗的装甲设备柴油发动机。这种标号"MTU890高密"的新型发动机,有各种规格,从4缸普通型到12缸V形,应有尽有。

在装甲设备中,发动机是重中之重,通常的槽式柴油机如同一个大柜子,比较笨重,当功率在700~1300马力时,净重高达1000~2500千克,需要借助吊车才能移动。如今,经过"极限瘦身"之后的新型槽式小型发动机,已经相当轻小了。

报道称，设计师尽最大可能做到了槽式动力机组的紧凑和压缩，这种发动机可以装在 15×17×19 英寸的显示器纸箱中。各种型号的发动机设计方案基本相同，功率在 400~1500 马力间不等。低功率的发动机，主要供步兵战车和装甲运输车作用，中等功率的主要装配到轻型坦克和登陆战斗车辆上，最大功率的主要用于重型坦克和装甲战车。

尽管美德两国公司都生产货车、牵引车用发动机，但 MTU890 发动机的设计，没有借鉴商业民用柴油机的技术和经验，而是几乎从零开始，专门为军事应用设计、生产的。2004 年春，MTU890 发动机 4 缸普通型和 V6 型，在美国佛罗里达州劳德代尔堡陆军基地进行了展示。这些发动机，是美军正在全力研制的"未来战斗系统"轻型（20 吨）坦克的主要备选动力装置。

为达到最佳的紧凑压缩效果，设计师们采用了多种方法。许多通常都装配在发动机外部的组件，如各种各样的泵和滤波器，都挤到了发动机机槽内部。柴油喷射采用普通线路型设计，各型发动机的燃料台设计也完全相同，确保能够产生较大的压力，最高可达 1800 个大气压，从而保障充分燃烧，达到较高的效率。

高压（4.5 个大气压）涡轮压缩机的工作状态可呈几何形状转换。冷却系统装配到两个单独回路（涵道）内，第一个系统主要用于冷却油缸，对涡轮内的压缩空气进行初次冷却，第二个系统对空气进行最终冷却，同时监视发动机和润滑系统的温度状况，冷却散热器的尺寸相应缩减，这种设置能够保障发动机，在 130℃以下的工作温度内高效运转。发动机滑油底箱也进行最大程限度的压缩，并由特制的泵与其他内部组件隔开。

美、德公司工程师称，MTU890 系列发动机在外形尺寸、重量、功率等各项性能数据上，都比同类发动机（包括最先进的民用产品）提高了 1/3，实现了节能省耗的设计要求，具有非常广阔的市场前景。

二、车船用非石化燃料动力的新成果

（一）车用非石化燃料动力研制的新信息

1. 开发氢能源车用发动机的新进展

（1）推出利用氢和氧把化学能转变为电能的发动机。2004 年 10 月 12 日，有关媒体报道，美国福特汽车公司今天发布了世界上最清洁的内燃发动机，并公布了由现有的混合动力汽车，通过氢燃料电池而最终实现零排放的战略。

在 2004 年必比登挑战赛上展示的福特汽车新型氢发动机带"稀燃氮氧化物收集"后处理功能，可满足严格的 SULEV-Bin2 排放标准。福特汽车的工程师正在优化其标定程序，以获得类似于汽油发动机的性能。可实际使用的产品，将在未来 12 到 24 个月内上市。

福特汽车对带"稀燃氮氧化物收集"后处理功能的新型氢发动机，进行的首轮测试表明，其氮氧化物排放满足世界上最清洁的 SULEV 或 Tier2-Bin2 标准。随后的持续测试也同样令人鼓舞。福特汽车的目标是满足这些极为严格的排放标准，实际上消除二氧化碳排放，同时提供与汽油机一样的动力性能。

福特汽车公司环境与安全工程副总裁苏珊·西斯基："这是一个令人兴奋的消息。没有一家公司，展示过能够满足这些标准和二氧化碳排放接近零的氢内燃机。我们谱写了环保史上又一个重要的新篇章。"

除了新型氢发动机之外，福特汽车公司还展示了多种其他新产品，包括现正在北美销售的福特混合动力运动型多用途汽车，以及一款采用氢燃料电池动力，达到零排放的福特福克斯汽车。

西斯基说："福特汽车是唯一一家为氢动力的未来制订了产品计划，并进行了多项技术开发努力的汽车生产商。"她表示："这一周我们不光要展示目前能够提供的技术，还要演示现有技术及氢燃料电池如何将我们引向零排放的世界。"

全新的 2005 款福特混合动力运动型多用途汽车，也在 2004 年的必比登挑战赛上展出，这是业界第一款完全混合动力汽车，比传统装用 V6 发动机的车型在燃料经济性上改进了 50%。这款前驱式混合动力车得到美国环保署的认证。加速性能与 V6 类似，同时还保持了原有车型的载货能力。

全混合动力汽车，根据行驶条件既能够用汽油发动机行驶，也能够采用电动机驱动。在频繁起停的行驶条件下具有最高的燃料效率。

福特汽车还展示了氢混合动力研究车，如果解决了提供氢燃料的基础设施问题，这项技术现在就可推向市场。该车将带机械增压的 2.3 升氢动力内燃机，与福特汽车专利的模块式混合传动系统结合在了一起。福特汽车公司是唯一开发这种动力系统组合，并投入使用的汽车厂家。这些汽车，以最畅销的福特福克斯旅行车为基础，现正在美国密歇根州试用，已经在实际使用条件下行驶了上万千米。

氢混合动力研究车的全部排放物，包括二氧化碳接近零。同时，电机与先进的控制系统，使其能在汽车停止时关闭发动机，并在起步时重新快速平稳起动。

福特汽车有史以来生产的最先进的环保汽车，是福特福克斯燃料电池汽车，也是业内首批"混合动力型燃料电池汽车"之一，它将混合动力技术增加行驶距离和性能上的优点，与燃料电池的好处完美地结合在了一起。

福特福克斯燃料电池汽车采用巴拉德燃料电池发动机，利用氢和氧将化学能转变为电能。用电力驱动汽车电动机，生成的副产品只是水和热量。新型福克斯燃料电池汽车，采用了混合动力系统，增加了一个 300 伏三洋电池组，以及线传电液系列再生制动系统。

目前，一个由 20 辆福特福克斯燃料电池汽车组成的车队，正在美国密歇根州试行驶。在加州也有福克斯燃料电池汽车在试用。此外还准备在北美其他地方进行试点。

（2）着手研制使用氢燃料的汽车发动机。2007 年 1 月，有关媒体报道，英国可持续能源技术中心，近日在英国赫特福特大学，开展以研制世界上"最环保"轿车为目的的项目。

赫特福特大学和动力公司的相关研究人员，参与了开发利用电解氢气汽车发动机的知识转化计划。在未来，使用这种发动机的汽车，可以把二氧化碳的总排放量减至最低。此项目，将在英国可持续能源技术中心进行研制开发。联合开发此项目的目的，是提高内燃机的排放；潜在地对零碳排放的可行性带来重大进展。

在此项目中，研究人员将为城市汽车持续提供氢燃料，及在家或工作时可续加燃料，开发一种安全的、低成本的修正包；在已有的独立的燃料传输构件基础上，英国可持续能源技术中心的研究人员还将研究从零碳源例如太阳能和风能入手，把它们的能量转换为电能制造氢气。报道说，动力公司将拥有所有的知识产权，包括在此项目开展期间的任何新发现。

2. 开发压缩空气车用发动机的新进展

研制以压缩空气为动力的汽车发动机。2005 年 4 月，韩国媒体报道，近日，韩国一家公司研发出一种以压缩空气为动力的汽车发动机，与一个电动马达来交替为车子提供能源的系统。由于不使用燃料，该混合动力汽车对环境没有污染，十分环保。

该系统由车中内置的电脑控制，由其根据具体情况，对压缩空气的发动机和电动马达发出指令。有一个采用 48 伏特电池为动力的小型马达促使空气压缩机工作，同时其还给电动马达提供能源。

研究人员介绍说，空气被压缩后，储存在一个气缸里。当车需要大量的动力，如在发动和加速时，压缩的空气就会派上用场，它会驱使活塞，令车轮转动。当车趋于常速时，电动马达即开始工作。

可以说，这种车有了两个"心脏"，也就是说在不同的时段将运转的马达分开，使其能够最大限度地发挥效率。据说该系统不复杂，便于生产，并且适用于任何常规的发动机系统。

由于采用该系统可以不需要给汽车装置冷却系统、燃料水槽、点火装置（发动塞）或是消音器，因而能够减少 20% 的汽车制造成本。

该公司希望，在不久的将来更多的车会采用该动力系统在路上奔跑。一位业内评论员说，该项发明的最大挑战是说动消费者购买它。

3. 开发金属粉末车用发动机的新进展

试用金属粉末替代石化燃料驱动发动机。2015 年 12 月 9 日，加拿大麦吉尔大学官网发布新闻公报称,该校机械工程学教授杰弗里·伯格索尔森领导,欧洲航天局战略和新兴技术负责人大卫·贾维斯等人参与的一个研究小组,提出一个未来发动机的新概念:不是用石化燃料,而是用金属粉末来驱动的外燃机。这种金属粉末,由颗粒大小与精白粉或糖粉差不多的细微金属粒子组成。

研究人员认为,金属粉末与氢能、生物燃料或者电池等相比,更有望成为石化燃料的长期替代解决方案。研究人员说,外燃机是工业时代燃煤蒸汽机的现代版本,用途相当广泛。燃烧金属粉末也很常见,例如烟花的夺目色彩,就来自其中添加的各种金属粉末,还有航天飞机的火箭推进剂等。

该研究小组提出的这一设想,利用了金属粉末的重要特性:燃烧时生成稳定的无毒固体氧化物产品,相对容易回收,而石化燃料则会排放二氧化碳并逃逸到大气中。

研究人员用一个定制燃烧器证明,悬浮在空气中的细微金属粒子流燃烧时火焰稳定。据他们预测,金属粉末驱动的发动机的能量和功率密度,将与目前的石化燃料内燃机非常接近,有望成为打造未来低碳社会的一项有吸引力的技术。而铁将作为主要候选。冶金、化工、电子等行业每年产生数百万吨铁粉。回收铁的技术已经很成熟,而且一些新颖的技术,也能避免利用煤炭生产铁的传统方式所造成的二氧化碳排放问题。

伯格索尔森说,下一步他们将建造一个燃烧器原型,连接到一台热力发动机上,力求将实验室成果转化为实用技术。贾维斯表示,这项技术为研发可在太空和地球上使用新型推进系统,打开了大门。如果能证明铁粉燃料发动机几乎能达到零排放,将会带动更多的创新,成本也将进一步降低。

(二)船用非石化燃料动力研制的新信息

设计出水下交通工具动力的紧凑涡流推进器

2006年12月,美国媒体报道,美国科罗拉多大学博尔德分校,航空和航天工程助理教授卡杂兰·莫森里主持的一个研究小组,从鱿鱼、水母及其他头足纲动物光滑而有效的推进得到灵感,已设计出新一代紧凑涡流推进器。这种推进器,可以让研究人员更容易地以较低的速度和更高的精确度移动,并停靠水下交通工具。

此外,好像从两部著名的科幻影片的片断得到灵感的该技术,不久将允许医生们引导微小的带有喷射推进器的胶囊,穿梭于人类的消化管道,使他们能够诊断疾病和散布药物。

莫森里将带着这些及其他的一些细节材料,于12月11日~15日在旧金山召开的美国地球物理学联盟秋季年会上进行展示。作为科学家们的一个全球观测站,美国地球物理学联盟称自己的任务,就是展示旨在使人类受益的陆地上、大气以及空间的研究的发展情况。

莫森里说:"可靠的对接机制,对于水下交通工具的操作,特别在苛刻的环境中是至关重要的。我们开始研究解决，这项使许多研究人员勉强接受的交替换位技术，它比较快速但缺乏精确度，而速度不是那么快的交通工具或盒状设备又很难移动到操作位置。"

有人驾驶的和无人的水下交通工具，使科学的研究人员能够探索全球的生态系统：从夏威夷附近的海底火山，到南北极浮冰下寒冷的最深处。然而，虽然一些鱼雷状的水下交通工具，能够确保快速部署，并以最小限度的能量消耗来达到较高的巡航速度，但它们的水力设计，使它们很难进行低速度机动或停靠在狭窄的空间，或在一些精确的位置上进行盘旋。

盒状设计的水下小船很容易进行停靠和机动，但其在此过程中的速度很慢。由该研究小组设计的涡流推进器，可以提供多功能性的速度，使研究人员能够探索先前难以接近的地方。目前，许多设计者正设法为水下交通工具设计出更好的入坞系统，但莫森里称，他的研究小组想要提高船只现在具备的机动能力。他还说："我们并不想只解决这一个问题，我们为自己定的目标，是解决一个普遍性的问题。"

通过对涡环构成的研究，莫森里创造出了他的新发生器，这种发生器更像是鱿鱼和水母在水下移动的样子。在朝一个方向移动时，通过它不断地卷曲和展开其尾部，一连串流体从一个开口喷射而出时，涡环就形成了。

这个研究人员从自然获得灵感的涡流发生器，可被应用于广泛的领域。该项技术的开端，似乎可以在科幻里程碑式的影片《神奇旅程》和《惊异大奇航》中发现些端倪。该项技术的应用之一，就是使用微小的能够穿梭于人类的消化管道的胶囊，来诊断和治疗疾病，并散布药物。

到目前为止，该研究小组已设计并测试了三种不同的无人水下交通工具。该研究小组成功地使用最近设计的模型，完成了平行停泊测试。这个研究小组，还设计出一系列其他用于空中和水下的微型交通工具。

三、航空航天动力设备的新成果

（一）研制航空发动机的新信息

用 3D 打印技术制成用于遥控飞机的喷气发动机

2015 年 5 月，有关媒体报道，美国通用电气公司近日宣称，该公司航空增材技术开发中心主任莫里斯、工程师大卫·巴蒂西克等人组成的研究小组，利用 3D 打印技术，成功打印出一台可点火运行的小型喷气发动机。这在该领域尚属首次。这台 30 厘米长、20 厘米高的发动机，完全由 3D 打印机打印出的零件组装而成，在通油测试时每分钟转速可达 33000 转。

这台发动机由通用电气航空增材开发中心研制。此次实验的主要目的是测试通过金属粉末材料逐层叠加打印的效果。

3D 打印技术，不同于传统金属加工中所采用的切割、铣刨、冲压和焊接等手段，它能根据电脑中的计算机辅助设计图纸，通过激光融化金属粉末的方式，把零件分层打印出来，具有材料浪费少、零件尺寸精确的优势。通用电气 GE90 喷气发动机上，第一个待美国联邦航空局认证的 3D 打印零件，就是由这种技术制造的。

巴蒂西克称，他们使用的并不是普通的商业 3D 打印机，而是一种可以使用高熔点金属粉末作为原料的金属 3D 打印机，并使用了一种被称为直接金属激光融化（DMLM）的技术。

对航空航天工业而言，以 3D 打印为代表的增材制造技术特别具有吸引力，因为该技术可以制造出飞行器中常见的镍合金和钛合金等部件。通过对晶格结构特殊的设计，可以在不损害零件机械强度的情况下，大幅减轻材料重量。此外，该技术还具有所需工具极少，一个模型甚至一个想法就能制造零件的优势，可制造出其他工艺无法实现的几何形状。

（二）研制航天器发动机的新信息

开发出超低能耗航天器发动机

2006 年 4 月 3 日，俄罗斯赫鲁尼切夫航天系统科学研究所所长梅尼希科夫向媒体宣布，该所已开发出一种能量损耗很小的新型航天器发动机。

据介绍，这种新型发动机使用液体或固体工作介质。发动机工作时，通过吸收很少的外部能量，内部的工作介质即以一种特殊的方式旋动，由此使发动机产生推力。

科研人员从事这种发动机的研究，已有 4 年多时间。他们预计，这种超低能耗发动机可以工作 15 年，它所需的电能将由航天器的太阳能电池板提供。

研究者认为，这种发动机如果装备在卫星上，借助卫星太阳能电池板存储的能量，可以产生 100 千克力的牵引力，持续工作时间 20 分钟。它属于环境清洁型发动机，除了可以用于调整卫星和空间站的轨道，还可用于飞机及地面各种交通工具。俄联邦航天署表示，大力支持这一发明成果的应用，将尽快把它发送到太空进行试验。

（三）研制火箭发动机的新信息

1. 液氧甲烷燃料火箭发动机开发的新进展

（1）研制成功世界首个液氧甲烷燃料火箭引擎。2005 年 8 月 29 日，美国媒体报道，加州一家名叫 XCOR 的太空旅游公司当天宣布，完成了其重达 50 磅的甲烷燃料与液体氧火箭引擎的一系列测试工作，并获得圆满成功。

该公司首席工程技术人员丹·德隆说："本公司全体人员对此次测试的圆满成功感到非常兴奋，他们会继续努力在今后的一系列开发与测试中表现出最好的状态。"

此次测试工作，给这家太空旅游公司带来不小的收获。通过此次测试，更好地掌握了甲烷的工作与燃烧原理。因为，此前该公司在此方面已积累了很多经验，对液体氧的物理特性非常的熟悉，因此，其此次开发的低温甲烷燃料引擎，并没有遇到太大阻碍。

该公司在未来时间里，还将继续研究更新一代的燃料引擎——3M9，此类引擎将主要用于火箭反应控制体系，以及卫星机动系统。该公司之所以青睐甲烷燃料引擎的研制，主要是因为，甲烷燃料引擎具有很高的燃料存储性能，密度比氢燃料的密度大，并且比煤油燃料的使用效果好。

有关人士指出，使用甲烷燃料引擎，最为诱人的好处是：此种引擎可能在不久的将来，使用火星大气中提取出的甲烷，作为其燃料以供使用。

XCOR 公司此次测试工作总共进行了 65 秒钟，在此期间对 22 个燃料引擎进行了测试。其中燃烧时间最长的燃料引擎总共燃烧了 7 秒钟。此次测试的引擎所使用的燃料都是密封在其内部的推进剂。燃料压力推进与抽吸系统，正在研制与开发过程之中。额外的技术与执行性能细节，可以直接询问该公司的有关人员。

（2）液氧甲烷高性能发动机研发计划取得关键进展。2006 年 4 月，外国媒体报道，美国国家航空和航天局、工业界和美国空军组成一个研究团队，成功完成了一台液氧甲烷发动机长达 103 秒的点火试验，从而在下一代太空飞行技术研发上达到了关键的里程碑进展。

此次液氧甲烷试验，被认为是在美国进行的此类发动机点火试验持续时间最长的。这项试验实践了使用该技术支持太空探索愿景的允诺。试验成功是美国国家航空和航天局马歇尔航天飞行中心、美国空军研究试验室、KT 工程公司三年来共同协作研发的成果。

该型发动机是强有力的火箭推进动力，成本虽低但能够提供高运行响应性，以满足实现太空探索目标的需求。美国国家航空和航天局研究人员，已从这些试验中了解到液氧甲烷推进系统的不同结构。液氧甲烷发动机的优点，源自于其支持大型载荷任务的强大性能。与传统储备的自燃液体燃料发动机相比，液氧甲烷发动机还具备支持大型航天器降落，并着陆在行星表面的能力。

协作工作的重点，是研发并试验一个压力输送型液氧甲烷发动机。发动机拥有一个带有独立燃气供应的燃料箱，把燃料压入燃烧室。利用这个结构，工程师们开发了发动机启动、关闭序列，并在各种燃料混合比率和燃烧室压力下，评估液氧甲烷发动机的性能。

到目前，试验演示了多种燃料混合比率下的稳定燃烧，发动机在 60%~100% 推力间的节流能力，以及与未来探索任务需求一致的性能。

报道称，研究人员计划使用目前的发动机结构，再进行三次点火试验。他们将进行更加逼真的飞行试验，结合一些新设计、新材料和制造技术。分析这些材料和技术在未来的可改进性能，用以降低制造成本。逼真飞行试验的发动机，将通过一系列冷流和点火试验以验证其性能，并为研发和飞行设计提供所需的工程数据。

2. 采用其他燃料的火箭发动机开发新进展

（1）研制以空气中氢气为燃料的超音速冲压火箭发动机。2006年3月25日，英国广播公司报道，一种能够达到7倍音速的新型喷气发动机，日前在澳大利亚试飞成功。

据报道，这种超音速燃烧冲压喷气发动机名为"海肖特Ⅲ"，由英国国防科技公司设计。装有该发动机的火箭升空314千米后开始俯冲下降，研究人员认为，火箭在俯冲期间应该达到了7.6马赫（约每小时9000千米）的速度。

目前，一个国家专家小组正在对实验数据进行分析。发动机的主设计师、英国国防科技公司的英国专家欧文表示，目前看来，一切都在按计划进行。如果最终证明发动机试飞成功，将为制造超高速洲际航空旅行奠定基础，还能大幅度减少将小型负荷送入太空的费用。这是"海肖特Ⅲ"国际联合体计划今年进行的3次试飞的第一次。

第二次试飞的火箭，是由日本宇航空研究开发机构设计的，而第三次试飞的火箭将由澳大利亚联邦科学与工业研究组织设计。第一个"海肖特"冲压发动机在2001年发射，当时运载发动机的火箭偏离航向所以试飞失败。

超音速燃烧冲压喷气发动机又叫冲压发动机，机械构造十分简单。发动机没有移动部件，该发动机以空气中的氢气作为燃料，以空气中的氧气助燃。因此，冲压发动机比常规火箭发动机效率更高，因为他们不需要携带氧气，所以航天器能够装载更多负荷。不过，冲压发动机只有速度达到音速5倍的时候才能开始工作。

冲压发动机达到高速的时候，穿过发动机的空气被压缩，温度上升产生燃烧。急速扩张的空气从尾部排出形成推力。为了达到需要的速度，"海肖特Ⅲ"冲压发动机将被安装在常规火箭顶部，发射上升到330千米的高度，然后再冲向地面。冲压发动机俯冲下降，速度可以达到7.6马赫，即每小时超过9000千米。

根据计划，实验在发动机俯冲到距离地面35千米的高度进行。当发动机继续俯冲时，冲压发动机内部的燃料就会自动开始燃烧。在实验中，研究人员只有6秒钟的时间观测发动机的运行情况，因为6秒过后价值100万美元的发动机就撞地坠毁了。

（2）首次完成采用生态环保液体燃料的爆震火箭发动机测试。2016年10月，有关媒体报道，俄罗斯远景研究基金会近日宣布，他们与新西伯利亚拉夫连季耶夫流体动力学研究所、莫斯科航空学院，以及俄航空领域领先企业共同组成的研究团队，在世界上最先成功完成，新一代采用生态环保液体燃料的爆震火箭发动机测试。

2014年，该研究团队开始联合攻关，建立的液体火箭发动机专业实验室，成功进行了世界首个液体燃料爆震火箭发动机测试,燃料由液氧和煤油组成。

俄罗斯是世界上火箭发动机研制和生产的领导者,但现在传统液体火箭发动机,在单位参数方面,几乎走到了理论的极限。采用爆震点火模式的想法,从热力学角度而言,是最划算的燃料消耗方式。这个想法,在20世纪中叶由苏联学者提出,而现在才成功地在实践中实现了这一模式。

试验成功地产生了不同能量的爆震波,并平衡了振动和冲击负荷。实验清楚地证实了,这种新型发动机技术上的可行性。现在俄方关于数据研究和模拟阶段的任务已经结束,工作重心转到点火试验阶段。

爆震火箭发动机省去了压气机、涡轮机等部件,具有结构简单、推重比高、成本低廉等特点,将大大推动新一代发射技术的发展,很多国家都参与到了爆震发动机的研究行列中来,被认为是"21世纪最有潜力的空天动力项目"。

3. 用3D打印技术制造火箭发动机的新进展

(1) 用3D打印技术制造火箭发动机组件。2013年8月27日,华盛顿媒体报道,美国航天局当天宣布,该机构采用3D打印技术,制造了火箭发动机的喷射器,它在高温高压测试中"完美工作"。这意味着该机构在通过3D打印技术,削减太空探索中的硬件成本方面,"前进了一大步"。

美国航天局当天发表声明说,该机构利用"选择性激光熔融"工艺,用高能激光束把镍铬合金粉末熔化,再根据计算机设计的3D模型,"打印"出喷射器。该喷射器是美航天局曾用3D打印技术制造的火箭发动机组件中最大的,其大小相当于小型火箭发动机的喷射器,但其结构设计参照的是将航天员送上小行星的大型火箭发动机喷射器。

在8月22日进行的测试中,该喷射器产生了创纪录的9吨推力,是此前曾用3D打印技术制造的同类喷射器的约10倍。初步数据显示,在每平方米近1000吨的高压和约3316℃的高温下,这个喷射器可"完美工作"。

美国航天局表示,该喷射器在削减成本方面迈出了一大步,因为它仅由两个零件组成,而此前测试的同类喷射器由115个零件组成。美国航天局说:"零件越少,所需组装工作越少,意味着使用3D打印技术制造复杂零件解,可以节约一大笔成本。"

美国航天局正积极探索在太空任务中使用3D打印技术,比如正与私有企业合作研发能在国际空间站中使用的3D打印机,为宇航员打印所需工具。此外,美国航天局还在研究使用3D打印技术制造长期探索任务中所需的食品。

(2) 借助3D打印技术制造火箭发动机。2015年7月,美国媒体报道,新西兰火箭实验室,是一家开展航天事业活动的私人公司。该公司首席执行官彼得·贝克在接受媒体采访时宣布,他们已经确定其低成本轨道发射场的位置,将于年内建成发射场,并迎来首次发射任务。

贝克表示:"这是一个难得的机会,我们将建成世界第一个商业轨道发射场。"据称，该发射场，将建在新西兰南岛的坎特伯雷地区的一处海滩上。20世纪60年代，美国国家航空航天局曾在此发射亚轨道火箭。贝克说，新西兰当地能够提供优秀的技术支持和后勤保障，该发射场具有将卫星送入太空的良好轨道倾角和宽松的监管环境，空中和海上交通环境也非常有利。

将在这个发射场进行发射的火箭，直径只有1米，长20米，主要用于发射小型卫星。它可将100千克的负重，送入500千米外的太阳同步轨道上。

该火箭使用碳纤维复合材料作为主体，采用一台名为"卢瑟福"的电动涡轮发动机。特别需要指出的是，这部发动机的所有主要部件都是3D打印的，包括其发动机腔室、泵、主推进剂阀和喷射器等。

这款火箭的发射成本更是低得惊人，仅为490万美元，不到传统火箭发射成本的十分之一。借助3D打印技术，发动机仅需3天就可以打印完成。新西兰火箭实验室曾对外表示，当一切进入正轨后，他们将具备每周将一颗卫星送上既定轨道的能力。

这家由新西兰政府和硅谷共同赞助的公司，始创于2008年，由美国军火巨头洛克希德·马丁投资，此外，风险投资公司科斯拉风险投资公司和柏尚投资公司也是其投资者。

新西兰火箭实验室没有透露其客户信息，但是贝克在接受媒体采访时曾表示，他们拥有数量可观的愿意与他们一起"飞翔"的客户。

第二节　交通工具配套设备的新进展

一、车用配套设备的新成果

（一）研制汽车专用配套设备的新信息

1. 汽车车辆专用配套设备研制的新进展

（1）开发出面向混合动力车的制动系统。2006年2月，有关媒体报道，美国天合汽车公司近日宣布，开发出面向混合动力车的小型制动系统。此次开发的是"防滑增压"和"主动液压增压"两种系统，在发动机空转时也可发挥最大制动功能，可在电压为12V的车型上配备高性能防侧滑系统。从小型车到多功能运动车等多种车型，两种系统都可使用，而且还可回收制动能量。

"防滑增压"对该公司的防侧滑系统及制动工作系统进行了整合，利用电子油压控制组件、踏板模拟器及两个主缸，代替了原来使用真空管的倍力装置。由于不需要使用倍力装置，所以可以减少部件数量和减小系统体积，安装更轻松。另外还可减少噪声及振动。

"主动液压增压"系统利用电子油压控制组件、踏板模拟器及主缸，代替防侧滑装置的制动工作系统，与任何一种防侧滑装置均可配套使用。具有与"防滑增压"相同的优点，可在所有混合动力车及原有车型的底盘上配备防侧滑装置。

（2）发明让汽车废气变油变水的"绿盒"装置。2007年7月19日，英国媒体报道，英国北威尔士一名有机化学家和两名工程师组成的一个研究小组，发明了一个名为"绿盒"的装置，可以安装在汽车后方消音器的位置，收集汽车喷出的废气，经过处理后，这些废气剩下的便基本上只有水蒸气了。绿盒回收的废气包括二氧化碳和一氧化二氮，收集所得的废气经藻类生物反应器处理，再加提炼成为生物柴油，可供车辆使用。

"绿盒"装置化废为宝的过程非常简单，当"绿盒"收集满废气之后，车主可以换下它，然后放入藻类生物反应器，经过化学作用，"绿盒"中收集满的废气，被用来"喂养"给藻类。藻类长成后则被压碎，制成生物柴油，加入汽车用的油品中。研究人员称，"绿盒"能用在汽车、公车、卡车上，将来甚至能应用到建筑物、重工业厂房乃至于核工厂中。他们还开了一间公司专门研究这一技术。

过去两年，该研究小组共进行130多次测试，结果证明"绿盒"可收集85%~95%的汽车废气，现在还与日本以及美国的几家大型汽车制造商接触，希望能建立合作关系。这三名发明家表示，他们共花了近17万英镑，来研究有关技术。

（3）研发带气囊的汽车后座安全带。2009年11月7日，英国《每日电讯报》报道，美国福特汽车公司气囊安全带工程师斯里尼·森达拉拉杰负责的一个研究小组，已研发出一种带气囊的汽车后座安全带，这种安全装置可在车辆发生碰撞时更好地保护乘客安全。

报道，这种新式安全带的独特之处是，气囊被置于安全带中，从下部的带扣到乘客肩膀以上的部位都有气囊。一旦发生碰撞，汽车会发出信号释放气囊。福特公司将在"探路者"型汽车上首先安装这种气囊安全带，该车估计于2010年秋季上市。

森达拉拉杰说："当今保护生命安全的两大装置是气囊和安全带。我们研制的新产品，把气囊与安全带两者特点集于一身。"他说，这种内置气囊的安全带比普通安全带更宽，有助于分散使用者在撞车时胸部所受到的冲力，还能支撑头部和颈部，减少受伤可能性。

与车内的其他安全气囊相比，这种安全带内置气囊的充气过程比较"温和"，更有利于保护老人和儿童安全。

福特公司未透露这种新式安全带的价格。公司一名管理者说，这种安全带价格不菲，公司将把它当作"可选项"，由顾客决定是否加装。

2. 汽车生产专用设备研制的新进展

开发三款汽车生产线精密检测仪器。2007年5月，有关媒体报道，意大利博洛尼亚的马波斯公司，开发出三维测量软件、新型红外传输对刀测头和测量计算机等三款汽车生产线精密检测仪器，为汽车制造企业生产工序的最终检验提供更高精准度、灵活性和可靠性的保障。

在这三款检测仪器中，三维测量软件可以便捷地进行编程和使用，它与新型红外传输对刀测头配合使用，可以快速测量机床内部和检测曲面，大幅度降低工作及检测时间。

另外，测量计算机能够为标准产品测量提供硬件及软件，并可以管理16个感应器或测量仪。它可以通过USB接口，或者蓝牙无线技术方便地采集数据。此外，紧凑的设计和防护面板，让它能够适用于各种车间环境。

（二）研制汽车电子设备的新信息

1. 汽车专用电子设备开发的新进展

（1）开发防汽车侧翻的电子稳定器。2005年1月，有关媒体报道，根据专家的统计，67%的车祸是由于弯道、地面路滑或紧急情况下突然猛打方向盘，使汽车发生侧翻造成的。

解决侧翻的办法，也许可以借鉴有侧向辅助轮子的儿童自行车，有了两个辅助轮子，再胆小的孩子也不用担心翻车。

基于这个原理，德国戴姆勒—克莱斯勒公司开发了一种电子稳定器，它是在汽车两侧安装了两个侧向轮子，这两个备用轮子平时收缩在里面，紧急情况下自动伸展开，可以有效地防止汽车侧翻。

戴姆勒—克莱斯勒公司已在其属下公司旅游大巴上安装了电子稳定器，并取得了非常好的效果。公司准备将这一技术，扩大到卡车和私人汽车。

（2）开发出汽车夜间行驶电子控制系统。2005年1月，《科学与生活》杂志报道说，开车的人都知道，夜间行车时，如果迎面行驶的汽车开着大灯，刺眼的灯光会影响司机的视线及判断能力，容易导致交通事故。为了防止此类事情的发生，俄罗斯研究人员开发出一种汽车电子控制系统，不但能使司机不受对面汽车大灯照射的影响，还使其能更加清楚地看见路况。

这一夜间行驶系统的主要组成部件有：普通的气体放电氙灯、能够控制氙灯开关的电子元件、装在挡风玻璃上且透明度可以通过电信号调节的液晶屏，以及控制这些部件的电子控制系统。

工作时，电子控制系统按照一定的时间间隔，向氙灯发出电脉冲，使氙灯交替照明和熄灭。在氙灯交替照明和熄灭的过程中，司机看到的路面是如同动画片一样的连续画面。氙灯照明时，挡风玻璃上的液晶屏开启并变得透明，使司机能够更清楚地看到路况；氙灯熄灭时，液晶屏变得不透明，迎面行驶而来的汽车大灯灯光也会显得不那么刺眼。由于氙灯发出的灯光接近太阳光，更加适应人的视觉，能使司机更准确地判断路面及两边的情况，防止夜间交通事故的发生。

有人担心，如果相向行驶的两辆汽车同时安装了这种电子控制系统，则会因氙灯照明和熄灭的时间间隔相同而影响其效果。为了防止这种情况，研究人员为这种系统设计了不同的工作频率，使安装这种系统的汽车氙灯照明和熄灭的时间间隔各不相同，不至于使相向行驶的两辆汽车的系统工作频率相同。

（3）研制成车载偏振相机预警器。2011年10月，有关媒体报道，许多司机都有这种经历，车开到近前才发现前方路面已结冰。为减少这种"意外"情况，德国弗劳恩霍夫集成电路研究所一个研究小组，开发出一种新型偏振相机为基础的预警器，以提前对类似情况发出预警。

人们可以看到绚烂的景色，是因为不同颜色光波的波长各不相同。然而，作为一种电磁波，光波还具有偏振性。由于人眼无法识别偏振光，在一定距离以外对某些物体"视而不见"也就在所难免，而能够感知光波偏振的"偏振相机"，刚好可以用于解决这一问题。它能根据较远处道路表面反射的偏振光，辨别路面是否干燥、湿润或者结冰，进而及时发出预警信号提醒司机。

依据上述原理，研究人员研制出一种新型偏振相机，与此前同类相机相比，其所用技术有了更多改进，外形边长只有55~75毫米。但研究人员坦言，仍需对这种相机进行试验，以解决将其用于车载所面临的一些技术问题。

2. 汽车配套电子通信设备开发的新进展

（1）推出全新的车用蓝牙通信模块。2006年7月，德国奔驰公司根据蓝牙通信逐渐普遍产生的新需求，开始推出具有蓝牙通信功能的多功能信息整合系统，并研制出全新的车用蓝牙通信模块，为车主提供更加便利的通信功能。

奔驰全新的车用蓝牙通信模块，借助于安装在中央扶手内的蓝牙信号接收器，接收车主使用蓝牙手机的信号，并由中控台中的指令系统与方向盘控制键控制，且经由车内的免持听筒功能直接通话。

除此之外，该蓝牙通信模块，为了提供最佳的通信质量，另具有自动介入通信讯号功能，借助车上的天线，直接与GSM讯号相联结，弥补手机在移动间接收信号的不足。

（2）研制把信息投影到汽车挡风玻璃的电子导航设备。2013年07月16日，国外媒体报道，尽管车载设备的应用已经使导航变得越来越简单，但仍旧有许多令人烦恼的问题存在。比如，你是否曾在高速公路上行驶的时候，试图将GPS导航仪的吸盘重新安上？或者由于智能手机的应用声音太小，而错过某次转弯？

类似这样的问题很快就将迎刃而解，利用一款便携式平视显示屏，导航设备可以将路况信息直接投影在汽车的挡风玻璃上。驾驶员可以在视线范围内直接读取这些信息，而不用从路面上移开。不过，这款显示屏的当前价格达到数千美元，听起来似乎就不那么吸引人了。

佳明公司的全球销售副总裁丹·巴特尔称，公司正准备启动一项任务，使这款奢侈的汽车配件能够为所有的车主接受。他在公司的博客中说："佳明公司的便携式平视显示屏，使这项技术在一个可以承受的价格上，成为所有汽车能够获得的售后配件。"虽然，目前市场上还有另一些便携式平视显示屏，但它们都仅能作为第二个仪表盘来使用。佳明公司的便携式平视显示屏是一个矩形的装置，可以放在仪表盘之上的一侧。它能够通过蓝牙技术来无线连接智能手机，并直接将导航信息投射在挡风玻璃或者连接的反射镜上。

在视野中总是出现路况信息，是否会对驾驶者的注意力产生影响？一些具有操作经验的人认为答案是否定的。佳明公司的媒体专家约翰·布罗尔认为，便携式平视显示屏对驾驶者来说，是一个非常有用的补充。他说："你能够在浏览导航信息的同时看着道路。看显示屏的时间越少，驾驶者的分心就越少。"

据介绍，目前佳明公司的便携式平视显示屏设备，还没有得到美国联邦通信委员会的授权，因而还不能够销售。不过布罗尔称，与很多其他设备一样，这也是便携式平视显示屏要经历的必需步骤。他说："该设备是与卫星进行通信，所以我们需要在获得授权之前，经常发布一些免责声明。"

（三）研制车用配套设备的其他新信息

1. 开发地铁专用电子设备的新进展

研制为伦敦地铁导航的学习机器。2016年10月，英国伦敦深度思维公司的亚历克斯·格拉维斯、格雷戈·韦恩、德米斯·哈萨比斯及同事组成的一个研究小组，在《自然》发表的一项研究成果，描述了一种集神经网络与计算机优点于一身的混合型学习机器，并试图用其为伦敦地铁导航。

传统计算机可以处理复杂的数据形式，但是需要手工编程来执行这些任务。与此同时，人工神经网络，一直被开发用来模拟可以分辨数据的模式，具有像人脑一样的学习能力。但是，它们缺乏符号处理结构化数据所需的存储架构。

现在，该研究小组开发出被称为的"可微分神经计算机"，将神经网络和外部存储结构结合在一起，前者可以通过示例或反复试验进行学习，后者与传统计算机内的随机存取存储器相似。因此，可微分神经计算机能够像神经网络一样地学习，又能够像计算机一样处理复杂的数据。

该研究显示，可微分神经计算机能够成功理解图形结构，如家谱图或交通网络；例如，它可以在没有先验知识的情况下，规划最佳的伦敦地铁线路；或者根据符号语言所描述的目标，来解决的方块拼图活动问题。

2. 开发自行车碰撞防护设备的新进展

发明可保护骑车人的充气头盔。2010年10月，国外媒体报道，瑞典工业设计师安纳·哈普特等人组成的一个工作小组，用了6年时间，设计出一种名叫

"首领"的充气头盔。这对喜欢骑自行车但又不愿戴头盔的人来说,是一项完美设计。"首领"头盔是一种只需要 0.1 秒便可以打开的安全气袋,在撞击发生时可保护骑车人的头部和颈部。

哈普特表示,他们的设计公司希望,这款头盔 2011 年春天摆上北欧和英国商店货架。头盔的原始成本约 260 英镑,但是,哈普特相信,很多人急需头盔的替代产品。设计组开发了一种使用含折叠气袋的围脖系统,当内置传感器感应到突然撞击之后气袋就会膨开。小氦气筒将在 0.1 秒之内膨开气袋,而且膨胀在撞击发生后持续数秒。

通过对真实骑车者产生的数百起事故进行测试,设计师开发了这款新的头盔。哈普特说:"气袋被设计为兜帽,包围和保护骑车者的头部。释放机制由传感器控制,传感器可感应事故中骑车者的异常动作。"

哈普特表示,围脖的颜色甚至可改变以搭配骑车者的装扮。兜帽本身由耐用尼龙织物制成,可抵挡路面刮擦。她说:"我和我的同事都是自行车爱好者,但是,在瑞典,法律要求骑车者必须佩戴头盔。很多人不喜欢自行车头盔,因为它看起来笨重而且一旦摘下后发型会受到影响。

所以,虽然法律要求,但是很多人不愿戴头盔,不光在瑞典是这样,英国之类的很多地方也是这样。我们希望制造产品保障人们的安全,与此同时为人们解决一些问题,在保障使用者安全的同时还保持美观。我们向数百位骑车者询问了,他们理想中的头盔或者可能让他们保持安全的装置样式。"

设计小组使用瑞典自行车碰撞记录,完成数百起测试,形成发生撞击时骑车者的动作画面。于是设计出了可在 0.1 秒内打开的兜帽,因此,在骑车人可能撞到头部之前气袋就会完全打开。设计小组测试了骑车者在城市或者马路上的所有典型动作。哈普特指出,即使突然刹车和闪避动作都不会导致气袋打开。她说:"我们还上演了所有已知类型的自行车事故,收集了这些事故中骑车者的动作模式。"

设计小组使用模拟撞击研究致命事故中人体的反应方式,并收集了所有动作模式。然后,使用数学公式计算可能打开这一装置的动作。英国皇家事故预防协会发言人说:"很高兴看到了新的创意,但是我们需要大量证据证实这种装置的实用性和有效性。例如既定价格如何?是否胜过头盔?是否在所有相关情境中有效?是否存在引起伤害的任何可能情况?"

二、船舶配套设备的新成果

(一)开发船舶专用配套设备的新信息

1. 研制与船舶动力相关专用设备的新进展

(1)开发出面向大型船外机的高效制动器。2007 年 8 月,有关媒体报道,日本精工集团面向船外机,研制成换挡操作性更高的小型制动器。它采用高效率汽车用滚珠丝杠和高输出功率马达,在提高换挡能力和响应性的同时,减小了自身的体积。

原来的大型船只,通常以船内机为主流,也就是把发动机安装在船内的。由于采用船外机,把发动机设置在船外,具有安装和维护方便、可扩大船内空间等优点,因此近年大型船只改用船外机的情况日益增多。

此外,原来采用机械换挡时,由于驾驶席到船外机的距离较远,因此需要用长长的电缆进行连接,在挂有多台船外机以及席位数量较多时,应用难度较大。受这些缺点的影响,越来越多的大型船只,开始采用线控设计。而且,今后在中型船只领域,线控设计也有望得到推广。日本精工为了应对高功率化和线控化趋势,开发了在严酷环境下也可工作的高功率制动器。

该制动器采用转换效率达 90% 的滚珠丝杠。通过抑制制动器的能量损失,达到高速、高功率状态,即使是大功率船外机也可做到顺畅换挡。通过产生超过人力的推力,还使换挡做到可靠而稳定。

另外,如果制动器直接安装在发动机上,会受到高热及振动的影响,因此这里采用了耐振动性高的马达及非接触式的位置传感器。同时,为了防止海水浸入,并避免声呐及无线带来的电磁波干扰,制动器金属外壳采用封闭构造,还配备了耐水密封和防磁罩等。而且,通过采用双传感器设计,可靠性也得到了提高。

(2)开发出船舶引擎润滑油自动监测仪器。2010 年 8 月,英国桑德兰大学发布公报说,该校巴格利博士领导的自动化与制造高级实践小组,开发出一套专门针对船舶引擎润滑油状况的自动监测仪器,可在润滑系统出现问题前发出预警,提示船员采取措施并由此减少经济损失。这一系统填补了船舶引擎润滑油自动管理方面的空白。

公报说,实践小组研发的这套由传感器和电脑软件组成的仪器装置,能够持续监控船舶引擎中润滑油的黏度、含水量、杂质等方面的特征,针对可能出现的问题发出预警,还能够给出解决方案。据介绍,这套仪器装置以希腊神话中海神波塞冬的名字命名为"波塞冬系统"。

巴格利博士说,润滑油对船舶非常重要,一艘大船的主引擎中循环流动着多达 40 吨润滑油。润滑油除正常损耗外,还会遭受来自海水、燃油、燃烧产物等多方面污染。如果这些价格高昂的润滑油出了问题,可能会导致船舶失去动力并造成巨额经济损失。

他介绍说,近来对船舶引擎的自动化监控,已遍及燃油、气温、气压等方面,但之前还没有包含润滑油,这套仪器填补了这方面空白。它专为船舶环境设计,能适应船舶震动以及湿度和温度等方面的变化。

2.研制船舶专用配套设备的其他新进展

(1)开发出压舱水净化系统。2006 年 10 月,有关媒体报道,新加坡环境科学工程研究院研发一套压舱水净化系统,可让压舱水符合国际标准,不久即可上市。

压舱水是在船舶没有运载货物航行时,为保持船身平衡而注入船舱的海水,当船舶入港装载货物时,就会排出压舱水,但却容易把别处的海洋生物带入不同水域,进而影响海洋生态。

新加坡环境科学工程研究院长兼总裁郑俊华指出,远洋运输者都在期待符合国际标准的压舱水处理系统出炉。由于美国将提早实施这项规定,新西兰、日本等国也预料随后跟进,如果要和这些国家做生意,就必须安装压舱水处理系统。因此,该院在海事及港务管理局、热带海洋科学研究院、义安理工学院、海皇轮船及美国海运局支持下,完成这套压舱水净化系统,并从2005年5月起,在亚洲、美国、欧洲的商船"海皇珍珠号"进行了试验,净化率达100%。

(2)研发出新一代船舶用的数字雷达。2013年7月2日,有关媒体报道,韩国现代重工新一代"船舶用数字雷达"研发工作宣告结束,将从2015年开始实现商业化推进。

据称,为了研发数字雷达,现代重工业、韩国电子通信研究院、蔚山经济振兴院、造船海洋器材研究院和中小企业等10个机构,从2010年7月组成联盟,共同进行自主研发。

报道说,此次成功研发的数字雷达的分辨率,与现有产品相比要高出2倍之多,即使是在恶劣天气条件下,也可以探知10千米之外大约70厘米大小的物体。该数字雷达的核心零部件功率放大器的寿命,高达5万小时,与其他产品寿命3000小时相比高出16倍。该数字雷达的优点,还在于可应用到军事领域、海洋设备及航空领域等。

现代重工计划,在2014年下半年,从挪威船级社ISO9001质量体系认证机构等主要船级机构获得认证,从2015年开始将其用于商业化。同时,现代重工业还表示将开发可对航运系统、外部环境信息,以及其他船舶信息进行整合管理,从而保证安全航行的船舶整合运行系统。

(二)开发船舶部件制造专用设备的新信息

研制出用于加工船舶中速柴油机曲轴的机床

2009年5月,有关媒体报道,韩国精密机械公司针对船舶中速柴油机曲轴加工,开发出一类专用机床。据介绍,该类机床可加工规格最长为8.2米、最重为15吨的曲轴。采用一次性放置的方法即可完成对整个曲轴的加工,因此与使用传统加工机床相比,不仅有效地缩短了加工时间,而且提高了加工过程的安全性。

船舶中速柴油机曲轴加工机床,是船舶机械和风力发电设备的发动机生产企业必需的加工设备,目前世界上仅有少数企业能够制造。

三、飞机配套设备的新成果

(一) 研制飞机专用配套设备的新信息

1. 开发飞机伞降设备的新进展

(1) 试验GPS精准空投自动伞降系统。2004年10月，美国媒体报道，目前，美国海军陆战队正在伊拉克试验一种精准空投系统："谢帕"自动伞降系统。该系统的84平方米伞翼连接有伺服电机，内置GPS电脑系统可根据实时风速、飞行方向、目标方位和天空高度等信息，控制电机自动调整伞翼，准确落向目标区。有效操作高度可达7620米。

美国海军陆战队传统空投方式，是由运输机在610米低空低速飞行，以确保空投的准确性。地面的士兵希望这些空投能更为准确，而空乘人员则希望避开地面炮火。

2004年9月，"谢帕"在伊拉克阿尔安巴尔省美军山谷兵营首试，在两次试投中，该系统从3048米落下，准确落入目标区，耗时在5~10分钟之间。

与传统装备相比，这无论对机组成员还是地面人员，都是一个不错的开端。美军计划在此类装备基础上研发一整套"联合精准空投系统"，后者一次最多可精准空投重达23吨的军用物资。

(2) 研制帮飞机应对意外的超级降落伞。2005年9月13日，有关媒体报道，发生了多起空难的"黑色八月"刚过去，9月5日，印度尼西亚又发生一起空难，近150人遇难。航空安全再次引起了人们的关注。那么，随着科技的发展，如何提高飞机的安全性呢？

美国航空航天局已经与飞机紧急降落伞系统公司合作，设计出新一代可用于小型飞机的紧急降落伞系统。当飞机失控时，机长可打开降落伞，令飞机安全降落地面，该系统将来有望用于大型客机。

降落伞系统装置在小型飞机后座的后面。它的强力绳索系住机翼、机身和机尾。降落伞可在1秒之内快速张开。这种降落伞的售价为1.6万美元，2004年已售出约500件，并已有过成功案例。2004年，加拿大人科尔驾驶的小型飞机夜间在山区失控，科尔使用了紧急降落伞系统，飞机得以安全降落。

该公司生产的这款降落伞，可负荷近1800千克的重量，而小型飞机的重量达900千克。航空专家对这种降落伞可否用于大型客机，持怀疑态度，大型飞机的重量和速度可能是使用这种安全系统的障碍。因此，首要的任务是发明更为坚固耐用的降落伞，给更大型和高速的飞机使用。

2004年，加拿大批准了一款新型未来喷气式飞机的设计专利。该方案建议将客机、货机机身的最内层改装成数个前后相通的密封舱，在各密封舱结合部的机身夹层中安装聚能分离器（即小型爆破装置）。当飞机在空中遇到紧急情况时，飞行员只需按下控制按钮，聚能分离器就会发生小爆炸，使载有乘客和机组人员的密封舱完整地相互分离。而飞机分离后的每一部分都配备有降落伞、震动吸收体、膨胀筏和推进喷射装置，这些设备将引导该部分机体缓慢落向地面，从而保障机上乘客的生命安全。

但这只是一个理想的学术成果，在具体研究上还将有许多需要跨越的障碍。如果安装了上述救生系统之后，飞机的制造成本会上升7%~8%。

目前，追查飞机失事原因主要依靠"黑匣子"。但"黑匣子"也有局限，如记录不够完整，坠机后不容易被找到等，所以科学家希望"白匣子"能发挥更大的作用。

"白匣子"是一种全新的通信系统，能通过飞机上的传感器自动记录各种数据。过去，该系统并不支持连续的信息传递。北得克萨斯州立大学计算机科学与工程系主任克里纳·卡维的想法，是使用卫星通信技术实现高效率连续信息传递。这就等于提供一个实时的备份。即使飞机失事后找不到"黑匣子"，专家们也能通过分析服务器中的数据查找失事原因。

该系统还可以实时分析从飞机上获得的数据，发现故障隐患，及时提醒飞行员和航空公司。因此"白匣子"还有一定的事故预防功能。

2. 开发飞机发射设备的新进展

（1）推出一分钟发射30架无人机的激光炮。2015年4月15日，英国《每日邮报》网站报道，美国海军今天演示了一种新型激光炮，它能在一分钟内将30架无人机逐一射入天空，这些无人机会利用相互间的信息共享，同仇敌忾地执行攻击或防御任务。据报道，美国海军表示，这种无人机"开启了海军作战自动和无人系统的新纪元"。

这套集群无人驾驶飞行器系统，正由美国海军研究办公室倾力研发，是海军低成本无人飞行器集群技术项目的一部分。在该项目中，有一个类似导管的发射器，它能快速而连续地将无人飞行器射入空中，该项目将探索实现发射多架低成本无人机形成集群优势，目标是对敌人实施自动打击。美国海军表示，部署无人驾驶飞行器集群，有望为美国海军陆战队提供决定性的战略优势。

美国海军研究办公室项目负责人李·马斯特罗亚尼表示，最新演示朝着2016年在舰船上展示快速发射自动无人飞行器集群，迈出了重要一步。而且，最新技术使紧凑的无人机集群能从舰船、作战车辆、飞机或其他无人驾驶平台起飞。

美国海军研究办公室的技术演示，从2015年3月开始在多个地点进行。期间，美国海军还对"丛林狼"无人机进行了展示，这种无人机能携带不同的载荷，完成不同的任务。在美国海军此次展示的9种无人驾驶技术中，有一种技术完成了全自动的无人机协同和编队作战。海军官员表示，尽管这些无人机都能自己单独飞行，但处于技术最前沿的不是单架无人机，而是无人飞行器集群技术项目的自动技术。

马斯特罗亚尼说:"无人飞行器集群技术项目的自动集群飞行程度前所未有,无人飞行器可以扩展而且能重新配置,可以使人从驾驶飞行器和传统武器系统中解放出来,完成更复杂的任务,而且,也降低了作战人员面临的风险。"

美国海军作战部长乔纳森·格林纳特说:"天空中以及水面下,将部署具有更大自主性的无人系统,而且将同有人系统完美地融合在一起工作。"

(2)测试时速达到390千米的电磁战机弹射器。2015年6月10日,英国《每日邮报》报道,美国海军近日在新一代航母"杰拉尔德·福特"上,测试"电磁飞机弹射系统"。结果表明,这个弹射器可把重达3.63万千克的战斗机弹射升空,且时速达到390千米。

报道称,测试时,弹射器把重达3.63万千克的静止载荷弹射到空中,落入弗吉尼亚州的詹姆斯河。这一静止载荷是一大型轮式钢质车辆,代替实际的舰载机。相对而言,美军F-35战机起飞时的最大重量仅为2.7万千克。

报道说,电磁弹射器可每45秒弹射一次,每次弹射过程用时3秒,耗电量多达1亿瓦特。美军研发这一电磁弹射器是为了取代现行的、用以弹射飞机的蒸汽弹射器。尽管蒸汽弹射器可给战机起飞时带来所需的额外推动力,但是过于笨重,且会对战机系统造成压力。

按照美国海军的说法,最新测试表明,电磁弹射器能给战机提供更顺畅的加速且造成的压力较小。而且,电磁弹射器重量较轻,所占空间较小,需要的维护也较少。

美国海军官员汤姆·穆尔说:"对海军而言,这是个令人振奋的时刻。60多年来,这是第一次。我们已经用电磁弹射器代替蒸汽弹射器,进行过22次无载荷试验。"

(二)研制飞机电子设备的新信息

1. 开发无人机电子设备的新进展

(1)研制无人机通用航空电子装置。2004年10月,有关媒体报道,美国罗克韦尔-科林斯公司及其组员厂商AAI、惠特尼、布列特里和布朗公司,将根据与美国陆军航空应用技术处签订的合同,执行第Ⅲ阶段有人或无人机通用结构计划。

有人或无人机通用结构计划Ⅲ,将研制和演示无人机航空电子装置结构。这些无人机航空电子装置结构,要求与直升机和地面汽车目前研制的任务处理系统通用,其构成未来战斗系统计划的一部分。

应用计划包括"阴影"200、无人战斗武装旋翼机、A-160"蜂鸟"和"火力侦察兵"。罗克韦尔-科林斯公司将交付原型任务处理器,并在"阴影"200上进行若干功能的实验室演示。它们包括发送高清晰度电视实际视频图像、"观察并回避"自主操作、自动目标提示、自动目标识别和无源目标测距。

(2)推出为研发无人机提供灵感的微型芯片。2011年12月,美国杜克大学电气工程师马特·雷诺兹领导的一个研究小组在《新科学家》杂志发布消息说，他们专门制造出一种微型芯片，希望以此来破解蜻蜓复杂的飞行控制系统，为今后无人机和其他飞行器的研发提供灵感。

蜻蜓一直以来都是人类眼中的飞行专家：侧飞、倒飞轻而易举，悬停、垂直上下不在话下。在灵活性上，即便是目前最先进的人造飞行器也无法与其相提并论。

雷诺兹说，蜻蜓的翅膀能够让其控制自如地来回穿梭，其自由度和操控性远超过目前所有人造飞行器的机翼。在扑食昆虫时，蜻蜓必须使自己的嘴和猎物保持在一条直线上，快速地水平移动，精准地垂直升降，这完全有赖于其独特的飞行控制能力。

为了弄清这一过程，雷诺兹与霍华德·休斯医学研究所的一个研究小组专门制造了一种比指甲盖还小的微型芯片。这种芯片的重量只有38毫克，是蜻蜓自重的1/10。微芯片中的电极与蜻蜓神经索中的16条神经相连，从而能够获得蜻蜓飞行控制系统的神经信号。整个芯片附着在蜻蜓的腹部，由于体积小、重量极轻，它并不会对蜻蜓飞行和扑食能力造成干扰。在工作时，芯片通过无线方式获取电力，能够以每秒5兆的速度传输数据，与普通的家庭宽带传输速度相当。

在实验中，研究人员以果蝇为诱饵，测试实验蜻蜓的飞行能力，并以高速摄像机进行拍摄。结合由附着在蜻蜓身上的微型芯片传来的数据，他们就能获得蜻蜓飞行规律及其控制翅膀运动的相关细节。

研究人员称，通过这样的分析，或能破解蜻蜓高超飞行能力的奥秘所在，从而开发出更灵活、敏捷的无人机和飞行器。

2. 开发飞机电子设备的其他新信息

（1）研制可保护飞机免受飞鸟撞击的"声频望远镜"。2006年11月，美国联邦航空管理局网站报道，美国马里兰州国家标准技术研究所科学家文森特·斯坦福特领导的一个研究小组，正在研制一种可以通过鸟叫声来识别其种类的"声频望远镜"，不久将用于保护飞机免受撞击。

飞机一旦与鸟类发生碰撞，其结果是灾难性的。机鸟互撞，最可能发生在机场附近低空飞行航线上。雷达和红外探测器能够侦察到鸟类活动，却不能将一只可能引发严重灾害的大鸟，与一只低风险的小鸟区别开来。斯坦福特说："机鸟互撞是造成飞机，特别是小型飞机坠毁的一个重要原因。"

据报道，自1990年以来，机鸟互撞已对美国的飞机造成价值达20亿美元的损失。与飞机相撞的鸟的种类，与造成的损害程度紧密相关。例如，与一只较小、较轻的鸥或鹰相比，一只强壮的加拿大黑雁威胁要大得多。

这项研究通常集中于所谓的"智能空间"，在这样的空间里，人们可能通过照相机和麦克风对自己进行区分和追踪。在马里兰，斯坦福特研究小组以及来自美国智能自动化公司的研究人员，对用于通过声音识别各只鸟的软件进行改进，以使它可以对鸟的种类进行区分。

192 个麦克风以同心圆的形式，每隔 2 米放置一个被排列在地面上，用来捕获远距离鸟叫声。在使用雷达和红外探测器发现一群鸟以后，被斯坦福特称为"声频望远镜"的这套设备可以对鸟群进行瞄准。

"声频望远镜"放大被选定方向传来的声音，并抵偿其他任何声音。通过测量声音到达不同排列麦克风时间的微小延迟，它能推算出每一种声音的方向。人类以相似的方式对声源进行定位，即通过分析声音到达每只耳朵的时间来捕获声音。

斯坦福特说："通过在已记录的鸟叫声和有像火车快速经过噪声的真实环境里，对这套设备进行测试，它被证实在辨别不同种类的鸟方面是非常成功的。"使用该软件能够在几秒钟内对加拿大黑雁、鹰和鸽之间进行识别。

目前，这套系统只能探测到大约 100 米以外的声音。斯坦福特说："要在机场使用该系统，我们需要将其探测范围扩展到大约 2.5 千米。"他还表示，如果在阵列上增加更多的麦克风，应该可以达到那么远的距离。

（2）为商业飞行员开发增强现实电子设备。2012 年 5 月，物理学家组织网报道，美国国家航空航天局兰利研究中心，一个航空电子设备研究小组，为商用飞机驾驶员开发出一种增强现实电子设备，有助于减少由于恶劣天气和机场拥挤导致的航空事故。

增强现实技术是数字化技术的发展和延伸，它通过对实时的视频图像进行信息传输和处理，把虚拟的信息应用到真实世界，真实的环境和虚拟的物体实时地叠加到同一个画面或空间，形成交互式的三维图像画面，给用户带来更真实的全新体验与感受。

由于商业飞机的大多数事故，发生在飞机滑行、起飞和着陆时，所以美国国家航空航天局着重为飞行员设计高效的工具，以帮助他们在紧急情况下，能够更好地看清到底发生了什么事。而这种增强现实设备，可以在飞机降落时逼真地显示出跑道、高楼及其他飞机等物体；一旦飞机降落于地面，它会显示出飞机跑道的中心线、互相连接的跑道、出租车的专用道。

这种新型增强现实设备可戴在头部，前方设计有一个可视目镜。其上还安置了陀螺仪和传感器，能清楚看见舱壁上记录数据信息的纸张，以确定其自身方向，并可以准确地说明飞行员正在寻找的方向，及相应的反应。它内置的语音识别软件，可使飞行员与系统保持口头联络。

四、航天工具配套设备的新成果

(一) 研制航天器配套设备的新信息

1. 开发航天器专用配套设备的新进展

(1) 发明保证航天器沿正确方向飞行的星际"指南针"。2004年12月,俄媒体报道,俄罗斯科学院宇宙研究所专家阿瓦涅索夫等人组成的研究小组,最近设计出一种能使航天器准确识别方向的新型星际"指南针"。与目前使用的同类仪器相比,它具有抗干扰能力强、重量轻、能耗小和精确度高等特点。

据报道,这种星际"指南针",实际是一种数字摄像机,其外形为不透光的黑色管状物,大小与一个容量为3升的液体罐相当。安装在管状物内部的星体传感器和微型信息处理器,能协同分析浩瀚星空中的星体数字化影像,调节星体影像的亮度,确定星体间的相互位置,然后再根据存储器中的记录对星体进行识别。

据介绍,新仪器中存储了8500颗星体的资料,浏览一遍仅需6秒钟时间。对星体定位后,这种仪器就可以确定携带该仪器的航天器的位置,并为它们指引方向。

阿瓦涅索夫说,新仪器内部安装了一种特殊软件,它可以使新仪器对进入其"工作视野"的卫星、彗星、小行星和太空垃圾等物体,具有很强的鉴别力,在进行定位时能避开它们的干扰,从而保证航天器沿正确方向飞行。

阿瓦涅索夫介绍说,他们研制的星际"指南针"重2千克多,仅为传统仪器重量的1/2,其能耗与功率为8瓦的灯泡相当。此外,其精确度和信息处理速度,也是传统仪器无法比拟的。据悉,研究人员打算将新型星际"指南针",用于未来的火星探测计划。

(2) 成功测试可充气式航天器隔热罩。2009年8月19日,美国媒体报道,以往用于保护航天器外部的耐高温隔热装置,都是硬质材料。然而,美国航天局最近成功测试一种可充气式航天器隔热罩,将来有望大大减轻航天器的发射重量。

据报道,这一新型隔热罩,名为"IRVE"。在美国航天局位于弗吉尼亚州的一个飞行基地,有关专家日前用一枚小型火箭,将其发射升空进行测试,测试获得了成功。据美国航天局兰利研究中心称,测试结果令人"非常满意",隔热罩与火箭成功分离,保护试验载荷安全地重新进入地球大气层。

目前,航天器使用的隔热装置均为硬质材料,有的可在穿越探测对象大气层过程中瓦解,有的可在穿越大气层后剥离,比如美国火星车在穿过火星大气层后,外部隔热保护装置就自动脱离。

但这类隔热装置的缺点,是自身重量过高,从而限制了航天器的有效载荷。另外,隔热装置的体积也受限制,因为它必须能够容纳到运载火箭中。

充气式的隔热罩很好地解决了上述问题。它材质很轻，由几层耐热性能良好的特殊材料制成，自重仅 40 千克，未充气时所占体积很小。因此，使用这种隔热罩的航天器的有效载荷可以更大。航天器发射后，这种隔热罩可充气膨胀到相对较大的体积，在穿越大气层时保护航天器。

美航天局兰利研究中心称，这种可充气式隔热罩，未来可应用到探测火星或土卫六的探测器上，或者应用到往返于国际空间站和地球之间的货运航天器上。

2. 开发航天器试验设备的新进展

建成并调试世界第三大高超声速风洞。2017 年 5 月，国外媒体报道，继中国和美国之后，印度建成世界第三大高超声速风洞。由印度航天研究组织建造的高超声速风洞，近日在维克拉姆—萨拉巴伊航天中心启动，并运行调试。

该风洞以印度航天研究组织前主席萨什·德霍万命名，由印度自主设计和研发制造。该风洞实验装置，将为印度航天航空运载系统的设计和研发提供必要的空气动力学科学试验数据。

风洞用于研究，飞行过程中环绕航天飞行器等固体表面大气的流动与作用。印度此次调试的风洞为 1 米级高超声速风洞和 1 米级激波风洞，可模拟各种马赫数、雷诺数和再入速度的能力，其尺寸和试验能力排世界第三。

随着面向未来科研计划的开展，印度航天研究组织将陆续研发可重复使用的运载器、两级入轨火箭、吸气式推进系统载人航天飞行器等，超声速风洞将为解决飞行器在高超声速环境下的气动-热动力学建模，提供必不可少的重要实验分析平台。

（二）研制航天飞机配套设备的新信息

1. 开发增强航天飞机安全性的新型机械臂

2005 年 7 月，外国媒体报道，发射航天飞机，最令人头疼的是安全问题。美国在以后发射的航天飞机中，除了会配备原有的一种名叫"加拿大臂"的装置之外，还会安装一个专用机械臂来检查系统，以避免再次发生像"哥伦比亚"号航天飞机那样的灾难。

"加拿大臂"由加拿大斯帕航空航天公司和国家研究委员会，在 20 世纪 70 年代，共同开发制造，主要用于在太空中抓取卫星之类的重物。同时，加上激光摄像机后，能够检查航天飞机外壳在发射后是否存在微小的裂缝。

这次，由加拿大安大略省一位工程师设计的机械臂检查系统，采用了"轨道飞行器悬臂"和"传感器系统"。此外，这种新型机械臂还具有数据存储量大等特点。新型机械臂长 15 米，被安装在航天飞机货舱的两侧，能够在航天飞机进入轨道飞行后进行检查工作，或者在与太空站对接后，借助太空站上的"加拿大臂"与航天飞机的机械臂连接在一起，做进一步的检查。

检查机械臂的末端装有三台摄影机，其中一台是三维摄影机，一台是红外线激光摄影机和一台较小的黑白摄影机。三维摄影机负责记录精确的数据，红外线激光摄影机负责拍摄常规的视频图像，黑白摄影机则用来保证机械臂不会碰撞到任何东西。

据悉，三维摄影机不仅能够拍摄下航天飞机外部的三维图片，而且能立刻将数据发送到美国航空航天局的地面控制中心，再加上红外线激光摄影机的数据，地面人员就能够确定是否需要宇航员进行维护工作。通过这些手段，新型机械臂能保证航天飞机更加安全。

2. 研制出航天飞机表面变化监测装置

2005年7月7日，瑞典《每日新闻》报道，位于斯德哥尔摩市郊的红外热成像系统公司根据美国航天飞机的要求，研制出一种红外热成像镜头，以协助监测航天飞机表面的损伤状况和温度变化。

据该公司的专家介绍，他们为美国宇航局专门设计的红外热成像镜头，能承受太空飞行中的高温和零下40℃的低温，并能监测航天飞机表面是否有裂纹等损伤，拍摄能反映航天飞机表面温度变化的照片。之后，该镜头记录下的有关信息会传给地面监测站。2003年2月，美国"哥伦比亚"号航天飞机就是因为升空时一块绝热材料脱落，并撞伤其左侧机翼，导致航天飞机返航时解体。

（三）研制国际空间站及宇航员所需设备的新信息

1. 开发国际空间站所需设备的新进展

为国际空间站安装精确寻找新物质的阿尔法磁谱仪。2012年6月19日，有关媒体报道，在日内瓦附近的欧洲核子研究中心阿尔法磁谱仪项目办公室，该项目首席科学家丁肇中教授说："2011年5月19日至今，阿尔法磁谱仪已收集到170亿个宇宙射线数据，远超过去100年人类收集到的宇宙射线数据总和。"

丁肇中表示，未来20年内，在距离地球近400千米的国际空间站上，阿尔法磁谱仪将收集到3000亿个数据，为人类寻找新物质提供前所未有的精度。

2011年5月16日，美国"奋进"号航天飞机耗资5亿美元执行最后一次任务，把太空粒子探测器"阿尔法磁谱仪2"送至国际空间站。3天后，宇航员操纵机械臂，将7.5吨的阿尔法磁谱仪安装在空间站外部金属托架上。过了260分钟，阿尔法磁谱仪收集到的首批数据，发回位于日内瓦的控制中心。由此，国际空间站从探索空间技术的平台，升级为负有更重要使命的科研平台。

丁肇中说，阿尔法磁谱仪项目，实际上是一个大型粒子物理实验，首要目的是寻找宇宙中的暗物质及其起源。宇宙中大约90%的物质是暗物质，暗物质碰撞会产生额外的正电子，这些正电子的特征，会被阿尔法磁谱仪精确地测量到。

他还说，阿尔法磁谱仪能捕捉到远至可见宇宙边缘的信号，它的另一目的是寻找由反物质组成的宇宙。假如宇宙是由大爆炸而来，大爆炸以前是真空，那么大爆炸之后应该有相同数量的物质与反物质。换言之，大爆炸后既然有物质世界存在,就应存在相应的反物质世界。

他进一步解释道,反物质的存在已在加速器上得到证实。科学家面临的问题是:是否存在基本粒子组成的反宇宙?由于物质和反物质在大气中相互湮灭,人们无法在地面上探测到反物质。而宇宙是最广阔的实验室,宇宙中射线能量远高于任何加速器,阿尔法磁谱仪项目是唯一直接在太空中研究这一课题的大型科学实验,用永磁体来测量反物质在磁场中的轨道。

阿尔法磁谱仪在广阔太空中大显身手,而地面上的物理学家则设计了通过粒子对撞模拟宇宙大爆炸的试验,希望从微观世界揭开宇宙起源的奥秘。

2. 开发航天人员专用宇航服的新进展

(1)研制新型火星探测宇航服。2006年5月6日,美国媒体报道,美国北达科他州大学航空工程师巴勃罗·里昂负责的一个研究小组,研制出一款新型火星探测宇航服,当天在北达科他州一片荒漠中正式亮相。这套宇航服设计精巧,技术含量高。更让人吃惊的是,它几乎完全出自在校学生之手。

这套新型火星探测宇航服设计新颖,且"设备齐全"。头盔采用透明材料制作,上衣材质坚硬,内部是用防火材料制作的衬衣,背后装有一台通信设备。

该宇航服设计精巧,宇航员可以穿着它自由行走于45度的斜坡。宇航服手套除耐低压、耐低温外,还能保证宇航员戴着手套自己穿鞋。鞋子则采用改良的保暖猎靴。

宇航服通体呈蓝色。采用蓝色设计是为了让宇航服在火星地面上更加显眼。火星表面为红色,如果宇航服设计成白色,那么一旦弄脏,在火星表面作业的宇航员将难以辨认。

整套宇航服重21千克,也许这个重量在北达科他州荒漠上显得重了些。但火星表面重力比地球要小得多,这套衣服到了火星上仅重7千克,算得上"轻装"。

来自北达科他州大学等5家高校的40多名大学生,共同设计制作了这套宇航服,美国国家航空航天局为这一项目提供了10万美元经费。里昂说,学生们的研究成果已经促成三项专利设计的问世,而10万美元资助与每件宇航服2200万美元的成本相比,实在是微不足道。

(2)使用"聪明材料"研制能自我修复的宇航服。2006年7月,英国《新科学家》杂志网站近日报道,美国特拉华州多佛有限公司的研究人员,正使用"聪明材料"研制能够自我修复破损的宇航服。美国宇航局计划在2018年左右让宇航员重返月球,届时可能会使用这种更加安全的宇航服。

多佛有限公司主要生产航天服及其附件、航空机组设备、浮空器、汽艇和气球、飞机燃料电池、武器减速装置、冲击缓冲气囊、增压服和充气空间结构等产品。自20世纪60年代以来,它一直为美国宇航员提供宇航服。

要让宇航员能在寒冷、没有空气而且充满有害辐射的太空中安全生活,宇航服必须"天衣无缝",一点点破损都可能造成严重后果。为此,新型宇航服最里面的密封层,将使用三层结构的"聪明材料"制造。

所谓"聪明材料",就是在两层聚氨酯之间夹着厚厚的一层聚合物胶体。如果聚氨酯层出现破损,胶体就在破损部位渗出、凝固,自动将漏洞堵上。在真空箱中进行的试验表明,该材料可以自动修复直径最大为2毫米的破洞。

"聪明材料"将附有一层交叉的通电线路,如果材料出现较大破损,电路就会被破坏,传感器会立即把破损位置等信息传送给电脑,及时向宇航员发出警报。另外,"聪明材料"将使用涂银的聚氨酯层,因为银涂层能够缓慢释放出银离子,它们可以杀死病原体。

研究人员正在用几种不同的材料进行测试,尚未最终决定设计方案。他们还打算用类似材料来设计可充气式的太空"住房",供月球基地或国际空间站使用。

第三节 交通工具供用电设备的新进展

一、车船用电池研制的新成果

(一)开发车用锂离子电池的新信息

1. 研制储能容量大的车用锂离子电池

(1)着手研发单次充电的储能量可跑500千米的电动车锂电池。2012年6月,以色列一家网站报道,以色列正在抓紧开发,单次充电满足500千米行车能耗的锂电池,并把它作为新成立的国家电化学推进中心的主要研发任务。

两个月前,以色列成立国家电化学推进中心,它已获得1170万美元的国家财政预算支持。该中心由100名研究人员构成,被分成12个小组。他们分别来自特拉维夫大学、以色列科技学院、巴伊兰大学、艾瑞尔撒马利亚中心大学等4个学术机构。成立该中心的唯一目的,是研究和开发能够更加有效存储电能的新技术。

该研究中心主任、巴伊兰大学化学系多伦·乌尔巴赫教授称:"由于政治上的原因以及将来的短缺问题,石油没有未来。政治家的心态已经发生变化,这种变化已经渗透到汽车行业,最后到电池生产商。他们都希望采用电动汽车。事实上,如今电动汽车已经能够行驶150千米,这对于一般的以色列人已经足够,但他们仍然想要增加电动汽车的行驶里程。"

乌尔巴赫解释说:"现代电化学学科的最大成功,是发明可充电的锂离子电池。这是适合电子设备的好电池,但对于一辆汽车而言,可能需要许多这样的电池才行。如今,Better Place 在其电动汽车上,所使用的电池重达300千克,足以满足电动汽车行驶150千米的能耗。我们的目标是在不增加重量和体积的前提下，增加其存储电量。"

电动汽车生产商经常会遇到的一个问题，是电池放电速度受限，换言之，电池必须在更短时间内释放更多电能，这是电动汽车提速所需的。因此，该中心正在努力开发超级电容器，可以在预定时间内供应所需的能量。

这些电容器，能够为电能存储提供一套解决方案。高端先进的电池，可以减少对用于生产电能的石油、煤及天然气的依赖性。太阳能和风能无法持续供应大量电能，这意味着能量存储，是可再生能源发展中的主要挑战之一。

（2）研制出储电能力可提升3倍的超薄车用锂离子电池。2013年12月，日本媒体报道，日本积水公司一个研究小组，研发出新型的超薄锂离子电池，它与传统的蓄电池相比，不仅在储电能力上是原来的3倍，同时具有更安全、充电速度更快等特点。这种电池，通过特定的涂层，可以更好地把电力通过真空灌注等方式，呈现出高性能固化电解质物质，比原来传统的蓄电池拥有更强的储电能力。

另外，除了储电能力大幅提升，新型的电池还具备可弯曲和超薄等特点，可以覆盖到大部分物体的表面。它可以适应任何环境的要求，并且非常节省空间。设备商们，可以根据不同的应用范围和使用领域，定制不同的形状。这种新型电池，可以完全融入产品的设计理念中，与产品浑然一体，并且自由组合。

目前，普通的电动汽车一般搭载20千瓦的蓄电池，仅电池成本就高达12万元人民币。采用该技术后，电池成本将下降60%，每千瓦生产成本将从5940元人民币，下降到1780元人民币。汽车厂商指出，若电池成本降到每千瓦1780元，电动汽车价格将和普通汽车持平。并且在充满电后续航里程将达到600千米，与普通的汽车相比并不逊色。

积水公司表示，这种新型电池，将会在几周之后的东京国际展览中心正式对外发布，并且公司未来还会不断针对该产品进行进一步的研发和改良。同时，会在2014年夏季正式向全球的电池厂商提供测试材料样品，努力在2015年实现量产。看来，至少这种新兴的电池产品，未来将会给电子设备和电动汽车行业带来非常巨大的影响。

2. 开发制造成本低的车用锂离子电池

（1）研制出成本大幅降低的车用锂"半固体"流体电池。2011年8月，英国《新科学家》杂志网站报道，美国麻省理工学院材料科学和工程学教授蒋业明领导的一个研究小组，研制出一种新型锂"半固体"流体电池，其成本仅为现有电动汽车所用电池的1/3，但却能让电动汽车一次充电的行驶里程加倍。

现在，电动汽车的发展受制于电池笨重、昂贵且浪费空间。例如，日产公司聆风电动汽车，电池2/3的体积内，充斥着提供结构支持但不产生电力的材料，非常耗电。另外，传统的电池组包含几百个电池，每个电池都包含众多固体电极。这些电极上有金属箔集电器，采用塑料薄膜分隔。要增加储能，就要增加电极材料，因此，就需要更多金属箔和塑料薄膜，使得电池非常笨重。

该研究小组研制出一款名为"剑桥原油"的半固态液流电池，其不仅减少了电池内的"无效材料"，而且提高了电池的能效。

在普通电池内，离子通过液体或粉末电解液，在两个固体电极之间来回穿梭，迫使电子在连接电极的外部电线上流动来产生电流。而在新电池内，电极为细小的锂化合物粒子与液体电解液混合形成的泥浆，电池使用两束泥浆流，一束带正电，一束带负电。两束泥浆都通过铝集电器和铜集电器，两个集电器之间有一个能透水的膜。当两束泥浆通过膜时，会交换锂离子，导致电流在外部流动。为了重新给电池充电，只需要施加电压让离子后退穿过膜即可。

蒋业明表示，他们研制出的锂"半固体"流体电池，每单位体积传递的电力是传统电池的10倍。新电池每制造出1千瓦时电力的成本为250美元，为现有电池成本的1/3。而且，充电一次，电动汽车可行驶300千米，是现有电池的2倍。

科学家们表示，这种电池有三种充电方式可供选择：抽出失效的泥浆并注入新鲜的泥浆；前往充电站，在此处用新鲜泥浆取代失效的泥浆；用电流给泥浆重新充电。采用前两种方法，只需几分钟就能给电池充满电。

美国德雷克塞尔大学德雷克塞尔纳米研究所所长尤里·伽戈崔指出，这可能是过去几十年电池领域最令人兴奋的研发。

纽约城市大学能源研究所的丹·施丹戈特表示："这件技术令人兴奋。不过，该研究小组研制出电池模型可能需要几年时间，建立配套的充电站则可能需要更长时间。"

（2）开发出可让汽车抛掉加热散热系统而降低成本的车用锂离子电池。2012年6月12日，物理学家组织网报道，美国马萨诸塞州一家电池制造商近日宣布，他们开发出一种新型汽车电池，能在极端温度下工作，减少甚至取消对加热散热系统的需求，为降低电动汽车成本带来了更多机会。

该公司把这项新技术，称为下一代纳米磷酸盐EXT锂离子电池技术，它提高了低温下的功率容量，延长了高温下的寿命。通过扩展核心技术容量，电池能适应更广泛的工作温度。

测试结果显示，在45℃条件下，电池还能保持超过90%的最初容量，在零下30℃时仍可提供启动电力。在低温条件下，纳米磷酸盐EXT电池提供的电量，比标准的纳米磷酸盐化学反应要高出20%~30%；在高温时，其寿命是普通锂离子电池的2~3倍，是铅酸电池的10倍。这种电池技术的问世意味着，即使在极端气温条件下，电池包也不需要散热或加热，有望降低电动汽车设计的复杂性，提高性能和稳定性，减少整体成本，为用户节约大量资金。

参加测试的俄亥俄大学机械工程教授严·乔泽耐克指出，新技术"对交通工具（包括新兴的微型混合交通工具）的电气化而言，可能是一种改变游戏规则的电池技术突破。"

公司首席执行官大卫·维约说："我们认为纳米磷酸盐 EXT，克服了目前铅酸标准锂离子电池及其他先进电池的关键局限。新技术能降低甚至消除对热量管理系统的需要，大大增加锂离子电池系列在市场上的应用，为汽车及其他类型电池带来巨大商机，包括微型混合交通工具、电动车、通信装备、军用系统及其他领域。"

《环保汽车报告》分析师约翰·沃尔克说，新技术有助于降低"热量管理"方面的成本。大部分电动汽车都需要泵式散热系统，以清除电池包产生的多余热量，由此散热系统就消耗了能量，降低了行驶里程。他表示，如果这种新电池技术确实有效，将能减轻重量、减小复杂性，并降低未来插电交通工具的成本，让电动汽车在市场上更具竞争力。

3. 开发充电速度快的车用锂离子电池

（1）研制电动汽车一分钟充满电的表面介导锂离子电池。2011年9月，美国俄亥俄州耐诺蜕克仪器公司的研究人员，在《纳米快报》上发表研究成果称，他们利用锂离子可在石墨烯表面和电极之间快速大量穿梭运动的特性，开发出一种叫作"表面介导电池"的新型储能设备，可以将充电时间从过去的数小时之久缩短到不到一分钟。

众所周知，电动汽车因其清洁节能的特点而被视为汽车的未来发展方向，但电动汽车的发展面临的主要技术瓶颈就是电池技术。这主要表现在以下几个方面：一是电池的能量储存密度，指的是在一定的空间或质量物质中储存能量的大小，要解决的是电动车充一次电能跑多远的问题。二是电池的充电性能。人们希望电动车充电能像加油一样，在几分钟内就可以完成，但耗时问题始终是电池技术难以逾越的障碍。动辄数小时的充电时间，让许多对电动车感兴趣的人望而却步。因此，有人又将电动车电池的充电性能称为电动车发展的真正瓶颈。

目前，在电池技术上，主要采用的是锂电池和超级电容技术，锂电池和超级电容各有长短。锂离子电池能量储存密度高，为120~150瓦/千克，超级电容的能量储存密度低，为5瓦/千克。但锂电池的功率密度低，为1千瓦/千克，而超级电容的功率密度为10千瓦/千克。目前大量的研究工作，集中于提高锂离子电池的功率密度，或增加超级电容的能量储存密度这两个领域，但挑战十分巨大。

这项新研究成果，通过采用石墨烯这种神奇的材料，绕过了挑战。石墨烯因具有如下特点成为新储能设备的首选：它是目前已知导电性最高的材料，比铜高五倍；具有很强的散热能力；密度低，比铜低四倍，重量更轻；表面面积是碳纳米管两倍时，强度超过钢；超高的杨氏模量和最高的内在强度；比表面积（即单位质量物料所具有的总面积）高；不容易发生置换反应。

新储能设备又称为石墨烯表面锂离子交换电池，或简称为表面介导电池（SMCS），它集中了锂电池和超级电容的优点，同时兼具高功率密度和高能量储存密度的特性。虽然目前的储能设备尚未采用优化的材料和结构，但性能已经超过了锂离子电池和超级电容。

新设备的功率密度（即电池能输出最大的功率除以整个燃料电池系统的重量或体积）为100千瓦/千克，比商业锂离子电池高100倍，比超级电容高10倍。功率密度高，能量转移率就高，充电时间就会缩短。此外，新电池的能量储存密度为160瓦/千克，与商业锂离子电池相当，比传统超级电容高30倍。能量储存密度越大，存储的能量就越多。

这种新电池的关键，是其阴极和阳极有非常大的石墨烯表面。在制造电池时，研究人员将锂金属置于阳极。首次放电时，锂金属发生离子化，通过电解液向阴极迁移。离子通过石墨烯表面的小孔，到达阴极。在充电过程中，由于石墨烯电极表面积很大，大量的锂离子可以迅速从阴极向阳极迁移，形成高功率密度和高能量密度。研究人员解释说，锂离子在多孔电极表面的交换可以消除嵌插过程所需的时间。

在研究中，研究人员准备了氧化石墨烯、单层石墨烯和多层石墨烯等各种不同类型的石墨烯材料，以便优化设备的材料配置。下一步将重点研究电池的循环寿命。目前的研究表明，充电1000次后，可以保留95%容量；充电2000次后，尚未发现形成晶体结构。研究人员还计划探讨锂不同的存储机制对设备性能的影响。

研究表明，在电动车的驾驶距离相同和货物重量相同的情况下，表面介导电池的充电时间不到一分钟，而锂离子电池则需要数小时。研究人员相信，表面介导电池经过优化后，其性能还会更好。

如果今后电动汽车广为流行，充电站设置在加油站，其结果将会出现一幅十分有趣的情景，那就是电动车的充电时间将比加油还要快，而且比加油还便宜。研究人员表示，除了电动汽车外，这种表面介导电池还可用于再生能源储存（如储存太阳能和风能）和智能电网。

（2）研制以二氧化钛为电极的车用锂离子电池。2014年10月13日，新加坡媒体报道，该国南洋理工大学材料科学与工程学院助理教授陈晓东主持的一个研究小组，在《先进材料》杂志上发表论文称，他们经过三年的实验，成功研制出一种超快的充电车用电池，能够在两分钟内充电70%，并且使用寿命可达20年。

目前，充电锂离子电池广泛应用于手机、平板电脑以及电动车等领域。南洋理工大学当天向媒体声明说："该技术的突破，将为所有产业带来广泛的影响，尤其是受制于电池使用寿命的电动车领域。"

据介绍，传统锂离子电池的电极使用石墨，而这种新电池使用二氧化钛制作的新型凝胶材料来代替。二氧化钛俗称钛白粉，是一种在土壤中含量丰富、廉价并且安全的材料。此次研究中，使用了二氧化钛制成的微小纳米管，能让电池中的化学反应加速，令电池可以很快进行充电。

陈晓东说，这项成果可以大大提升电动汽车的使用方便程度，因为它可以不再受制于电池的充电时间，像传统汽车驶进加油站后很快就能开出一样，它只需要数分钟充电即可。他希望，这一产品能够在两年后进入市场。

（3）以铌钨氧化物为电极的快充车用锂离子电池。2018年7月，英国剑桥大学官网报道，该校化学系研究员肯特·格里菲斯主持的一个研究小组，在最新一期《自然》杂志上撰文指出，铌钨氧化物拥有更高的锂通过速度，可用于研制更快速充电的车用电池，而且，该氧化物的物理结构和化学行为，有助其深入了解如何构建安全、超快速充电电池。

在寻找新电极材料时，研究人员通常尝试使材料颗粒变得更小，但制造含有纳米粒子的实用电池很困难：电解液会产生更多不必要的化学反应，因此电池的使用寿命不长，而且制造成本也很高。最新研究中使用的铌钨氧化物具有坚硬而开放的结构，其不捕获插入的锂，并且粒子的大小比许多其他电极材料更大。

格里菲斯解释说："许多电池材料都基于相同的两个或三个晶体结构，但这些铌钨氧化物根本不同。氧化物通过氧气'支柱'保持打开，使锂离子能以三维方式穿过它们，这意味着更多锂离子可以穿过，且速度更快。测量结果也显示，锂离子通过氧化物的速度，要比在典型电极材料，高出几个数量级。"

除了高锂迁移率外，铌钨氧化物也易于制造。格里菲斯说："许多纳米粒子结构需要多个步骤来合成，但这些氧化物很容易制造，不需要额外的化学品或溶剂。"

目前，锂离子电池中的大多数负极都由石墨制成，石墨具有高能量密度，但当以高倍率充电时，往往会形成被称为"枝晶"的细长锂金属纤维，这会造成短路并导致电池着火，甚至发生爆炸。

格里菲斯说："在高倍率应用中，安全性比其他任何操作环境都要重要。对于需要更安全的石墨替代品的快速充电应用而言，这些材料以及其他类似材料，绝对值得关注。"

（二）研制车用其他含锂电池的新信息

1. 开发锂空气电池的新进展

（1）研制出高性能的锂空气电池。2009年3月1日，日本产业技术综合研究所发表新闻公报说，来自该所和日本学术振兴会研究人员组成的一个研究小组，研制出一种新型锂空气电池。专家指出，这种电池将来有望为车辆提供动力。

研究人员说，迄今报告的锂空气电池，存在固体反应生成物氧化锂堆积到正极，阻碍电解液与空气接触，进而导致电池放电中止等问题。而最新研发的这种锂空气电池，解决了这一问题，大大提高了电池的放电性能。

据悉，研究人员在负极（金属锂）一侧使用有机电解液，在正极（空气）一侧使用水性电解液，两者之间用固体电解质隔离，防止两种电解液混合。中间的固体电解质只有锂离子能通过。新型锂空气电池放电反应生成的固体物质，不是氧化锂，而是易溶于水性电解液的氢氧化锂。这样就不会引起正极的碳孔被堵塞，从而解决了，以往锂空气电池固体反应生成物，阻碍电解液与空气接触的问题。

在实验中，研究人员分别用碱性水溶性凝胶和碱性水溶液作正极的电解液，结果发现，这种新型锂空气电池的放电性能，都比以往该类型电池大幅提高，特别是如果用碱性水溶液作正极电解液，使电池在空气中以 0.1 安培 / 克的放电率放电，那么电池可连续放电 20 天。

研究人员说，这种新型锂空气电池无须充电，只需更换正极的水性电解液，通过卡盒等方式更换负极的金属锂就可以连续使用。正极生成的氢氧化锂可以从使用过的水性电解液中回收，再提炼出金属锂，金属锂则可再次作为燃料循环使用。研究人员表示，这种新型锂空气电池，将来有望发展成"金属锂燃料电池"。

（2）开发出能量密度提高 3 倍的碳纤维锂空气电池。2011 年 7 月，麻省理工学院机械工程和材料科学与工程系杨绍红教授领导，该系研究生罗伯特·米切尔、贝塔·加兰特等人参加的一个研究小组，在《能源和环境科学》杂志上发表论文称，他们研制出一种新式碳纤维锂空气电池，其能量密度是现在广泛应用于汽车中可充电锂离子电池的 4 倍。

2010 年，该研究小组通过使用稀有金属晶体，改进了锂空气电池的能量密度。从理论上来讲，锂空气电池的能量密度大于锂离子电池，因为，它用一个多孔的碳电极取代了笨重的固态电极，碳电极能通过从漂过其上方的空气中捕获氧气来存储能量，氧气与锂离子结合在一起会形成氧化锂。

最新研究朝前迈进了一步，制造出的碳纤维电极，比其他碳电极拥有更多孔隙，因此，当电池放电时，有更多孔隙来存储固体氧化锂。

米切尔说："我们利用化学气相沉积过程，种植了垂直排列的碳纳米纤维阵列，这些像毯子一样的阵列，就是导电性高、密度低的储能'支架'。"

加兰特解释道，在放电过程中，过氧化锂粒子会出现在碳纤维上，碳会增加电池的重量，因此，让碳的数量最小、为过氧化锂留出足够的空间非常重要，过氧化锂是锂空气电池放电过程中形成的活性化学物质。

杨绍红表示："我们新制造出的像毯子一样的材料，拥有 90% 以上的孔隙空间，其能量密度是同样重量的锂离子电池的 4 倍。而 2010 年我们已经证明，碳粒子能被用来为锂空气电池制造有效的电极，但那时的碳结构只有70%的孔隙空间。"

研究人员指出，因为这种碳纤维电极碳粒子的排列非常有序，而其他电极中的碳粒子非常混乱，因此，比较容易使用扫描式电子显微镜来观察，这种电极在充电中间状态的行为，这有助于他们改进电池的效能，也有助于解释为什么现有系统在经过多次充电放电循环后，性能会下降。但把这种碳纤维锂空气电池商品化还需进一步研究。

（3）通过项目形式推进研制高质量的锂空气电池。2012年4月23日，《日刊工业新闻》报道，日本旭化成公司和中央硝子公司两家企业，开始参加美国国际商用机器公司阿尔马登研究中心正在进行的高质量锂空气电池研究项目。

锂空气电池，作为新一代大容量电池而备受瞩目。其工作原理是用金属锂做负极，由碳基材料组成的多孔电极做正极，放电过程中，锂在负极失去电子成为锂离子，电子通过外电路到达多孔正极，并将空气中的氧气还原，向负载提供能量；充电过程正好相反，锂离子在负极被还原成金属锂。

由于锂空气电池使用了碳基电极和空气流替代锂离子电池较重的传统部件，因此电池重量更轻，其性能是锂离子电池的10倍。搭载锂空气电池的电动汽车，充电一回可行驶800千米。但目前的有关研究中存在电解质挥发问题、空气腐蚀、高效氧还原催化剂等技术难关。

按该项目研究分工，旭化成公司将利用其掌握的先进膜技术，负责开发重要的有关膜部件；中央硝子公司负责开发新型电解液和高性能添加剂。研究小组计划到2020年实现锂空气电池的大量生产和推广应用。

（4）研发效率大幅度提高的锂空气车用电池。2012年6月11日，韩国汉阳大学能源工程学教授宣良国率领的研究小组，在《自然·化学》网络版上发表论文称，开发出新一代电动车高性能锂空气电池系统，其续航时间达到现有电动车电池5倍左右。新研发的电池不仅价格低廉，而且重量较轻，这无疑将对电动车的实用化做出新贡献。

该研究小组用碳代替过去制造电池使用的镍、钴等金属，开发出锂空气电池。由于把帮助锂离子往返阴阳两极的电解质换成醚系列的新物质，因而提高了效率。

宣良国教授表示："锂空气电池用重量轻的碳，代替沉重而价格昂贵的金属，因此大大降低了电动车的重量和成本。一个单位的能源含量达到锂离子电池的10~11倍，电动车电池包的性能则提高4~5倍。"

据悉，电动车通常使用支持充电和放电的锂离子充电电池。目前，充电一次可行驶的最长距离是160千米左右。该研究小组开发出的电动车电池技术，充电一次能往返首尔至釜山，约820千米。

宣良国教授说："如果开发出能输入用于电动车的电极，并防止空气中的水分和二氧化碳从两极进入的技术，5年后就能实现商用化。"

2.研发锂硫电池的新进展

（1）通过新型电极研发高性能锂硫电池。2012年6月12日，德国弗劳恩霍夫材料与射线技术研究所，与合作伙伴弗劳恩霍夫化工技术研究所和德国基尔大学联合组成的一个研究小组，在德累斯顿市举办的第九届国际纳米技术研讨会上，展示了他们研发的基于碳纳米管的含硫电极材料。该材料被应用在锂硫电池中，可以获得高达900毫安时/克的质量比容量。

越来越多的移动应用，促使电能储存成为当今的一项关键技术，而大多数应用的瓶颈，是电池系统的能量密度，它在很大程度上决定了充电后的使用时间。为了显著改进现有电池系统的性能，研究人员不断进行电极材料的研发。这其中，硫被视为一种非常有潜力的材料。硫的理论比容量超过1600毫安时/克。

用硫做电池的阴极，比以前使用的电极有明显的优点：一方面是通过高的含硫量获得更高的能量密度。另一方面，硫是一种廉价、无毒、储量丰富的资源。但是，硫导电性很低，它必须被放置在导电的凹模中，并尽可能在纳米尺度上接触，才可以在电化学中使用。

该研究小组，利用碳纳米管巨大的比表面积与良好的导电性等特性，采用特殊的生产工艺，造出基于碳纳米管的含硫电极。他们用一种简单的涂层方法，使垂直排列的碳纳米管直接在金属基板，如铝、镍、不锈钢上面成长，然后把硫渗透进这种结构中，形成所谓的硫纳米森林，在完全不加黏合剂或其他添加剂的情况下，得到了稳定而且结构紧凑的电极。

该研究小组，把这些材料应用在锂硫电池中，进一步测试其性能。目前的结果表明，渗入适当的硫以后，新材料可以得到特别高的电池容量，基于硫的质量计算，能达到创纪录的1300毫安时/克。而根据硫碳复合材料的质量计算，也能达到900毫安时/克，远高于其他含有黏结剂的电极。

（2）研制能量密度为传统电池4倍的全固态锂硫电池。2013年6月，美国能源部下属的橡树岭国家实验室梁诚督领导的一个研究小组，在德国《应用化学》国际版上发表研究成果称，他们设计出了一种全新的全固态锂硫电池，其能量密度约为目前电子设备中广泛使用的锂离子电池的4倍，且成本更低廉。

几十年来，科学家们一直很看好锂硫电池，它比锂离子电池效率高且成本低。但寿命短是其最大弱点，因此一直未被商用。另外，电池内使用液体电解质也成为科学家们的桎梏。液体电解质，会通过溶解多硫化物，从而帮助锂离子在电池中传导。但不利的是，这一溶解过程会使电池过早地被损坏。

现在，该研究小组的新设计方法，清除了这些障碍。首先，他们合成出一种富含硫的新物质，并把它作为电池的阴极。它能传导锂离子和传统电池阴极中使用的硫金属锂化物，随后，再把它与由锂制成的阳极以及固体电解质结合在一起，制造出这种能量密度大的全固态电池。

梁诚督表示："电解质由液体变成固体这一转变，消除了硫溶解的问题，而且，由于液体电解质容易同锂金属发生反应，所以，新电池使用固体电解质后安全性也更高。另外，新锂硫电池中使用的硫，是处理石油后剩下的副产品，来源丰富且成本低廉，也能存储更多能量，这就使新电池具有成本低廉、能量密度大等优点。"

测试结果表明，新电池在60℃的温度下，经过300次充放电循环后，电容可以维持在1200毫安小时/克，而传统锂离子电池的平均电容为140~170毫安小时/克。梁诚督表示，因为锂硫电池携带的电压，为锂离子电池的一半，平均电容为其8倍，所以，新电池的能量密度约为传统锂离子电池的4倍。

尽管新电池仍然处于演示阶段，但研究人员希望尽快将这项研究，由实验室推向商业应用，他们正在为此技术申请专利。

（3）研制出一种廉价高功率的锂硫电池。2014年6月4日，物理学家组织网报道，一种工业废品、一点塑料，再加上不太高的温度，或许就是引爆下一个电池革命的导火线。美国国家标准与技术研究所材料科学家克里斯托弗·索尔斯、亚利桑那大学的化学家杰弗里·佩恩等人，与韩国首尔国立大学研究人员一起组成一个研究小组，他们把几种材料混合在一起，研制出一种廉价、高功率的锂硫电池。

研究人员表示，新电池的性能可与目前市场上占主流的电池相媲美，而且，经过500次充放电循环后功能无损。过去数十年来，锂离子电池的能量密度不断提高，广泛应用于智能手机等领域。但锂离子电池需要笨重的阴极（一般由氧化钴等材料制成），来"收纳"锂离子，限制了电池能量密度的进一步提高。这意味着，对诸如长距离电动汽车等，需要更大能量密度的应用来说，锂离子电池有点力不从心。

因此，科学家们将目光投向了锂离子电池更纤瘦的"表妹"，即锂硫电池身上，后者的阴极主要由硫制成。硫的"体重"仅为钴的一半，因此，同样体积的硫收纳的锂离子数为氧化钴的两倍，这就使得锂硫电池的能量密度为锂离子电池的数倍。

但硫阴极也有两大劣势：首先，硫容易与锂结合，形成的化合物会结晶；其次，不断的充放电循环使硫阴极容易破裂，因此，一块典型的锂硫电池经过几次循环就成了无用之物。

据报道，在最新研究中，为了制造出稳定的硫阴极，研究人员将硫加热到185℃，将硫元素由8个原子组成的环路融化成长链，随后，他们让硫链同二异丁烯混合，二异丁烯让硫链连接在一起，最终得到了一种混合聚合物。他们把这一过程称为"逆向硫化"，因为它与制造橡胶轮胎的过程类似，关键的区别在于：在轮胎中，含碳材料会聚集成一大块，硫则点缀其中。

研究人员解释道，添加二异丁烯使硫阴极不那么容易破碎，也阻止了锂硫化合物结晶。研究表明，硫和二异丁烯的最佳混合为二异丁烯占总质量的10%~20%。如果太少，无法保护阴极；如果太多，电化学性能不活跃的二异丁烯会降低电池的能量密度。

测试表明，经过500次循环后，电池的能量密度仍为最初的一半多。佩恩表示，其他还处于实验阶段的锂硫电池也有同样的性能，但其制造成本高昂，很难进行工业化生产。索尔斯表示，尽管如此，这种锂硫电池短期内也不会上市，硫暴露在空气中很容易燃烧，因此，任何经济可行的锂硫电池都需要经过非常严苛的安全测试，才能投放市场。

（三）研制车船用电池的其他新信息

1. 开发车船用氢燃料电池的新进展

（1）车用氢燃料电池研发获重大突破。2007年6月，英国媒体报道，牛津大学彼得·爱德华兹教授作为项目协调人，由一家公司研究人员组成一个研究小组，发明出一种锂化合物，可使机载燃料电池存储足够的氢气，从而能驱动汽车连续行驶500千米。这一新技术，对于未来燃料汽车市场有着重要意义，因为现有的氢储存技术还不能做到这一点。

氢燃料电池是利用氢和氧的电化学反应来产生清洁能源，它不会产生二氧化碳。但是，由于受到氢储存技术的限制，目前燃料电池驱动的汽车样机和示范模型，最远行驶距离仅能达到350千米。在标准的温度和压力下，如要存储足够的氢达到500千米的行驶距离，就需要一个体积相当于双层巴士大小的机载燃料电池；而其他方法如将氢气压缩储存在钢瓶里或将液化的氢气存储在罐里等，均因重量和体积问题无法推广应用。

于是，英国研究小组另辟蹊径，尝试把氢以更高的密度储存，而将电池重量控制在可接受范围内。他们采用"化学吸附"方法，把气体分子吸入固体化合物的晶格间，在需要时再被释放出来。研究小组对上千种化合物进行试验，以找到一种轻便和廉价的材料，这种材料要能在典型燃料电池操作温度下，使氢的吸附或解吸快速、安全地进行。现在，研究人员已制出一系列氢化锂化合物，能很好地满足上述要求。

燃料电池也是一项促进"氢能源经济"的关键技术。它对交通运输业的环保具有特别重要的应用潜力，可使目前以石油为燃料的大量交通工具减少二氧化碳排放。目前，一辆汽油燃料汽车，平均每年约排放3吨二氧化碳。

（2）研究用于海军舰艇的高效氢燃料电池。2004年9月，有关媒体报道，随着混合电动汽车在美国变得越来越普及，美海军正在研究将混合电力舰带到远海。

据悉，美国海军研究署正在开发一种新型燃料电池技术，它能使未来舰船得到高效推进的电力，并具有更大的设计灵活性，在此基础上，进一步开发出新型的推进系统。为确保向这种前景光明的技术相对迅速的转移，海军研究署在开发一种从柴油中制氢的方法，研制新型的氢燃料电池装置。柴油制氢系统的优势，是相对低的燃油成本，而且海军已建立了柴油采购、储存和运输的基础设施。

与燃气轮机和柴油机不同，燃料电池不需要燃烧，因此不会产生类似氮氧化物的污染物。而且氢燃料电池效率远远高于内燃机。此外，氢燃料电池将允许设计分配式动力系统。不像传统发动机，它们能够将功率分配到整艘舰艇而不是集中在舰艇的主轴上。

目前，海军研究署正在能源部国家工程和环境实验室，试验一台500千瓦柴油燃料制氢重整器或整合燃料处理器，其与质子交换膜燃料电池是兼容的。

（3）开发用于海洋运输业的氢燃料电池。2007年8月，有关媒体报道，北欧一些企业正在着手开发用于海洋运输业的能源电池。这些公司希望到2008年运输船上可以安装清洁的燃料电池引擎，并在未来25年内更广阔的拓展其在海洋运输业的应用。

目前，海运业使用的燃料多是渣油，污染物排放量比汽车高出上百倍。随着技术进步和环境法规不断加强，轮船"绿色"引擎，将会在竞争激烈的国际运输业取得立足之地。轮船检验机构挪威船级社负责跨行业燃料电池项目的汤玛士·汤斯泰德说："法规日益严格，而且政治方面亦有绿色环保倾向，所以燃料电池的高投资成本不会成为发展障碍。"他补充道："我们希望，在今后10年全球能涌现出更多类似项目，希望未来25年里海洋运输业大部分都能够使用燃料电池。"

在冰岛，作为其环保运动的一部分，已经计划将所有渔船改装为使用氢燃料电池引擎。

海洋运输业认为他们有庞大的航运量，将是最大的绿色运输市场。同时，轮船燃料消耗量很大，其二氧化硫排放量是公路柴油车的700倍。如果采用液化石油气作燃料，如第一代测试型发动机，二氧化碳的排放量比柴油发动机削减一半，二氧化硫和氮氧化物的排放几乎为零。

燃料电池引擎，是通过化学过程产生电力，而不是通过燃烧过程。虽然成本比柴油发动机高出6倍，但是效率可以提高50%，而且更加清洁，因而弥补了燃料成本上的不足，削减了污染成本。燃料电池不含移动部件，维修、维护条件并不苛刻，完全可以成为一个安静、稳定的内部组件。

挪威航运集团计划，2008年在一艘燃油船上，安装一台330千瓦的燃料电池系统，它将作为这艘船的一个引擎，整艘船是由存储在冷藏罐中的液化石油气提供动力。储气罐放置在甲板上，占用空间比较大，充气相对频繁，平均每周一次，因此轮船的活动范围限制在建有液化石油气站点的水域。

燃料电池项目发展委员凯瑞·杉戴克说："这种引擎，最适合于有规律性操作模式的短途运输，例如油田供应船、轮渡等。"目前，从事海洋运输业燃料电池开发和应用项目的，主要有德国发动机制造商、芬兰的船舶和工业引擎制造商、挪威航运集团等。

2. 开发车用光伏电池的新进展

开发电动车专用光伏电池系统。2010年4月，奥地利约阿内高等专科学院近日发表公告称，该校研究人员开发出一种电动汽车专用光伏电池系统。这一系统，将有助于提高车载太阳能电池的效率。研究人员说，它有助于大大减轻电动汽车驱动电池的工作负担，从而提高电动汽车的有效行驶距离。

公告说，由于汽车高移动性导致车体对阳光接受的巨大变化，不可避免地会影响到车载太阳能光伏电池的效率。该校研究人员利用"最大功率点跟踪"技术，实现了光伏电池系统的功率最大化，从而实现车载太阳能光伏电池为汽车空调、车窗玻璃升降器、雨刷器等汽车电器提供动力。

"最大功率点跟踪"技术，指通过实时监测太阳能板的发电电压，追踪最高电压电流值，使系统以最高效率对蓄电池充电。

二、交通工具充电设备的新成果

（一）开发电动汽车充电设备的新信息

1. 研制电动汽车电磁感应充电系统的新进展

（1）通过铺设地下感应条来充电的电动汽车系统。2009年5月，有关媒体报道，电动汽车与传统的内燃机汽车相比，更加节能环保，在城市中，由它取代以汽油为燃料的公共汽车，已成为势不可挡的发展趋势。然而，一个令人头疼的问题是，如何解决电动汽车的持续行驶能力。对此，韩国研究人员着手开发一种边开车边充电的电动汽车系统。

据悉，边开车边充电系统，不像传统有轨或无轨电车那样，通过路轨或头顶电线输送电力，它是事先在地下铺设有感应条的路面，车辆在其上行驶时便可自动充电。

目前，韩国高等科学技术院的研究人员赵东镐，正在领导一个科研小组，负责研发边开车边充电汽车系统。试验表明，在新的系统中，一块约为传统电池体积20%的小型电池，能保证车辆继续行驶80千米。

韩国政府曾为高等科学技术院的两个主要项目，拨款5000万美元，其中一个项目便是边开车边充电汽车系统。这一汽车样品，已在该院内部场地试验运行，2009年2月李明博总统曾经进行试驾。

首尔市政府已承诺投资200万美元，用以建设边开车边充电汽车的地下充电系统。该市现有9000辆以汽油为燃料的公共汽车，每年将以1000辆的速度逐步退出市场。人们希望，取而代之的将是电动汽车。

（2）研发电动汽车电磁感应非接触充电系统。2009年8月，日本媒体报道，电动汽车已成为未来汽车发展的方向之一，其零排放污染的特点成为最具优势之处。但给电动汽车充电成为一项很麻烦的事情，拉条长长的电线连接到汽车上充电，显得十分不方便。不过，近日日产汽车公司研发了一项非接触充电系统技术，电动汽车无须连接长长的电线，即可实现充电。

日产汽车在该公司举行的"2009先进技术说明会"上，公开了目前正在开发的电动汽车用非接触充电系统，其目标是在2010年度上市的新一代电动汽车上配备。

在先进技术说明会的展示会场，该公司在一辆早年制造的电动汽车上配备非接触充电系统，进行了充电演示。这个非接触充电系统由日产与昭和飞机工业公司共同开发，原理是采用了可在供电线圈和受电线圈之间提供电力的电磁感应方式。即将一个受电线圈装置安装在汽车的底盘上，将另一个供电线圈装置安装在地面，当电动汽车驶到供电线圈装置上，受电线圈即可接收到供电线圈的电流，从而对电池进行充电。目前，这套装置的额定输出功率为10千瓦，一般的电动汽车可在7~8小时内完成充电。

日产汽车公司希望，在新一代电动汽车上选配设置非接触充电系统，目前正在考虑设置家庭用3千瓦级系统。如此一来，电动汽车充电将变得更加方便，这也更有利于电动汽车的推广与普及。

2. 研制电动汽车无线充电系统的新进展

（1）发明用无线技术通过轮胎给电动汽车充电的装置。2012年7月8日，物理学家组织网报道，在高速公路上，让电动车无须靠边停车或是等候电池充电，却可以永续保有动力，这种颇有前途和实际的设计想法，一直萦绕在科学家的脑海里。近日，日本丰桥科技大学一个研究小组，在横滨无线技术贸易展上，演示了通过四英寸厚混凝土砌成的道路，把电力传送到一对轮胎给汽车充电的装置。

这里，研究小组的重点任务，是采用无线电力传输装置，给正在行驶的车辆传送电力。该解决方案，是基于一个无线供电原型，成功地通过混凝土砌块传输电力的形式。研究人员认为，这种原型设备早一步获得改善，这种做法便会早一天保持电动车永续移动。

研究人员先后开发出电场耦合系统，通过轮胎给汽车供应电力。目标是当车辆沿着道路行驶时，能够使电力以合适的效率和功率，传输到轮胎给汽车充电。

在演示中，研究人员把一块金属板，与代表路面的一块四英寸厚混凝土放在一起，50~60瓦的电力，便被传送到实际大小的汽车轮胎。演示还显示，附着在汽车轮胎之间的一个灯泡，在轮胎的带动下被点亮了。

此次演示，是研究人员通过以前类似研究努力的最新进展。去年，日本丰田中央研发实验室和该大学，在关于这项研究的工作报告中称，要让电动车在电气化道路上驾驶无限距离。报告显示，该装置类似于，通过在两个轮胎内置传动钢带和道路上的金属板之间，传输电力。

研究人员曾在京都研讨会展示其研究结果，提出通过轮胎橡胶传输的电力会损失多少能量，同时，研究人员还设立了一个金属板的实验。研究发现，在电路中会有不到20%的发射功率损失。研究人员补充说，如果有足够的电力供给，该装置将可以运行标准的客车。

为了使目前的装置在实际生活中发挥作用，这个系统的电力需求将要增加100倍。研究小组表示，正在努力应对该项目中的挑战。

（2）研制电动车无线充电的远程磁力传送装置。2012年11月，物理学家组织网报道，加拿大不列颠哥伦比亚大学，物理学教授罗恩·怀特黑德领导的一个研究小组，研制出一种使用"远程磁力传送装置"，对电动车进行无线充电的技术，并成功地在校园服务车上进行测试。该技术，将有望加速电动车在加拿大的普及使用。

无线充电，对从手机到电动车的一切电气设备来说，是一个炙手可热的技术解决方案。但是，人们一直对无线充电所用的高功率、高频率电磁场，及其对人类健康的潜在影响，十分关注。加拿大研究小组，发明了一种完全不同的方法，其运行频率要比通用技术低100倍，且暴露的电场可以忽略不计。他们的解决方案，是使用"远程磁力传送装置"，由电网电力驱动的旋转式基底磁座（第二个置于车内），来消除利用无线电波。设于充电站的基底磁座，可遥控启动车内的磁座旋转，从而产生电力对电池充电。

研究人员在不列颠哥伦比亚大学校园内，安装了4个无线充电站，并对测试的校园服务车利用新技术进行改装。试验表明，该系统与电缆充电相比，效率提高90%。车辆一次充满电，需要4个小时，充满电的车辆可运行8个小时。

该大学负责基建运营的总经理戴维·伍德森表示，电动车面临的主要挑战之一是，需要连接电源线和插座，而且还往往是在恶劣天气和拥挤的条件下。该系统开始测试后，驾驶者的反馈一直非常积极，他们所需做的是把车停好，车辆就会自动开始充电。

（3）通过无线电力传输系统为车辆充电的移动充电系统。2017年6月，近日，美国加利福尼亚州斯坦福大学的范汕洄及同事组成的一个研究小组，在《自然》发表研究成果称，他们开发出一种无线电力传输系统，能在LED灯远离电源的过程中为其充电。

无线电力传输技术的发展，为多种应用奠定了基础，如植入式医疗装置的充电和固定式电动车无线充电。但是，要创造一个不受操作条件，如电源与无线受电设备之间距离的变化影响、保持电力传输效率的稳健系统，仍然存在挑战。

该研究小组创造出一个在不同距离范围内，都能实现高效电力传输的无线电力传输系统。该系统，是利用宇称—时间对称原理（一个量子力学中的概念）

制成的，可以在约 1 米的距离变化范围内，保持电力传输效率不变。作者利用 LED 灯进行实验，表明 LED 灯可以受电，而且在远离电源（直到约 1 米左右的分界点）的过程中，亮度一直维持不变。作者认为，他们的发现，有望用于为传输距离和方向持续发生变化的移动装置或车辆，进行充电。

3. 研制电动汽车快速充电系统的新进展

（1）开发成功超快速电动汽车充电设备。2010 年 8 月，日本媒体报道，日本钢铁工程控股公司开发成功，仅用 3 分钟就可以向电动汽车电池充电达 50%、5 分钟可充电 70% 的超快速充电设备。

充电时间长是制约电动汽车普及的"瓶颈"之一。目前，如使用家用电源，一般的车用充电设备充满电动汽车电池需要数小时，即使使用快速充电器，充电达 80% 也需要 30 分钟左右。

新开发的充电设备内部构造由蓄电池和瞬间可释放大量电力的特殊电池组成。特殊电池可以把蓄电池在夜间储存的电力瞬间释放到电动汽车电池，以实现超快速充电目的。

该设备的生产成本，比此前同类设备大大下降。需要变压设备的一般车用充电器建设成本在 1000 万日元左右，该设备建设投资可控制在 600 万日元。另外，新型充电设备利用电价较低的夜间储蓄电力，也可大幅度降低充电成本。

目前，该公司已成立"超快速充电器项目小组"，计划在实证试验的基础上，近日正式推向市场。有评论称，如果此项技术得以推广，或许能大大推进电动汽车的发展进程。

（2）推出 30 秒内自动给特斯拉车型充电的机器人。2015 年 8 月 18 日，有关媒体报道，日前，特斯拉汽车公司对外展示了其自动充电机器人，该机器人可在 30 秒之内自动为特斯拉车型进行充电，未来有望首先与特斯拉 S 系列车型进行匹配。特斯拉汽车公司成立于 2003 年，总部设在美国加州的硅谷地带。

特斯拉这款自动充电机器人，是一款蛇形机器人。它采用了金属机身，当特斯拉 S 系列车与机器人接近时，汽车将会自动打开充电插口的舱盖，接着自动充电机器人，会在 30 秒左右的时间中，自动完成对接工作并开始充电。在此过程中，该系统会引导司机进行泊车。

据悉，这套系统运用了雷达和超声波技术，它是特斯拉一系列自动驾驶技术的一部分。目前，特斯拉表示，该自动充电机器人将首先兼容特斯拉 S 系列车型，不过其售价以及具体上市时间尚未公布。

（二）开发飞行器充电和输电设备的新信息

1. 研制成功无人机新型激光充电系统

2012 年 7 月 11 日，美国媒体报道，美国洛克希德·马丁公司当天对外宣称，该公司与美国激光动力公司一起，成功测试了一种新型激光充电系统，这一系统可大幅提高"潜行者"无人机的续航能力。

"潜行者"无人机，是美国特种部队自 2006 年以来使用的一种小型无人机，用于执行情报监视和侦察任务。由激光动力公司研发的这一激光充电技术，可通过激光远距离无线传输能量，为无人机提供持续动力。洛克希德·马丁公司和激光动力公司，对一架"潜行者"无人机进行了改造，为其配备了这种激光充电系统，并在风洞中进行了一项室内飞行测试。

测试发现，"潜行者"无人机的电池蓄电量得到有效提高，飞行时间可达 48 小时以上，飞行续航能力提高 24 倍。激光动力公司总裁汤姆·纽金特说，无线传输电力的新型激光充电技术，可成为军用飞机的重要补充，延长无人机的续航能力，增加其执行任务时间。他说，下一步将对这项技术进行户外飞行测试。

2. 着手试验太空航天器之间的激光电力传输系统

2015 年 12 月 1 日，俄罗斯《消息报》报道，俄罗斯科罗廖夫能源火箭航天公司，新一代太空能源系统负责人图加延科领导的研究小组，正着手尝试将电力从一个航天器，通过激光传输到另一个航天器的内部系统。该技术，如研发成功，将用于在太空向高成本卫星和军用航天器传输电力。

据报道，俄航天署决定将在太空中开展无线能量传输试验。研究小组正为此进行准备工作，研究人员希望以发射激光的方式，从国际空间站的俄罗斯舱段，向距离该空间站约 1.5 千米远的"进步"货运飞船输电。

图加延科表示，全俄先进的相关实验室都将参与这一项目，目前俄已拥有能量转换效率达到 60% 的光伏发电系统接收器和转换器，制订了更好地引导激光传输的"太空航线"。这种太空激光电力传输技术如能研发成功，将有助于俄方未来向昂贵且有重要价值的卫星和军用航天器隔空送电。据了解，在太空为航天器"充电、加油"的理念，在 20 世纪中叶提出。俄专家认为，激光电力传输研究将为太空探索提供新机遇、开辟新视野。

三、车船供用电设备的其他新成果

（一）研制车用电动设备储能装置的新信息

1. 用无机非金属材料制造车用电动设备储能装置

用新型二氧化钛材料制造电动汽车"超级电容"。2013 年 7 月 1 日，有关媒体报道，澳大利亚国立大学当天发布消息说，该校雷·威瑟斯教授、刘芸副教授等人组成的一个研究小组，发明了一种能储存更多电能、损耗更小的绝缘材料，可用于制造"超级电容"，在电动汽车、可再生能源、国防及航空航天等领域具有很高应用价值。

绝缘材料，是制造电容的主要材料。新发明的材料，是带铌钢复合涂层的二氧化钛材料，其性能大大优于目前使用的材料，能够储存更多电能，损耗更小，并能够在零下 190~180℃ 的温度条件下，稳定工作。

刘芸说，新材料具有巨大应用潜力，进一步开发后能用来制造"超级电容",突破现有能源储存限制,为可电动车、再生能源、国防和航空航天科技的创新敞开大门。

威瑟斯教授说,新材料对风能和太阳能发电具有积极意义。风能发电机和太阳能面板所产生的电流随自然条件而变动,但并入电网却要求稳定的电流,否则会对电网造成损害,因此必须有大型电容来储电,保持电流输出均衡,新型材料恰恰符合这个要求。

2. 用有机高分子材料制造车用电动设备储能装置

以树木纤维素开发车用电动设备的超级储能装置。2015年9月,物理学家组织网报道,加拿大麦克马斯特大学化学工程助理教授艾米丽·克拉斯顿等人组成的一个研究小组,近日在《先进材料》杂志上发表论文称,他们正在把树木变成能更高效、更持久存储电能的装置或电容器,以驱动混合动力汽车等电动设备。

近年,科学家正在使用植物、细菌、藻类和树木中的有机物纤维素,建立更高效、更持久的储能装置或电容器。这种发展为轻量级的、灵活的和大功率电子设备铺平了道路,如可穿戴设备、便携式电源、混合动力汽车和电动车。

克拉斯顿说:"这项研究的最终目标,是找到以可持续的方式,为当前和未来的环保技术提供有效电力。"

纤维素具有为许多应用提供高强度和灵活性的优势,对基于纳米纤维素的材料有很大的吸引力。据报道,克兰斯顿演示了一个改进过的三维能量存储装置,它是通过在纳米纤维素泡沫墙内捕获功能性纳米粒子构筑而成的。

泡沫是在一个简化和快速一步法的生产工艺下完成。这种纳米纤维素,外形看起来像长粒的大米,只不过都是纳米尺寸级。在新设备中,这些"大米"被粘在一起,在随机点形成一个有着大量开放空间的网状结构,因此这种材料具有极轻的特性。与充电能力相比,它可以用于生产带有较高功率密度和可飞速充电能力的更可持续电容器。

此外,轻量化和高功率密度电容器,对混合动力汽车和电动车的发展,有着相当大的吸引力。

(二)研制车用燃料电池配套设备的新信息

1. 开发车用氢燃料电池原料的制造设备

研制为汽车氢燃料电池提供氢的设备。2007年12月,以色列本·古里安大学与美国埃克森美孚公司、加拿大燃气净化技术公司合作,开发出一种车载制氢设备。该设备可直接把汽油、柴油、乙醇和生物柴油等转换为氢供燃料电池使用,从而免去了氢燃料运输和存储的麻烦。研究人员称,这是氢燃料汽车研发上的一大突破。

目前,大多数氢燃料汽车,通常都使用高压缩或液化氢为燃料,不仅运输和存储不便,而且还要进行大规模的基础设施改造,在各地建许多加氢站,这也是影响氢燃料汽车普及的主要障碍之一。

针对这种情况，以色列研究人员认为，既然氢燃料运输和存储困难，为什么不换一种思路，让汽车自带制取设备呢？于是，他们研发了一种把传统制氢设备小型化的方法，可直接安装在汽车上，只要输入汽油、柴油等传统燃料，即可转换为供燃料电池使用的氢。由于该系统不需要改变现有燃料运输、存储的基础设施，因而解决了氢燃料汽车制造商面临的一大难题。

埃克森美孚石油公司研发副总裁埃米尔·贾克布斯表示，现在他们已成功开发出一种使用该车载制氢系统的吊车，并准备实现其商品化。尽管如此，这只是初步成果，要普及这一技术，仍有很长的路要走。由于该系统的燃料转换率，具有比传统内燃机技术高80%的潜力，并可减少二氧化碳排放45%，因此从长远的角度看，具有良好的应用前景。

2. 开发车用氢燃料电池原料的储存设备

（1）研制出硼—氮基液态材料储氢设备。2011年11月，美国俄勒冈大学材料科学研究所，化学教授柳时元领导的一个研究小组，在《美国化学学会会刊》上发表研究成果称，他们研制出一种硼—氮基液态材料储氢设备，能在室温下安全工作，在空气和水中也能保持稳定。这项技术进步，为研究人员攻克现今制约氢经济发展的氢存储和运输难题，提供解决方案。

氢被人们视作化石燃料的最佳替代物。但制氢、储氢和氢气的运输，一直是制约氢能发展的重要环节。该研究小组研制的新储氢设备用的材料，是一个圆环形的，名叫硼氮—甲基环戊烷的硼氢化合物。该材料能在室温下工作、性能稳定。除此之外，该材料还能放氢，放氢过程环保、快速且可控；而且，在放氢的过程中不会发生相变。该材料使用常见的氯化铁，作为催化剂来放氢，也能将放氢使用的能量加以回收利用。

重要的是，新储氢材料为液态而非固态。柳时元表示，液体氢化物储氢技术具有诸多优点，如储氢量大，储存、运输、维护、保养安全方便，便于利用现有储油和运输设备，可多次循环使用等。这将减少全球从化石燃料过渡到氢能经济的成本。

柳时元说："目前，科学家们研制出的储氢材料，基本上都是金属氢化物、吸附剂材料以及氨硼烷等固体材料。液态储氢材料不仅便于存储和运输，也可以利用现在流行的液态能源基础设施。"

研制出该液态储氢材料的关键是化学方法。刚开始，研究小组发现6环的氨硼烷，会形成一个更大的分子并释放出氢气。但氨硼烷是一种固体材料，因此，他们通过将环的数量从6环减少到5环等结构修改，成功地制造出了这种液态的储氢材料，其蒸汽压比较低，而且，释放氢气并不会改变其液体属性。

柳时元表示，新材料适合用于由燃料电池提供能量的便携式设备中。但这项技术，还需要不断改进，主要是提高氢气的产量，并研制出能效更高的再生机制。

（2）制成基于三氢化铝的储氢容器。2012年1月10日，美国物理学家组织网报道，美国萨瓦那河国家实验室泰德·莫蒂卡博士领导的一个研究小组，利用含三氢化铝的轻型材料制成了小型储氢容器，并证明它的氢释放率，适合为小型商用燃料电池提供动力，这为未来大规模制造便携式发电系统，铺平了道路，在军用和商用领域都可能得到应用。

研究小组展示了，如何用三氢化铝和类似高性能储氢材料，来制造便携的发电系统。三氢化铝与其他金属氢化物类似，也能为氢提供一种固态的储存媒介。但三氢化铝具有一大优势：它具有极高的储氢能力，能够将两倍多的氢气储存为液态氢。此外，它还具有较低的质量和有利的放电状态。这些都使它成为理想的化学储氢材料之一。

但目前可商用的三氢化铝十分有限，且生产成本很高，妨碍了它的广泛应用。研究人员表示，他们的研究，克服了三氢化铝传统生产方法中的多个障碍，新方法起码能使用溶液，并制出纯净、不含卤化物的三氢化铝。同时，研究小组还能借助另一过程，使从三氢化铝中提取的氢翻一番。这些进展，也为开发成本低廉的新型三氢化铝生产方式奠定了基础。研究小组已经研发出一个小型的系统，以生产试验及改进研究所需的三氢化铝。

而此次研究的另一重点，就是评估三氢化铝系统和小型燃料电池应用的兼容性。基于约含有22克三氢化铝的测试容器的初步结果显示，这一系统，能够很好地满足100瓦燃料电池系统所需的氢释放率。该系统能够在燃料电池接近全功率的状态下运转3个多小时，并能在降低功率后再运行若干小时。

便携式发电设备制造商，正在寻找可提供超过1千瓦时/千克比能的系统，这比目前最好的锂电池的储能量还要多2~3倍。莫蒂卡博士表示，更高的比能，意味着单位重量获取的能量更多。他们的目标，是为军队提供轻便且储能力出色的便携系统，以及应用于其他对重量要求较高的领域。

（三）研制车船电力驱动系统的新信息

开发车辆电力驱动系统的新进展

合作开发电动汽车驱动系统。2009年2月，日本媒体报道，日本东芝公司与德国大众汽车公司已就合作开发电动汽车驱动系统达成一致，双方将共同开发电动车用马达及其相关的部件。

东芝公司在新闻公报中说，该公司已与大众在德国签署合作备忘录，共同开发电动汽车的动力系统和附属电子部件，双方还有意合作开发新一代电动车用高能源密度电池。

据悉，大众公司正在开发面向欧洲和新兴国家市场的新一代小型汽车。此次大众与东芝携手，就是要合作开发这种小型汽车的混合动力车型，以及电动汽车所搭载的驱动系统。

东芝总裁西田厚聪说，发挥大众和东芝公司各自的优势，可以为未来的汽车驱动技术做出重要贡献。

在汽车业界，如何削减汽车的二氧化碳排放量，已成为重要课题。作为一个有效的解决途径，电动汽车已成为各大汽车厂商竞争的焦点。此前，大众公司与日本三洋电机在小型锂电池开发方面也建立了合作，大众期望利用日本的技术促进其在环保汽车领域的发展。

第四节 交通工具用燃料开发的新进展

一、研发车船用燃料的新成果

（一）车船用生物燃料开发的新信息

1. 开发车船用生物燃料的新进展

（1）联合开发车船用生物燃料。2007年3月，国外媒体报道，1998年芬兰的恩索公司和瑞典的斯道拉公司，联合成立了斯道拉恩索森林工业公司，它是世界上目前最大的生产纸和纸板的公司，公司集团综合森林产品，在跨越五大洲40多个国家都拥有工厂。同时，拥有年产1570万吨的纸和纸板的生产能力。

近日，斯道拉恩索已经与芬兰内斯特石油公司签订一项协议，根据该协议，双方将联合开发利用木材废料生产新一代生物燃料的技术，以取代目前交通中使用的矿物燃料，从而减少导致温室效应的气体排放。合作的第一步是在斯道拉恩索位于芬兰的瓦尔考斯工厂设计并建造一个示范工厂。示范工厂由双方按照50/50的比例共同拥有。

斯道拉恩索勇于开拓，通过开发生产车船用生物燃料，积极发展自己的业务。通过这次合作，它以新的方式，利用其在森林、纸业和木材采购方面深厚的专业知识和长期经验，来创造商机。此次合作，将利用斯道拉恩索、内斯特石油公司和芬兰国立技术研究中心的专业知识来实施开发阶段，并使基于木材的生物燃料生产商业化。面对欧洲不断高涨的对众多不同原料生产的优质生物燃料产品的需求，斯道拉恩索和内斯特石油公司认为，欧洲不断发展的生物燃料市场，有着大有前途且可持续的商机。

投资1400万欧元的示范工厂，将并入瓦尔考斯工厂的能源基础设施，这里生产的气体相当于为4300所住宅供暖的能源，并大大减少二氧化碳排放。

在开发阶段后，一旦技术解决方案就绪，而且合资双方从示范工厂获得足够经验后，该合资企业将在斯道拉恩索的一家工厂基础上，建造完整规模的商业化生产工厂。合资双方将按照50/50的比例共同拥有该工厂。在合资企业中，斯道拉恩索将负责供应木材生物质，以及利用来自其纸浆和造纸厂的热能。斯道拉恩索的木材生物质将在符合生态条件的前提下，从森林获取。内斯特石油公司将负责所生产的生物燃料的最终精炼和营销工作。

这个新的合资企业，反映了斯道拉恩索的可持续政策，以及集团为减缓气候变化而实施的努力。斯道拉恩索致力于减少温室气体排放，具体途径包括：提高能源效率；增加生物燃料和其他可再生能源的使用；在能源生产中最大限度实行热电联产。

内斯特石油公司是一家致力于研发和生产先进、清洁交通燃料的精炼生产和销售公司，其战略是优先发展其精炼和优质生物柴油业务。内斯特石油公司的精炼厂位于芬兰的波尔沃和纳坦尼，每天的精炼生产能力大约为25万桶。公司有大约4700名员工。内斯特石油公司在赫尔辛基股票交易所上市交易。

斯道拉恩索的瓦尔考斯工厂生产高级纸、目录纸、新闻纸、筒芯纸和锯木产品，有三台造纸机和一台纸板机，年产能约为62万吨纸和纸板，以及34.5万立方米锯木产品；年消耗木材230万立方米左右；约有980名员工。

斯道拉恩索是一家林、纸、包装一体化集团，主要生产新闻出版用纸、高档文化用纸、包装纸板和木材制品，在这些领域集团处于全球领先地位。2006年斯道拉恩索的总销售额为146亿欧元。集团在五大洲40多个国家雇有员工4.4万人。斯道拉恩索年产1650万吨纸和纸板；740万立方米锯木产品，其中包括320万立方米深加工产品。斯道拉恩索股票在赫尔辛基、斯德哥尔摩和纽约上市。

（2）以农林废弃物研发车船用生物燃料。2008年12月，有关媒体报道，在全球原油价格剧烈震荡和粮食价格飞涨的背景下，一些国家利用玉米等传统农产品提炼车船用生物燃料之举，难逃"与人争粮，与粮争地"之嫌。而幅员辽阔、物产丰富的拉美国家，正在依靠自身优势，拓宽视野，研发基于各种新型原材料的第二代生物燃料。

目前，拉美国家除了棕榈油、松子、蓖麻、葵花籽、海藻、甘薯粉、含糖木薯、甜菜、香蕉、鳄梨等含油和含糖物质用来研制生物燃料外，还把咖啡豆残渣、秸秆、稻壳、甘蔗渣等农林废弃物作为制造车船用生物燃料的原料。

较之利用传统农作物提炼生物燃料，这些新型生物燃料的大规模生产，很多并不耗费农业资源，不影响粮食生产，同时能降低生车船用物燃料的生产成本，拓宽能源种类，缓解能源压力，为车船用生物燃料产业的发展注入新的活力。

甘蔗乙醇大国巴西，不仅在传统生物燃料领域，居于拉美地区乃至世界前列，在研发新型原料方面也不甘落后。多年来，巴西利用含糖木薯、亚马孙雨林植物及甘蔗渣等农林废弃物，提取生物燃料已初见成果，有望确保其生物燃料生产和出口大国地位。

巴西农牧业研究公司通过转基因技术，研究开发出一种含糖而不是淀粉的木薯，作为生产乙醇的原料，在不适合种植甘蔗的巴西中西部地区，可作为甘蔗乙醇的重要补充。自20世纪70年代起，巴西就开始试用传统木薯生产乙醇，当时需把木薯所含淀粉，经水解转化为糖，然后提炼出乙醇，其技术要求和成本较高。新型转基因木薯的根部，含有发酵过程必需的葡萄糖，省却了复杂的水解步骤，提炼乙醇所需成本比一般木薯减少了25%。

考虑到生态环境和生物多样性因素，巴西政府曾明令禁止在亚马逊雨林地带种植甘蔗。如今，巴西把目光再次投向亚马逊原始森林，寻求用本土雨林植物资源提炼车船用生物柴油。

巴西农牧业研究公司，2008年上半年启动了一项"能源性农业生产发展"计划，将对亚马逊热带雨林种类繁多的植物进行辨别筛选，确定油料作物种类，并制订可用于提炼生物柴油的植物目录，以增加车船用生物柴油原料种类，提高植物燃料产量，推广以能源产品为目的的农业生产，在避免环境污染的同时，还可为当地农民提供大量就业机会。

农业大国墨西哥可用于提炼生物燃料的原料更加多样。墨西哥国会为此专门通过一项生物燃料促进法修订案，明确制造车船用生物燃料的原料种类，从原来的玉米和甘蔗拓宽到任何一种农、渔、牧和林业有机材料，以及工农业废料和植物纤维等。

2. 开发汽车用生物燃料的新进展

（1）从油棕渣滓中提炼出车用生物燃料。2005年8月，马来西亚云顶集团主席兼首席执行官林国泰，对外界透露，他们已经研制成功一种可取代石油的生物燃料，该生物燃料从油棕果实的渣滓中提炼而成。

林国泰在欢庆云顶集团成立40周年的晚会致辞时介绍说，云顶集团经过再生能源方面的反复研发，终于成功从该国富产的油棕渣滓中提炼出石油替代品生物燃料，且使之可投入商业化量产。他进一步表示，云顶集团生产的生物燃料制造工艺独特，它不像生化柴油或乙醇般需要从植物油或淀粉中提炼，而是从食用油渣滓中的生物质提炼而成。

据悉，马来西亚每年要面对1300万吨油棕渣滓处理问题。通过云顶集团这种新工艺，可使之持续性分解，将其转换成350万吨生物燃料，约等于930万桶原油，相当于大马国家石油公司5%的年度销售量，足以供应大马1/3的家庭用电，为大马每年带来超过16亿马币的出口收入。

林国泰补充说，云顶集团研制的生物燃料用途非常广泛，包括作为发电站的能源燃料，未来甚至有很大潜能取代汽油及工业用途的化学燃料。更重要的是，云顶集团生物燃料的属性为碳中和，将减低生态环境受污染的程度。预计生物燃料的生产，将给大马增加数千份就业机会和为棕油业者给予额外的商机，可减轻棕油业面对棕油价格大幅波动时所受的打击。

林国泰最后说，随着生物燃料逐渐普及，将进一步催化及提升生化工艺及农业的改革，促使大马成为本区域的再生能源的前驱。

（2）用化学装置把植物油直接转换为生物柴油。2006年4月，美国俄勒冈州立大学，纳米科学与微技术研究所一个新能源开发研究小组对媒体宣称，他们研制出一种微型化学装置，可以把植物油直接转换为生物柴油，为利用农作物制造能源，开辟了一条快速简便的新路，有可能会完全取代现有的生物柴油制造方法。

该研究小组制成的这种微型装置，是一种只有银行卡大小的化学反应器。当植物油和酒精通过它上面像头发丝粗细的管道后，就能直接转换为生物柴油。

传统的生物柴油生产过程，一般是利用酒精把催化剂溶解后，放入盛有植物油的大容器内搅拌约两个小时，经过12~24小时的化学反应后，会生成生物柴油及副产品甘油。甘油可以供制造其他产品如肥皂使用，但生物柴油中含有的剩余催化剂，需要加入酸进行中和并去除，既费时又费钱。

研究人员说，他们研制的这种新型装置，省去了搅拌及反应过程，几乎可以立刻制备。目前，科学家还在研究如何省去催化剂。

研究人员认为，如果他们的发明能最终工业化，它将完全取代现有的生物柴油制造方法。研究人员制造的装置虽然很小，但把大量的反应器组合一起，就可以生产出供商业销售用的大量生物柴油。使用这种装置，农民还可以在田间地头直接生产农业机械用的燃料。

（3）开发出更加清洁的新型车用生物柴油。2006年9月8日，有关媒体报道，芬兰耐思特石油公司当天宣布，已开发出一种新型车用生物柴油，比以往的生物柴油更加清洁，可以使用的原料也更广泛。

经测试，新型车用生物柴油，导致的二氧化碳排放量仅为传统柴油的16%到40%，所产生的尾气微粒排放量也降低30%左右，氧化氮排放量降低10%左右。

生物柴油是利用生物物质制成的液体燃料，具有清洁环保、可再生等优点，通常与传统柴油混合使用，以提高发动机性能、减少废气排放。第一代生物柴油主要以菜籽油为原料，而这种新型车用生物柴油还可以使用棕榈油、大豆油、动物脂肪等做原料。

（4）发现一种瓜子油可用作车用生物燃料原料。2007年12月，有关媒体报道，马来西亚普特拉大学的专家发现一种类似西瓜的植物，它的瓜子油可以制成新型车用生物燃料。这种植物的成活率高，成熟期较短，只需3个月，与棕榈油相比更加经济。

该植物瓜子油比较轻，具有脂肪酸低、易溶解和燃烧率高等优点，而且价格低廉。如果作为生物燃料添加到汽油和柴油中，可使汽油的费用节省20%，使柴油的费用节省10%。如果国际油价进一步攀升，它节约的费用比例还会更高。

专家同时指出，要把这种瓜子油加工成生物燃料，需要添加合适的催化剂，以促使其变得更加稳定。另外，使用这种生物燃料的机动车，化油器需作相应改进。目前，这项研究尚处于初级阶段，广泛推广使用还需进行一系列科学试验。

（5）持续推进车用乙醇燃料的开发利用。2007年12月，有关媒体报道，目前，乙醇燃料已成功确立替代石油产品的新型可再生能源地位。巴西作为世界乙醇原料甘蔗的最大种植国，30多年来，持续开发车用乙醇燃料，已取得显著成果。

长期以来，巴西石油消费大部分依赖进口。20世纪70年代初开始的石油危机，对巴西经济造成了沉重打击。为减少对石油进口的依赖、实现能源多元化，巴西政府从1975年开始，实施以甘蔗为主要原料的全国乙醇能源计划。

巴西甘蔗业联盟新闻办主任阿德马尔·阿尔蒂埃利说，巴西开发车用乙醇燃料，是适合国情的选择。作为世界最大的甘蔗种植国，巴西因地制宜地利用甘蔗为原料生产乙醇。20世纪70年代末，巴西政府开始扩大甘蔗种植面积，同时为建立乙醇加工厂提供贷款，鼓励汽车制造商生产和改装乙醇车，并颁布法令在全国推广混合乙醇汽油。目前，巴西汽油中的乙醇含量为25%，该比例在世界各国混合汽油中居第一位。巴西是目前世界上唯一不使用纯汽油做汽车燃料的国家。

2003年，大众、通用和菲亚特等设在巴西的公司，相继推出可用乙醇与汽油，以任何比例混合的"灵活燃料"汽车。这种汽车带有燃料自动探测程序，能根据感应器测定的燃料类型及混合燃料中各种成分的比例，自动调节发动机的喷射系统，从而使不同燃料，都可最大限度地发挥效能。

阿尔蒂埃利指出，经过30多年的不断改进，目前巴西乙醇车的整体生产技术，已相当成熟。巴西产的双燃料车在功率、动力和提速性能、行驶速度，以及装载量等方面，均可达到同类型传统汽油车的水平。

车用乙醇燃料作为一种清洁无污染燃料，已被众多专家学者认为，是未来能源使用的发展趋势之一。有关资料表明，乙醇车对环境的污染程度为汽油汽车的1/3。

目前，巴西是世界上最大的燃料乙醇生产国和出口国。2006年，巴西用于生产乙醇的甘蔗种植面积达300万公顷，乙醇产量达170亿升，出口34亿升。为了配合甘蔗产量的提高，巴西政府还计划投资新建89家乙醇加工厂。

随着世界传统能源储备资源的迅速消耗，特别是近几年石油价格持续攀升，巴西的替代能源产业，开始受到世界各国的重视，而车用乙醇燃料也逐渐成为能源开发领域的新星。

3. 开发摩托艇用生物燃料的新进展

试用葵花籽油作为摩托艇的动力燃料。2005年11月，有关媒体报道，意大利北部科莫湖畔的切尔诺比奥镇，举办了一届食品与农业国际展览会。会上，意大利农业联合会，展示了一种以新型燃料为动力的摩托艇，并在科莫湖上进行试验。结果表明，这种摩托艇排放的烟雾及其他有害气体，要比柴油摩托艇低。尽管这种燃料不如柴油燃料的动力强，但受到环境保护主义者的欢迎。

这艘经过改装的摩托艇，是以葵花籽油作为动力燃料的，它也是当时世界上第一艘使用葵花籽油的摩托艇。环保专家指出，这一成果，为人们在其他生产和生活领域，寻找生态型、低污染的燃料来取代传统化石燃料开辟了道路。

专家指出，葵花籽油是一种植物油，用它作动力燃料产生的污染物，明显少于传统的化石燃料。从成本上说，它也具有竞争力。据意大利农业联合会估算，每公顷农田平均产 3000 千克葵花籽，这些葵花籽经过加工后，大约可以形成 1300 千克葵花油。每千克葵花油的市场售价，与柴油的价格大致相当。

（二）车用燃料开发的其他新信息

1. 以废物废液开发车用燃料的新进展

（1）用废弃塑料研制成汽车燃料。2005 年 3 月，有关媒体报道，印度马德拉斯大学为了解决塑料回收再生这个重要课题，4 名机械工程系大四学生在老师帮助下，组成一个研究小组。经过多次试验之后，他们终于成功地把废弃塑料变成汽车燃料。

这些年轻发明家们，向人们演示了整个研制过程：先是把塑料废弃物加入一种催化剂，然后放在真空状态下加热，在催化剂的作用下，塑料废弃物逐渐融化成它的原生态：石油。然后再经过蒸馏和提纯，最后变成了汽油、柴油和煤油。由于是在真空状态下加热，整个过程不会产生出二氧化碳，因而不会对空气造成污染。

据介绍，按这种方法，2.5 千克的废弃塑料，可以生产出 1 升汽油，0.5 升柴油和 0.5 升煤油。生产成本在 1.5 美元左右。目前，这项发明，已经通过了印度石油公司地区实验室的鉴定，现在就等着有厂家投资真正投入生产了。

（2）把废弃变压器油成功转化为机动车燃料。2007 年 10 月，有关媒体报道，为了节约能源，泰国电力机构经过试验，对废弃的变压器油进行净化处理，成功地将它转化为机动车燃料使用。

变压器油是精炼度很高的绝缘油料，用于变压器、电容器及其他电力设施，主要起绝缘、冷却和散热的作用。泰国所用的变压器油都是进口产品，每升约需 1.88 美元。变压器油的使用年限一般为 5 年，随着绝缘功能减弱而当作废品处理，每升只卖 0.16 美元。

据报道，泰国每年废弃的变压器油达 100 万升。经研究，这些绝缘油料只需通过净化等简单处理，就可以用于机动车。其使用效果比柴油好，它排放的有害气体少，对发动机又没有危害。泰国正在对这项技术申请专利，并加以推广，估计每年可节约燃油费 62.5 万美元。

2. 以天然气与石脑油开发车用燃料的新进展

（1）欲将压缩天然气用作轻型汽车燃料。2012年2月3日，美国物理学家组织网报道，美国交通运输业正逐渐从以石油为基础过渡为采用多种替代能源，如乙醇、生物柴油、电力或氢能等。为了进一步拓宽车用替代能源，阿贡国家实验室机械工程师托马斯·瓦尔纳、环境科学家安德鲁·伯纳姆等人组成的研究小组，已经开始调查把压缩天然气，作为轻型轿车和卡车能源选择的可能性。

车用压缩天然气，是指主要由甲烷构成的天然气，在25兆帕左右的压力下，储存在车内类似于油箱的气瓶内，用作汽车燃料。使用压缩天然气替代汽油作为汽车燃料，可大量减少温室气体排放和噪声污染，而且其不含铅、苯等致癌的有毒物质。

瓦尔纳说，与其他国家相比，美国几乎不用面对天然气直供短缺的挑战。压缩天然气的价格将有可能长期持续便宜又稳定。目前其价格相当于每加仑2美元左右，约是汽油的一半。基于美国在过去十年里天然气生产量的大幅增长，如果目前大量在道路上行驶的小汽车和轻型卡车可以兼容使用天然气，将有助于改善国家的能源安全。为了让压缩天然气担起重任，更多的加油站需要与其对接，全国各地得建立相关基础设施，以提供和分发这种燃料。目前，仅有1000个可用的天然气加气站，而实际需要近20万个。

伯纳姆说，为了能做出与汽油的精确对比，科学家和工程师将要看这种燃料在生产和使用每一阶段的状况。阿贡国家实验室能够帮助汽车行业领导者测试和分析压缩天然气汽车，特别是在温室气体、控制排放、运输模式中的能源利用等方面，检测从车启动到轮胎转动包括提供、分配和燃烧每个阶段能源的使用及温室气体排放状况。

虽然压缩天然气汽车，使用中比传统汽车排放的温室气体更少，但是需要应对来自上游产业的挑战，即生产和销售天然气时有可能出现甲烷泄漏。伯纳姆说，我们要运用技术来捕捉泄漏的天然气，减少温室气体对环境的影响。在应用于城市公交这种重型车当中，天然气可能在颗粒物和氮氧化物的排放上要有所削减，以满足美国环保署在过去几年制定的标准。

瓦尔纳认为，同电力汽车一样，压缩天然气汽车，将成为交通解决方案的一部分，但不是整个方案。越关注投资这样的发展方向，将越靠近既环保又经济的目标。

（2）利用沸石使石脑油直接变为车用柴油。2012年2月6日，国外媒体报道，瑞典斯德哥尔摩大学等机构组成的一个研究小组，近日在《自然·化学》杂志上发表论文称，经一种特殊结构的沸石材料催化，工业原料石脑油可以直接变为车用柴油，补充现有的能源供给。

石脑油是一部分石油轻馏分的泛称，可分离出汽油、煤油、苯等多种有机原料，常用作工业原料。沸石是可以在分子水平上筛分物质的多孔矿物材料，被广泛用作吸附剂、离子交换剂和催化剂等。

该研究小组发现一种代号为 ITQ-39 的沸石,是迄今已知内部结构最复杂的沸石,它的内部孔状结构,正好可以用来催化处理石脑油。经过这种沸石的催化作用后,石脑油可以直接变为车用柴油。

据介绍,现在石脑油的供应比较充足,此前还没有发现能够商业化应用、把石脑油变为柴油的高效催化剂。因此,这一发现,在帮助解决当前的能源问题上,非常有意义。

二、研发航空航天用燃料的新成果

(一)研制航空用燃料的新信息

1. 发现迄今替代航空燃油的最佳可再生植物燃油

2009年7月,有关媒体报道,近日,美国密歇根技术大学化工专业教授领导的研究小组,分析研究了芥蓝从种植到最后制成航空燃油应用全周期的二氧化碳排放量后,证实采用芥蓝籽油替代现有航空燃油,可减少碳排放84%。

采用精炼工艺,芥蓝籽油可转换成环保型的碳氢化合航空燃油和可再生柴油。芥蓝籽航空燃料标准达到或超过所有石油类航空燃油规格,可直接使用现有航空发动机,与现存航空仓储、运输和技术设施兼容,成为短期内化石燃料的绝佳替代品。

不同于用玉米制造乙醇或大豆制造生物柴油,芥蓝较少需要水分和氮肥,且产油量高,可以在半干旱地区或农业贫瘠用地上种植,不至于跟粮作物发生竞争,是迄今一种最有前途的可再生燃料资源。当然,其应用推广,则取决于市场价格和商业化生产规模等。

2. 利用桉叶油制造出环保航空燃油

2016年9月,澳大利亚国立大学科学家卡斯滕·库尔海姆等人,与美国同行组成的一个研究小组,在美国学术刊物《生物技术前沿》上发表研究报告说,利用澳大利亚原生植物桉树的桉叶油,可制造出能够用于航空业的燃油,虽然可能会比传统燃油贵一些,但碳排放要低得多,更有利于环保。

研究人员表示,全球航空业主要使用源于化石燃料的燃油,碳排放量巨大,科学界正研究可用于商业航班的环保燃油,桉叶油在这方面有不错的前景。

库尔海姆介绍道,航空燃油需要很大的能量密度,目前可再生能源中的乙醇燃料和生物柴油虽然可用于汽车,但能量密度难以达到航油水平。桉叶油中含有单萜烯类化合物,可以转化成高能量密度的燃油。他说:"不仅可用于喷气式飞机,甚至可用于战术导弹。这类化合物也存在于松树中,但松树的生长速度要比桉树慢很多。"

从成本来看,库尔海姆承认,用桉叶油制造航空燃油在初始阶段可能会比目前的传统燃油贵一些。但是随着技术进步,可以成倍地增加桉叶油的产量。

（二）研制火箭与航天器燃料的新信息

1. 研制火箭发动机燃料的新进展

（1）用纳米技术研制铝冰火箭燃料。2009年10月，美国宇航局太空网报道，美国普渡大学机械工程学教授史蒂文·索恩、航空航天学院教授蒂摩西·波波因特共同负责，普渡大学和美国宾夕法尼亚州立大学相关研究人员参与的一个研究小组，运用纳米技术，研制出一种由纳米铝粉和结成冰的水组成的新型混合物，将使火箭发射变得更加环保。把这种混合物当作燃料，飞船甚至可在月球或火星等遥远的地方补充燃料。

研究人员表示，自从第一颗人造卫星发射升空，50多年来火箭燃料几乎没发生过任何变化。可以说，该成果填补了一个创新空缺。这种新型混合物，被称作铝冰火箭燃料，通过铝和水之间产生的化学反应产生动力。研究人员希望这种反应生成的氢，不会对发射火箭产生不利影响，并希望在长期的太空任务期间，这种产物可以用来填充氢燃料电池。

索恩说："从全局来看，我们希望开发出一种可以长期储存氢的技术。水满足了我们的这个要求，水非常稳定，是一种储存氢的好选择。"

美国宇航局和美国空军科研办公室，都对资助初始火箭发射试验表现出极大的兴趣。在2009年8月进行的一项飞行试验过程中，研究小组利用铝冰火箭燃料，成功把一枚火箭发射到396.24米的高空。

铝在很多火箭燃料中所占比重较小，但是却起着至关重要的作用，包括航天飞机的固体助推火箭和美国宇航局下一代"战神"火箭使用的助推剂，都包含这种成分。铝点燃后的温度超过3826.67℃，高温可迫使火箭发射产生的废气快速喷出，推动火箭向上运行。

由于使用直径是80纳米（比人类发丝的直径小500倍）的纳米级别的铝粒子，铝冰火箭燃料能排出更多铝。这种粒子非常小，因此它比大粒子的燃烧速度更快，产生的推动力也更大，而且这一情况或许还使火箭在推进过程中更易控制。

波波因特说："纳米铝粒子，是这种火箭燃料产生作用的关键。只用微米大小的铝粉和水冰是无法达到预期效果的。"过去研究人员一直在研究利用铝和水做火箭燃料，但没有获得成功。不过，该研究小组利用新纳米铝的优势，把这个想法变成了现实。索恩说："虽然以前确实有过用纳米铝和水制火箭燃料的研究，但这是首次有人利用这种燃料，把一枚火箭送上天空。"

铝以极高的温度燃烧，只是铝冰火箭燃料反应式的一部分。其他部分，包括被水分子锁住的氧和氢为铝燃烧提供燃料。这个反应过程产生的副产品，是氢气和铝的氧化物，这种燃料可能比现有任何火箭燃料更加环保。当前的航天飞机发射，其固体火箭推进器要排放出大约230吨盐酸。

事实证明，制造铝冰火箭燃料混合物非常困难，但是研究人员经过不懈努力,最终制成这种像牙膏的混合燃料。索恩回忆说:"为了制成令人满意的混合物,我们打算利用机器把它们混合在一起,而不是利用抹刀,用手混合它们。如果你想用这种混合物当作火箭燃料,你就必须让它的生产过程实现自动化。"

第一次发射试验过程中,冷凝使推进器保持完好无损,避免意外出现的火花或者缓慢的氧化过程使铝和冰过早地发生反应。

研究人员把成功的喜悦抛在一边,现在他们已经开始思考,制作一种比现有火箭燃料,性能更强的新铝冰火箭燃料混合物。索恩说:"从总体性能来说,这种燃料的性能,跟传统火箭燃料的性能旗鼓相当,或者略胜一筹。"但是他又说,他们研究小组已经做出"保守选择",以便能证明,利用铝和水制造火箭燃料的想法正在平稳向前发展。现在它可以向更高的目标前进了。

或许目前科学家最迫切要做的,是把纳米铝粒子与更大的铝粒子混合在一起。这能确保更加有效地利用铝,减少燃烧过程中生成的氯化物数量。目前研究人员还在制作更加高效的铝水混合物,最初为了稳妥起见,他们选择利用冰制作这种混合物。然而,他们的小心谨慎,导致火箭在发射时排出的气体温度较低,这降低了火箭的性能,使产生的氢更少。

波波因特说:"我们正考虑利用一种不同的铝冰混合物燃料,再进行一次发射试验。我们清楚,可以调整两种成分之间的比例,或者通过增加成分来提高火箭性能。"未来他们甚至可能会考虑,制作一种性能像液体燃料一样的凝胶型燃料。

通过调整,现在的混合物也能产生更多氢,使利用它填充氢燃料电池的可能性更大。不过索恩和波波因特都强调说,铝冰火箭燃料,给大家带来的最直接的好处,就是让很多大学生和研究生,有机会把科学设想转变成真正的火箭发射。确保未来的太空探索活动能够顺利进行。

(2)发现一种可作为未来火箭燃料的新氮氧化合物。2011年1月,瑞典皇家工学院物理化学托尔·布林克教授及其同事组成的一个研究小组,在德国《应用化学》杂志上发表研究报告说,他们发现了一种名为"Trinitramid"的新氮氧化合物。它的燃烧效率很高,实验测试表明,它比目前最好的火箭燃料,燃烧效率还要高25%左右,有望成为未来火箭燃料家族的新成员。

据悉,瑞典研究人员在氮的氧化物系列中,发现了这种可替代目前火箭燃料的新化合物。目前,该研究小组已掌握如何制造和分析这种分子,并能在试管中制造出足够多的这种氮氧化合物。接下来,他们还将研究这种分子在固态形式下的稳定性。

开发出高效能的火箭发动机新燃料。2012年2月21日,俄媒体报道,俄罗斯动力机械科研生产联合体创新中心主任利赫万采夫对外透露,他们研制出一种称为"阿采塔姆"的火箭发动机新燃料。这种燃料能显著提高火箭的动力载荷效率和经济性,运载火箭使用该燃料将能够向运往地球同步轨道的负载量提高近30%。

目前，还将研建专门用于该燃料的现代化的发动机，以更大程度的降低成本。初步拟将煤油-氧发动机，更换成"阿采塔姆"-氧发动机，预计新燃料用于更换后的新发动机后，每年可以减少3~5次轨道发射，可节约成本数十亿卢布。

（3）研发更高效更环保的离子液体火箭燃料。2013年5月，国外媒体报道，美国空军研究所科学家汤姆·霍金斯主持的火箭推进研究小组，经过多年探索，已经找到替代当前火箭燃料肼的新产品，它不仅比肼燃料更加安全，又非常环保，而且燃料释放能量也很高。

从20世纪70年代进行火箭发射到21世纪初，最先进的好奇号火星车，都在使用较为"原始"的动力，肼依然是目前火箭发射的燃料，该化学物质也被称为联氨。虽然肼可以释放出大量的能量，但是它是剧毒的，无论是吸入还是与皮肤接触都会造成损伤，可损害人体肝脏、眼睛，而且运输过程也较为困难，目前主要使用氮气进行密封存储运输。

报道称，近日，美国研究小组研制出的这种新型清洁火箭燃料，是一种离子液体。其分子具有一个正电荷或者一个负电荷，并以液体的形式存在。离子液体的特性使得该物质非常安全，有利于运输和存储。

霍金斯认为，离子液体将是重要的火箭燃料来源。当前的离子液体火箭燃料的专业名称为AF-M315E，以液态的形式呈现，如果用低压处理，就会慢慢蒸发，这意味着离子液体火箭燃料更加稳定，易燃性低于肼，也很容易处理使用。在毒性方面，AF-M315E仅释放出无毒的气体，比如水蒸气、氢气和二氧化碳等。

离子液体火箭燃料AF-M315E的主要成分，是羟基硝酸铵。科学家通过添加羟基分子，将该物质的熔点降低了100℃左右，这也是离子液体的临界参数。因此，如果要点燃AF-M315E绿色燃料就显得有些困难，这似乎有悖常理，事实上这个特性意味着AF-M315E燃料在使用上更加安全。

当这种燃料被点燃时，可以释放出更大的能量。不过，更大能量带来的更高温度，会造成目前美国航天器发动机的损坏，对此科学家认为应该需要更好的材料，以"抵抗"离子燃料产生的高温。使用这型绿色燃料的火箭，将在两年后进行首次测试飞行，如果测试成功，那么将开启一个全新的载人航天时代。

（4）开发出成本大幅度降低的火箭燃料。2017年4月，国外媒体报道，巴西国家空间研究所卡多·维埃拉博士领导的一个研究小组，近日开发出一种可用于火箭和卫星推动引擎的燃料，成本比传统燃料大幅度降低。

这项成果，是巴西国家空间研究所燃料和推动力实验室完成的一个项目，目的是让巴西航天工业能够使用本国产的更加便宜的燃料。这种燃料是乙醇和乙醇胺与过氧化氢反应后形成的，而目前空间工业常用燃料成分是肼和四氧化二氮。

维埃拉介绍说，这种新型燃料每千克成本只有 11.2 美元，而目前火箭发射使用的传统燃料每千克价格为 320 美元。

除了经济上的优势，这种燃料反应能力极强，接触氧化剂时氧化反应非常强烈，因此不需要其他点火装置。维埃拉说："这样就减少了点火时间，增加了驱动力，同时还节约了成本。我们研制初期只是有一个想法，但最后的结果令我们都感到惊讶。"

据介绍，这项研究成果已用于实践。巴西航天局与实验室签署协议，由巴西 ABC 联邦大学负责这种燃料的生产，同时还将生产适合这种燃料的推进器。

维埃拉说："空间科技是一个非常复杂的市场，必须证明产品的有效性、可行性和投入产出比，我想我们的产品将会是非常有说服力的。"他估算，使用这种燃料发射一枚火箭节约的资金能够达到 3.2 万美元。

2. 研制航天飞行器燃料的新进展

为核动力飞船反应堆组装出核燃料释热元件。2014 年 7 月，俄新社报道，为了更远、更快地飞向太空，俄罗斯研发人员一直对核动力飞船倾注心血。近日，该领域的研发取得一项实质性进展：俄能源技术科研和设计研究所首席设计师切列普宁领导的研究小组，设计并组装出为未来核动力飞船反应堆服务的"热源"——核燃料释热元件，随后的一系列测试将于近期展开。

切列普宁说，未来的行星际飞船，应着重考虑采用核动力装置。该研究所制定的核动力装置规划，已于 2009 年获得俄总统领导的现代化与经济技术发展委员会批准，该装置的草图设计已在 2011 年年底定稿。

报道称，依据设计，这种核动力装置，将采用尺寸不大的气冷式快中子反应堆，所用核燃料为高浓缩二氧化铀，其浓度高于普通核电站燃料。二氧化铀发生核裂变后，会产生极高热能。这些热能，要通过反应堆内的释热元件，并借助气态载热剂输送到反应堆外。这一重要元件，已在本月初由俄联邦能源署下属研制机构、切列普宁研究小组组装完毕，目前全球尚无与之类似的元件。

切列普宁介绍说，俄最终制成的将是兆瓦级核动力装置，其工作温度比同类普通装置高约 1000 ℃。为适应这种高温，反应堆释热元件的外壳，将采用以钼制成的难熔金属单晶熔合物材料。从反应堆内导出的热能，会推动涡轮机组发电，所生成的电能将源源不断地供电喷发动机使用。

这种发动机内的氙—氪混合剂，会通过电离生成离子流，而核电所生成的强大电场，会推动该离子流向飞船后方高速喷出，从而获得喷射推进力，使飞船以更短时间飞向火星等太阳系行星，或在近地空间绕飞更长时间。在这一过程中，不会有放射物被释放到太空中。据估算，如此制成的电喷发动机的单位推进力，是化学燃料发动机的 20 倍。

第五节　交通工具零配件研制的新进展

一、研制汽车车轮的新成果

（一）研发汽车轮胎的新信息

1. 开发防滑耐磨轮胎的新进展

（1）研制可抑制侧滑的无钉防滑轮胎。2006年7月，日本媒体报道，东洋橡胶公司开发出一种面向普通乘用车防滑轮胎，它吸收了面向微型面包车的无钉防滑轮胎技术，另外又采取了一些新措施，外观设计上形成六角形花纹"蜘蛛状胎纹沟，可同时提高纵向及横向的制动效果，提高了纵向及横向的抓地（摩擦）性能。

此前生产的无钉防滑轮胎，大多带有较多的横向沟槽，多用于在制动时抑制前进方向上的滑动。而现在的市场不仅要求可抑制前进方向上的滑动，而且还希望能够抑制横向的滑动。

想要在技术上实现对横向滑动的抑制，则可通过在轮胎上增加纵向的沟槽进行改进，不过要是在带有横向沟槽的轮胎上增加大量的纵向沟槽，又会使轮胎边缘变得脆弱，导致抓地性能下降。东洋橡胶公司通过采用六角形的沟槽花纹，满意地解决了这一难题。

本次推出防滑轮胎，除了采用六角形沟槽外，还对其他方面做了一些改进，比如在轮胎中央的纵向上增加波状沟槽，并改变了沟槽的宽度等。与原来的产品相比，抓地性能更高，经试验表明，把打方向盘时车辆轨迹的膨出量作为指数，横向的抓地性能增强了15%，前进时的冰上制动距离缩短了9%。

（2）利用耐磨损技术开发的拖车轮胎。2007年4月，有关媒体报道，法国米其林轮胎公司正在设计和开发一种新型拖车专用轮胎。该轮胎可重刻胎面花纹，与传统设计相比，轮胎行驶里程、抓着力和负荷能力可提高50%。同时，该轮胎也是米其林公司利用耐磨损技术所开发的第一款拖车专用轮胎，具有更强的耐磨损特性。

2006年下半年，米其林公司就投资4亿欧元，利用耐磨损技术开发新型卡车轮胎，希望采用新技术来增强轮胎安全性能，延长轮胎的使用寿命，提高轮胎的销量。

2. 开发有自我检测功能轮胎的新进展

（1）研制出能准确测量自身气压的轮胎。2007年6月，法国媒体报道，众所周知，适合的轮胎气压对提高轮胎使用寿命及燃油的经济性，减少损坏，降低消耗都非常重要。为了准确测量轮胎气压,法国米其林公司联合霍尼韦尔公司及下属子公司,开发研制了艾蒂尔(eTire)Ⅱ型电子感应气压监测系统。该产品是米其林 5 年前推出的艾蒂尔型的升级产品。第二代产品现已限量生产,正等待市场的检验。

该系统的核心部件为安装在轮胎胎侧的感应板,包括一个无线非电池的声表面滤波器和一个辐射标签,分为手持式和车载式。

车载式动力及功能设计都非常强大,手持式设计得非常人性化,新的感应板比上一代重量要轻许多。该新产品,主要面向郊区和重型货车轮胎,使用手持式艾蒂尔Ⅱ型对轮胎进行检查,可以了解哪些轮胎气压不足,并能及时充气,避免轮胎的过早损坏。

该电子感应气压监测系统结合米其林的线上系统可以检测,及时报告轮胎气压以及其他轮胎的维修数据,使车队的管理者能更好地、及时地掌握轮胎的状态。

米其林集团是全球轮胎科技的领导者,100 多年前建立于法国的克莱蒙费朗。在漫长的历程中,米其林集团自 1889 年发明首条自行车可拆卸轮胎与 1895 年发明首条轿车用充气轮胎以来,在轮胎科技与制造方面发明不断。除了轮胎以外,米其林集团还生产轮辋、钢丝、移动辅助系统(如 PAX 系统)、旅游服务、地图及旅游指南,其中地图与指南出版机构是该领域的领导者。

(2)研制出可感知自身损坏的轮胎。2007 年 12 月 25 日,路透社报道,美国印第安纳州普渡大学电动液压研究中心主任加里·克鲁茨领导的一个研究小组,日前宣布,他们研制出一种可以感知自身损坏情况的新型汽车轮胎,并会提醒驾驶员车胎可能漏气。

报道说,该研究小组发明了使整个轮胎变成传感器的方法。克鲁茨说,这种方法可使驾车员随时了解轮胎对自身所有部位进行"自我检测"的结果,发现如划痕、刺孔、生产中的毛病、不平衡、性能下降和装配不当等问题。

这种轮胎是由精选橡胶制成,它的自我检测功能,主要是靠材料本身的性能形成。克鲁茨说:"我们拥有的是整个轮胎上多层具有不同电气性能的材料。这使我们能对轮胎的任何部位进行检测。"轮胎里的一块特殊芯片会"查看"不同的材料层,迅速把安全信息传递给驾驶员。如果车胎开始破裂,它会提前向驾驶员发出警告。

迄今为止,普渡大学的实验室已经生产出 24 个这样的轮胎。克鲁茨说,最先应用这项技术的很可能是赛车。

3. 开发有特殊用途或性能轮胎的新进展

(1)研制以压缩塑料代替空气的无气轮胎。2007 年 1 月 2 日,美联社报道,美国威斯康星州弹力技术公司首席工程师阿里·马内什主持,由 7 名成员组成的一个研究小组,已制造出无气轮胎的原型,他们仍在反复试验。据悉,为了减少驻伊拉克美军的伤亡，五角大楼对这家研制不用充气轮胎的公司给予重金资助。有了这种轮胎，即使悍马车遇到炸弹袭击，照样能迅速脱离险境。

马内什说，他们发明的无气轮胎与充气轮胎的最大不同，就是用压缩塑料代替了压缩空气。实际上，无气轮胎的想法并不新鲜，但以往的无气轮胎存在散热性差和噪声大等缺陷。马内什说，他已经找到了克服这些缺陷的办法。

五角大楼也对该研究小组的试验产生了浓厚兴趣，为此专门拨款1100万美元，资助这个研究项目。

弹力技术公司发言人吉姆·多布斯说："你可以把你想要的装甲安在车上，但如果轮胎不堪一击，车就不能动。军方期待能研制出下一代轮胎，解决车胎的坚固性问题。"

弹力技术公司首席执行官罗伯特·兰格说，这种无气轮胎只能抵御弹片，如果汽车触到地雷，再坚固的轮胎也无济于事。美军方专家说，无气轮胎具有不用频繁更换的优点，而且比常规轮胎轻。

（2）研制出能散发薰衣草香味的轮胎。2007年4月，有关媒体报道，锦湖轮胎公司是由韩国八大集团之一的锦湖韩亚集团投资兴建的大型专业轮胎生产企业，经过十余年的发展，它已经成长为大型轮胎制造企业之一，为推动轮胎产业的蓬勃发展做出了重要贡献。

轮胎也可以散发出怡人香味？相信多数人都会感到好奇并且期待！没错，世界上出现了一款新概念轮胎：它能散发出迷人的薰衣草味道。

锦湖轮胎公司继推出超高速轮胎后，又于近日正式发布了世界首款芳香轮胎。这款高端轮胎新品，是专门为全球女性客户量身打造的，它融合了锦湖最新的科研成果，具有很高的科技含量。

轮胎能散发出阵阵怡人香气的秘密在于，在轮胎的制造过程中添加了大分子的特殊芳香油物质，从而可以使人们在驾驶的过程中感受到自然的气息，同时这种物质对热有很强的耐性，因而能增加橡胶间的结合力，经过反复实验证明，这种结合增加了橡胶的黏性，缓和了路面的冲击，减少了制动的距离，既可以增强轮胎的弹性以提高轮胎的安全性能，同时也可以大大降低轮胎噪声的产生，提高驾驶的舒适性，可谓一举三得！

更令人惊喜的是，锦湖芳香轮胎，还应用了磨损后也可以持续散发香味的特殊组合技术，当用户驾车驰骋在都市的柏油马路时，就如同进入了一片紫色的薰衣草田野，越跑越香。

从研发到问世，再到现在成功地上市，这种芳香轮胎凭借其独特的性能和优异的品质，吸引了众多媒体和消费者的眼球，全球性媒体美国有线电视网，以及《纽约时代周刊》都对此款轮胎进行了详细报道，在美国当地引起了极大反响，掀起了轮胎市场的新风潮。锦湖芳香轮胎代表了新概念技术与舒适性能的完美结合，彰显出锦湖尖端的科技实力与高超的技术水平。

目前，这款全新的概念型轮胎一共推出了五种规格，它们在锦湖轮胎经销商店可以购买到。近来，锦湖轮胎公司还将加大研发能力，提高研发速度，推出更多适合不同消费者需求的产品，随着一款又一款重量级新品的推出，锦湖正向着世界前五的目标大踏步地迈进。

（二）研发车轮与轮毂制造技术的新信息

1. 开发出利用钢板制造整轧车轮的新方法

2006年5月，有关媒体报道，德国WF公司开发出利用钢板制造整轧车轮的新方法。目前，主流车轮都是先制造出轮盘和轮缘两个配件，再将它们焊接起来的双块轧制车轮。能像铝合金一样进行铸造的车轮曾有整轧式的，但利用钢板制造整轧车轮这还是第一次。比双块轧制车轮能够更轻、更便宜。

如果要利用圆钢板制作车轮形状，通常只能利用切割法进行加工。同时，利用将旋转的滚轧机对准圆板外侧端面，沿两个方向进行切割的加工方法，如同在滑轮上形成皮带槽一样。

问题是车轮的内外两侧不对称。由于车轮是利用螺丝固定在轮毂外侧，因此轮盘位于轮胎中心偏外侧的位置。如果利用切割法生产，那么轮毂在内外两侧就会同样伸展出来。因而需要对外侧进行切割，从而导致材料成品率下降。虽说也可通过将滚轧机压在偏离板材中心的位置，使内外两侧流动的材料量不对称。但如果偏置过度，材料就将无法顺利流动，对厚度就无法进行很好的控制。因此业界普遍认为不可能实现钢制整轧车轮。

WF公司采用的不是切割法，其加工步骤是：首先，把轮盘和轮缘内侧作为一体进行成形。利用滚轧机挤着它，使轮缘外侧产生隆起和分支。其次，再利用滚轧机压到模具上，对形状和厚度分布进行修正。使圆板状轮毂隆起突台时也使用这种做法，与旋压加工法类似。

双块轧制车轮一般是分别形成轮盘和轮缘后进行焊接。焊接部位容易产生微孔。为了确保可靠性，需要进行全面检查，工序很复杂。另外，轮缘材料要将钢板卷起来以后在1个位置进行焊接，因此圆度不足，需要另外采取相应的平衡工序。而此次的加工法只要将圆板放到一台机床上，约20秒即可加工完成，不需进行检查和圆度修正。因此得到小型设备即可生产，该公司总裁乌度·弗里泽预测说"成本可降低20%。"

双块轧制车轮需要为焊接预留位置，由此就需要多余的重量。而整轧车轮就能减轻相应的重量。从实用上来说，2.0~2.8毫米的板厚就足够了。从技术实力上讲现已确认能够稳定地生产各类产品。虽说要做很多加工处理，但据称只是在双块轧制车轮中使用过的材料，都可使用。

2. 开发制造汽车轮毂组件轴承的冷轧成形新方法

2006年9月，日本精工集团宣布，开发出一项汽车部件制造新技术：使用高强度材料、以冷轧成形方式制造乘用车专用轮毂组件轴承。

汽车零配件产业竞争表明，在确保强度、性能和质量可靠性的前提下，轮毂的重量越轻，顾客就越喜欢。冷轧成形比起以前的热锻，由于改善了加工硬化度及表面光洁度，因此可提高强度。强度提高后，圆盘法兰可相应地通过改变形状等方式减轻30%的重量，从而使轮毂组件整体减轻了15%以上。因此，它具有明显的竞争优势。

不过，冷轧成形比热锻更难以加工。针对成形压力增大这一难题，该公司通过下压轴部后挤压法兰部分，从而减小了成形部位的面积。挤压面积较小的轴部，使面积较大的法兰部分成形。加工过程中自始至终施加压力的面积没变。

二、研制汽车零配件的其他新成果

（一）开发万向节与轴承的新信息

1. 研制万向节的新进展

开发出小型方向盘用等速万向节。2005年3月，有关媒体报道，日本恩梯恩公司日前开发成功小型轻量方向盘使用的等速万向节。特点是接合部位仅有1处，可将尺寸和重量减小到过去的一半左右。同时利用自主开发的柱塞装置提高了转动精度。

方向盘用万向节一般用来满足微型面包和SUV等车型不断增加的缩短前车身的需求。通过将转向轴弯曲成V字形进行配置，就能在前车身较短的车型中配置转向系统。

等速万向节，是指以转动方向盘时的角速度将旋转传导给连接轴的配件。过去的转向节一般使用两个各有一个接合部位的"单联万向节"，或者由采用将两个单联万向节的接合部位拼接在一起的"双联万向节"。因此，接合部分又大又重。

恩梯恩公司此次开发的方向盘用等速万向节，由于只有一个接合部位，因此将其重量减轻到了440克。而现有单联万向节的质量两个约为560克（使用两个280克的单联万向节），双联万向节约为830克。另外，新型万向节与双联万向节相比，体积也缩小了50%。

过去的万向节之所以需要两个接合部位，是因为1个万向节无法实现等速。结果就要通过使用两个不等速的万向节，确保等速。

恩梯恩公司目前正在面向汽车传动轴提供等速万向节，面向汽车方向盘提供尚属首次。此次开发的等速万向节的基本结构与传动轴用等速万向节相同，不过其特点是在万向节内部设计了一个名为"柱塞"的装置。

等速万向节的基本原理是，通过使两个轴分别从内外两侧与排成圆周状的球相互咬合，进行转动传导。

不过，在方向盘上采用时面临的难题是：长期使用后，球会发生磨损，由此产生的间隙就会导致用于传导的旋转力下降。作为消除这种间隙的装置，此次配备了柱塞。柱塞由1个球和弹簧组成。它所起的作用是通过压回轴，来消除球与轴之间的缝隙。研究人员说："与传动轴用万向节相比，方向盘用万向节对旋转的游动性要求更严，因此就使用了柱塞。"

2. 研制轴承的新进展

（1）开发出进排气控制马达用轴承。2006年12月，有关媒体报道，日本精工面向控制汽车进排气的节流阀马达，以及废气再循环系统马达，开发出低扭矩的润滑脂密封轴承。

一般来说，为了降低扭矩，均是在马达组装时进行磨合旋转，以减少润滑油脂的初始阻力、降低基油成分的黏度。不过，这种做法的问题是：不仅磨合旋转耗费时间，而且降低基油黏度后，在高温下使用时寿命会缩短。因此，该公司通过在润滑脂内添加纳米级微粒来降低润滑脂阻力。这样一来，与原来相比，不仅能够更快地稳定扭矩，而且即使在高温下也可保持较长寿命。

在润滑脂中添加的是陶瓷类微粒。研究人员说："由此将基油中的成分像链条一样地连接起来，从而使润滑脂的性能更强。"具体的物质名称以及微粒大小未予公布。以前的润滑脂由于在剪切力弱时也能进入输送面，因此滚珠以及轨道面上的润滑脂附着量较多。而新开发的润滑脂在进入输送面时必须要有较强的剪切力，因此滚珠以及轨道面上的润滑脂附着量恰到好处。

这样就能使初始扭矩在短时间内稳定下来，将磨合旋转时间比以前减少70%。另外，100℃下使用时，恒定扭矩比以前减少30%。而且，还实现了与以前的润滑脂相同或更高的烧结寿命。

（2）开发出无须补充润滑油的卡车万向节轴承。2007年6月，瑞典大型轴承厂商SKF公司，开发出行驶百万千米，也无须补充润滑油的卡车通用万向节轴承。组件内部采用可保持润滑油的密封构造，具有可承受高压冲洗洗车方法的特点。

据悉，原来采用标准设计的密封，每隔一定时间或一定行驶距离就要补充润滑油，而且部分产品也无法承受反复高压冲洗，导致润滑油容易被洗掉。

本次开发的通用万向节轴承，根据玷污程度的轻重备有两种密封，通过采用树脂制止推垫圈，在缓和轴方向的冲击负荷的同时，还能确保摺动部分的润滑状态。这样，在高压冲洗洗车的条件下，也不会流失润滑油。

（二）开发阀门与减震器的新信息

1. 研制阀门的新进展

（1）研制出大幅度提高发动机燃效的电磁阀门。2005年11月，有关媒体报道，法国法雷奥公司在东京车展上展出了电磁阀门机构。展台上，左侧为标准尺寸，右侧为用于展示的分解样品。据悉，该公司已与多家成车厂商联合开发电磁阀机构。

报道称，有了电磁阀门机构，发动机在开闭阀门时不使用凸轮，而是利用电磁制动器来控制。除可根据发动机转数对阀门开闭时序及阀门打开时间进行最佳控制外，还可轻松实现气缸间歇等功能，因此可将燃耗及尾气净化性能提高20%，而且还可将低速旋转时的扭矩提高15%~20%。

目前，法雷奥公司正在开发两种电磁阀门，一种是可同时省去吸排气凸轮的"全无凸轮"阀门，而另一种则是只省去吸气凸轮的"半无凸轮"阀门。除了用两个开闭阀门时使用的电磁石来替代省去的凸轮外，还增加了电枢及传感器等部件，因此此次展出的双电磁阀机构的重量达到了1.8千克左右。另外，还需要配备使用32位处理器的控制单元。

（2）研制出车用三维凸轮可变阀门机构。2008年5月21日至23日，德国舍弗勒集团的日本分公司——舍弗勒日本，在"人与车科技展2008"上，展出了车用采用三维凸轮的可变阀门提升机构。铃木汽车也开发出了采用三维凸轮的可变阀门机构，但舍弗勒所开发的机构具有从动件的结构特征。

舍弗勒的可变阀门机构中，凸轮处于倾斜状态，通过向轴方向移动该凸轮，来改变阀门提升量和动作量（动作角度）。该原理与铃木的机构相同，但铃木的机构中阀门正时也通过改变凸轮的形状来控制，因此凸轮采用了带弯的复杂形状。

而舍弗勒的机构配套，使用了偏离凸轮轴通常相位的油压式可变阀门正时机构，凸轮形状比较简单。铃木的机构为追踪形状复杂的凸轮面，采用了较窄的滚子从动件，舍弗勒的机构，利用两个较宽的滚子从动件，来驱动两个吸气阀门（及排气阀门），因此在耐用性方面具有优势。

三维凸轮的加工过程未公布，但低成本量产方法一旦确立，便有望实现比具有复杂结构的现有可变提升机构更加紧凑，且成本更低的可变阀门机构。

2. 研制减震器的新进展

（1）开发出可将振动转化为电能的汽车减震器。2011年7月15日，物理学家组织网报道，美国纽约州立大学石溪分校教授左雷领导，他的研究生唐秀东、学者扎卡里·布林德克等共同组成的一个研究团队，为汽车节能增加了一样新装备：研制出能把振动转化为电能的减震器。这项研究成果，获得了美国纽约州能源研究和发展管理局的资助。

报道称，这种汽车减震器，可以把车辆悬挂系统产生的振动转化为电能，为汽车电池充电或驱动相关电子设备。据研究人员称，依据车辆和路况的不同，该装置可将汽车的燃油经济性提高1~8个百分点。

有数据显示，美国交通运输系统所用掉的燃料，占全国燃料消耗总数的70%以上。但这些燃料中，真正起到驱动车辆的仅有10%~16%，其余绝大部分都以机械摩擦、车辆振动、废热以及其他无效的方式，被白白浪费掉。为使这部分能源获得更为充分的利用，科学家可谓是想尽了办法，先后开发出了高效能发动机、燃油添加剂、将废热转化为电能的热电材料，并提出了利用公路进行发电的大胆设想。

该研究团队在汽车减震系统中，加入了反馈制动装置和其他技术。他们根据不同使用环境，开发出两个版本：一是线性减震器，由一个小型磁控管和一个空心线圈组成，在外形上与传统减震器较为类似。二是旋转式减震器，采用了一种更为紧凑的动能放大结构，以便吸收更多的振动。

研究人员介绍道，这种减震器，能够把汽车行驶过程中产生的颠簸和振动，转化为电能。车辆试验显示，安装在一辆中型客车中的新型减震器，在车辆以100千米的时速在正常的道路上行驶时，可以产生100~400瓦的能量；在较为颠簸的道路上行驶，则能产生1600瓦的能量；而将其在卡车和越野车上进行应用时，根据路面质量的不同，可以产生1~10千瓦的能量。

研究人员称，这些由减震器产生的电能，既能为汽车电池充电，也能为车辆上的其他电子设备提供电力支持，功率一般可达到250~350瓦。该装置的应用可大幅减少车辆发电机的负荷，普通车辆发电机的功率为500~600瓦。如果按此计算，这种能量采集装置，可以将普通燃油汽车的燃油经济性提高1%到4%，将油电混合动力汽车的燃油经济性提高8%。

除了节能减排上的巨大效益外，这种减震器还能为驾乘人员带来更为舒适的乘坐体验。由于考虑到发电的需要，这种减震器采用了独特的悬挂阻尼系统和自供电振动控制系统，车辆在行驶的过程中将更加平稳安静。

由于事先就考虑到了更换成本，用新型减震器替换传统减震装置时，将较为便捷。研究人员估计，更换这种新型减震器所产生的成本，对普通载客汽车而言3~4年即可收回，对卡车而言收回成本则只需1~2年。

左雷说："只需为全美2.56亿辆汽车中的5%更换这种新型减震器，我们就能创造出一个超过60亿美元的市场。因此，每年从汽车悬挂系统中回收的电能总数，将比尼亚加拉水电站的全年发电量还要多。"

日前，左雷研究团队还因该设备，荣获了素有科技界创新奥斯卡之称的2011年度"研究与开发100大奖"。

该奖项由美国著名科技杂志《研究与开发》于1963年创立，是国际科技研发领域的一个重要奖项。每年该杂志都将从全球上千件科技创新技术中按照突破性、创新性和实用性三项标准做出初选，而后再由美国各领域著名专家学者进行评选，最终确定全球100项年度最具革命性的技术。其中许多成果，已经成为家喻户晓的名字，如自动取款机（1973年）、传真机（1975年）、液晶显示器（1980年）、芯片实验室（1996年）和高清晰度电视（1998年）等。

左雷表示，这种减震器正在申请相关专利许可，目前还尚未面市。但他的研究团队，日前已经得到了来自纽约州立大学技术加速基金的资助，正在加速其商业化过程，估计很快就能在市场上直接买到。

（2）研制出可收集车辆振动能量的再生减震器。2012年4月25日，物理学家组织网报道,美国纽约州立大学石溪分校机械工程学院左磊教授带领的研究小组,开发出一种新型机械能采集装置,可将不规则的振荡运动转换成规则的单向运动,并以同样的方式把电压整流器的交流电压转换为直流。由此制成的再生减震器,有望每年为美国节省高达数十亿美元的燃料成本。

形式各样的机械能环绕在我们身边,比如车辆震动、海浪或火车轨道振动等,但这些能量都是不规则的振荡,而通过能量收集工作可带来最好的规则单向运动效果。该研究小组,过去十年来,一直致力于研制能量收集装置。

左磊说:"基于一种被称为机械运动整流器(MMR)的机制,我们开发出这款新型能源采集装置,可将不规则振动转换成规则的单向循环运动,就像交流电压转换成直流电压整流的方式。将其作为能量转换器应用在汽车悬架或铁轨上,在提供高效率和高可靠性方面,具有显著优势。"

研究小组由此开发出的再生减震器,可收集车辆振动能量,以免其被作为热量浪费,并可产生足够的电力为汽车电池充电或为电子设备供电。这种减震器可以被改装应用于汽车、卡车、客车、军用车辆的悬挂系统,或者安装在火车轨道上。在样机试验中,根据不同的车辆类型、速度和路况,能使燃油效率提高2%~8%。

研究人员估计,安装在一辆普通汽车上的再生减震器,具有收集100~400瓦能量的潜力,它可帮助节省4%的燃料,而混合动力汽车则可节省8%。如果在美国仅有5%的车辆使用这种装置,平均每天驾驶一小时能节约3%的燃料成本,每年可节省总共约10亿美元汽油费。

(三)开发车灯与车镜的新信息

1.研制车灯的新进展

(1)研发高强度工程塑料汽车灯框。2005年1月,荷兰帝斯曼集团工程塑料公司与照明和椰油公司合作,开发出奥迪A3型轿车车头灯框,材料采用了该公司为此专门开发的聚对苯二甲酸丁二醇酯。

奥迪车一般采用塑料车前灯框,但要求表面质量必须达到A级,颜色则要与周围部件匹配。帝斯曼集团工程塑料公司开发的聚对苯二甲酸丁二醇酯,牌号为"阿尼特TV4 220"。它具有金属灰色质感,10%玻纤增强配混料,可耐温160℃。该公司的先进配方和配色技术,使其加工的部件达到了制品要求的综合性能,包括具有耐高温、高强度、高刚性、尺寸稳定和抗蠕变性等特性。

这种专用料加工性良好,制品表观质量好,可见熔合纹少。特别是,良好的流动性,使其适于制造复杂形状的车前灯框,成型时间短,并可与大部分塑料着色剂、其他助剂和填料配混,使用方便。

(2)研制让司机不怕雨雪路的智能车前大灯。2012年7月4日,物理学家组织网报道,美国卡耐基梅隆大学,计算机科学教授斯里尼瓦萨领导的一个研究小组,开发出一种新的原型车前大灯系统,或称"智能大灯",能够在暴雨或暴风雪的天气下提高能见度，帮助司机安全回家。

在低光照条件下，司机主要依靠车前大灯看路，普通的大灯在降雨时能见度会降低，但这种智能大灯在工作中会使灯光起到帮助作用，而不会妨碍视线，让司机没有压力。

在恶劣的天气条件下，一般前大灯会使雨滴和雪花出现明亮闪烁的条纹。研究小组试图找到在视线中消除雨滴或雪花的灯。大灯的光束可照耀周围，而非雨雪，从而免除标准大灯照射下令人烦恼的眩光。

斯里尼瓦萨主要研究计算机视觉和计算机图形学。他带领研究小组采用定位的成像和照明系统，包括摄像头、投影仪、光束分离器。设计理念是整合成像和光源处理单元。分光镜（50/50）允许光学协同定位的摄像头和投影仪，消除立体声重建的需要，同时提高系统的速度。

摄像头拍摄在视野上方降水的图像。系统可以辨出雨滴的方向，并对前大灯发出一个信号，使研究人员做出调整来消除照亮的颗粒。在整个行动中，从开始捕获到反应大约需要13毫秒。

根据研究，该系统的工作范围是大灯前面约4米，它能数字化地删除拍摄图像中的雨雪条纹，直接改善司机的能见度。该研究小组使用了一种基于物理学的模拟器，来评估这种系统，是如何能够在各种天气条件下运行的。模拟结果表明，它有可能会应对不同类型的降水或降雪，并保持90%以上的光吞吐量。

2. 研制车镜的新进展

发明让司机后视无盲点的"微妙曲面镜"。2012年6月，物理学家组织网报道，美国德雷塞尔大学艺术与科学学院，数学系教授安德鲁·希克斯博士领导的研究小组，发明了一种新型广角大幅"微妙曲面镜"，可作为机动车的后视镜消除危险的"盲点"，以最小的失真极大扩展司机的视野。该技术已于5月获得了美国专利。

传统的平面镜，可帮助司机在驾驶时与后车保持适当的距离，但这是基于一个非常狭窄的视角，因此存在司机通过车侧面的或后面的视镜都看不到的盲点。而使镜子弯曲就可以具有一个更宽广的视野，很容易做到无盲区，但是会出现视物扭曲变形，对象显得小且远。

一般司机的平面侧镜角度是15~17度，而这种新型镜子作为外后视镜有一个约45度的角度。它不同于简单的曲面镜会压扁所感观对象的形状，使直线出现弯曲，在这种镜子中，形状和直线在视觉上的扭曲几乎检测不到。

希克斯使用一种数学运算方法设计镜面，精确地控制由弯曲镜子反射出的光线角度。他说："试想一下，镜子的表面有许多较小的转向不同角度的镜面，如同一个迪斯科球面。这种算法是一组运算操纵每一个迪斯科球面镜片的方向，使每扇镜面的反射光线汇集所显示的场景，对司机而言更宽广，而不至于太扭曲。"2008年，希克斯曾在《光学快报》上第一次描述过用于开发这种镜子的方法。

美国规定，汽车在装配线上必须在驾驶员一侧安装平面镜。而曲面的反射镜则安装在乘客一侧的后视镜上，并且要求"镜中的物体比其显示的要更靠近些"，因此这种新型的后视镜，还不能很快被安装在销售的新车上。不过，它可以在二级市场上生产和销售，司机和机械师可以购买后安装在汽车上。在欧洲和亚洲一些国家不允许新车上有稍微弯曲的镜子。希克斯的发明，已经引起了一些投资者和制造商的兴趣，他们有意寻求机会取得生产许可证，大量生产这种镜子。

（四）开发汽车零配件的其他新信息

1. 研制汽车油箱的新进展

开发成功一种防渗透塑料汽车油箱。2004年10月，有关媒体报道，近日，法国阿托菲纳公司已成功开发出一种防渗透性极好的塑料汽车油箱，并取得了专利。这种新型号六层结构油箱，符合加利福尼亚州严格的"部分零污染车辆"（PZEV）法规，是该类产品中第一个符合该法规要求的。

研究人员表示，这种新型油箱，是采用阿托菲纳公司与汽车用吹塑产品生产厂商蒂亚瓦合作，专为汽车油箱开发的一种新的多层结构材料生产的。

据介绍，该油箱由六层材料复合而成，包括高密度聚乙烯层、一个回收层、树脂粘接层、一个乙烯醇共聚物层，以及一个聚酰胺合金层等。在本结构中，高密度聚乙烯被用作最外层，以保证加工性能和油箱在低温下的冲击力。两层阻隔层、一层乙烯醇共聚物中间过渡层和一层聚酰胺合金构成了核心层，它们共同保证了油箱出色的整体阻隔性能。

此外，所用的聚酰胺合金等级达到FT104等级标准，具有出色的化学稳定性和热稳定性，很适合与燃料持续接触的场合，也适用于使用标准生产工具的传统挤压吹塑成型。

2. 研制车用螺钉的新进展

推出自挤成型车用螺钉的新技术。2006年7月，有关媒体报道，在国际竞争中，汽车制造行业永远站在两个无法调和的极端之间：降低成本和提高质量。德国阿诺德成型技术公司新推出的系列自挤成型螺钉新技术，有效解决了这个难题。

自挤成型螺钉属于一种直接螺钉连接技术，其结构既可确保生产可靠性，也可有效减少生产过程中的工艺流程环节。在汽车生产中，螺钉本身的成本，最终只占到加工与该螺钉相关的连接部件所需成本的15%，因此还存在许多的空间可以控制成本。自挤成型连接件使用预浇铸螺钉孔，这样每个连接部件的加工成本可降低0.25欧元，同时不影响质量。

采用预浇铸的螺钉孔，省去了钻孔和攻螺纹的步骤，而相应工具也就变得多余。但如果是普通米制螺钉，加工中心包括清洗螺钉连接点的清洗设备都是必不可少的。另外，米制螺钉安装过程中，处理钻孔产生的碎屑所需的泵普和相应的技术，以及保证钻孔尺寸所需购置的测量仪器设备，如果采用自挤成型螺钉，都可以省去。因此，特别是新型的生产线，使用自挤成型螺钉，可以在机械加工中心的投资方面，创造巨大的成本优化的空间。另外，生产工艺流程各个环节时间上效率提高，对于整体生产成本而言也是积极的。

阿诺德公司的自挤成型连接件，已经在领先的汽车零配件生产商马勒公司实现了成功应用，马勒公司主要致力于发动机部件的研发和生产。来自马勒汽车零配件公司的生产主管奥托·梅尔先生惊奇地发现：虽然自挤成型螺钉本身的价格要贵33%，但却实现了生产总成本的降低，最大达80%。他说："主要是在螺钉连接点的准备工作方面，自挤成型连接部件，显现了在生产总成本方面的持续优化的可能性。与传统连接工艺相比，自挤成型连接使得前道和后道工序的投资成本有了显著的降低，它能降低前道工序包括研发、物流、订货和仓储这样的管理费用，同时，在质量领域的各个环节也能达到相同的效果。"

梅尔先生强调："总体而言，金属直接连接所占的比例约为40%，并呈不断上升的趋势。把阿诺德公司项目负责人这样的专家尽早地融入新产品的研发，这一点已经变得越来越重要。因为，只有在设计研发阶段就引起高度的重视，才能尽可能多的实现生产成本方面的优化。"这也是梅尔对自挤成型螺钉未来的一种预测。

3. 回收报废车零配件的新进展

发现报废车零配件大部分可再利用。2005年10月，外国媒体报道，近年来，在"汽车王国"德国，汽车制造商和环保部门日益重视废旧汽车的回收，并正在形成一个颇为诱人的新兴产业。为了发展这项经济效益、环保及安全"一举三得"的产业，最近，德国政府准备加大对其在信贷、税收上的照顾。

自2002年7月1日起，德国开始实施"旧车回收法"。根据该法规定，制造商或进口商必须担负起双重职责：对汽车的生产制造负责；对汽车的报废回收负责。同时，自2006年起，汽车材料、零配件的回收必须达到85%的再利用率，以及80%的回收率，2015年起则分别提高到95%和85%。

在德国，通常使用10年以上的车就可以申请报废，每年约有150万辆旧车报废。申请报废和购买新车一样，需要办理手续，注销后，方可把汽车送往指定的旧车处理厂。目前，德国有4000多家汽车拆解企业。这些企业须符合德国法规对汽车拆解企业的技术条件、企业的工作环境、工人素质及环保等要求，才能开业。

奔驰公司从1992年就开始按照技术标准回收旧汽车。在奔驰汽车"拆卸流水线"前，记者看到旧奔驰汽车以逆向制造程序被分解，发动机、金属车架、塑料、导线、稀有金属等被分门别类堆放在一起；完好的部件被送到汽车修理厂作为备件使用，其余的作为回收材料进行再生处理……

公司负责人弗兰克博士说，旧奔驰汽车上的钢铁、有色材料零配件90%以上可以回收利用，玻璃、塑料等的回收利用率也可达50%以上。至于汽车上的一些贵重材料，回收利用的价值更高。如在50万辆梅赛德斯－奔驰轿车的转换器中含有2吨铂，这些铂和转换器中使用的约0.5吨铑至少值5000万欧元。

在城市中开设专门汽车零配件收购店的宝马公司，通过收购店收集的废旧零配件多达1000多种。如对于回收的旧塑料保险杠，经碾碎后可重新塑造，其生产成本比采用原始塑料制造低15%。

此外，宝马在德国有100多家加盟的废旧车处理厂，负责回收报废汽车，宝马是要付钱给这些工厂的，并且在新车的价格里已经包括了回收汽车的成本考虑，因而，加盟这种回收厂已经形成了可盈利的产业链。

几年来的实践表明，汽车回收不仅让回收企业获得丰厚的利润，更重要的是，制造商做研发时就必须考虑产品的可回收利用性，以保证1万余个零配件都易于再生循环使用。而德国政府最新要求是，2001年以后服役的汽车回收率须达到100%。

三、研制飞机与火箭零配件的新成果

（一）开发飞机部件的新信息

1. 制造出最大"整体式"复合材料飞机翼盒

2011年8月9日，法国媒体报道，欧洲飞机制造商空中客车（空客）公司当天发表新闻公报说，A350超宽体飞机核心结构部件复合材料中央翼盒，在法国南特工厂完成交付，这是空客迄今制造的最大"整体式"复合材料翼盒。

中央翼盒的功能是连接机翼与客舱。此次交付的中央翼盒长6.5米、宽5.5米，高3.9米，制造材料中有40%使用碳纤维增强复合材料。为与波音公司竞争，空客于2006年12月正式启动A350项目。A350的最大特点是大量使用质量较轻的复合材料，以降低飞机自重、减少油耗和维修成本。

2. 测试拥有18个引擎的电动机翼

2015年3月20日，美国《大众科学》网站报道，美国国家航空航天局、实验系统航宇公司和宙比航空公司联合组成的一个研究团队，把18台发动机放在一架飞机的机翼上进行研究，发现了"前沿异步推进技术"。这种新型机翼设计，有望广泛应用于新一代飞行模拟器上，推进飞机制造业向电子推进系统转化的过程。

据报道，前沿异步推进技术机翼上的这18台发动机，会让更多空气通过机翼，减少阻力，同时增加飞机的提升动力。另外，更多螺旋桨也能更灵活地调配，提高安全性，可以避免出现飞机引擎故障引起的事故，同时还能降低能耗和噪声。这18台发动机都是电动发动机，由磷酸铁锂蓄电池驱动。

据美国国家航空航天局介绍，前沿异步推进技术的潜在优势包括：减少对燃料的依赖性；增强飞机性能和驾驶性能；有效降低飞机的噪声。前沿异步推进技术，是未来十年美国国家航空航天局，计划飞机制造业向电子推进系统转化的重要环节。

按照原定计划，搭载前沿异步推进技术机翼飞机的巡航速度，将达到每小时 320 千米，电池充电一次可飞行 370 千米，混合动力模式可飞行 740 千米。这种形式的飞机能产生巨大而直接的提升力，且翼展长达 9.45 米，这就意味着，从跑道起飞的滑行距离不超过 610 米，比美国联邦航空管理局为小型客机推荐的滑行距离短 213 米。

目前，从技术上来说，前沿异步推进技术还不是一架飞机，迄今制造出来的，只是拥有发动机的机翼，旨在厘清这种设计思路从空气动力学角度而言是否可行。在测试中，前沿异步推进技术机翼，附着在一辆名为"混合电能综合系统测试平台"的卡车上，这一卡车以每小时 112 千米的时速，穿越爱德华兹空军基地的一个干枯湖床，对这种机翼的性能进行测试，提供的数据有望降低未来飞行的风险系数。

接下来，美国国家航空航天局计划移除意大利泰克南 P2006T 飞机上的发动机和机翼，使用改良版的前沿异步推进技术机翼和发动机进行替换，对前沿异步推进技术机翼的性能进行测试，最终目的是用在民用等通用航空飞机和长途运输飞机上。

（二）开发火箭零件的新信息
用 3D 打印设备制成火箭发动机喷嘴

2014 年 9 月 1 日，物理学家组织网报道，近日，美国航空航天局成功测试了两个迄今设计最复杂的、3D 打印制造的火箭发动机喷嘴。两个喷嘴分别进行了 5 秒钟点火试飞，产生了 8900 千克的推力。设计的氢氧旋混几何流型使燃烧产生的推力，达到每厘米 250 千克，温度达到 3300℃。测试地点在亚拉巴马州的马歇尔空间飞行中心。

据报道，通过这次设计，研究人员把 3D 打印技术推进到极限。他们先把设计方案输入 3D 打印计算机，然后由打印机一层层地打出每个部分，通过激光把金属粉末融合在一起，这一过程叫作选择性激光熔融。

3D 打印也叫增材制造。设计者可以用 40 个喷头打印一个整体部件，而不用分别制造。他们打印的部件在尺寸上类似小火箭发动机喷嘴，而设计上却类似推进大型发动机如 RS-25 发动机的喷嘴。RS-25 发动机是用来推进美国空间发射系统（SLS）火箭的，是举重型探测类火箭，将把人类带到火星上。

马歇尔工程指挥部主管克里斯·辛格说："我们不只是想测试一个喷嘴，还想证明 3D 打印能给火箭设计带来变革，提高系统性能。在测试中，这些部件表现得出乎意料的好。"如果用传统制造方法，要造 163 个单独零件然后再组装起来，但 3D 打印只需两个零件，不仅节约了时间金钱，而且造出的部件能提高火箭发动机性能，减少失败的可能性。

两个火箭喷嘴分别由两家公司打印。马歇尔推进工程师詹森·特宾说:"我们的目标之一,是与多家公司合作,为这种新的制造工艺制定标准。我们与行业合作,学习怎样在航空硬件制造的每个阶段,从设计到空间操作,都利用这种加法制造的优势。我们正在把学到关于火箭发动机部件制造的一切,应用到空间发射系统及其他航空硬件上。"

由于加法制造设计独特,不仅能帮设计师制造和测试火箭喷嘴,还能使测试更快更智能。马歇尔中心拥有室内加法制造能力。负责本次测试的推进工程师尼古拉斯·凯斯说:"这让我们能看到测试数据,根据数据来修正部件或测试标准,迅速改变生产再返回来测试。这会加速整个设计、开发与测试过程,让我们能以更少的风险和成本努力改革设计。"

本着降低未来发动机的制造复杂性、节约时间、减少制造组装成本的目的,工程师们不断测试越来越复杂的喷嘴、火箭喷管及其他零件。对于改进火箭设计、完成深空任务来说,增材制造是一种关键技术。

第六节　交通工具材料研制的新进展

一、交通工具金属材料的新成果

(一) 汽车用金属材料研制的新信息

1. 汽车用纯金属和金属氧化物材料研发的新进展

(1) 试验表明镁将成为未来车身材料。2005年7月,德国弗莱堡镁板制造公司经理伯恩哈德·恩格尔等人,在德国《世界报》发表了一篇题为《未来的汽车由镁制成》的文章,对未来把轻型材料镁制作成汽车车身的技术和工艺,进行了详细介绍。

由钢、铝、镁和塑料组成的新型结构,使汽车变得越来越轻。不久可能会出现用镁制成的车身。镁比铝还轻,但是迄今为止,人们很难把镁制成板材。现在,德国弗莱堡镁板制造公司,已经找到一种制造镁板的廉价方法。在一次试验中,该公司制造出了一张超过4吨重的镁板。恩格尔说:"我们的试验表明,用廉价工艺,就能制造出符合工业标准的平板产品。"

该研究项目成功的关键,是新型无锭轧制技术,这一技术明显优于传统的生产方法。原因在于:该技术使用的原料更廉价,并且大大减少了加工步骤。如果人们用通常情况下为120毫米厚的浇铸镁坯生产2毫米厚的镁板,大约需要15次轧制。并且轧制过程中还要对镁坯一再加热,这也耗费许多成本。另外,镁板在轧制过程中容易出现边裂,因此需要不停地进行剪边处理。浇铸镁坯也很浪费,浇铸过程中经常出现空隙和砂眼。因此,只有部分浇铸镁坯可以用来轧制镁板。

弗莱堡镁板制造公司的新型无锭轧制技术，只用一个步骤，就把熔化了的镁，直接制成5~6毫米厚的镁板。使用的原料是更为廉价的所谓生镁块，每锭重约8千克。这种生镁块每千克价格约为2.5欧元，而浇铸过的镁坯每千克约为12欧元。该公司的试验熔炉每小时可以吞进1.2吨原料，同时产生750千克熔化镁。熔化镁从熔炉中直接流向轧机机座，并被轧成薄板。特别是在试验熔炉的熔化阶段，该公司使用了许多新研究成果。镁在熔化时被保护气体隔离，因为液态镁如果和氧气接触就会燃烧。另外，轻金属特别因为其热熔很低而不易于处理：液态镁一旦遇到比自己温度低的熔炉部件就会凝固。该公司通过在熔炉里安装复杂的加热和绝热系统，解决了这个问题。

（2）开发可大幅提高车用锂离子电池容量的金属氧化物材料。2018年5月，美国西北大学网站报道，该校一个由材料专家组成的研究小组，在美国《科学进展》杂志上发表论文说，他们设计出一种新材料，可望用于制造性能稳定的大容量锂离子电池，使电动汽车的续航时间延长到目前的两倍多。

报道说，新材料是掺有铬和钒元素的锂镁氧化物，用作锂离子电池的正极可使电池容量大幅提高，并且性能稳定，不会迅速退化。

锂离子电池通常采用锂、氧和一种过渡金属的化合物为正极，其中过渡金属负责储存和释放电能，其性质决定着电池容量，目前常用的是钴。此前曾有研究发现，用镁取代钴可以提高容量、降低成本，但电池性能退化太快，两轮充放电后就大幅下降。

该研究小组在论文上阐明，他们为锂镁氧化物材料建立了详细到单个原子的结构模型，分析充放电过程，发现其中的氧也会参与存储电能，因而容量较大。

研究人员随后尝试了将不同元素掺入锂镁氧化物的方案，计算各种混合物的储能效果，发现掺入铬和钒能在保持电池大容量的同时，实现稳定性能。接下来他们将在实验室中检验新材料的实际表现。

2. 汽车用钢材研发的新进展

（1）开发出特别适合造汽车的新型结构钢。2004年11月，有关媒体报道说，德国马克斯·普朗克学会钢铁研究所，开发出一种抗拉强度高的轻型结构钢，其性能特别适合用作汽车材料。

这种轻型的结构钢，是由铁与锰、硅和铝等混合制成的，性能非常稳定，并具有特别的拉伸能力。

这家研究所研究人员发现，锰含量15%、铝和硅各3%的结构钢特别结实，可拉伸50%以上。而包含25%锰、3%铝和3%硅的结构钢尽管没有前者那么结实，但可以拉伸大约90%而不会断裂。这一性能使这种结构钢成为汽车发动机罩的理想材料，在发生碰撞时，这一材料可以定向折叠起来，同时可以吸收外力。

（2）将为汽车厂商生产高碳素钢板。2005年12月，有关媒体报道，日本钢铁工程控股公司将为韩国汽车厂商生产高碳素钢板："高扩孔性高碳素热轧钢板"。此前，日本汽车厂商一直在齿轮和垫圈上使用该钢板，而韩国厂商则将其用于自动变速箱部件。

高扩孔性是指，在保持成形难度较大的部件（比如，座席调节器等）使用的"高扩孔性高碳素热轧钢板"的强度的同时，进一步提高延展性及扩孔性。与普通工业标准产品相比，其扩孔性为2倍、延展性提高了两成。通过采用汽车厂商的冲压及热处理技术，无须材料焊接工序，通过冲压即可使部件一体成形。

高扩孔性的特性，是通过在热轧设备上，使用"基于极限冷却速度的线上加速冷却技术"来实现的。可快速全面均衡地冷却热轧钢板。能够均匀而精细地分布退火后的微细组织。通过利用上述方法对组织进行控制，在用于冲孔和淬火时，也能发挥其特性。主要面向带有轴承的部件的成形，以及圆盘状部件的凸缘加工。

（3）生产汽车底盘部件用780MPa电阻焊钢管。2006年2月，有关媒体报道，日本钢铁工程控股公司已经开始正式生产780MPa电阻焊钢管。2003年上市的丰田"皇冠"，在前部低摇臂上采用了这种钢管。今后该钢管更多地应用于高级轿车，因此该公司决定开始正式生产。

780MPa电阻焊钢管，主要含有以下技术：①在制钢工序中，通过炉外精炼来提高纯度的技术；②在热轧工序中，高精度控制冷却的技术；③在制管工序中，进行高精度在线焊缝热处理的技术，优化了成分及微构造。通过这些手段，提高了钢管的抗疲劳性、抗冲击性、易涂装性及材质稳定性。

另外，除进行材料开发外，还完善了质量保证体制。通过产品检查在钢管的整个表面、整体长度及所有数据方面确保接缝的焊接性、机械特性、尺寸的正确，以及表面无划伤。制管时在钢管内面沿整体长度进行标记，这样即便在截断钢管后也可追查到原管。

（4）开发出两种车用高张力钢板。2006年9月，有关媒体报道，日本钢铁工程控股公司面向车架构造部件，开发出冲压成形，性能出色的1180MPa级高强度冷轧钢板"高加工性水淬冷却高张力钢板"系列新产品。新型高张力钢板的延展性为原高张力钢板的1.5倍以上。

原高张力钢板，已被应用于以辊轧成形等弯曲加工为主的保险杠及加强部件等，不过使用于需要更高级的冲压加工成形的驾驶室周围的车架构造部件等时，拉伸成形性不足。因此，该公司通过采用自主开发的水淬冷却式连续退火处理，最佳控制金属组织，开发成功兼具出色的延展性及拉伸凸缘性（即扩孔性）的高张力钢板。

新型高张力钢板除出色的冲压成形性外，还具有两大特点：一是凭借利用水淬冷却方式的低碳当量设计,实现了出色的延迟破坏特性及熔接性;二是通过冲压成形时高度加工硬化,以及涂装烤漆时大幅提高强度,使替代热冲压部件成为可能。

另外,日本钢铁工程控股公司还宣布,铃木于2006年1月上市的新车构造部件,首次采用了"780MPa级GA高张力钢板"。该公司与铃木联合开发的该高张力钢板实现了两倍于原高张力钢板的出色冲压成形性。具体来说,在兼顾延展性和扩孔性的平衡的同时,将由成形时冲压破损主要致因——裁切断面产生的裂缝控制到了最小限度。

研究人员表示,该高张力钢板适用于使用270MPa级钢板的大型部件。在采用该高张力钢板时,无须加强部件,可减轻构造部件的重量,削减冲压成型费及组装工数做出贡献。实际上,铃木的应用实例表明,与使用270MPa级钢板相比,可减轻25%的重量。

3. 汽车用其他合金材料研发的新进展

(1) 开发出用于排气消声器的车用钛合金。2006年10月,《日本经济新闻》报道,新日本钢铁公司和神户制钢所分别开发出汽车用钛合金,并已开始着手开展相关业务。

新日本钢铁公司的目标,是在排气消声器和发动机阀门等配件上使用钛合金。神户制钢所在钛合金线材的量产化方面取得了成功,将于近期开始向汽车厂商提供样品。

此外,新日本钢铁公司和神户制钢所还在联合开发钛合金低成本制造技术。如果该技术能在汽车这一材料需求较大的领域得到应用,量产效应将促使钛合金价格不断下降,从而加快钛合金的普及。

钛的特点是重量轻,强度大,但配件加工难度较大,目前仅应用于飞机发动机等领域。

(2) 开发可使汽车减震扭杆"自动疗伤"的记忆合金。2007年5月,有关媒体报道,汽车减震系统中,设有同车身焊接在一起的扭杆。当发生碰撞或震动时,这个扭杆会通过扭转转移、分散汽车受到的冲击力。但如果冲击力过大,扭杆就可能弯曲,要想修好它往往只能把车送到修理厂。

为了方便快速地就地解决这个问题,俄罗斯罗斯托夫导弹兵研究所杰尼索夫等人组成的一个研究小组,采用记忆合金材料,研制出能"自动疗伤"的汽车减震扭杆。该合金材料通过热加工制成所需零件后,其晶体结构处于稳定状态,当巨大的冲击力使记忆合金材料零件弯曲变形后,其晶体结构便处于不稳定状态,这时只要把这些零件加热到100℃以内的某个"变态温度",它们就能恢复到原先晶体结构处于稳定状态时的形状。

这种用记忆合金材料制成的减震扭杆,内部是中空的。需要加热复原时,可启动汽车发动机使冷却液升温,受热的冷却液会通过热传导使汽车悬架内预留的一些水升温,在水温略微超过记忆合金的"变态温度"后,将热水导入减震扭杆的中空管,便可使弯曲变形的扭杆逐渐恢复原状。

杰尼索夫说,经过测试表明,这项技术,能使一根扭杆在多次弯曲变形后,都能恢复原来的形状。此外,中空的结构设计还能提高扭杆的抗冲击性能,改善减震效果。

(二)船舶用金属材料研制的新信息

1. 船体用钢材开发的新进展

(1) 开发出用于制造船体和汽车的无磁新型钢材。2004 年 8 月,美国弗吉尼亚大学,物理学教授普恩,与材料科学教授施弗里特共同负责的一个研究小组,在《材料研究》期刊上发表研究成果称,他们已发现制造无磁性、非定型钢的方法,这种新型钢材的强度是传统钢的 3 倍,并有可能用于制造船的船体和汽车。

研究人员把钇原子或其他稀有元素,掺进融化的钢中。它们产生的干扰效应,导致铁不能聚集在一起形成正常的结晶结构,如同非定型玻璃。这种钢的强度高,可为汽车制造商节约所用的钢材,使他们可以用较少的钢,而达到像结晶钢同样的强度。研究小组制造出的非定型钢,差不多有 1.27 厘米厚。

通常,普通钢材的舰船,能够在磁场的环境中被探测到。但是非定型钢材由于无磁性,因此,它有可能用于制造隐形舰船,提高舰船防磁引爆水雷的能力。这项研究,受到美国国防部高级研究计划局的资助。

施弗里特说:"目前面临的问题是,该新型钢易碎,有破碎的倾向。我们想让它在室温下有弯曲的能力。"他说:"一种方法是增加其他元素,以减弱结合力与获得更多的弹性。你牺牲了某些强度,而获得韧性。"施弗里特和普恩也在重新加热这种钢材,直到它开始重新结晶。施弗里特说:"我们试图控制这一过程,这样,我们仍然可获得嵌入晶体的非定型基体。"

(2) 联合开发新型高应力船体板料。2006 年 10 月,有关媒体报道,日本新日铁公司与三菱重工共同开发出大型船只用高应力厚板,该厚板比目前使用的厚板强度高 20%。

新日铁公司称,新产品在材料配比、轧制过程的水冷以及焊接力等方面进行了改进,因而在巨大的水压或冲击下不易开裂和变形。该厚板将用于船体的上部分,以增加船体的强度,从而使建造更大型船只成为可能。由于该新型厚板的厚度比目前使用的更薄,因而还可降低船只的燃料费用。

新日铁和三菱重工还在开发用于其他船只及船体不同部位的高应力厚板。新日铁公司预计,未来 3 年的该厚板需求总计为 5 万吨。

2. 军舰用金属涂料开发的新进展

受鲨鱼启示研制保护军舰的改进型铜涂层。2005 年 3 月,美国媒体报道,没有涂层保护的船体极易附着海藻或是其他生物,附着物导致船体阻力增加,燃油率降低，船速减慢。藻类附着对核舰艇的危害更为严重，它能减慢核反应堆的冷却，影响正常功能。如果仅以保持船体清洁为唯一标准，铜料涂层是不错的选择，但由于铜料的毒性能在港口中不断积累，威胁到海洋生物的安全。多年来，一直没有两全其美之策。

美国佛罗里达大学的工程师们正在进行这方面的研究，他们希望能找到一种既安全无毒又能阻止进攻性藻类附着的新型涂层材料。科学家苦苦探索，直到鲨鱼给了他们创造性的启示。

鲨鱼尽管一生都生活在海底，但它们身上不会附着植物，而其他大型海洋生物则不同，鲸鱼就很容易吸引海洋生物的生长。通过仔细研究鲨鱼的皮肤结构，科学家发现鲨鱼的鳞呈盾状，表皮非常粗糙，皮肤的分子结构呈矩形排列，表面有许多鬃毛和微小的突起。科学家决定模仿这种结构，新的铜涂层采用与鲨鱼鱼鳞相似的结构，能内外双向弯曲，不仅能阻止海藻的附着，还能过滤铜元素使之不能进入大海。新改进的涂层不仅能免受环保条约的限制，还能提高燃油效率，加快军舰的速度。

科学家表示，这个新型涂层也可应用在生物医学方面，实验表明它能阻止细胞的附着和生长，这个特性使得它在医学移植方面大有用途，因为细胞和组织在移植器官上的生长，会减少或阻碍移植器官发挥正常的功能。

（三）飞行器用金属材料研制的新信息

飞机用金属材料开发的新进展

开发可用于飞机机翼的超疏水防雾锌纳米粒子材料。2014年6月，物理学家组织网报道，澳大利亚卧龙岗大学超导和电子材料研究所一个研究团队，在国际纳米材料领域知名期刊《微尺度》上发表研究成果称，他们基于常见绿蝇眼睛的表面结构，使用锌纳米粒子，成功地创建出在显微镜下可观察的超疏水防雾纳米结构材料，可充当电子元件的"外衣"，防止其因暴露于潮湿环境而被损坏（腐蚀）；还可用于飞机机翼和玻璃表面的透明涂料，在冻雾下防止结冰霜。

据报道，研究人员使用高功率的显微镜，检查蝇眼的表面结构，发现其上覆盖着非常微小的六边形单元，每个单元整齐地紧挨在一起，直径仅有20微米。经仔细观察发现，每个六角形单元本身又包括更小（100纳米）的六边形单元，它们不像主单元，略有突出，产生泡沫状的外观。把苍蝇放在潮湿的环境中，若液滴凝结其身上，它的眼睛仍保持清澈。

研究人员对这个发现非常好奇，试图将其复制，于是用锌纳米粒子通过两步自组装的方法，真实地再现所观察绿蝇眼睛具有的特征。一经实现，以检测绿蝇同样的方式，测试这种微小的片材，最后研究报告显示，其同样具有超疏水性。

这种具有抗水泡沫形成的材料，其相应的产品，有望充当电子元件的"外衣",以防止它们受潮而腐蚀,或用于飞机机翼喷雾剂防止结冰,还可作为汽车和卡车挡风玻璃,及建筑窗户的透明涂料。

另一个优点是,由于这种材料表面无法形成水泡沫,液体在其上会滑动,故该材料可以自清洁。以前的研究形成的材料只能半有效,例如仿造蚊子的眼睛,已被证明难以批量生产。

该研究团队下一步将创建可应用于不同表面的材料,然后测试它们是如何工作的,以确保其不会造成损害,并且在现实世界的应用中具有真正的超疏水性。

二、交通工具无机非金属材料的新成果

(一)汽车车窗挡风玻璃研制的新信息

1. 开发自我清洁车窗玻璃的新进展

(1)研制雨滴能自动滑走的车窗挡风玻璃。2004年10月,国外媒体报道,法国原子能委员会科学家组成的一个研究小组,正加紧研制一项技术,它可以让雨滴遇到汽车挡风玻璃后,仍然保持圆珠状,并自动滑走。专家认为,这项技术的开发,可能预示着汽车玻璃上的雨刷将成为摆设。

新技术在原理上,借鉴了郁金香花瓣的特点。

科学家发现,一些水和灰尘,落到郁金香花瓣上以后,会逐渐流走,而不附着在上面。其中原因在于,郁金香花瓣表面粗糙不平,上面有许多仿佛人身体汗毛的物质,一层层不断把水滴推走,使其无法摊开。水滴由此仍然保持圆珠形,并像在气垫上一样滑走。

科学家把这种原理,"嫁接"到玻璃上:他们在玻璃上,大量移植只有几个纳米长的塑料"绒毛",取得了与郁金香花瓣一样的效果。

科学家认为,雨滴在这种玻璃上因为仍然是圆形的,所以接触面很小。汽车行驶时,雨滴会在风和重力作用下,自动滑走,不会影响司机视线。专家下一步研究,是要小绒毛不影响玻璃的透明度。

(2)利用纳米技术发明能自我清洁的车窗玻璃。2005年2月,有关媒体报道,美国俄亥俄州大学的一个研究小组,发明了一种拥有自我清洗能力的玻璃。有了这种玻璃,人们再也用不着为擦车窗玻璃而烦恼了。

研究人员表示,他们这一新成果,是利用荷塘中荷叶上滚动着水珠这一原理研制出来的,并且纳米技术成为这一新发明的核心要素。

在纳米技术领域,各种小装置,正在以超乎想象的速度接踵而至。能发动机器人的纳米电池,比一分的硬币还小,肉眼看不见的传感器,却灵敏到能检测有毒化合物的"蛛丝马迹"。但是这些纳米小玩意,都面临着同一问题:摩擦,而且传统的润滑油对纳米产品也不适用。研究人员正是在研究摩擦问题的过程中,意外获得这种抗污性的车窗挡风玻璃的。

研究表明，荷叶运送水珠的特性，在于其表面覆盖的凹凸不平的纹理，这种纹理状凸起能阻止水珠沾附在其表面。但是，荷叶表面纹理状凸起的尺寸大小，是多少才是最合适的呢？该研究小组开发了一个计算机模型，根据这一模型，可以获得不同物质和不同用途所需要的凸状大小，结论是，这些凸状涂层的物质都非常小，正是纳米级尺寸。

一些商家寻找的是这种商业化产品，把它喷射到车窗挡风玻璃或微型引擎上来降低摩擦。由于任何物质都存在损耗的问题，他们又开发出一种模型，可以根据不同用途，选择不同尺寸的凸状涂层。目前，一家大型商家已经开始与研究小组洽谈，以大大降低公司这方面的开发成本，许多公司也表示了对这一技术的兴趣。而发明这一技术的研究人员，关注的却是，这一车窗挡风玻璃将再也不需人工清洗。

（3）开发出自洁不反光纳米结构的车窗挡风玻璃。2012年4月，美国麻省理工学院的一个研究小组，在美国化学会的《纳米》杂志上刊登研究成果称，他们在玻璃表面创建出一种纳米结构，使其几乎消除了反射。由于它没有眩光，而且表面的水滴能如小橡胶球一样反弹，令人几乎无法辨认出这是玻璃。

该玻璃的表面结构为高1000纳米、基底宽200纳米的纳米锥阵列。研究人员采用了适于半导体的涂料和蚀刻技术的新式制造方法，先在玻璃表面涂上几个薄膜层，其中包括光阻层，然后连续蚀刻产生圆锥形状。由于生产过程简单，无须特定方法，便可在玻璃，或透明聚合物薄膜表面，形成这种结构，只增加了极小的制造成本，该研究小组已经对这一生产过程，申请了专利。

研究人员说，研发的灵感来自于大自然中荷叶表面构造、沙漠甲虫甲壳以及蛾的眼睛，这种新型玻璃集多种功能于一身，可自洁、防雾和防反光。虽然通过显微镜观察，玻璃表面的纳米尖锥阵列显得很脆弱，但计算表明，它们应该可以抵抗大范围的力量，包括强暴雨雨滴的敲打和直接用手指戳。

研究人员解释说，这种新型玻璃，可应用于光学器件，比如显微镜和照相机，在潮湿的环境中工作时，可具有抗反射和抗雾能力。在触摸屏设备方面，这种玻璃不仅可消除反射，还可抵挡汗渍玷污。

英国牛津大学格林坦普尔顿学院，高级访问研究员安德鲁·帕克评价说："据我所知，这是第一次，从自然界中常见动物和植物的多功能表面，学习高效制造，来优化抗反射和抗雾设备。未来这种'师法自然'的方式，很可能会构造一个更加绿色的工程学。"

2. 开发可调节功用车窗玻璃的新进展

（1）研制可增强视野的车窗挡风玻璃。2009年2月，美国媒体报道，在浓雾条件下，驾驶员趴在方向盘上，眼睛努力贴近挡风玻璃，试图看清车道标记。这种情况，随着当前研发的能见度增强系统的帮助，将得到显著改善。

通用汽车公司研发部，人机界面实验室经理托马斯·塞德尔表示，他们正努力提高驾驶员的道路能见度。通过使用一个红外线传感器检测道路的边缘在哪，他们能向你在车窗挡风玻璃上突出显示这个边缘，这将对雾天驾驶非常有帮助。即使在你移动头部时，该标记也移动以便你总能看清道路的边缘。

突出一些事情，如人、动物或车辆路径上目标的轮廓，使驾驶员意识到真正的环境情况。它不改变外部世界的任何事情，只是一个方法，以获得它们通过车窗挡风玻璃被看到的图像记录。例如，一个路边的限速标记，对乘坐汽车的人很重要，如果超出速度限制，车窗挡风玻璃将显示围绕该标记的圆圈，该圆圈越变越小直到消失，使你的眼睛注意到该标记。这只是将你的注意力引导到你需要知道的某件事的例子。

增强车窗挡风玻璃视野发现的关键技术，是雪佛兰"伏特"概念轿车，双模式仪表线束显示的一部分，伏特展出轿车的仪表线束有两个信息板，其中一个，是通过透明显示，并被安放在传统初级线束板前面。伏特展出轿车显示的透明显示，是经过精细调整，并根据通过车窗挡风玻璃实现视野的改善。

（2）开发出可调透明度的车窗玻璃。2016年3月，美国哈佛大学工程与应用科学学院光学材料专家塞缪尔·希安等人组成的一个研究小组，在《光学快报》杂志上发表研究成果称，他们日前开发出一种新工艺，只需轻调电压，就能迅速改变车窗玻璃的透明度。

此前，也有研究人员开发可调透明度的车窗玻璃，但都是基于电化学反应来实现调节功能，工艺成本较高。而该研究小组的新技术，是通过改变材料的几何结构来调节车窗玻璃透明度的。

研究人员说，他们开发的新型可调车窗玻璃中间是一层玻璃或者塑料材料，两侧覆盖了透明、柔软的弹性体，弹性体上又喷了银纳米线涂层。银纳米线涂层尺度很小，不会散射照射其上的光线。但是，当施加一个外部电压时，情况就发生了变化。

在外加电压的作用下，两侧的银纳米线获得能量向彼此运动，从而对弹性体挤压导致其变形。由于银纳米线在表面的分布不均匀，所以弹性体也呈不均匀变形。这导致表面粗糙，散射光线，车窗玻璃就会变得模糊。

研究人员介绍说，关键一点是，整个变化过程发生在不到一秒钟的时间内。此外，他们还发现，弹性体表面的粗糙程度与外加电压相关。电压值越高，表面就会变得越粗糙，车窗玻璃也就越模糊。

希安比喻说，"这就好像是一个冰冻的池塘。如果这个冰冻池塘表面是光滑的，那么就可以透过冰看到下面，但如果冰表面有很多划痕，就什么都看不到了。"

（二）汽车用其他无机非金属材料研制的新信息

1. 开发汽车用无机纤维材料的新进展

开发出用于制造新型汽车的碳纤维材料。2006年4月，德国媒体报道，在

2005 年生产的小轿车上，宝马汽车公司推出第一辆标准的碳纤维材料车顶，这是该公司初次亮相的 M6 系列豪华型小轿车。

据报道，这种车顶的质量为 5 千克，比原先的车顶减少了 4.5 千克以上。由于车顶质量减少，使汽车中心地心吸力降低。据报道，宝马汽车公司的发言人朱利安·弗里德里希说，这可减少车身俯冲、滚动，并且允许客户在车开动期间，保持较高速度。据说，该公司所完成的车顶，持有与钢车顶同样的稳定性和应急安全等级。

宝马汽车公司制造的车顶内部，采用多层的碳纤维，以一种树脂传递模压工艺方法成型。要求的车顶配件得到透明的外层。为了美学的目的，能露出碳纤维织物。M6 车顶类似于 2003 年宝马汽车公司制造的 M3CSL 产品，是采用类似的工艺技术而制造的。M3 碳纤维车顶是为特殊的订户加工的，产品制造受到限制，车顶上涂漆。M6 车顶的尺寸稍大些，宝马汽车公司尚未透漏生产数量指标。

这种 M6 豪华轿车，还带有前后保险杠支撑，都是由碳纤维制造的。在由宝马汽车公司所报道的开发过程中，把碳纤维丝束进行编织，铺层，围上一个可拆卸的心材，然后灌注树脂。固化后把芯材拔出，留下一个轻质的空心型材支撑。

弗里德里希解释说："在汽车前面节省质量 20%，在后面节省 40%，像这样的减重，确实认为大大提高汽车的灵敏性和操纵性，尤其是在转弯处可提高车速。"据说，有车顶和保险杠的情况，上述质量可节省 11 千克。

2. 开发汽车电池材料与热电材料的新进展

（1）开发出电动汽车锂电池用石墨负极材料。2009 年 4 月，日本昭和电工公司宣布，大型锂离子充电电池用石墨负极材料开发成功。由于日本国内外，多款电动汽车的大型锂离子充电电池已决定采用，所以已经开始批量生产，并上市销售。

据悉，位于长野县大町市的昭和电工公司大町业务所，将把这种石墨负极材料的产能，从目前的年产 1000 吨，提高到 2012 年的年产 3000 吨。目前已着手增加部分产能，如改进该业务所的特殊高温石墨化炉，以及追加粉体加工设备等。

研究人员表示，石墨负极材料，是利用该公司自主开发的粉体处理技术，把碳原料加工成最佳形状，再用特殊高温石墨化炉，进行热处理制成的。由于提高了，锂离子充电电池的快速放电特性和周期寿命，因此可延长电池寿命。

（2）研制可把汽车废热转为电能的热电材料。2011 年 5 月 26 日，美国通用汽车公司专家格雷戈里·迈斯纳，与美国热电技术公司研究人员共同组成的一个研究小组，在美国《技术评论》杂志网络版刊载文章称，他们研制出一种热电半导体材料，不但能够捕获白白浪费掉的燃油产生的能量，还能把它转化为电能供汽车使用。研究人员称，由这种材料制成的热电设备，有望把现有汽车的燃油经济性提高 3%~5%。

研究人员表示，普通汽车燃油产生的能量中，被有效利用的大约只有 1/3，其余的 2/3 大都通过废热的形式，直接排放到环境当中。这不仅浪费了能源，也对环境造成了巨大压力。

目前，两家公司的研究人员，都正在独立进行相关的研究和测试。美国热电技术公司将在宝马和福特轿车上，进行测试。而美国通用汽车公司则选择了雪佛兰 SUV 车型，两家公司选择的装车测试时间都在夏末。

碲化铋是一种常见的热电材料，包含了昂贵的碲，其工作温度最高只能达到 250℃，但热电发电机的温度最高可以达到 500℃。所以美国热电技术公司采用了新的热电材料，这是一种铪和锆的混合物且。这种混合物，不仅在高温下工作状态良好，还能把热电发电机的效能提高 40%。

美国通用汽车公司的研究人员，正在装配的原型机所使用的又是另外一种热电材料：钴和砷的化合物，其中还掺杂了一些稀土元素例如镱。这种材料不但比碲化物便宜，还可在高温下工作。

迈斯纳说，整个实验过程旷日持久，过程极为复杂。由于存在着巨大的温度梯度，在热电材料接口上，存在很大的机械应力，因此，如何使这种材料与汽车保持良好的电力和热力接触，就成为一个技术难点。另外，不同的物质加入在提高其耐热性的同时，也增加了热电材料的电阻，如何减小这种影响也是一大挑战。通过努力，研究人员成功解决了这些问题，通用的计算机模拟显示，装备了这种热电设备的雪佛兰测试车，能产生 350 瓦特的电能，可将它的燃油经济性提高 3 个百分点。

在解决了基本的技术问题后，把这种热电设备，与现有车辆设备的完美融合，成为研究人员考虑的重点。虽然，在测试中，研究人员已将碲化铋，通过插入汽车排气系统的方式，安装到一辆车中，但迈斯纳对此并不满意，他说："这看起来就像是一个消音器，我们需要设计出一些和车辆集成度更高的产品，而不是一个附加设备。"

迈斯纳表示，由于这些材料的生产成本，还有待进一步降低，可能还需要 4 年左右的时间才能投入商用。

3. 开发汽车用无机非金属材料的其他新进展

（1）推出新型车用气囊填充材料。2005 年 1 月，俄罗斯科学院化学物理问题研究所一个研究小组，开发出一种新型安全的车用气囊填充材料。该材料，是在硝酸铵基础上合成的硝酸铵和甲酸铵的共结晶体，温度稳定性能好，能在汽车发生碰撞的瞬间完成爆炸，生成物无烟、无毒，并能长时间保持稳定。

安全的车用气囊填充材料，其实是一种类似火药和火箭固体燃料的爆炸物。它应该在汽车发生碰撞事故的瞬间，也就是在 50~60 微秒的时间内燃烧爆炸，用产生的泡沫来保护驾驶员的生命安全。它还应在很长时间内，如10~15年不怕风吹雨打、严寒酷暑、振荡摩擦，甚至还要在110℃的温度内保持稳定，生成物无烟无毒。

最初，人们用含有碳酸气的虹吸管来做汽车安全保护装置，但因其在膨胀过程中温度急剧降低，膨胀后的量又很少而被淘汰。后来，研究人员采用氧化氮作为气囊填充材料，并在气囊中添加一些爆炸物，用来在发生碰撞时快速释放热量。但因其无法在长时间内保障气囊不出现裂缝、不会发生气体外漏而停止使用。再后来，人们使用在复合钠的基础上合成的固体物质，作为气囊填充材料。它在发生碰撞时，能够形成气体氮和金属钠的氧化物。但因复合钠本身，具有很强的毒性而又遭禁用。近年来，汽车厂家开始使用在硝酸铵基础上合成的混合材料，作为气囊填充材料。

该研究小组，具有研制普通火药、固体火箭燃料的丰富经验。他们通过计算机模拟发现，在硝酸铵基础上合成的气囊填充材料，确实是目前最理想的材料，燃烧时无烟形成，但在保存的过程结构易发生变化，久而久之就会变硬，这也不利于安全。为此，研究人员在硝酸铵基础上，通过水溶液沉积和融合的方法，合成了一种新的填充材料：硝酸铵和甲酸铵的共结晶体。它的结构在所需要的温度范围内能够保持不变，同时具有在事故发生瞬间完成燃烧爆炸的功能，生成物也无烟无毒，并能长期保持稳定，是一种性能极佳的气囊填充材料。

（2）开发出可制作车辆表面的新型物理超疏水材料。2014年11月28日，物理学家组织网报道，美国加州大学洛杉矶分校机械和航空航天工程教授金昌津领导的一个研究小组，在《科学》杂志上发表论文称，他们近日开发出一种神奇的疏水材料，将其喷涂在玻璃、金属、塑料等材料的表面就能让其排斥几乎所有液体，它不粘油也不粘水，液体落在上面会像小球一样快速散开。该材料经过处理还具有耐紫外线、耐高温、耐腐蚀的特征。由于疏水性能来自于其独特的微观物理属性，非常适合于制作车辆、飞行器或建筑物的表面。

报道称，关于疏水性材料，自然界中常见的例子是荷叶。其表面的绒毛能减少叶片与水的接触，让水在表面张力的作用下，形成水滴而不会粘在叶片上。该新技术，正是受到这一现象的启发。

金昌津说，该技术的关键，是在材料表面制造出一种独特的纳米纹理结构。为此，他们在材料表面制造出了无数个纳米尺度的"平头钉"，每个"钉子"头部的直径约为20微米，之间相隔100微米，横截面看起来就像是衬线体字母"T"。由于它完全依靠纹理实现的疏水性能，与材料的化学属性无关，金昌津称之为"机械式疏水表面"。

实验发现，在经过处理的表面上，液体会自动形成球形，在表面发生倾斜时就会发生滚动。液体四周几乎都由空气包围，受重力的作用，这些液体就像是"坐在"一个由95%的空气构成的"垫子"上。在表面张力的作用下，液体会维持球形，在材料表面来回滚动而不会发生塌陷。

研究人员发现，经过处理的表面，能够排斥包括水、油和许多溶剂在内的几乎所有的液体，就连目前已知的表面张力最小的液体，即全氟己烷的含氟溶剂，也不在话下。该技术适用于玻璃、金属和塑料等多种表面，不会因原始材料的特性影响其疏水性能。

研究人员称，经过该技术处理的这些材料，还具有一定的耐久性，对紫外线、极端温度都不敏感，可在室外环境中持续使用很长的一段时间，因此可将其用于车辆或建筑物的表面。

（三）航天器用无机非金属材料研制的新信息

发明航天器用碳纤维增强耐高温陶瓷瓦

2005年8月，德国《世界报》消息，德国航空航天中心发明了一种碳纤维耐热陶瓷瓦，有望解决目前美国航天飞机耐热陶瓷瓦脱落的难题。

碳纤维增强耐高温陶瓷瓦，是确保航天飞机飞行安全的重要部件，不久前升空的美国发现者号航天飞机上，就有2.5万多块耐热陶瓷瓦。陶瓷瓦在进入大气层时经历高温摩擦，会出现大片脱落，是造成航天飞机事故甚至机毁人亡悲剧的重要原因。美国宇航局一直在致力改善耐热陶瓷瓦的性能，但至今仍未取得突破性进展。

德国航空航天中心采用一种新的制造工艺，使生产的碳纤维增强碳化硅陶瓷瓦，可以反复经受1700℃的高温，并具有很强的抗冲击性和耐化学性。新型陶瓷瓦的另一突出优点是，在大尺寸下性能稳定，没有裂纹。新型陶瓷瓦，在俄罗斯发射的联盟号飞船火箭上首次使用，取得理想的效果。

目前，美国宇航局对这种新型陶瓷瓦很感兴趣，已在美国新研制的"X-38"空天飞机上进行过试验。这种新型碳纤维增强陶瓷还被一些汽车制造商看好，可用于制造刹车系统中的耐高温陶瓷刹车片。

三、交通工具有机高分子材料的新成果

（一）研制汽车轮胎有机材料的新信息

1.用于制造环保节能轮胎的新有机材料

（1）通过橡胶再利用来解决车胎污染问题。2007年12月，有关媒体报道，巴西坎皮纳斯大学化学家组成的一个研究小组，最近利用纳米技术研制出一种可再利用橡胶。

这种新橡胶实际上是一种纳米合成物，由天然橡胶与膨润土按比例混合而成。如果不经过硫化，天然橡胶会又软又粘，难以用来制造很多产品，但经过硫化成型后就不能再利用。

巴西研究小组新研制的橡胶，不需要经过硫化，所以能够再利用，但其硬度和强度与经过硫化的橡胶一样。第一批使用可再利用橡胶制造的产品，将是

鞋底等日用品，但利用可再利用橡胶制造汽车轮胎，还需要进行很多安全试验。如果试验成功，人们今后将有望解决废汽车轮胎污染环境的问题。

（2）推出汇集橡胶和塑料优点的节能轮胎新材料。2008年10月，美国埃克森美孚化工公司宣称，已经完成美国佛罗里达州彭萨科拉市工厂的改造工程，将生产一种用于轮胎的新型原材料，这种原材料集中了橡胶和塑料的优点，可以提高车辆的燃油使用效率。

据介绍，用新材料做内衬层的轮胎，具有优异的气体保持效果，而使用的原料较少，这样就可以减少轮胎内气体损失，节约能源和资源。

研究人员说，由于该产品可以提高轮胎内部气体保持能力，在燃油省的效果方面比其他产品更好。而且，它结合橡胶的高形变和高弹性，以及塑料的高气密性于一体，比普通内衬层卤化丁基橡胶的气密性高10倍。另外，该产品的耐久性指标也比标准内衬层高50%。

据悉，整个项目投资1000多万美元。埃克森美孚化工在原材料研发项目上的合作伙伴，是横滨橡胶公司。横滨公司自2008年下半年起使用该产品制造轮胎内衬层。

2. 开发用于修补轮胎的新有机材料

推出修补轮胎专用的高压喷雾剂。2007年5月，国外媒体报道，意大利著名的轮胎制造厂商维特多利亚公司经多次反复试验，终于如愿以偿，于不久前开发成功了一种由优质乳胶所构成、专门用于修补自行车轮胎的特殊高压喷雾剂。

据介绍，此种特殊高压喷雾剂（瓶装）不仅使用方便，而且补胎速度也相当快。骑车者在补胎时，只需将喷嘴对准自行车轮胎上的充气阀用力挤压一下，即可将喷雾剂（乳胶泡沫）快速喷入胎内。而进入胎内的喷雾剂（乳胶泡沫）则会自行流向漏气小孔，并能在极短时间内将小孔完全密封。

与此同时，胎内的大气气压，也就会随之上升到充足气的水平。由此，随后的补充充气自然就不成问题。

另据了解，上述这种高压喷雾剂，在开启使用后可保存3个月。骑车者在此有效期内仍可继续使用，以应对日后可能发生的刺胎故障。意大利厂商推出的这一堪称"自行车轮胎修补专家"的高压喷雾剂，目前已正式批量推向市场，市场售价现定为9.50欧元。

（二）研制汽车用油漆与涂料的新信息

1. 开发汽车用油漆的新进展

（1）拓展未来汽车喷漆新功能。2005年9月，有关媒体报道，人们都知道汽车表层喷漆可以防止生锈，使爱车光鲜漂亮。德国涂料专家拓展了未来汽车喷漆的新功能：油漆可以变换颜色、可以帮助汽车省油、还能导电。

未来的汽车涂料可以变色，例如在黄昏或者雾天下，发出红色或者其他明亮的色彩，使其更加醒目，行车更加安全。斯图加特颜料和涂料研究所预计，10~15年后，这种技术将在汽车制造行业得到广泛应用。

德国油漆工业联合会主席彼得·贝克尔，向人们介绍了一种崭新的模仿鲨鱼皮肤的砂纸状涂层。研究表明，非常光滑的表面在气流和水流中并不是最佳选择。像鲨鱼那样有细微颗粒的皮肤实际上更有利于在水中滑行。同样，这样的皮肤应该比光滑的皮肤更符合空气动力学原理。研究人员希望将来在汽车、轮船和飞机上涂上这样"粗糙的"表层，减少阻力，节省燃料。

贝克尔说，开发具有导电能力的涂层，也是德国油漆涂料工业的努力方向。如果飞机上的金属部件有材料疲劳或者裂纹发生时，涂层必然也会出现裂纹。如果涂层能够导电，监控涂层的仪器警报灯就会发出信号。

（2）发明具有自我修复功能的汽车油漆。2009年3月，美国南密西西比大学，材料专家马雷克·乌本领导的研究小组，在《科学》杂志上发表论文称，他们已经发明一种"自我修复"的汽车油漆，通过日光暴晒，自动修复油漆上的划痕和瑕疵。消除划痕只需要15~30分钟，汽车油漆可能被恢复到新车的程度。如此一来，有车一族，可能再也不必担心他们的爱车被划了。

研究人员表示，这种自我修复油漆，可用于任何易划的物体，包括压缩光盘、太阳镜、iPod屏幕、手袋、鞋子甚至家具。研究人员说，虽然目前这种材料仍处于实验阶段，但是可能在今后的几年内就能上市。

几个世纪以来，自我修复材料，一直是工程师们梦寐以求的东西。但是，大多数现有产品既复杂又昂贵。现在，这种自我修复的材料便宜多了，也简单多了。

这是一种聚亚胺酯涂层，通常用来制作塑料、泡沫和胶片等。它含有壳聚糖，壳聚糖来自蟹壳、龙虾壳、虾壳，还含有一种叫作氧杂环丁烷的有机化合物。当油漆涂层被划后，氧杂环丁烷的环就会被破坏，化学反应活性部位就会被暴露。紫外线会爆裂壳聚糖分子，另一反应活性部位就暴露在外。氧杂环丁烷和壳聚糖彼此吸引，黏结和闭合划痕。这种材料，可用于制作汽车油漆，或者屏幕、眼镜及表盘的塑料透明涂层。

研究人员说，这种材料的修复速度，取决于日晒时间和强度。在地中海一带的天气中，汽车划痕消失的速度，比在英国天气中快3~4倍。乌本指出："干燥或者潮湿气候，不影响修复过程。"

2. 开发汽车用涂料的新进展

（1）开发新型汽车涂层技术。2007年1月，德国媒体报道，全球汽车制造商，每年生产约6000万辆新汽车，即每秒钟约有1.9辆新汽车问世。由于此类汽车的年燃料消耗量相应增加，因此对由高性能塑料制成的轻质部件的需求与日俱增。此类产品，是由拜耳材料科技公司等在聚合物市场中领先全球的公司生产。而轻质塑料生产的汽车部件，对于减轻汽车的重量发挥着至关重要的作用。

除了上述关于提高能源使用效率的紧迫需求外，汽车生产商和消费者对生产工艺提出了越来越高的要求。如今汽车自身的功能性，已不足以满足客户的需求，外观也是同样重要。因此，制造商正在求寻能够完全满足这些需求的涂层技术。

这正是为什么拜耳材料科技公司在2007年的"创新展望"之"聚合物：今日功能，明天智能？"研讨会上，投入大量时间探讨"移动性"主题的原因所在。而焦点在于，能够为未来市场，带来革新的创新涂层解决方案。但是不论情况如何，至2014年，对汽车用涂层塑料零件的市场需求，可能增加将近1倍。

研究人员介绍说，为使成本降至最低，必须采用"反面涂层"这种全新的关键技术。目前的趋势，是采用用于涂装单个塑料车体零件的离线工艺。拜耳材料科技公司，近期开发的双重固化涂层，是有效节省涂层生产线投资成本的方法之一。此类涂层，直接采用了"互动"块件中出现的软质薄膜技术，但有一点不同：在车身部分，需要采用在整个汽车寿命期间，能够抵御恶劣气候和机械汽车洗涤的硬质涂层。出于这一原因，在薄膜上涂上，最初只会部分固化的一层底漆和一层清漆。因此，薄膜在下一步的热成形中仍然具有足够的灵活性，而底漆保持平滑，没有裂缝。只有在这时，涂层才会采用紫外光辐射进行固化。这一重要的创新技术，被称为"反面涂层"。热成形薄膜之后，可采用热塑性塑料注塑或聚氨酯反应注塑的方法进行强化。其优点与软质薄膜相同。拜耳材料科技公司双重固化系统的应用，与其他涂层相比更为经济、快捷，而且出现瑕疵的可能性更低。

研究人员表示，凭借"模内涂层"显著节省时间与资金，拜耳材料科技公司"模内涂层"项目，目前也正处于开发阶段。这是一项创新的"两步"技术，能够带来传统涂层方法所无法提供的优质底漆。第一步，是通过注塑等生产塑料部件，随后在第二步中，将反应双组分聚氨酯系统注入密闭模具，并在那里迅速固化。这样模具零件，便能够迅速涂上功能性涂层或装饰性底漆，而无须采用相对复杂的喷雾应用。这一高效工艺，显著提高了生产率，实现了较短的生产循环期，从而带来了巨大的空间节省。除用于汽车工业外，将来还可用于增强日常用品的表面触感——例如，家用电器、通信技术、电子电气，或运动休闲领域。

同时，"水基"环保涂层，公司已在市场中投放了环保的水基双组分聚氨酯涂层系统。此类系统，主要用于地板材料和木质与金属涂层，与溶剂型系统相比同样有效，而如今，该系统即将应用于汽车原始设备制造商的生产线领域。拜耳材料科技公司，已成功测试该工艺所需原材料，并确定此类原材料完全符合最新的欧盟环境指导方针、汽车工业严格的质量要求，以及消费者对于集现代化、环保、美观以及卓越抗性于一身的创新涂层的需求。在广泛的研发工作中，拜耳材料科技公司，与其他行业的合作伙伴通力合作，以确保应用技术与工业生产装置的工程设计，与应用友好的水基涂层的不断促进保持同步。此类产品，已为投产准备就绪，充分体现出汽车涂层作为创新产品的卓越品质。

这一开发项目的主要参与者，是拜耳材料科技公司的汽车创意部门的研究人员。他们通过在全球范围内与业务单元、汽车制造商和零件供应商进行广泛深入的咨询沟通，汽车创意部门汇集了广博的专业知识，能够确保未来的汽车既安全环保，又舒适、人性化。

（2）开发用于汽车等产品的自我修复涂料系统。2008年12月，美国伊利诺伊大学香槟分校，材料专家保罗·布劳恩领导的一个研究小组在《先进材料》发表研究成果称，他们开发出一种自我修复涂料，可以为暴露在自然环境中的材料，提供更加深入的涂层保护，该产品具有极为宽广的应用领域，包括汽车涂料、船舶清漆和厚膜涂料、木器家具和橡塑制品涂料等。

据布劳恩介绍，该项目，以之前伊利诺伊大学自我愈合材料的研究，作为理论技术，并将其成功引入自我修复涂料领域。这一技术，不仅可以为基材提供足够的涂层保护，而且还可以自动的对表面缺陷进行修复。

在研制自我修复涂料的过程中，研究人员首先需要合成一种装有催化剂的胶囊颗粒，其单个直径小于100微米。同理，研究人员也将特制的修复型添加剂，装入同样尺寸的胶囊之中，并将二者均匀的分散在涂料体系之中，之后并可进行基材的涂装。

布劳恩介绍说，催化剂和修复添加剂的胶囊化处理，是非常关键的，同时根据液态涂料体系的不同，该研究小组也开发出两套不同的胶囊化系统。

当涂层被划开，就会有相当数量的胶囊被打开，之后胶囊中的催化剂和修复剂就会进集中受伤的涂层区域上，两者进行反应之后，其反应产物在几分钟或者几小时的时间间隔之后便会形成新的涂层，这一过程的时间间隔试具体的环境条件而定。在实际测试中显示，这种具有自我修复特性的涂料系统，在耐腐蚀、耐破坏和修复性能上完全达到设计标准，并且其物理性能完全可以达到普通涂料的标准和要求。

这一自我修复涂料项目，是由美国空军科学研究中心，诺斯洛普公司船舶系统和伊利诺斯贝克汉姆学院共同投资进行的。

（3）发明新型玻璃防水雾的有机涂层材料。2011年3月，加拿大拉瓦尔大学拉罗切教授领导的一个研究小组，在《应用材料与界面》杂志网络版上发表论文称，他们成功研制出一种新型玻璃防水雾有机涂层材料，涂层不会对玻璃的光学性质产生任何影响。他们认为该材料可以最终解决汽车玻璃、眼镜片以及光学镜头的防水雾难题。

据拉罗切教授介绍，这种新型涂层材料，由基于聚乙烯醇的吸水材料制成，具有阻止在其表面形成使玻璃和塑料变得模糊的水雾的性质。这种超薄涂层材料，可以长时间保留在玻璃表面，能够完全去除玻璃表面的水分，不会在玻璃表面形成任何微小水滴。

研究人员介绍说，该项技术的难点，在于如何使涂层材料与玻璃表面能够长久结合在一起。他们首先在玻璃表面涂抹上多层特殊的分子材料，将其作为基础层，这种基础层表现出很强的黏性。然后，他们再将防雾材料涂抹于其上。

研究人员认为，目前已有的防雾涂层经不住清洗，因此需要经常重复涂抹，而新的涂层技术只需一次涂抹。拉罗切教授表示，他们正在与一家大型眼镜厂商，讨论这种新型防雾涂层技术的专利转让问题。

（三）研制汽车用其他有机材料的新信息

1. 开发汽车用塑料的新进展

（1）研制出耐热柴油的车用聚甲醛工程塑料。2004年10月，美国杜邦公司推出的聚甲醛最近新产品中，最引人注目的是一款耐热柴油的牌号，其耐热柴油性明显优于标准牌号。

现有的汽车低泄漏柴油发动机会使柴油升压和升温，要求材料耐热柴油，评估试验表明，新聚甲醛工程塑料产品的耐热柴油性能，超过杜邦公司的其他聚甲醛牌号和其他厂家提供的专用于热柴油接触的聚甲醛牌号。在100℃下经过30个小时的接触后，该产品仍可保持起始质量的98%，而标准聚甲醛牌号仅保持了20%。其潜在应用还包括燃油泵汀槽、加燃油装置、连接器和油箱凸缘。

为降低汽车塑料内饰件的有机挥发物量和气味，杜邦公司还开发出了新的聚甲醛共聚物牌号，在其原有的低于德国VDA275标准规定的低气味系列牌号基础上，又推出2个超低挥发味的新牌号产品，可满足不同汽车厂商对低挥发气味含量规格材料的要求。

（2）开发出能延长汽车配件寿命的自我修复塑料。2013年9月16日，英国《每日邮报》在线版报道，西班牙圣塞瓦斯蒂安电化学技术中心科学家阿莱茨·里孔多、罗伯特·马丁等人组成的一个研究团队，开发出世界上第一个自我修复的聚合物，可以自发重建。其目前最实际的一个应用，就是能显著延长汽车、房屋、生物材料以及电器元件的使用寿命，并提高安全性。

该材料是新款"自愈热固性弹性体"。此前，科学家研制的自愈有机硅弹性体，需使用银纳米粒子作为交联剂，十分昂贵，过程中也要施加外力。现在他们利用了十分普遍的聚合起始材料，以及简单而廉价的方法进行开发，新产生的聚合物是首个无须催化剂、不进行干预诱导就能自发、独立愈合的材料。

在实验中，研究人员将一段样品材料切断后再推回到一起，在两个小时内，样本的97%已告"痊愈"——看似完全融合在一起，在用手向两端拉伸时其仍然牢固。研究人员表示，新材料的突破点是在室温环境下，表现出定量的自愈合效率，而不需要施以热或光等任何外部干预。

同时，研究人员指出，该材料可以显著提高任何家用电器中塑料部件的寿命和安全性。而鉴于聚脲氨酯聚合物在一些商业产品中得到的应用，这款新材料将在工业系统中非常容易、快速地发挥实用价值。

目前，新材料被西班牙研究人员称为"终结者"，这是因为该聚合物的行为就好像"它是活的，总是自己愈合"，与电影《终结者2》中登场的机器人创意非常相似。在这部电影中，出现了一个日后非常著名的T-1000液态金属的杀人机器，它由可还原记忆材料构成，全身能随意变形，被破坏后当场能够自我还原，损失了也可以再造，其特性一直令科幻爱好者津津乐道。

2. 开发汽车用有机纤维和面料的新进展

（1）开发出可制造更安全汽车气囊的弹性人造纤维。2015年3月，有关媒体报道，蛛丝比钢铁更强韧，比凯夫拉（一种被广泛用于制作防弹衣等的复合材料）更坚固。不过，人类仿制的蛛丝一直无法同实物相媲美。如今，德国拜罗伊特大学的托马斯·沙伊贝尔及其同事组成的一个研究小组，研制出硬度和蛛丝相同的人造纤维，从而使制造更安全的气囊成为可能。

此前模仿蛛丝的努力，集中在两类分子上。一类创造坚硬的晶体材料，另一类则建立更像凝胶状的物质。晶体悬浮在凝胶中，从而形成大的蛋白。不过，该研究小组意识到，这忽视了两种有助于将丝状物排列整齐的较小分子。沙伊贝尔说："它们对纤维最终的结构和性能并无贡献，这也是两者之前被忽视的原因。"

该研究小组把蜘蛛的造丝基因拼接到大肠杆菌中，使后者得以在酒精和水的混合溶液中产生全部4种分子。随后，研究人员利用一种被称为湿法纺丝的方法拉长纤维，从而创造出人造丝。当在刚刚形成后便被拉长时，该纤维最为坚固，很像蜘蛛用其后肢开始织网，以便将分子拉长并排列整齐。

得到的材料并没有像蛛丝那样强韧，但更加有弹性。这意味着它在不断裂的情况下无法承受很大压力，但能被拉伸得更长。沙伊贝尔介绍说："这并不奇怪。"因为真正的蛛丝由3种具有不同属性的蛋白制成，而他们只利用了构成最具弹性蛋白的基因组。目前，他们正在研制利用全部3种蛋白制成的更高级人造丝。

与此同时，现有纤维的韧性使其无法在制作汽车安全气囊时得到很好的利用。沙伊贝尔表示，目前由诸如凯夫拉等材料制成的气囊坚韧有余但弹性不足，而人造丝能解决这一问题，前提是该研究小组能扩大生产规模。不过，这或许有点难度。

（2）采用先进技术织造汽车用圆机针织面料。2005年8月，有关媒体报道，德国迈耶西公司是一家针织圆纬机制造商，它持续看好稳步增长的汽车用针织面料市场。作为业内首屈一指的公司，迈耶西推出了一系列采用先进技术及设备，以不断满足市场对车用纺织品的需求。

随着对汽车用纺织品需求的不断升温，也使得对针织面料的需求在不断增长，而对于圆机针织品来说可能面临着更大的机遇，因为比其他面料具有一些特有的优势，这是迈耶西公司经理所做出的判断。

迈耶西公司的OV 3.2 QC型4针道双面机，可用涤纶丝编织成有良好弹性的空气层织物。甚至可以用金属丝织成的面料用来消除电子烟雾，还可以做成有加热功能的服装或座椅。MCPE-2.4 单面毛圈电子提花大圆机,可生产无瑕疵的彩色提花毛圈织物,产品质量堪称无懈可击,迈耶西公司如此评价其设备。该设备可对每个进线路数进行电子选针,可编织各种图形组织,并且调整时间降到最低。此设备最具特色的是公司自主研发的沉降片三角,采用转换沉降片技术。这使得无论编织什么样的图案组合,都能保证正常的线圈位置,确保复杂的浮线组织和大面积的花纹图案没有任何瑕疵。使产品质量大大增强,更重要的是降低了剪绒的损耗,因为剪绒损耗是造成高成本的重要因素。

迈耶西公司的 MPU 0.8 EE 型提花长毛绒织机,该机采用电子选针和沉降片技术。该技术集三工位电子选针为一体,可以编织出以前无法编织的组织结构,比如:花式长毛绒、提花长毛绒、全长毛绒、花型地组织或这些组织的组合。三工位技术的应用使面料的质地更加吸引人。该公司发言人强调:"MPU 0.8 EE 型织机,是一种多功能提花长毛绒织机,代表针织圆机的最新技术水平,其产品不仅应用于时装和家居服饰领域,在家具装潢和家居装饰等家纺领域,以及汽车座椅和航空用纺织品等产业用纺织品领域也大有可为。

产业用纺织品的应用范围,在不断发展和变化。圆机织品一直应用于时装、内衣和休闲服等传统领域,但其独特的性能和生产的经济高效性,使其在产业用领域,将获得更大的市场份额。其中汽车领域,是最具发展潜力的领域之一。圆机织物以其设计灵活、外观精致、舒适度好和高弹性等特性,使其非常适合做汽车坐套、门饰和车顶内饰等。尤其高弹性更适合做不规则形状的座椅。

(四)研制飞行器用有机材料的新成果

1. 开发飞机用有机材料的新进展

(1)模仿巨嘴鸟嘴结构研制飞机新材料。2005 年 12 月,有关媒体报道,美国加利福尼亚大学马克·迈尔斯教授主持的一个研究小组,近日研究认为,对巨嘴鸟嘴结构的详细技术分析,可以对飞机制造带来有益的设计理念,提出可以通过模仿巨嘴鸟嘴结构,研制出性能更佳的飞机材料。

迈尔斯教授介绍说:"我们进行的计算机模拟表明,巨嘴鸟的嘴由不同寻常的生物连接组成,因此它具有非常高的强度和非常小的重量。"

研究人员仔细分析了巨嘴鸟嘴的密度、刚性、硬度、抗压力和张力,还利用电子显微镜研究了生物连接。研究人员指出,巨嘴鸟嘴是由固体"泡沫"材料组成,充满气密网孔,结合部是格栅状骨纤维,这种"泡沫"材料从外表上看,如同材料浸入肥皂泡沫中一样。纤维连接成薄膜,薄膜被夹紧在两角质蛋白层之间。

迈尔斯教授相信,我们发现巨嘴鸟嘴结构同时是一个吸能系统,模仿巨嘴鸟嘴结构的材料,能帮助研制超轻的飞机组件。

(2)发明可防飞机机翼表面结冰的纳米涂层。2010 年 11 月 15 日,美国每日科学网报道,美国哈佛大学的一个研究小组,开发出一种纳米涂层材料,在低温下能使滴溅在其表面的水滴未及结冰就滑落。

这项技术有望实现永不结冰的飞机机翼、输电线路、保温性能更佳的建筑，以及在严寒和大雪中也能保持通畅的高速公路，并且与目前在除冰融雪中所采用的化学及加热方法相比，该技术效率更高也更为环保。

（3）推出可制飞机引擎的仿蛛丝结构超韧聚合物纤维。2015年6月，加拿大蒙特利尔理工学院机械工程系高瑟琳教授主持的一个研究小组，在《先进材料》杂志上发表研究成果称，他们从蜘蛛丝直接获取灵感，研制出一种可制飞机引擎的超韧聚合物纤维。据悉，用它制作的飞机引擎，发生爆炸时都不会破裂成碎片。

蜘蛛丝的直径虽然只有3~8微米，但强度却比钢还要高出5~10倍。蛛丝质量很轻，却具有非凡的延伸性和抗拉伸力。蛛丝超强的韧性，源于其蛋白质链的特殊分子结构。

高瑟琳表示，蛛丝蛋白圈本身就像一个弹簧，每个弹簧圈之间以化学链相连。一旦主分子结构链被破坏，化学链就会断裂。想要通过拉伸破坏蛛丝蛋白质，就需要展开弹簧，并且逐个打破弹簧圈之间的连接，这个过程会消耗大量的能量。

此项新研究，涉及制造出具有类蛛丝特性的微米级微结构纤维。研究人员称，将丝的黏性聚合物溶液，倒入以一定速率移动的子层，就可构建出一种不稳定结构，并形成一系列的丝圈，这一过程类似于将蜂蜜倒在一片烤面包上。不稳定性由流体运动方式形成，纤维提供了一种特殊的几何结构。研究人员将由此形成的这种规则周期模式，称为不稳定模式。

随着溶剂的蒸发，这种纤维就凝固成型。当这些丝状物质形成丝圈并相互结合时，其中的结合键就会具备不稳定模式。对制成的纤维施以强力拉伸后，就可打破结合键，这一过程就如同蛛丝的创建一般。

研究人员称，该项目旨在了解不稳定结构如何影响丝圈的几何特性。未来由坚韧纤维编织而成的复合材料，将可用以制造更加安全和轻便，甚至在爆炸时都不会碎片化的飞机引擎。同时，这种材料也可扩展到手术设备、防弹衣等其他应用中。

2. 开发航天器用有机材料的新进展

开发建造国际空间站的新材料。发明可用于建造国际空间站部件的充气硬化高分子材料。2004年11月，俄罗斯媒体报道，建设一个国际空间站，往往需要从地球向太空运送成百上千吨物资，耗费大量燃料和财力。为降低航天运输成本，俄罗斯巴巴金科研中心开发出一种充气硬化材料，可用于建造国际空间站部件，它的强度与传统材料相当，但重量却轻得多。

据介绍，这种新材料，可用于制作空间站的内部隔板、墙体、太阳能电池底板、天线和太空望远镜的某些部件等。在加工这些部件的过程中，需先对新材料进行剪裁、缝制、粘贴，把一块块材料拼接成某部件应有的外表形状，然后在拼接好的材料内部放置橡胶胎,其作用与足球内胎类似,并把制成品折叠好,放入特殊溶液中浸泡,之后再装入尺寸较小的密封箱,送入太空。

空间站宇航员,把这种折叠状态的制成品接到压缩气罐上,通过充气,使其完全展开,形成所需部件的样式。与此同时,制成品表面的特制溶液,会在失重状态下自动凝固,使制成品表面坚固、耐燃。

负责研制的专家说,目前人们常把体积过大、无法整个放入飞船的部件拆开送入太空,然后再组装起来。但是,这种方法,对精确度要求很高的部件不太适合,如直径达几十米的抛物线形天线和太空望远镜的镜体。如果采用可折叠和充气的新材料制成部件,就可使运输、组装等问题迎刃而解。此外,由于新材料重量很轻,因而可以大幅降低航天运输成本。

目前,俄罗斯专家正在优化浸泡新材料的溶液,改进制作工艺。他们认为,经过进一步改进后,这种材料将有望在空间站和未来的月球、火星站建设中得到广泛应用。

四、交通工具复合材料的新成果

(一)车船用复合材料研制的新信息

1.汽车用复合材料开发的新进展

研发可作汽车部件的碳纤维复合材料。2010年7月,英国帝国理工学院航空学系埃米尔·格林浩尔博士主持、欧洲相关机构研究人员参与的一个研究小组对外发布消息说,他们目前正在开发一种可以存储和释放电能,并且足够坚固和轻质,能够用于汽车部件的原型碳纤维复合材料。

研究人员表示,这是一项耗资340万欧元的富有想象力的研究项目,有朝一日,汽车车身的部件也可以作为车用电池。他们希望这种碳纤维复合材料可以用于混合汽油及电力汽车,从而使车辆更轻、更紧凑、更节能,同时让驾驶者可以行驶更远的路途而无须再充电。

研究人员认为,这种已经被帝国理工学院申请了专利的材料,具有被用于多种日常物品外壳制造的潜力,如移动电话和电脑,这样一来,它们就无须一个独立的电池了,从而使此类装置更小、更轻、更便携。

格林浩尔博士说:"我们对于这种新技术的潜力感到很兴奋。我们认为,未来的汽车,可以从其车顶、发动机罩,甚至车门获得电力,这将得益于我们研制的新复合材料。甚至卫星导航仪,都可以从其外壳获得电力。"

格林浩尔说:"这种材料的未来应用不止于此。你可能会拥有一部和信用卡一样薄的移动电话,因为它不再需要一块厚重的电池。或者一台可以从其外壳获得电力的笔记本电脑,这样它就可以运行更长时间而无须再充电。我们现在还处于该项目的第一阶段,还有更长的路要走,但是我们相信,这种复合材料具有广阔的应用前景。"

在这项研究中,科学家计划开发这种材料,使其可用于替代汽车行李箱的金属底板部分,即存放备胎的轮舱。研究人员称,用复合材料轮舱代替金属轮舱,可以使车辆减少为电动机提供动力的电池数量。他们认为,这可以使汽车总重量减少15%,从而显著改善未来混合动力汽车的性能。

现今的混合动力汽车,包括一个内燃机,驾驶者在提速时会用到它,以及一个由电池提供动力的电动机,在汽车行驶时会使用它。这些车辆需要大量的电池为电动机提供动力,汽车因此而变重,这意味着汽车会耗费更多的能量,并且,电池需要在较短周期内定期充电。

研究人员称,他们正在开发的碳纤维复合材料,是由碳纤维和一种聚合树脂制成的,可以比传统电池更高速地存储和释放大量电力。

此外,这种材料不利用化学过程,使其可以比传统电池更快速的充电。另外,充电过程几乎不会造成复合材料的老化,因为它不涉及化学反应,而传统电池则会在使用一段时间后老化。

研究人员介绍说,这种材料,可以通过把混合动力汽车,插在家用电源上充电。他们还在探索其他可选充电方法,如回收汽车刹车时产生的能量。

在该项研究的第一阶段,科学家计划进一步开发其复合材料,以使它能够存储更多的能量。该研究小组将通过发展碳纤维表面的碳纳米管,改善这种材料的机械特性,这也将增加材料的表面区域,提高其容量以存储更多能量。他们还计划,探索商业化批量生产这种复合材料最有效的方法。

2. 船舶用复合材料开发的新进展

研制出船舶用复合材料织物。2006年6月,有关媒体报道,法国法拉利公司推出船舶用复合材料织物系列产品,它经过综合处理,具有耐久性、抗紫外线、柔软、密封防水、保养容易、防霉、尺寸稳定、体积小等特点。还可经受温度的极端变化,面料不易变形,即使经过风吹日晒,仍然能够保持原有形状。

该船舶用系列共有5种产品,适于制成大型船舶或在高速运行船上的防雨篷,也可用于制成带有网孔的防护罩,这种防护材料可用于驾驶舱顶篷、风雨罩、天顶遮篷、遮阳罩或防护罩,还可用来制造风挡、防护栏、挡风玻璃遮盖以及蹦床等。

这些织物既有较佳的透光性能,又能保持私密性。遮阳和通风相结合,能实现光线更多的漫射,看室外的视线更佳,同时又保持了船舶内部光线的舒适性。

(二)飞行器用复合材料研制的新信息

1. 研制飞机用复合材料的新进展

(1)最大飞机大量采用轻质高性能纤维复合材料。2007年3月20日,有关媒体报道,德国汉莎航空公司的新型空中客车飞机,3月19日从德国汉堡飞抵美国纽约肯尼迪国际机场,标志着全球最大的商用飞机首航成功。据杜邦中国集团有限公司介绍，这一标准长度的双层 A380 客机，采用了杜邦公司一系列轻质高性能创新材料，如先进纤维、电子元器件和复合物产品。

这款飞机装备 4 台发动机，连续航行能力达 1.5 万千米，也就是说，它可以不经着陆往返于欧洲和亚洲。A380 客机和航空业对产品的综合性能有很高要求：强度高、耐久耐用、重量轻、能抵御恶劣环境，并且易于加工制造。此外，安全因素，如阻燃性等也十分重要。空中客车 A380，从地板、舱内壁到副翼等不同区域，采用了一种由杜邦纤维制成的新型蜂巢状结构的复合物。在相同重量条件下，杜邦纤维的强度是钢铁的 5 倍。作为蜂巢状结构的核心，其高强度特性大大提升了飞机的结构整体性，同时减轻了飞机重量。

杜邦先进纤维系统全球业务总监吉姆·维甘特说："从航空业发展初期开始，杜邦就一直为行业提供能减少重量、降低噪声、耐久使用、提高能效以及应对恶劣环境的独特材料。我们与空客公司的合作是杜邦公司利用科学技术，为航空航天业和其他更宽阔的市场提供独特解决方案的又一例证。"

（2）开发出可制机翼的纤维金属铝复合材料。2008 年 8 月，荷兰媒体报道，荷兰代尔夫特大学，与美国铝业公司及荷兰生产厂家共同协作，开发出一种由纤维金属薄片夹在一层或多层厚铝层中间形成的铝复合材料，可用来制造高性能飞机机翼。

据了解，这种复合材料，可以作为坚固的结构材料，不仅具有非凡的强度，而且对疲劳不敏感。这种材料便于立即进行修补，方式与铝类似，但与碳纤维复合材料不同。

该铝基复合材料，比近来用于飞机机翼，如波音 787 的碳纤维增强聚合物结构件的强度还大。但是，采用这种铝复合材料机翼结构的重量却可以减轻 20%，制造成本和维护成本也可适当降低。

（3）用聚合物研制替代航空合金材料的复合材料。2017 年 3 月，俄罗斯媒体报道，莫斯科大学一个由物理学家和材料专家组成的研究小组，最近用聚合物研制出一种新型复合材料，其强度远远超过航空铝钛合金，为建造超轻型飞机和卫星提供可能。

目前，广泛使用的聚合物复合材料，耐受温度范围通常在 150℃以内，耐热材料也不超过 250℃。新开发的这种材料耐热温度高达 450℃，相比常用的环氧树脂更易加工。

现代飞机大部分使用的不是金属材料，而是塑料、复合材料以及具有航空合金强度、重量较轻的其他材料。如波音 787 客机只有一半是航空合金材料，美国 F22 战斗机使用的材料 39% 为钛、24% 复合材料和 16% 的铝。

航空材料多数是含有两种增强成分的高分子聚合物，它能提高材料强度以及聚合物嵌入面的支撑强度，缺点是比铝钛合金成本高，优点是更耐用、易维护。不耐受高温是所有聚合物复合材料的主要问题，因此飞机发动机只能使用金属材料，如果将金属材料换成耐热塑料件的话，可以大幅减轻发动机的重量，且发动机结构也会相应简化。

该研究小组找到了解决问题的途径，他们通过两个简单环节利用不饱和炔烃、氮化合物和苯，制备出呈橙色状复合新型聚合物基体。含有这些成分制备出的聚合物超级坚固，并能承受约400℃的加热温度，保持结构稳定不变形。

俄专家认为，这种聚合物基体最显著的特点是易熔解、黏度低，相比工业常用的其他复合材料生产成本低，有助于快速进入航空制造业领域的应用。目前，莫斯科大学实验室合成的数批材料试样，已交由巴拉诺夫中央航空发动机研究院和喀山图波列夫国家研究型技术大学等机构进行测试。

2. 研制宇宙飞船用复合材料的新进展

开发宇宙飞船外壳自愈的聚合物基复合材料。2006年2月，欧洲航天局技术研究中心克里斯多佛领导，英国布里斯托尔大学伊恩·邦德和理查德·特拉斯克负责具体实施的太空飞船外壳自愈材料项目，已进入测试阶段。该项目目的是开发一种神奇复合材料，可自动愈合宇宙飞船在飞行过程中出现的小孔或裂缝，避免类似哥伦比亚号航天飞机的悲剧重演。

此项研究的灵感来自于人类皮肤。当人被割伤时，血液会自动流出，并在空气中凝结形成一个起保护作用的血痂来愈合伤口。邦德表示，目前他们所研制的系统与人体的血管系统极为相似，也是一种完全自动的愈合系统。

为了保护太空飞船，研究人员制作了一种复合压缩材料，该材料中包含成百上千约60微米宽的空心玻璃丝，每个玻璃丝内径为30微米。玻璃丝内部的一半填充环氧聚合物或树脂，另一半填充化学制剂，一旦化学制剂与聚合物发生反应，就可形成非常坚硬的物质。当复合材料受到损坏后，玻璃丝很容易破裂，从而导致玻璃丝内填充物发生泄漏并迅速堵住裂缝或漏洞。邦德表示，实验证明，这种材料确实具备自动修复的功效。

目前，实验主要针对两方面进行测试，一是在真空条件下，这种复合材料是否能依然保持自我修复的特性；二是研究引力对其特性的影响，比如在飞船的顶部和底部，其保护特性是否发生改变。研究人员计划开发更硬的含玻璃丝的复合材料，以使其适应极端恶劣高温环境。

克里斯多佛认为，该项技术形成的聚合物基复合材料，可以多方面保护宇宙飞船。如它可以避免太空船受到太空微粒的损害；如果宇宙飞船在高温的太空环境中一旦发生泄漏，这种复合材料也可以大展身手。另外，飞船在发射和返回过程中极易受到损坏，为此，美国爱荷华州大学的研究小组已经开发了一个震动传感器，可在飞船舱内探查隐患，从而提高该复合材料的自我修复功能。

专家认为，太空交通工具自愈合的复合材料研发，目前仅仅迈出了第一步，这项技术要投入使用至少还要10年时间。

第六章 交通技术及智能系统的新信息

交通技术主要指陆上运输、水路运输、空中运输，以及运输工程、交通管理等方面产生的先进技术或方法，它是现代制造技术的重要组成部分。交通运输中出现的智能系统，是未来交通系统的发展方向，它以先进的计算机技术为基础，把信息技术、数据通信传输技术、电子传感技术和控制技术等有效地集成到整个地面交通管理系统中，从而建立起一个实时、准确、高效的综合交通运输管理系统。21世纪以来，国外在交通工具技术领域的研究，主要集中于开发汽车设计技术、汽车动力技术，以及汽车材料、汽车轮胎和电动车充电技术等，探索管道运输技术、列车运行与通信技术。开发出成套的船舶节能新技术，商用船舶通信技术。研制有望取代昂贵飞机工程样机的新模型技术，造飞机如同打印文稿的3D印刷技术，能增强飞机外壳材料强度的新技术，并研制飞机环保技术和无人机技术。同时，加快开发航天发射工具和航天飞行器方面的新技术。国外在智能交通系统领域的研究，主要集中于开发汽车智能安全防护系统，提高行车安全性的智能设备，防止汽车追尾的智能系统，避免汽车碰撞的智能系统。开发防止司机打瞌睡的设备，防止司机行驶过程分神的设备，防止司机疲劳驾驶的设备。研制智能泊车装置，车用智能识别与调控装置，电动汽车智能充电装置。研制飞机智能系统和宇宙飞船智能系统。

第一节 研发交通工具的新技术

一、陆上运输工具技术的新成果

（一）汽车材料技术的新信息

1. 推进汽车粉末涂料技术的探索

汽车粉末涂料制备技术取得新进展。2005年11月，国外媒体报道，传统的粉末涂料制备方法，分为干法和湿法。占主导地位的干法，又分为干混合法和熔融混合法；湿法分为蒸发法、喷雾干燥法和沉淀法。近来，粉末涂料业以汽车发展为契机加快新的制备技术开发，先进的超临界流体法（VAMP）、OEM涂装等先后问世，既以优异的性能满足了制造业的需求，又形成了自身发展的平台。

目前，粉末涂料的生产大多使用熔融混合法，缺点是换品种和换颜色比较困难，粒径分布较宽，难以生产低温固化及超细粒径的粉末涂料。为此人们对粉末涂料制备工艺进行改进，取得了一定进展。

据介绍，超临界流体法的开发利用，被称为粉末涂料制备方法的革命，对21世纪汽车粉末涂料的发展将起重要作用。其工作原理为：二氧化碳在达到临界点时被液化，液态二氧化碳与气态二氧化碳两者之间界面清晰，倘若压力略降或温度稍高就会超过临界点，这一界面即刻消失成为一片混沌，称为超临界点。继续升高温度或降低压力，二氧化碳变成气体。利用此原理，把粉末原材料加入到带有搅拌装置的超临界液体加工设备中，超临界二氧化碳使涂料的各成分流体化，这样在低温下就达到熔融挤出效果。物料经喷雾并在分级釜中造粒制得产品，整个生产过程可以用计算机控制。

美国费罗公司开发的新工艺，适用于加工汽车粉末涂料，它具有以下优点：一是全封闭的体系，避免了周围环境中粉尘和纤维的污染而影响粉末涂料的洁净度；二是粒子的形状可以控制；三是制得的粉末涂料具有优良的摩擦带电性能，使粉末在喷涂过程中能够渗透到难以到达的部位，涂膜厚度均匀；四是能获得较薄的涂膜；五是加工温度低，防止GMA丙烯酸树脂的氧化，进而防止涂膜黄变；六是该新工艺可以使预反应减到最小，有利于粉末的流动和流平，重现性好；七是有利于低温固化粉末涂料的加工；八是采用结晶聚合物配制粉末涂料，提高贮存稳定性，降低熔融黏度，对透明涂层的流动性和流平性影响很大。

汽车OEM涂装，是现代技术下的发展产物。巴斯夫公司开发的一种ECOCLEAR粉末浆，特别受人们关注，它属于新型的零VOC清漆体系，即将粉末涂料稳定地分散于水中，采用传统的液体涂装设备进行施工。

据介绍，它与普通粉末涂料相比具有6大优点：一是减少膜厚，浆状清漆的膜厚约45微米，相当于溶剂型涂料，而粉末涂料一般膜厚需60~70微米才能确保充分流平；二是可使用传统的汽车涂装设备施工，首先客户可继续使用其可靠的涂装系统，倘若采用普通粉末涂料，客户必须放弃原先的施工设备和施工经验，并且涂装系统一旦出现污染可快速清洁，易于更换产品；三是涂料配方的适应性更广，粉末涂料一旦研磨粉碎就很难再修改配方，而粉末浆虽然基本性能由粉末涂料自身决定，但许多参数可通过水相中的助剂加以改进；四是粉末浆更均匀，生产批量较大，制成的粉末粒径更细；五是过滤更有效，粉末浆比普通粉末涂料使用的过滤筛孔更小，汽车循环线上过滤器的筛孔一般为25~50微米，这样更容易除去灰尘和凝聚物，减少污染；六是流平性更佳，除了原料性质及配方设计因素外，流平还取决于粒径、成膜厚度和湿膜黏度，对于粉末浆而言水相和小粒径有利于流平，交联反应时的黏度影响不大。因此使用粉末浆涂覆要比用普通粉末涂料获得的流平效果更好。

日本涂料公司开发了一种用于制备粉末汽车罩光清漆的悬浮工艺，解决了粉末涂料的贮存稳定性和运输问题，以及与粉末微粒有关的上粉率问题。有关专家说，该工艺主要包括以下工序：环氧丙烯酸（酯）在溶剂或水中的聚合反应；将环氧固化剂及其他添加剂分散于上述溶液中；加入悬浮稳定剂，使混合物悬浮于水中，形成粒径和形状都十分均匀的粒子团聚体；蒸馏脱溶剂；干燥。该工艺生产的粉末粒径为12~13微米，粒径分布窄，可大大减少细粉含量，提高粉末的贮存稳定性和上粉率。

鲁尔大学的一个试验小组发明了一种粒子的气体饱和溶液。该项技术是将粉末涂料的基料和固化剂在两个混合器中分别熔融，然后将它们在一定的压力下加入静态混合器中，通入二氧化碳使其混合均匀，将这种混合溶液通过喷嘴雾化，熔体随气体膨胀分散成为微粒。这种粉末的粒径是可以调节的。

2. 推进汽车金属材料技术的探索

（1）开发出钢水直接轧制板材的节能技术。2006年3月，有关媒体报道，韩国浦项制铁公司开发出一套轧钢节能设备，能把钢水直接轧制成板材，它的最大优点是，省掉了钢水铸浇成钢坯再进行反复轧钢的生产过程。

这套设备可以将1500℃以上的钢水在0.2秒的时间内，让它在轧机两个滚压机之间变成固态，立即进行轧钢，轧成2~6毫米的不锈钢板。这种连轧设备技术比原有生产设备投资节省30%，能源消耗量降低85%。

韩国浦项制铁公司是全球最大的钢铁制造厂商之一，分别在韩国浦项市和光阳市设有完善的厂房，生产各种先进的钢铁产品，包括热轧钢卷、钢板、钢条、冷轧钢板、电导钢片和不锈钢产品等，被美国摩根士丹利投资银行评定为"全球最具竞争力的钢铁制造商"。

该公司新技术开发部表示，自1989年开始，他们就组成专门一个技术开发班子，对不锈钢板连轧技术进行开发，其生产工艺流程的特点是，由钢水直接轧出板材。目前，该公司还在研究能在零下40℃正常输运石油的输油管线用钢管，开发研究适合液化天然气运输船储存舱用不锈钢板，这种薄板能耐零下196℃的超低温，因为液化天然气运输船要在船舱内保持零下163℃的低温条件，才能进行液态天然气的长途海运。

（2）计划开发能大幅度降低车辆自重的新型铝合金技术。2013年6月，加拿大国家研究理事会宣布，计划开发一项新型铝合金技术，以帮助加拿大运输业减轻小汽车、卡车、挂车、公交车乃至火车的车重。

加拿大汽车和地面运输部部长米歇尔·杜默林表示，加拿大是全球领先的铝合金制造者，有机会在使用铝合金作为更轻型车辆部件方面，走在世界前列。此项计划，将支持加拿大制造商，开发出更轻的部件和结构件，从而使车辆更具燃油效率、更安全和更环保。

据悉，这项称作"地面运输车辆轻量化计划"，总投资为4500万加元，将开发、验证和部署先进的铝合金技术，并将新型铝合金部件，纳入下一代车辆制造过程。该计划的成功实施，将使运输业的整体车重在未来8年内降低10%。

在安大略省温莎市举行的汽车零部件制造商协会年会上，加拿大国家研究理事会还宣布，将成立一个新的研究和开发联盟，以联合与制造供应链相关的所有工业伙伴，共同解决先进的铝合金成型、耐久性和零部件组装等技术问题。

目前，汽车制造商，正试图找到创新的方式来打造更轻的车辆，以满足日趋严格的燃油效率新规。如美国的企业平均燃油经济性规程要求，到2025年要达到每百千米4.3升的平均燃油经济性。汽车轻量化，被认为是运输业达到这些法规要求的最具潜力的手段。

（3）研发出汽车等用铝镁合金材料的防水耐磨新技术。2017年11月，俄罗斯科学院物理化学与电化学研究所博伊诺维奇博士领导的研究团队，在《美国化学学会·纳米》月刊上发表论文称，他们受荷叶不沾水的原理启发，并辅以化学处理新工艺，研发出一种提升铝镁合金材料防水耐磨性能的新技术。

荷叶表面遍布极微小的凸起和绒毛，落到荷叶上的雨水，会被这种凹凸结构所排斥并快速流走，难以洇湿叶片。该研究团队依据这一防水机制并拓展利用，借助大量纳秒级激光脉冲"轰击"铝镁合金材料，使其表面产生与荷叶类似、凹凸深浅为纳米和微米尺度的特殊纹络。

研究人员说，这种凹凸结构可与常规防水涂料很好地结合在一起，提高铝镁合金制品的疏水特性，使水难以在汽车车身及飞机零件表面结冰。

博伊诺维奇博士介绍道，在用激光脉冲为铝镁合金"文身"的同时，研究人员用一种特殊化学制剂处理铝镁合金，进而在原有金属表面合成坚硬耐磨的氮氧化铝。此外，由于激光脉冲还能使铝镁合金表面的凹凸结构内部出现大量微小孔隙，因此这些孔隙能够吸收纳米级氮氧化铝颗粒和后期涂抹的防水涂料。

如此一来，铝镁合金制品的耐磨和抗腐蚀性能也明显提高，即使因某些"不可抗力"造成表面出现细微裂纹或划痕，其仿"荷叶"凹凸结构的孔隙内，会释放出氮氧化铝颗粒和防水涂料，填充裂纹和划痕。

博伊诺维奇表示，铝镁合金在汽车和飞机制造领域使用广泛，但这种材料在冷冻货物的速冷剂和正常室温交替作用下，或在突遇过热的水蒸气等不利因素时，其物理化学特性难以保持稳定。此外，铝镁合金容易出现点状锈蚀，其耐磨损性能也不强。

研究团队在不利因素下，对经过新技术处理的铝镁合金进行了反复测试，结果该材料的物理化学特性保持了较高的稳定水平。按计划，研究人员将通过更多测试来检测这种合金改良技术的可靠性，以期尽早达到应用水平。

（二）汽车其他技术的新信息

1. 探索汽车设计新技术

用3D虚拟立体空间影像技术设计新车。2005年4月，有关媒体报道，德国大众汽车公司利用 3D 虚拟影像技术，把新车的设计时间及成本缩减三成之多，让汽车工程师在无须接触金属的情况下，也可设计出一款新车。

这种崭新的 3D 视觉技术，是由德国萨尔布吕肯大学发明，透过实时的"光线追踪"技术，利用电脑把虚拟立体影像呈现在工程师的眼前。

工程师可在虚拟环境下扭动汽车的方向盘、调校倒后镜、观察车身光线反射，以及周边景物投射在车身的影子情况等。为应用这项技术，大众斥资 2000 万欧元，在德国兴建了 2 间视觉中心，让所有参与新车发展计划的各个部门员工能一起工作。新的视觉中心内装设了一个 5.1 米 × 2.1 米的特殊电子屏幕，以便把构思中的汽车以 1∶1 的比例显示出来。透过这个虚拟影像，工程师可如真车般观察车身的弧度、线条，以及油漆效果。

另外，还可与现有的车款进行比较。视觉中心还设有一个专用的立体空间，它的边长达 2.35 米，外围装上屏幕，而汽车的立体影像可投放在屏幕上，有如立体影院的效果。

2. 探索汽车动力系统的相关技术

（1）开发降低发动机部件间摩擦的技术。2006 年 3 月 15 日，日产汽车在面向相关媒体召开的"先进技术说明会及试驾会"上宣布，他们开发出以石墨为蒸发源的离子镀膜法，实现无氢镀膜，提高了与发动机润滑油的密着性，降低了发动机部件的摩擦系数。

研究人员说，汽车发动机部件的金刚石碳镀膜，通常采用碳化氢作为蒸发源，镀膜中含有氢，容易产生拨油性，减弱与发动机润滑油的亲和力。他们开发的技术，解决了这个问题。

据介绍，这项技术还有一个特点：作为发动机机油的添加剂，采用了与镀膜高亲和度的"特殊成分"。通过优化新添加剂与镀膜的组合，从而提高了与润滑油的密着性。

在发动机的摩擦部件中，应用了新的金刚石碳镀膜后，在金刚石碳镀膜和相配材料之间可形成几纳米的低摩擦皮膜，降低摩擦。摩擦系数方面，与采用此前的镀膜相比约降低 40%，达到 0.07。在实验室中证实可达到 0.03。目前，该技术主要应用在气门挺杆、活塞环、活塞销等发动机部件上。

（2）开发发动机等润滑油分布状况可视化技术。2008 年 11 月，日产汽车和日本原子能研究开发机构宣布，已开始合作开发发动机和驱动部件内部的润滑油分布状况的可视化技术。目标是通过润滑油分布状况的可视化，找出摩擦损失的主要原因、以减少 CO_2 的排放量。

在合作研究中，原子能机构将利用其中子测量领域的技术和经验，进行适合发动机的摄像系统的研究及分析流体移动情况的方法的开发。日产将负责发动机摄像系统的制作，使用实际发动机的可视化实验，以及将可视化技术应用于发动机设计开发的技术开发。双方均将利用原子能机构东海研究开发中心原子能科学研究所的研究用核反应堆"JRR-3"。

在合作开发之前,双方首先确认了通过使用"快中子照相"可实现润滑油在发动机内的分布状况的可视化。快中子照相利用中子透过轻金属容器内部水和油的移动,使用高速摄像机等通过图像强度放大器进行拍摄。该技术可用慢镜头观察高速变化的物体,此外还可通过该影像对速度等进行测量,并对移动状况进行分析。

3. 探索汽车轮胎方面的新技术

开发出汽车轮胎检测新技术。2006年7月,日本媒体报道,在汽车轮胎检测技术方面,日本横滨橡胶公司开发成功两项新成果:

轮胎增强材料的状态分析技术。它采取动态分析方法,观察增强材料所含炭黑和硅石在车辆行驶中的状态。它通过显微镜观察一个点,来解析轮胎增强材料的变动状况,进而分析出增强材料的比例及构造,对轮胎特征产生的影响。这样,可以高精度地控制轮胎的动态阻抗和湿滑性能。

轮胎空洞共鸣音预测技术。空洞共鸣,是指车辆在颠簸路面上行驶时,或经过路面接缝时发出的噪声。此前,计算轮胎内空气状态的变化,无法在车辆行驶中进行,只能采取静态方法。在行驶状态下,速度和行驶方向的不同,导致共鸣的频率也各异,而新技术则实现了在这些状态下的检测。公司表示,目前正在讨论如何使用新技术改进轮胎,有可能会通过轮胎本身内部的结构调整来实现静音效果,也有可能附加类似于住友橡胶公司生产的特殊吸音绵一样的材料。

(三)管道运输与货运列车技术的新信息

1. 探索管道运输技术的新进展

发明不必中断输气的输气管道高效修补技术。2005年8月,有关媒体报道,乌克兰"波尔塔瓦天然气"有限责任公司马舍夫天然气经营管理局的专家,研制出一种能使输气主管道大修费用值减半、工期缩短几倍的办法。

报道说,在传统的大修方法中,要把输气管道统统挖出来,再换上新的,一般需要近一个月时间。按马舍夫局现在提出的办法,用他们称为"鱼雷"的一种新装置,把一种直径稍小的塑料管导引入已损坏的原有管道即可。据计算,这样大修只需每隔150~200米挖一个探坑,翻挖管道的事整个免掉了,所以,只需几天时间即可完工,而中低压主管道内的气压并不受影响。

报道说,这种新方法,已在马舍夫区德米特列夫卡村,一段700多米长的输气管道大修中完成试验。大修前的检测发现,这段20世纪80年代末铺设的管道,有11个轴向焊接处出现微小裂缝。715米长的管道4天就修完了,并且该村供气一分钟也没有中断过。该段管道穿过一道大坝,大修期间过坝交通也没有受阻。用压缩空气进行的为期两周的试验表明,如此大修后的管道能承受比原标准大1倍的压力。更重要的是,大修费用降到1.8万格里夫尼亚,而按老办法大修的匡算为 4.8 万格里夫尼亚。

报道说,这种新方法,已得到国家有关技术监督部门的许可,并被建议在该公司所有下属辖区采用。

2. 探索列车运行与通信技术的新进展

(1) 开发可防货运列车脱轨翻车的新技术。2016 年 12 月,俄罗斯媒体报道,莫斯科国立钢铁合金学院冶金和强度物理系副教授安德烈·罗日诺夫主持的研究小组,发明了一种独特的技术,可防止货运列车车厢的转向架侧架受到损坏。该零件受损会导致列车脱轨,且有 90% 的翻车可能,这项发明把侧架的持久极限提高了一半。

侧架出现断裂的原因与制造缺陷有关,在浇铸过程中,零件内部形成了空隙。为了避免这一点,他们研究出了淬火热处理硬化零件的新方法,可在温度达到 593℃时能,在专门装置上淬火铸造最高 2 米的侧架。新技术使零件能经受高达 30 吨的超负荷,截至目前,侧架的平均轴向负载达到 23.5 吨。

罗日诺夫说:"目前世界上还没有同类技术,我们在此基础上建造了喷雾淬火大尺寸铸造零件的试验装置,并计划 3 年内使这项技术达到工业化水平,尔后开始大规模工业生产,每年淬火大约 2 万个侧架。"

该项目已经持续了 3 年,很快就将开展首批测试,在两个铁路货运列车车厢上安装 8 个淬火侧架;2017 年夏天还将在大量列车车厢上进行大规模实验。

(2) 研发在地铁或高铁上普及的移动热点网络技术。2015 年 7 月 1 日,韩国媒体报道,韩国电子通信研究院网络研究所一个研究小组当天表示,已成功开发可移动的小型基站技术,以后无论在地铁上,还是在高速移动的高速列车上,使用超高速网络成为可能。

二、海空运输工具技术的新成果

(一) 海上运输工具技术的新信息

1. 开发出成套的船舶节能新技术

2009 年 9 月 21 日,韩国 STX 海洋造船公司宣称,他们已开发出成套的船舶节能技术,它能大幅减少船舶运行中的二氧化碳排放量,最多可省一半的燃料费用。

这项技术,是在应对全球加强尾气排放限制,油价持续上涨的条件下展开研究的。它采用了一系列绿色技术和绿色理念。最主要的改进之一,是船舶推进系统。虽然螺旋桨桨叶数量越少推进效率越高,但目前大型船舶多采用 4~5 个桨叶的多桨叶螺旋桨,以降低推进器的震动和噪声。STX 公司,利用自己在螺旋桨宽弦叶尖领域,积累了丰富的制造技术,设计出全新概念的叶片,将震动和噪声降低到可接受水平,同时又大幅提高了推进器的功效。

运用该新技术的船舶推进器,将不再使用传统的船用 C 级重油作燃料,而改用更高等级、提升了环保性能的燃料。采用高等级燃料，能够提升燃料效率的 41%，减排 45%。同时氮化物和硫化物的排放也大幅降低。

根据新技术，研究人员又开发出一块安装于船舶尾部的整流板，用来提高船舶的流体力学性能。此外，节能船舶，还将安装风力和太阳能发电设备，以及回收发动机尾气能量的余热发电装置。

研究人员表示，建造一艘新型节能船舶，将会增加部分费用，但由于该船节省燃料的特性，这些额外增加的费用能够在 3 年内全部回收。

2. 开发出商用船舶通信技术

2011 年 4 月，韩国媒体报道，韩国知识经济部发布信息称，该国电子通信研究院和现代重工业公司联手，成功研制出船舶通信技术，并实现了商用化，该技术已承载到由丹麦 AP 穆勒有限公司建造的 40 艘船舶中。

船舶通信技术，曾于 2008 年被韩国知识经济部，列为造船与 IT 相融合技术领域的核心研发项目，韩国为此共投入 2300 万美元，由 133 名研发人员共同完成。

（二）研制飞机技术的新信息

1. 开发飞机模型技术的新进展

研制有望取代昂贵飞机工程样机的新模型技术。2013 年 11 月，英国布里斯托大学工程数学系应用非线性数学教授阿兰·钱普尼、讲师罗伯特·邵洛伊等人组成的一个研究小组，在《英国皇家学会学报 A》上发表论文说，一般在建造飞机等机械工程结构时，都要造一些样机来测试各种不确定性因素。现在，他们开发出一种新的模型技术，有可能替代造价昂贵的工程样机。

大部分工程结构，如飞机起落架、喷气发动机、变速箱等，各组件之间都会有摩擦、冲击和碰撞。传统上这些现象很难设计进去，这就给最终产品带来许多不确定因素。新研究提供了一种模型技术，不仅在预测上比现有方法更精确，为解决这些问题找到一种替代方案，还能让人们更好地掌握接触力学，设计出运转更好的结构。

邵洛伊说："工程师们最关心的一个问题，是如何模拟摩擦和冲撞，而建造样机来测试工程结构成本极高。这种新模型技术，也意味着人们不再需要建造样机。"

论文中提出了一种通用机械模型，新模型还包括一个记忆时期，而传统模型忽略了这方面的影响。研究人员用拉紧绳子和悬臂梁的例子，描述对记忆时期的推导，以弓弦为例论证了运动变形方程的性质，尤其是它怎样随振动模式趋于无穷大而收敛的，并讨论了它对非光滑系统的影响。

钱普尼说："强力非线性行为，如黏滑运动和冲撞，都是工程系统中极大的不确定性因素。在英国工程与自然科学研究理事会的资助项目中，各大学联盟和工业专家，都在努力解决这方面的问题，而论文的成果为此提供了关键性突破。"

2. 开发飞机制造技术的新进展

（1）研制出造飞机如同打印文稿的新技术。2006年9月，有关媒体报道，说起飞机制造，想必许多人的脑海里都会出现各种构件、组装流水线等等的画面。不过，美国洛克希德·马丁公司的"臭鼬"无人驾驶飞机的制造流程，却和上述画面完全不沾边。因为这架翼展28米的新型飞机，并不是以传统的方式组装起来的，而是在该公司的流水线上以"打印"的方式制造出来的，堪称世界上第一架"打印"飞机。

所谓的打印飞机，实际上是使用了一种名叫RP的技术，由于它的过程非常类似喷墨打印机的工作流程，所以这也被称为3D印刷技术，简单点说，就与我们首先在电脑中储存文稿，然后连接打印机进行打印一样。

设计师首先在电脑中设计好零件模型的样子，然后将4吨重的高分子聚合物材料，当作墨水填入RP系统中去，只不过这个RP打印机更类似一个烘烤箱。计算机软件会通过控制激光束的强度，将这些高分子聚合物和一些金属成分，一层一层地黏合并定型，最终形成整架飞机的大部分结构。这和喷墨打印机根据电脑发送的文稿向纸张上面按照坐标喷洒墨点最终形成文字一样。

这种全新的飞机制造方法，优势是显而易见的。由于设计师从图纸到实物完全是所见即所得的方式，这就能够缩短设计和制造的中间过程。作个简单的类比，在使用了计算机代替传统纸笔进行设计工作之后，世界上第一架纯电子化设计的"无纸飞机"波音777，它的平均设计周期就可以从原本纸时代的9~10年缩短到4年半。

而今天洛克希德·马丁公司试飞的这架"臭鼬"打印无人机，设计师从设计到最终制造出成品，总共只花了18个月而已。不仅设计方面的成本和周期缩短了，制造过程的成本也大大降低了。

使用这种打印制造，飞机的制造流程大大地简化了，在"臭鼬"的制造过程中，90%以上的部分，都可以采用这种完全自动化的制造，人力的投入相当少。负责该项目的主管福莱克说："整个制造过程的主要投入和成本，是支出在飞机的装饰，以及前期的编程方面，这相比传统的大型航空器制造，流程大大简化了。"由于可以采用这种简单的设计制造方式，从理论上来说，为用户定制不同要求的个性化飞机，也变成了可能。航空业没必要像以前那样，制造模式化的量产型飞机，完全可以根据客户的需要专门设计制造飞机，同时总体成本也不会有太大增加。

这些优势，不仅对于民用航空业意义巨大，也将意味着整个军用飞机的换代流程更加简单了，武器设计师可以根据战争需要临时改变飞机的局部设计，而军用战斗机在大规模战争中的损失，也会更容易得到补充。目前设计师关于这一方向的研究还在继续，福莱克说："'臭鼬'的诞生，证明了这是一条简单可行的路,也许在不久的将来,大规模廉价航空器时代的革命就将来临。"

(2)用3D技术打印飞行器发动机的涡轮机和燃烧室。2015年11月,俄罗斯媒体报道,增材制造技术(即3D打印技术),是目前全球增长最快的创新制造行业,是衡量一个国家工业发达程度的独特的现实指标。在俄罗斯实施高技术产业进口替代和进口赶超国家战略的时间节点上,萨马拉国立航空航天大学增材制造技术实验室主任维塔利·斯梅洛夫领导的研究小组,在实验室中研发出一项航空工业零部件3D制造技术,原理是使金属粉末在特殊的3D打印机上进行"烘焙"得到相应零部件。

斯梅洛夫指出,采用材料烘焙技术能够制造出各类工具、模具、发动机零件、卫星部件、火箭零件等多种构件。

研究小组采用新技术造出的第一批零件涉及发动机领域。研究人员采用增材技术生产出的样品,将被用来测试零件的参数。他们选取飞行器发动机系研制的小尺寸发动机零件的3D模型作为基础,并选择了其最重要的部件燃烧室和涡轮机进行初始测试。通过软件设置其融接模式和载体类型。每个零件的制造耗时约10小时。由金属制成的燃烧室和涡轮机经过台架试验后即可用于真正的发动机。

研究人员表示,通过烘焙生长出来的试验零件,还需要按照发动机自身的结构进行修正,以便得到更精确的操作参数。由于航空航天技术产品不但载荷重,而且结构复杂、工艺难度大,因此零件的制造要求更为苛刻,而该研究小组制造的样件在高温、高压负荷试验中,也取得了很好的效果,证明产品具有高品质。

专家认为,作为航空航天和电力工程产品传统制造方法的替代技术,制件在3D打印机上沿金属表面"直接生长",在经济上非常划算。新技术使用金属粉末数量与制造成品部件所需数量完全相同。在传统技术流程中存在制造零件模的环节,而且一个生产周期就达到3~6个月。利用增材技术则可使零件制造时间缩短为48小时左右。由此将带来可以感知的经济效益:降低生产高科技产品的劳动成本、节约材料和加工时间。

此外,新技术能快速改变产品形状从而加速零件制造周期。毕竟,现代生产的特点是产品更新换代相对较快。这通常不是指影响产品功能质量的基本组件的改变,而是指壳体元件、装饰元素等外观设计的改变。因此在很多情况下,使用昂贵的模具工具的必要性不复存在。

关于未来的研究方向,据斯梅洛夫透露,为解决短期内获得新设备的物理原型及批量生产问题,研究人员已经开始启动,复合材料制件的选择性激光烧结过程的开发和研究工作。同时,试图研发出能够采用直接激光生长技术,制造飞机发动机复杂零部件的3D打印设备。

3. 开发飞机材料技术的新进展

（1）研制出能增强飞机外壳材料强度的新技术。2009年3月5日，麻省理工学院网站报道，麻省理工学院航空航天学系材料专家组成的一个研究小组，最新研究出一种用碳纳米管"装订"航空材料的技术，可以在略微增加成本的情况下，使飞机外壳强度提高到原来的10倍。

研究人员介绍说，除了强度高，用碳纳米管强化过的航空复合材料，还具有更好的导电性，用这种材料制造的飞机可以更好地抵抗雷电袭击。

碳复合材料已经广泛用于航空和航天工业。在目前使用的这类材料中，碳纤维层之间是用聚合物"粘胶"接合的。这类聚合物可能发生断裂，导致碳复合材料解体。一些研究人员尝试用其他材料来"缝合"或"装订"碳纤维层，但这些材料通常会对碳纤维层造成破坏。

该研究小组在开发过程中，使碳纳米管与碳纤维层垂直排列，然后对碳纤维层之间的聚合物进行加热，液化后的聚合物会将碳纳米管吸收进去，起到"装订"碳纤维层的作用。碳纳米管直径只有几纳米，是碳纤维直径的千分之一，所以不会破坏碳纤维，而是填充纤维之间的空隙，使材料变得更坚固。

研究人员说，用于"装订"的碳纳米管重量，只占复合材料总重的1%，复合材料的成本也只增加百分之几，强度和抗雷电能力却会大大增强。

（2）预测飞机复合材料状态有了新技术。2018年5月，有关媒体报道，俄罗斯国家研究型技术大学莫斯科国立钢铁合金学院，有关专家组成的一个研究团队，在《合金和化合物杂志》上发表论文称，他们首次提出一种检测聚合物复合材料内应力的非接触式方法，能更简单经济地评估飞机或船体部件材料结构的损坏情况，从而预测可能发生的故障。

复合材料广泛用于交通运输领域。为了评估材料的质量和耐久性，在制造和使用阶段需要评估其内应力。有些复合材料在生产后的内应力达到拉伸强度的95%，也就是再稍微多一点应力，材料就会裂开。

环绕微型导线的材料应力状态，会影响导线中的物质对外部磁场做出反应。相应地，可以在不接触敏感元件的情况下进行非接触测量。该技术使复合材料状态的评估过程更简单、更经济，不仅能够发现故障，还能够用非接触式方法预测故障。

该方法，已得到航空航天领域多位代表和复合材料研发人员的高度评价。高级研究员斯捷帕什金说，现在研究团队必须"走出实验室"，并在实验室设备基础上开发传感器和测量系统样机。

4. 开发飞机环保技术的新进展

（1）发现可以减少飞机排放和燃料费用的新技术。2009年8月，有关媒体报道，由英国华威大学航空工程专家邓肯·洛克比博士领导，加的夫大学、帝国理工学院、谢菲尔德大学和贝尔法斯特女王学院相关人员参加的一个研究小组，在项目研究中发现，使空气改道到机身侧面的摇摆的机翼，可以减少飞机排放和航空公司20%的燃料费用。

据介绍，这个新方法可以大大减小飞行中的阻力，使用微型空气动力喷射器，来使空气向飞机两侧流动，以支持并推动机翼。喷射器采用亥姆霍兹共振原理工作，即当空气被挤压进一个空腔时，压力增加使空气被挤出然后又被吸回，这样反复，就会产生振动，这与人向空瓶内吹气产生的现象相同。

洛克比说："对我们航空界的人来讲，这着实有点让人惊讶。从本质上来看，这个技术是在风洞里来回摇摆一片机翼而发现的。"他接着说，"事实是我们不能准确地了解为什么这个技术可以减少阻力，但是在气候变化的压力下，我们不能承担因为要弄清真相而等待的后果。所以我们正在向前推进制造模型，并设立了一个为期三年的独立项目，以更仔细地观察技术后面的物理原理。"

据悉，这个研究工作，得到英国工程和自然科学研究理事会，以及飞机制造商空中客车的资助。英国工程和自然科学研究理事会，是其所涵盖领域内英国主要的研究资助机构。其每年用于研究和研究生培训的投入达7.4亿英镑，以帮助国家取得下一代的技术进步。该理事会航空项目主任西蒙·克鲁克说："这个技术有助于极大地减少飞行所造成的环境成本。像这样的研究，突出显示了，英国科学家和工程师们继续为我们的生活做出巨大贡献的方式。"研究人员表示，该项目同时还得到欧洲宇航防务集团创新中心的部分资助。

研究人员介绍道，该技术仍然在概念阶段，但是希望新机翼，能够在2012年初的时候进行试验。如果试验成功，这项技术还将对空气动力学上的设计，以及汽车、船舶和火车的燃料消耗有重要影响。

英国的航空产业已经宣布，到2020年年末，每位乘客每千米排放减少50%的目标。这些减少部分要依赖于飞机减轻重量、改善引擎、提高燃料有效性，不过摩擦阻力也是飞行中燃料损耗的一个主要因素。

（2）研发让飞机飞行更安静的减少噪声新技术。2015年6月，有关媒体报道，作为美国国家航空航天局研究项目的组成部分，美国通用电气公司全球研发中心正致力于探索超音速飞机起降期间，减少喷气式发动机噪声的新方法，帮助未来的超音速航空旅行成为可能。

美国国家航空航天局项目首席研究员、通用电气公司全球研发中心空气动力与声学实验室成员基索尔·拉莫里希南说："作为喷气式发动机、风力涡轮机及其他强大机器的制造商，我们在寻找更好的新方式，令它们运行起来尽可能安静。针对商用与军用发动机的降噪，通用电气公司已研发出高保真模拟工具及设计理念，我们计划用此项技术，来减少推进器的噪声。"

发动机与飞行过程中飞机本身的动气动力学，是飞行器噪声影响周围的主要来源。通用电气公司科学家将开发发动机风扇与喷气噪声的减噪方法，优化发动机与飞行器的一体化。使用高保真模拟模型，可以研究噪声特征，设计解决方案，以使超音速飞行器更安静。

通用电气公司全球研发中心高级技术项目负责人纳伦德拉·乔希说："过去一个多世纪以来，航空旅行的发展令人赞叹，它把世界变得如此小。很高兴看到，美国国家航空航天局正为经济型的超音速空中旅行引路，并支持行业开发创新成果。"

（三）研制航天器技术的新信息

1. 开发航天发射工具技术的新进展

（1）研制或可取代火箭的磁线圈发射技术。2006年10月，有关媒体报道，美国目前正在研制一项利用超导线圈开展低成本航天发射的新技术。参与该项研究活动的专家们认为，利用这种技术可大幅度降低航天发射的成本：如果每年使用其进行300次发射，那么发射每千克货物的费用将只有745美元，而如果进行3000次发射，成本将会下降至每千克189美元。

这项计划的核心，是一个直径为两千米的超导线圈。据悉，用其将航天器加速到必要的速度，需花费数小时时间。其工作原理，与物理实验中使用的粒子加速器非常相似。研究人员认为，等待发射的航天器，将首先被放置在一个符合空气动力学原理的密封舱内，密封舱配备有火箭发动机，可以对发射后的轨道进行修正。

之后，密封舱将被放置在一条滑轨上。当速度被加速到10千米/秒时，密封舱将会在激光和火箭弹射装置的帮助下与滑轨分离，并被抛入一条隧道之中。这条隧道的倾角为30度，在这里，密封舱的速度将被降低至8千米/秒。

不过，对该计划持批评意见的人士指出，利用这种方法来发射航天器，将会产生高达2000G的过载，这足以破坏微型上的电子通信系统。而计划的制定者们则反驳说，配备有激光瞄准装置的电子系统，可承受住20000G的过载。此外，密封舱内运送的诸如粮食和水这样的物品，同样也不会受到过载的影响。

按照计划，科学家们将首先建造一条直径在20~50米之间的试验轨道。如果一切进展顺利，设计人员将会获得建造全尺寸发射轨道的财政资助。

（2）火箭离子发动机技术获得新突破。2013年2月，美国加州理工学院喷气推进实验室一个研究小组，在《应用物理快报》上发表论文称，他们已经找到一个方法，可以有效地控制通道壁被离子轰击导致的"侵蚀"现象，从而使火箭离子发动机技术可以走向普及。

传统的火箭发动机以化学能燃烧为动力，科学家预计未来行星际航行的宇宙飞船，需要配备跨时代的火箭引擎。这样，火箭离子发动机技术就进入了人们的视野。它是指采用电能加速工作物质，产生高速喷射流驱动飞船前进。

应用这种技术打造的动力系统，也被称为霍尔推进器，其通过轴向电场产生喷射离子推进，与化学能火箭发动机最大的不同之处，是利用电能来形成离子化的推进动力，在现有的空间探测器中，离子驱动技术已经成功用于姿态控制等操作。

电推发动机技术之所以没有得到推广应用,是因为放电通道壁存在"侵蚀"问题。现在,该研究小组已经攻克了这道技术难题。研究人员说,当放电室中的电子与推进器原子发生碰撞时,就会在霍尔推进器中产生离子,在外加电磁场作用下形成向前的推力。磁场大多是垂直于放电通道的边壁上,而电场则平行于边壁,叠加之后可将离子加速至非常高的速度,即大于每小时7.2万千米,最后由尾喷口喷射出形成推力。

为了消除离子对通道边壁产生"侵蚀"效应,该研究小组根据理论和数值模拟,设计了沿着边壁的磁场线分布,使之对等离子体的影响降至最小,将电场方向进行了修改,大大降低了加速离子过程对边壁的"侵蚀"。研究人员把它称为新的磁场屏蔽法,对真空状态的推力驱动装置进行部分修改,综合模拟和实验结果显示,可将加速离子的侵蚀程度减少100~1000倍。

2. 开发航天飞行器技术的新进展

(1) 研制出能够抵抗太空垃圾的保护航天飞行器新方法。2004年11月,俄罗斯国家航空系统科研所,与科学院应用力学研究所联合组成一个研究小组,对外界宣布,他们通过多年研究与试验,成功地开发出保护航天飞行器免受与太空垃圾碰撞的新方法,改进与完善了目前在太空中保护航天飞行器的措施。有关专家指出,这项研究成果,对解决日益严重的太空垃圾问题,具有重要实践意义。

自从人类开始征服太空,太空垃圾的问题就随之出现了。太空垃圾是指人类空间活动的废弃物,比如卫星碎片和报废卫星等。随着航天活动的日益频繁,太空垃圾与日俱增,严重威胁着航天飞行器及其宇航员的生命安全。有资料统计,目前在环地球运行轨道上,大约有3.3亿个直径大于1毫米的物体,大到废弃卫星和各类航天飞行器的金属部件,小到固体发动机点火产生的残渣和粉末。

太空垃圾中最大的危险,来自具有很高动能的金属废料,它们在太空中的运行速度可达每秒16千米。如果一个在较低轨道上运行的卫星,与太空垃圾相遇时的平均碰撞速度为每秒10千米,在此情况下,一个直径只有1厘米大小的颗粒,在与卫星碰撞时就能释放一颗手榴弹爆炸的能量。为了防止宇宙飞船、轨道空间站等航天飞行器,免受太空垃圾的碰撞,多年来,各国研究人员一直在积极探索解决太空垃圾的问题。

1947年,美国科学家惠普耳,曾提出保护航天飞行器免受高速飞行的太空垃圾袭击的方法。为了代替镶嵌在航天飞行器表面越来越厚的保护层,惠普耳建议在保护层前安装一层防护屏,当太空垃圾与防护屏发生碰撞时,防护屏被击碎,同时太空垃圾也被撞碎变成粉末,从而解除了对航天飞行器的威胁。随着人类对太空的不断开发,宇宙飞船等航天飞行器的体积也在不断增大,惠普耳防护屏的面积也大大增大,相应的发射航天飞行器的费用也大大提高了。

俄研究人员研制的方法不仅保护性可靠，由于降低了航天飞行器发射的重量，经济效益也提高了。该方法包括两个部分：一是要确定宇宙飞船等航天飞行器上的哪些部位，可能与太空垃圾发生碰撞及碰撞的强度水平。同时，把飞船的运行方向，与太空碎片可能发生碰撞的方向等因素综合考虑，计算出飞船上每个部位最佳的保护方案。二是根据确定的保护方案，选择相应的材料制作防护屏，并将防护屏幕制成网状。网状防护屏幕具有重量轻、保护性能好的特点，以每秒5千米速度飞行的太空碎片，与其碰撞后会瞬间变成粉末。

俄专家研制的防护屏幕的一个重要特点，是在网状的防护屏上还涂了一层特殊材料，当太空碎片与其发生碰撞时，碰撞产生的能量，使其与太空垃圾发生爆炸式的化学反应，大大促进了太空碎片变成粉末的过程。网状防护屏还能使与其碰撞的太空碎片横向面积增大，降低碰撞的强度。因此，研究人员把这种保护法称为力学—化学保护法。

据悉，研究人员用速度达每秒7千米、直径1厘米大小的铝球粉，向防护屏幕射击的地面试验中获得了成功。该研究项目得到了国际科技中心的资助。

（2）遴选进行飞行测试的太空技术。2017年2月18日，美国国家航空航天局官网消息，美国国家航空航天局"飞行机会"项目，遴选出5项太空技术并提供资助。该局希望促进这些技术的尽快成熟，并促使其走向应用的步伐。

这五大技术涵盖两大方面：第一方面与有效载荷有关；第二方面与运载火箭和载荷上搭载的科研设备有关。美国国家航空航天局打算在低重力模拟太空舱、高空气球或低轨道火箭内，对这5项技术进行测试。

在有效载荷方面，美国国家航空航天局选择了四项技术提案：

一是在微重力下"钉住"蛋白质滴的系统。此项目由伦斯勒理工学院的阿米拉·海拉萨负责，主要目标是展示一套系统，这套系统能在不使用容器（因为容器常常会影响测量结果）的情况下，将蛋白溶液保持在用于研究帕金森病和阿尔兹海默症等疾病的液态样本中。

二是太空太阳能电池校准平台。该项目保证太阳能电池自动在低轨道环境中的快速校准，由洛杉矶宇航公司的贾斯汀·李负责，这一平台将使用一款附着在高空气球上的设备，捕获太阳光谱，并厘清太阳能电池在高达35.4千米高空时的性能。

三是新型高空翼伞设计。它由机载系统公司的加勒特·当克负责，这款翼伞能被用于精确递送或者在空中回收科学载荷。一旦翼伞到达2万米之上的高空，它会选择着陆点并自动精准地着陆。

四是评估风化层在微重力环境下行为的实验台。它由中佛罗里达大学的艾德里安娜·德芙负责，主要目标是展示一种风化层压缩机制，评估在低轨道飞行期间，模拟风化层在不同程度重力下的行为。

在运载火箭和搭载的科研设备方面，美国国家航空航天局选择了一个技术提案：生物芯片低轨道实验室。这是一款用于微重力下活细胞调查的自动化微流体与成像平台，目标是让人们实时看到活细胞对不同级火箭发射的不同反应。

第二节 研发智能交通系统的新进展

一、车用安全智能系统的新成果

（一）确保车辆安全智能设备的新信息

1. 开发汽车智能安全防护系统的新进展

（1）推出智能安全气囊释放传感系统。2004年10月，德国博世公司推出一项新技术——智能安全气囊释放传感系统，提高了乘员的安全性。德国汽车安全208标准要求，安全气囊的释放时间和状态应，与乘员的重量相匹配。该传感系统就可以满足这一要求，它实时监测乘员位置，在碰撞发生时更精确地释放安全气囊。

该系统通过座椅骨架上安装的4个传感器，来计算乘员的重量及其在座椅上的分布。系统根据这些数据，确定安全气囊的最佳释放时间和状态，对于体形较大的成年人，气囊会完全释放，对于体积较小的成年人或儿童，气囊释放得较少，对于安全位置的儿童或空位，气囊不会打开。

其他的智能传感器可以识别前、侧方碰撞及侧翻的可能性。这些辅助的数据可以使安全气囊进行二次释放或多次弹出，保证乘员的安全。

该系统的4个座椅传感器，结合了机械和电子技术，直接安装在座椅骨架上，替代通常的螺栓。这一应用不仅避免了改变现有的座椅设计，可方便地在各种车型上安装，另外还设置了过载保护，防止在轻微碰撞时受到损害，也不需要特殊的连接装置。

（2）发明智能型汽车安全防护系统。2005年6月14日，英国《新科学家》网站报道，英国克兰菲尔德碰撞研究中心，与日产欧洲技术中心联合组成的一个研究小组，开发出一种智能型汽车安全防护系统。它通过估算个人生理指数，调节安全带和气囊的张力和软硬程度，能够有效降低伤亡比例。

报道说，这种汽车安全防护系统，由手指扫描仪、车载计算机和能够调整张力和硬度的灵巧安全带和气囊组成。扫描仪可以被安装在仪表盘、车门等车内任何地方。司机或乘客坐上车后，首先把手指放在这个超声波扫描仪上。扫描仪便顺着手指发送一种无害的脉冲波，计算每个人的骨骼密度，估算他们能够承受的力量，以及每个人因为车祸昏厥所需的时间。随后，扫描仪将这些数据输送到车载计算机中。计算机程序就会根据得到的资料，调整安全带的张力和气囊的软硬。

研究人员说，该系统对于老年司机和骨骼脆弱的青年司机都很有用。他们用计算机模拟得到的结果证明，该系统可以使发生车祸的老年人和妇女胸部受伤的概率降低20%。科学家正在开发用于真实车辆上的样机。

（3）开发出主动式智能安全防护系统。2005年8月，德国媒体报道，大多数汽车的安全气囊，只有在车子发生强烈碰撞时，才会弹出保护驾驶员和乘客，这样虽然也能提供安全保护，但是显得很被动。现在，个别汽车制造商研制成功新型主动式智能安全防护系统，它可以预测危险，提前做好准备，确保车内车外人员的安全。

近日，梅赛德斯—奔驰公司发布了奔驰S系列的下一代产品，内部代号为S-CLASS的新车。该车的最大亮点，就是装备了主动式智能安全防护系统。在这款具有革命性的系统中，设计者提供了两个额外的雷达装置，来探测车体前方的情况。

一旦计算到可以预知的碰撞发生，就会以比驾驶员神经反射更快的速度，对汽车做出制动的指令。而当碰撞的发生已经不可遏制的时候，前排座椅的安全带将会迅速绷紧，并且将整个座位折到一个能提供更好保护的位置上，同时侧面的车窗还会随之关闭。伴随着侧面窗帘式安全气囊，以及其他总计16个安全气囊的打开，座椅垫也会迅速地充气膨胀，为车内人员提供横向支撑保护。

新S的安全系统，不仅体现在对于车内驾驶者的保护，还拥有一个外置的，用于保护事故中行人的安全气囊。该气囊安置在发动机罩和挡风玻璃的接合部位，用于在事故发生时，避免路人的头部碰撞到挡风玻璃和前支柱上造成伤害。这个外置的气囊，由发动机前罩部分的传感器和雷达相连形成，能够及时有效地做出膨胀反应，提供足够的防护效果。同时由于这个气囊只会遮挡挡风玻璃的下部，所以并不会因此妨碍驾驶者的视野。

相比前代奔驰S，新S不仅更加安全，也更大更舒适，新S比前一代奔驰S在舒适方面也有良好的设计。全新设计的按摩座椅，可以很好地缓解旅途中的疲劳，它可以进行电动调校。在前座，可以进行标准调校的，总共有16个方位。其按摩的功能，则是通过在座椅的靠背里装置的空气室，进行充气或泄气来实现的。

2. 开发提高行车安全性智能设备的新进展

（1）研制出新型"智能夜视系统"。2004年10月，有关媒体报道，日本本田公司日前开发成功一种新型"智能夜视系统"，使用远红外线摄像头检测车辆前方及横穿马路的行人、通过在屏幕上显示以及蜂鸣器响铃提醒驾驶员注意。本田曾在2001年举行的"东京车展"上参考展出过红外线夜视系统，一般认为，此次的系统是在上述系统的基础上开发的。

该系统通过设置在前保险杠下部的2个远红外线摄像头所拍摄的影像、检测发出红外线的对象物体的所在位置和动向,并识别对象物体是位于车辆前行道路上,还是要横穿马路。另外,还可根据大小和形状来判断对象物体是不是行人。

该系统可把夜间车辆前方影像显示在仰视显示器上,以帮助驾驶员提高夜视能力,还可提醒驾驶员注意有行人在前方或将横穿马路。

(2)研制避免冲撞的车载图像识别并行处理器。2006年8月,日本电气股份有限公司,开发出面向车载用途的图像识别并行处理器。由于可实时识别行人、道路白线以及前方车辆,因此帮助汽车厂商制造避免冲撞等预防安全系统。该项目开发和投产时,得到丰田汽车和电装的协助。

丰田汽车准备先在雷克萨斯"LS460"上配备该处理器,用作完善"预防碰撞安全"功能的图像识别系统。"预防碰撞安全"功能是指,通过采用结合毫米波雷达及摄像头等多个传感器,进行信息综合处理,检测包括前方车辆及行人在内的立体物体的距离和速度,向驾驶员发出警报,实现旨在减轻冲撞伤害的控制。

该处理器有四大特点:一是运算性能按8位换算,比目前市面上销售的图像识别系统约高5倍。128个运算单元均以100兆赫工作频率并行工作,提高了处理能力。可实时识别30帧/秒的VGA影像。二是利用软件实现所有图像识别功能,可轻易追加和变更功能。三是采用在面向车载用途中尚属先进的130纳米制造工艺,实现了2瓦以下的低耗电。四是适用温度范围大,据测定,用于车载图像识别时,可在零下40~85℃的温度之间正常运行。

(3)研制出保障行车安全的汽车智能应急系统。2008年11月,阿根廷《21世纪趋势》周刊网站报道,德国弗劳恩霍费尔协会托马斯·巴茨参加的研究小组,研发出一种能够帮助汽车,在前方出现障碍物等危急情况下,迅速做出反应,并采取相应措施的通信网络系统,以保障行车安全。

报道称,该研究小组研发的这一系统,能全面捕捉并测定各种潜在的危险,在司机未来得及做出反应时,采取自动有效的操作来避免事故发生。

巴茨介绍说,这一汽车通信网络系统包括照相机、全球定位系统和雷达系统等。这些工具能够帮助该智能系统,连续不断地接收有关周围道路情况的信息,尤其是那些可能妨碍车辆前行的信息。

3. 开发汽车防止追尾智能系统的新进展

(1)研制出能有效防止追尾的智能刹车闪光灯。2005年5月,德国戴姆勒—奔驰汽车公司的一项名为智能刹车闪光灯的技术,获得欧盟汽车安全部门的认证,并被正式使用到奔驰S系列轿车上。这项技术,能够有效防止追尾事故的发生,类似的技术最早被应用在城市铁路上,当遭遇紧急情况的时候,铁路警戒装置会启动闪光灯,如果不立刻做出回应,那么火车刹车就会强制拉闸减速。

同样，这项应用在汽车上的智能刹车闪光灯技术，能够在感应到司机紧急刹车之后，在极快速度内快速闪亮4次，以便使得后方驾驶者能够立即做出应对措施。根据调查，在使用了这种刹车技术之后，后方驾驶者的反应时间减少了0.2秒，当时速80千米行驶的时候，这大致相当于4~5米，能够很好地保证两车间隔。

（2）推出油门自抬防追尾的辅助系统。2006年3月15日，日产汽车公司宣布，他们研制出一种车距控制辅助系统。车辆装上这种辅助系统后，会在情况紧急时自动抬起油门，以防止与前车发生追尾事故。

据介绍，这项新技术由一个雷达传感器和一套电脑系统组成。他们在车前保险杠上装了一个雷达传感器，它能够测量车辆与前车的距离以及两车各自的速度。一旦两车的车距过近而且车速过快，有可能发生撞车危险必须减速时，仪表盘上就会出现一个报警指示，同时发出警示音，提醒司机赶紧踩刹车。如果此时，司机仍然继续踩油门，油门就会强行自动抬起，提醒司机把脚从油门换到刹车上。一旦司机松开油门，系统会命令汽车自动刹车。

很多时候人们在驾车时是很需要有各种辅助设施保障安全的。日产公司称，当行驶在交通较为拥挤的路段时，驾驶者将发现这项新的安全措施会特别管用。公司高层人士表示，这一技术将先在日本运用，并逐步向欧美地区推广。

（3）开发出世界首例追尾预警系统。2006年8月，日本媒体报道，近年追尾事故越来越多，而且对于前车司机而言，很难避免被别人追尾。现在，这个情况终于可以改变了：丰田汽车公司宣布成功开发世界上首个追尾预警系统。

实际上，该系统应用的原理相当简单，就是在车的后保险杠上安装雷达装置，可以侦测从后方接近的车辆。当后车过分接近时，系统可以发出警报，同时，前排座位头枕会根据乘员头部的具体位置做出调整，以防止追尾事故发生时，乘员颈部受到过分的冲击。

4. 开发汽车避免碰撞智能系统的新进展

（1）研发出新一代智能碰撞警示系统。2006年6月，瑞典沃尔沃汽车公司正式宣布：该公司成功研发出新一代智能安全装置碰撞警示系统。

新一代碰撞警示系统，通过配置远程雷达，帮助司机对车身周围及前方区域进行监测记录，及早发现事故的潜在危险，预防事故的发生。在驾驶员没有及时反应的情况下，此系统可以通过减速和缩短停车距离等方式，把车祸的伤害降低到最低程度。它的主要功能包括：自动警示、自动紧急刹车等。

（2）准备研制"仿生学"智能系统避撞汽车。2008年9月，阿根廷《21世纪趋势》周刊网站报道，瑞典沃尔沃汽车公司的工程师，正在对非洲蝗虫进行研究，拟在2020年前，研制出一款智能系统，能够模仿蝗虫在高速飞行状态下，避免相撞的新型汽车。

报道称，这一设计，旨在把蝗虫的视觉系统应用到汽车中，从而使汽车变得足够"聪明"，能避免撞到行人或发生其他交通事故。

沃尔沃公司安全预防部门主管乔纳斯·埃克马克在一份公告中说："如果我们能够发现蝗虫避免彼此相撞的原因，就能设计出类似的程序，使我们的汽车避免相撞。"然而，想要开发出与大自然创造的不相上下的技术，并非易事。埃克马克表示，公司还需要进行多年的研究，才能把蝗虫的飞行原理运用在汽车上。

目前，沃尔沃公司已研发出一款行人避障装置，有望在不久后正式推出。此外，该公司已将"沃尔沃城市安全系统"，安装在其生产的XC60型汽车中。这一系统，能使汽车在前面的车辆急刹车的情况下，突然制动。埃克马克说："尽管'城市安全系统'与我们对蝗虫的研究没有太大关系，但我们相信这是汽车避免碰撞的重要一环。"

（二）确保司机安全智能设备的新信息

1. 开发防止司机打瞌睡设备的新进展

（1）发明防止司机打瞌睡系统。2004年8月，有关媒体报道，日本先锋公司近日开发出防止司机开车打瞌睡的系统，它可通过心跳速度的变化，监测司机是否打瞌睡，在睡意来临15分钟前提醒司机注意，防止发生事故。

这一系统的核心技术之一，是贴在方向盘上的纸状心跳感应器，司机握方向盘时可以握住它。感应器每隔10秒检测一次司机的心跳速度。一般说来，人在打瞌睡之前，心跳速度下降。对心跳速度的检测可以大体判断司机是否瞌睡。

另外，这一系统还安装有汽车内置感应器，可以检测汽车速度的变化和方向盘操作频率的变化，汽车导航设备还可以检测汽车是否蛇行。这一系统把上述情况综合起来分析，就可大体上判断司机是否有睡意。一旦确认司机很快有睡意袭来，它就通过改变音乐等方式提醒司机。先锋公司还研究了，通过测量眨眼频率和车体摇晃频率，监测司机是否瞌睡的系统。

（2）发明防止司机打瞌睡的警报器。2004年11月24日，新西兰《新闻报》报道，该国帕金森氏症和脑研究所琼斯教授主持的一个研究小组，近日发明了一种防止司机开车时打瞌睡的警报器，它有助于减少因司机疲劳驾驶而引发的交通事故。

琼斯说，他们发明的这种仪器叫监控警报器，用于监控司机在驾驶过程中脑电波，以及眼睛的活动情况。这种仪器可以测定司机是否处于疲劳状态，以及司机的脑意识是否出现停顿，必要时该仪器会自动向司机发出警报。琼斯说，这种仪器对长途卡车司机特别有用，可防止他们因打瞌睡而发生严重车祸。该仪器还适用于飞机驾驶员和机场的空中管理人员。

新西兰研究人员上周发表的一份交通事故调查报告显示，1/6的卡车交通事故是因为驾驶员疲劳过度所致，这一比例比原先的估计高出3倍。

（3）研制出提高驾驶安全性的防瞌睡座椅。2007年2月，日本媒体报道，极度疲劳往往会使人在驾驶过程中打瞌睡，这样，将会大幅度增加交通事故的发生率。近日，东京大学的一个研究小组，研制出一种防瞌睡座椅，有助于解决这一问题。

据当地媒体报道，研究人员通过观察人打瞌睡时的血液流动和呼吸状态，发现在进入瞌睡状态前，人体末梢血管的血流量会出现一定程度的增加。这种座椅，利用安装在靠背内的电磁传感器和压力传感器，可从驾驶者背部测出这一变化，并发出警告。

研究人员指出，与打瞌睡前人体发生变化类似，人在饮酒后血液的流动和呼吸状态等也会出现某些变化。今后研究小组还准备根据这一原理，开发在饮酒状态下无法发动汽车的"防酒后驾车座椅"。

2. 开发防止司机分神设备的新进展

（1）研制出防止司机注意力不集中的智能监视系统。2004年8月，英国《新科学家》杂志报道，澳大利亚一家公司研制出一种装在汽车仪表板上的智能监视系统，它能利用目光跟踪技术，判断司机是否正在注意路况，在司机分神或将要打瞌睡时及时发出提醒。

报道称，这种监视系统采用两个摄像机，持续不断地观察司机的面部，包括耳朵、鼻子和下巴的方位，据此计算眼睛所处的位置，追踪其眼白和虹膜的状态。

然后，系统将当前虹膜的形状与计算机模型对比，分析司机的视线方向。据称误差可达到3度以内，这一精度足以判断司机是否在注意路面。此外，人快要打瞌睡时，会以特殊的方式眨眼，通过分析眨眼的频率，就可以知道司机是否快要睡着了。

据英国汽车协会的统计，英国因车祸死亡的人中，有1/10是因为司机疲劳驾驶引起事故。这一系统有望大大减少此类事故。

（2）开发出追踪司机视线以避免事故的系统。2005年1月18日，日本《朝日新闻》报道，日本东芝公司日前成功开发出用电脑追踪识别视线瞬间变化的系统，这一成果可应用于汽车内部驾驶系统，在司机注意力分散时做出提醒，避免发生交通事故。

该识别系统，使用小型摄像机拍摄驾驶者的面部。与相机相连的电脑能够根据画面中瞳孔周围色调和瞳孔形状变化，精确计算出视线的方向，判断驾驶者注意力是否集中。当发现驾驶者在往别处看或眼皮耷拉时，系统可提醒其避免危险驾驶。公司希望数年内实现该系统的实用化。

追踪视线的技术此前已经出现，例如静冈大学的研究人员开发出了"瞳孔鼠标"，用近红外光照射瞳孔，根据反射光追踪视线，实现通过目光操作电脑。但东芝公司的新系统不需要近红外光发生器等特殊装置，仅用普通摄像机和电脑结合就能实现，因此公司认为这一技术的应用范围将相当广泛。

3.开发防止司机疲劳驾驶设备的新进展

（1）研制出能预防疲劳驾驶的智能可穿戴安全带。2014年8月，外国媒体报道，英国曼彻斯特大学、西班牙生物力学研究所与多家公司联合组成的一个研究小组，研制出一款高科技智能安全带及座椅套，可以提醒司机勿要在开车时睡着。数据表明，疲劳驾驶已经成为最大的马路杀手之一，1/3严重车祸都是司机疲劳驾驶所致。

这款安全带有内置传感器，可监控司机心跳。而汽车座椅套则可监视司机的呼吸频率。车载电脑可分析安全带和座椅套提供的数据，自动过滤掉汽车噪声和司机正常活动产生的声音，进而判断司机是否正要睡着。然而，它离正式应用还有段距离。这套名为"哈肯"的系统只能发出声音警报，提示司机靠边停车。但是随着汽车自动技术的发展，最终这套系统将可以帮助汽车减速停车。这款安全系统获得欧盟的大力支持。"哈肯"系统已经在封闭公路上进行测试，但还未在真实世界中经过检测。

（2）开发可捕捉司机疲劳预兆的传感器。2014年9月，日本广岛大学教授辻敏夫主持，东京大学专家参与的一个研究小组宣布，他们开发出的新型传感器系统，能放大人体背部皮肤表面的微弱脉搏而检测出心率。如果将这种系统安装在汽车座椅上，就能捕捉司机疲劳和打盹的预兆，防止由此导致的交通事故。

研究人员说，他们研发的这种传感器系统，主要依靠振荡器感知心脏搏动传递到背部肌肉和骨骼的微小振动信息，即体表脉搏。体表脉搏通常很微弱，难以捕捉，不过通过在固定振荡器的方法上下功夫，能够利用机械手段将其放大。

此外，传感器外包裹有厚约2厘米的聚酯作为缓冲材料，说话的声音和汽车行驶时的震动等多余的高频率噪声能够被屏蔽掉。而传感器系统中的麦克风，能够将振荡器捕捉的信息表现为心音。心音是指由心肌收缩、心脏瓣膜关闭和血液撞击心室壁、大动脉壁等引起振动所形成的声音。这样，无需将传感器固定在身体上，就能获得可与心电图媲美的信息。

辻敏夫说，在汽车座椅上应用这种传感器系统，能捕捉司机疲劳和打盹的预兆，迅速掌握司机是否有急病发作等。此外，这种系统还能帮助老年人进行健康管理，或帮助病人随时掌握心脏状况，以便能在紧急情况时迅速联系医生。

二、车用智能系统的其他新成果

（一）研制智能泊车装置的新信息

1.开发能够自动泊车的智能系统

（1）开发出轿车的自动泊车的智能系统。2005年5月，有关消息报道说，瑞典汽车制造商沃尔沃公司研制出轿车的自动停车系统，正式向市场推出一种具有自动停车功能的新型轿车。

据介绍，新型轿车由瑞典林雪平大学和沃尔沃公司联合开发。新研制出的试验用车，采用了沃尔沃 S60 系列轿车，车上安装着自动变速箱、电子驾驶装置和一套先进电脑系统。电子驾驶装置装有一套超频感应系统，共有 4 个超频传感器，它不但可以控制方向盘，而且可以发现四周的障碍物。当传感器发现有足够的停车空间时，它就会发出相应的信号。

找到停车位之后，驾驶员就用不着自己动手了，接下来的停车程序都可交由自动停车系统来完成。整个停车过程只需不到 5 秒钟，甚至比一名经验丰富的司机还利索。

（2）研制出能使汽车横向移动自动泊车的智能系统。2015 年 8 月，国外媒体报道，德国不来梅 DFKI 机器人中心一个研究小组，从螃蟹身上获取到灵感，研制出一款"大都市专用超级灵活电动车"。它可以缩小体积，横向移动，让驾驶者在拥挤的交通中灵活穿梭，并像螃蟹一样自己移动到狭小的停车位上。

螃蟹身体宽大，通过收放自己每条腿的第二个关节来横向移动，因此更容易挤进狭窄的空间，该车就是在控制汽车时模仿这个动作，它的每个车轮都配备了单独的电机，轮子可以向不同方向旋转并实现横向行驶。

通过计算机和自动导航系统，车子即使在狭小而拥挤的道路上，也能实现自动停车。面对狭小的停车空间，该车可以通过后轮缩进、车身抬高，令车长从 2.5 米缩小到 1.5 米。

目前，这款车有两个座位，可以适应传统车胜任的各种路况，并且，其最高时速可达 65 千米 / 小时。难得的是，即便体形这么小，它仍能为乘客保持一个舒适的座位，并且在伸缩过程中，并不会影响到车内乘客的舒适体验，向前倾斜的车门设计则给这款车型增添了一丝未来感。

该车的另一个卖点是无人智能驾驶。研发人员介绍，接下来他们将为该车安置一个自动驾驶仪，为乘客打造一款无人驾驶汽车。通过内置摄像头和激光雷达传感器，该车能充分感受周围环境，并以每秒 10 次的频率自我调整，适应路况，保证无人驾驶的安全性。

当汽车设置成无人驾驶状态时，司机就如在一个移动的独立空间，可以在里面做任何喜欢的事情——看报、和朋友聊天，甚至看电影。该车甚至可以设计让同类型车，在长距离行车时联成车队，互相助力行驶，以便节约能源。

研发团队的十名工作人员，在经过长达三年的开发工作之后，终于在德国不来梅和中国大连开启了该车的测试阶段。如果一切顺利的话，相信在不久的将来，它就会出现在人们的生活中了。

2. 开发泊车的智能辅助系统

（1）研制出帮助司机停放汽车的"停车助手"。2006 年 2 月，德国西门子公司研制成一种新仪器，它不仅能使司机确定自己所在位置，而且能把车停放在最佳地点。

这种新仪器取名为"停车助手"，是在应急传感器系统基础上制成的，西门子公司从1996年起，开始将应急传感器系统安装在汽车上。借助于这些传感器，"停车助手"能分析街道情况并寻找停车地点，一发现合适停车地点仪器会立即通知司机，司机只需将车停下来等候即可。此后系统会自行检查行驶的汽车，同时向司机发出向后或向前必需机动驾驶的指令，司机可以从驾驶室导航屏幕上监视整个操作过程。

西门子公司代表指出，现在新仪器正在宝马和奥迪汽车上进行测试，今后这两种车型将会在出厂前安装"停车助手"系统。

（2）开发出智能泊车辅助系统。2006年10月，日本媒体报道，本田开发出通过方向盘操作和语音导航，来辅助泊车的"本田智能泊车辅助系统"。该系统将作为近日上市的局部改进款"Life"的选配项。

据本田调查，女性驾车时最害怕倒车泊车，新手更是如此。另外在对驾校学生和一般人进行问卷调查、询问泊车的时候什么最难掌握时，回答不知道该从什么位置开始向后倒车、也即回答确定到车起始位置最难的较多，其次是方向盘的操作。本田由此产生了"如果能够确定该从什么位置开始向后倒车，便可轻松倒车泊车"的想法，开发了上述系统。

该系统的工作机制如下：将车辆停在想用来停放车辆的车位前、起动系统后，车辆就会自动操纵方向盘，将车辆诱导至最佳倒车起始位置。从该位置开始，由驾驶员在保持方向盘位置不变的情况下直接向后倒车，在系统发出语音指示后再将方向盘打回中央位置，这时不需要进行复杂的方向盘操作，即可进行倒车泊车及纵列泊车。具体的操作步骤如下。

一是将车辆停在前门内衬上的标志，对准停车场白框线时（在纵列泊车时为停放车辆的前端）的位置上，然后按下操作开关。

二是松开刹车踏板，使车辆缓慢向前移动，这时辅助系统就会自动操纵方向盘，将车辆向最佳倒车起始位置诱导。停车由驾驶员根据语音导航的提示进行。

三是驾驶员保持停车状态下的方向盘位置直接向后倒车，直至发出语音指示。在发出语音指示后将车辆暂时停住、把方向盘打回中央位置，然后即可保持这一状态倒车直至泊车完成。

按照日本国土交通省的规定，要想采用倒车时自动操纵方向盘的设计，就必须要配备显示车辆后方影像的监视器，要是在轻型车上配备，整个系统的成本就会过高。而此次的系统在倒车时是由驾驶员操纵方向盘，因此不需要成本较高的监视器。由于系统简单，因此选配的装置价格便宜，轻型车也可配备。

在泊车辅助系统领域处于领先地位的丰田的系统，需要驾驶员自己将车辆停在倒车起始位置上，然后通过后方监视器决定泊车位置，由车辆自动操纵方向盘来泊车。而本田的系统则不同，在倒车时需要驾驶员操纵方向盘，不过本田认为，此次的系统解决了上述调查中出现的"泊车时最难的就是决定倒车起始位置"这一问题，实用性更高。

另外，对于倒车时自动操纵方向盘的丰田的系统来说，根据日本国土交通省的规定，需要通过缓慢移行来倒车，这样一旦踩下油门踏板，系统就会停止工作。而本田的系统在倒车时是由驾驶员操纵方向盘，因此在系统工作时也可踩油门。研究人员说："停车场入口一般都会有台阶，如果是投币停车场，就需要在车轮越过台阶后泊车，这时利用缓慢移行往往无法办到。在遇到这种停车场时，此次的系统照样可以踩油门，这时系统不会停止工作，可顺利完成泊车。"

（二）研制车用智能识别与调控装置的新信息

1. 开发车用智能识别装置的新信息

（1）开发车辆自动识别系统。2006年12月20日，有关媒体报道，巴西科技部长塞尔西奥·雷森德，与城市部长马尔西奥·弗尔德斯当天共同签署一项文件，决定开发一种车辆识别系统，这是巴西启动车辆自动识别系统的第一个正式步骤。

这种车辆识别系统，将以无线电射频技术进行识别，整个系统由车辆携带的电子车牌、相互连接的车载和中心程序天线组成，可以进行信息处理，以对车辆信息进行识别。电子车牌的主要部件是一个集成电路，其中含有车牌号、车辆底盘号、机动车辆全国登记号等有关信息。该系统的所有有关部件，都可以在巴西开发和生产。

雷森德表示："巴西迫切需要发展这样的系统，这对巴西的科技事业是一个机遇，"并称这一项目的开发将会增加就业、促进工业和商业发展。弗尔德斯也强调了该识别系统的重要性，指出它可以加强对进出城市和穿越边境线的车辆的监控、加强对偷盗车辆的交易的监控，有利于控制车辆超速行驶等。一旦研发成功，它将首先在巴西交通最拥堵的圣保罗市和里约热内卢市试用。

目前，巴西全国共拥有4000万辆机动车，加强对机动车辆和交通的管理，是巴西有关部门面临的迫切问题。

（2）研制出能够识别零件运行状态的车载智能系统。2007年12月，英国媒体报道，剑桥大学制造学院的专家和工程师组成的一个研究小组，设计研制出一种车载智能系统，它可以为修理人员指出那些需要维修的部件。通过安装在发动机和其他地方的电子追踪器，该系统可以在几秒钟内报告各部分组件的状态。

在配备了必要的软件之后，这个系统不但可以加快维修，甚至可以在车辆报废的时候鉴别出哪些部件还可以回收利用。研究人员表示，把这些来自众多车辆的信息汇总研究后，更有利于查明车辆上的哪些部件需要进行重新设计。

据研究人员介绍，每个射频识别器，都有属于自己的编号，可以安装在车辆的不同部件上。要检查车辆是否需要维修，只要在低速的情况下，让车经过一个1平方米的维修板，板上固定有1个超高频读取机和4根天线。当车经过这个维修板时，读取机就把来自电子追踪器上的身份标识号码，传送到一台计算机上，把得到的信息与计算机数据库中的信息进行对照。比如，有的信息会显示各部件的生产日期和制造商，于是维修人员就可以通过点击鼠标，来确定这些部件是否需要进行磨损检验。这套智能系统还有一些潜在的好处。比如，当车辆报废的时候，射频识别追踪器可以用来检查哪些部件还可以接着使用。

研究人员表示，该系统可以让汽车制造商知道，某些部件是否可以回收再利用，或者是否可以进行垃圾处理。它还能指出哪些部件需要改进，以获得更长的使用寿命。这项研究，是由欧盟资助的一个国际化项目的一部分，在交付客户使用后，一直到车子报废的期间内，它可以让我们追踪并更新每个商品的信息。它可以及时对各种产品、组成部件甚至是机场行李、登机牌进行追踪标记。

研究人员表示，射频识别的概念很简单，但它却蕴含着巨大的意义。将一个射频识别追踪器（即带天线的微芯片）装在一个产品上，如饮料罐、T恤或车轴上，那么计算机就能"看见"并识别这个产品。在每个饮料罐、每件T恤、每个车轴等商品上都装上追踪器，可能会带来工业和商业运作的重大改革。例如，可自动进行存货盘点，消除运输中的丢损或误递，对供应链中有多少原料、货架上有多少产品等可靠信息进行核对。

2. 开发汽车智能识路装置的新信息

研制出可让无人驾驶汽车学会"看路"的分段网络智能系统。2015年12月，物理学家组织网报道，英国剑桥大学工程学院罗伯托·契波拉教授领导，博士生阿历克斯·肯德尔等人参加的一个研究团队，近日研发出两种可以让无人驾驶汽车学会"看路"的新智能系统。一个名为分段网络系统（SegNet），能通过智能手机或普通相机，实时判断出道路上的多种物体；另一个系统则可在GPS系统无法提供服务的区域，识别出使用者的位置和方向。

研发无人驾驶汽车必须"教"会它三方面内容：我是谁，我周围有什么，下一步我该做什么。分段网络系统主要解决了第二个问题；另一个独立的系统通过识别图像来判断自己的位置和方向。

分段网络智能系统可实时对道路情况进行拍照，并将道路上的物体分为12类——例如路面、路标、人行道、建筑和骑车人员，其功能相当于价值几万英镑的感应器。对于目前的无人驾驶汽车而言，雷达和基础传感器十分昂贵，实际上它们的造价比汽车本身还贵。与这些通过雷达来识别物体的昂贵感应器相比，运用了深度学习技术的分段网络系统通过案例来学习。研究人员使用了5000张进行精确标识的图片，对分段网络系统进行了培训，使它具备了上述能力。

另一个系统只需要一张单色照片，就可以在繁忙的城市中进行定位。它比 GPS 系统精确很多，而且可以在 GPS 无法提供服务的区域工作，例如室内和隧道以及没有可靠的 GPS 信号的城市。

目前，尽管这两种系统无法直接用于控制无人驾驶汽车，但是它们可以"看见"并精确识别自己的位置、识别出自己所"看见"的物体——这正是研发无人驾驶汽车的关键问题。

肯德尔说："这项研究比较酷的地方，在于首次使用深度学习技术，来让汽车判断自己的位置和周围的环境。"契波拉说："让人完全依赖一辆无人驾驶汽车仍需时日，不过随着相关技术更加有效、更加精确，我们离广泛应用无人驾驶汽车就更近一些了。"

3. 开发汽车智能调速系统的新进展

开发出能限制和修正汽车速度的智能系统。2007 年 9 月，有关媒体报道，进行新型车载智能系统进行测试的研究人员称，对能知道自身速度，并对速度进行修正的汽车，可以防止驾驶员被罚款和减少他们在路上的死亡概率。目前，该系统正在澳大利亚的两个州进行智能速度调节技术测试。维多利亚交通事故委员会和西澳大利亚主要公路部，已同意在 50 辆汽车上进行测试。

澳大利亚速度保护部行政主管保罗·道森称，汽车在安装智能速度调节器后，在旅行途中会知道道路的速度限制。该系统是一个小型计算机组件，可以安装在刹车踏板上或插入点烟器中。该系统使用全球定位系统信息和其自身的道路网络数据库跟踪速度限制，如果速度限制改变，系统会进行数据更新。

道森称使用该高端技术系统的汽车，可以对正在超速行驶的驾驶员发出警报，或阻止汽车突破速度限制。驾驶员可以通过将加速器推到底来克服速度限制，但是这只能将速度提升每小时 10~20 千米。该系统可以使用发射机进行数据更新，发射机会在 15~30 千米半径范围内，将速度限制改变后的数据传送给汽车。汽车收到更新数据后，可以把新数据传送给所有经过的使用相同系统的汽车。

该智能系统面临的一个最主要障碍，是州交通行管部门不愿提前发布速度限制改变的通知。道森说："卫星导航消费者会忍受一定数量的不准确数据，但是使用速度调节系统的用户则不会受此困扰。"内森·托斯特尔，是西澳大利亚主要公路部的一名交通系统工程师。他说，在他所在州进行的测试正使用两种系统，一种插入点烟器中，而另外一种安装在其他地方。托斯特尔称，在 12 个月测试过程中，研究人员计划安装与主要公路网络相连的发射机，以便将更新后的速度限制区域地图，传送给试验汽车。另外一个计划，就是在试验汽车上安装限速装置。此试验中驾驶员的行为表现，将在试验结束后送交州道路安全办公室进行评估。

道森相信，该系统除了可以用于卡车运输业和普通汽车运输业外，还具有控制年轻人和新手司机危险的应用前景。他说："政府正在寻求控制诸如 P 牌驾驶者所引发的不成比例交通事故。而该系统，正好可以成为法庭对他们进行强制性制裁的选择。"

莫纳什大学事故研究中心的克里斯蒂·杨称，一项基于报警类型的智能速度调节技术研究发现，该技术可以将平均速度减少每小时 1.5 千米。她说："尽管这听起来不怎么样，但是，却可以将我们道路上的致命撞车事故率减少为 8%。"

2006 年，维多利亚交通事故委员会发起了安全汽车计划，事故研究中心在 15 辆汽车上安装了该系统，23 名驾驶员使用此系统达 16 个月。

克里斯蒂·杨是此报告的作者之一。她说，智能速度调节系统，能大幅减少驾驶员在行驶中的高速行驶。同时，该系统还可以将超过速度限制每小时 10 千米以上的行驶时间减少 65%。该系统具有减少道路费用的巨大应用前景。虽然该系统对减少无意识超速有重大影响，但是却不会阻止人们加快速度。

（三）开发电动汽车智能充电装置的新进展

1. 发明电动公交车在运行中可快速充电的智能装置

2015 年 6 月，有关媒体报道，一直以来，电动车的充电时间长一直是个大问题。最近，德国德累斯顿一个研究小组，打造了一项可"闪电"般充电的智能装置，电动公交车在运行途中即可快速充电。而且，这个智能装置自 2014 年 11 月份以来，就在德国德累斯顿进行了实验，实验结果证明，该系统可让公交车在几分钟内充满电量——虽然充电速度像闪电般是夸张了点儿，但是相对于普通电动车，需要花费几小时甚至十几个小时来充电，该项成果也足以让人兴奋了。

以往，电动公交车需返回总停车场充电，而且，为了给全程提供充足电力，电动公交车必须携带体积巨大的电池。这对于公交车而言，实在是个不小的挑战——都用来装电池，怎么腾出空间来载客？因此，科学家们一直致力于研发快速充电技术。

该成果的诞生，对城市短途公共交通产生了重要影响。我们甚至可以展望：未来，只需要乘客上下车的短短时间，电动公交车就能迅速"充满能量"。

该充电方案中，充电装置安装在车顶上。这项方案，有赖于以下核心技术：高效率充电站，高效、大容量的电池技术，以及智能充电接触系统。该装置的充电插头有六个，对安装控件要求低，有正负极两个接触孔，并有接地装置。该装置的研究人员认为，这意味着电动公交车的充电将以最直接、最安全的方式进行。另外，该装置的接触系统所用的零件全部耐热，因为在快速充电、能量转化的过程中，将散失许多热量，一不小心零件就会损坏。

充电过程十分简单,无须公交车司机耗费太多精力。据介绍,司机只需要把车停在正确的充电站点的位置上,即可自动充电。而且,司机可从仪表盘中看到充电情况,必要时,充电尚未结束也可终止过程发动离开。

在测试阶段,由该电力装置支持的电力公交车,可行驶 20 千米,每千米耗电 1.19 千瓦时,充满一次电所需时间不到 6.5 分钟。

2. 开发可有效降低充电成本的电动汽车智能快充系统

2015 年 12 月,海外媒体报道,雷诺汽车日前已与 TMH 公司达成合作,双方共同在德国对新开发的电动车智能快充系统进行测试,希望借助该系统,削减充电成本,以及缩短充电时间。

此次测试,由雷诺德国公司的 11 名员工完成。测试项目,主要为 TMH 公司开发的家用充电系统,该系统由专门为雷诺设计的充电站组成。

在现实生活中,充电站与车辆之间可以建立通信连接,并计算出基于电网的用电成本等数据,这些数据将通过雷诺全球数据中心反馈给 TMH 公司。

当充电站检测到用电成本最低(即用电需求最小)时,系统将以最快速度完成充电;而当充电站检测到用电成本最高(即处于用电高峰期)时,系统则停止为电动车充电。

测试结果表明,TMH 公司开发的智能快充系统,是一项较为成功的解决方案。得益于快充系统计算用电需求的精确性,以及规划充电的合理性,雷诺 ZOE 电动车完成充电的时间减少了 1 小时,同时车主的用电成本也明显降低。

三、开发飞行器智能系统的新成果

(一)研制飞机智能系统的新信息

开发出飞机铆接质量自动检测系统

2012 年 6 月 4 日,《日刊工业新闻》报道,爱知县 AERO 公司成功开发出飞机铆接质量自动检测系统,能大量缩短检测时间,并确保大中型客机机体及主翼的铆接工艺质量。

2011 年开始,公司利用政府支持的"强化战略性基础技术项目",开展了"飞机主翼紧固件连接状态检查技术开发"攻关,针对飞机装配人工操作较多特点,从检测系统入手来缩短交货期及降低生产成本。

检测系统由智能机械臂、1 台高精度摄像机和 2 台激光传感器等设备构成,检测时,机械臂先将受检区域划定后由摄像机拍摄,通过图像处理,以 10 微米左右的公差定位,向纵横两个方向发射激光,以此测定铆钉的嵌入深度,与此同时,铆钉的嵌入图像存入计算机留作档案。

飞机订货量不比汽车,故生产现场的省力和无人操作等研究相当少,AERO 公司长期为波音公司装配波音 787 及波音 777 的机体和主翼,如 787 主翼长达 30 米、宽为 7 米,铆钉数超过 4 万,发货前的质量检查涉及铆钉位置、角度和深度等，其检测量和准确率靠人工操作毕竟有限，同时，为与韩国等同行竞争，不得不降低生产成本，据此危机意识，公司决定尽早启用该检测系统，推进飞机生产的自动化进程。

公司开发部负责人称，该系统通过项目验收已经一年，并达到预定目标，即机械臂启动后至激光检测完毕仅用4秒钟，今后还将积累示范数据，进一步提高系统检测的可靠性。

（二）研制宇宙飞船智能系统的新信息

开发宇宙飞船人工智能控制系统

2011年2月14日，英国《每日电讯报》报道，英国南安普敦大学自动控制系统专家桑德尔·维纳斯领导的研究小组，正在研制宇宙飞船人工智能控制系统，并已将其部分成果配备在即将发射的欧洲航空局智能运输车2（ATV2）上。未来的宇宙飞船或能自己做决定、提要求、预测危险并像人类一样思考。

在欧空局的支持下，该研究小组一直在研发能用于人造卫星、机器人探索工具和宇宙飞船中的人工智能控制系统，以便这些设备能更好地控制自身。

欧空局智能运输车2（ATV2）上已配备了一套人工智能系统，它有望证实这项技术的安全可靠性。它将遵循提前编好的路线，并使用车载传感器和避免碰撞系统，安全到达国际空间站。

目前，航天运输车把物资送往国际空间站后，会自动在大气中焚毁。但欧空局已开始着手研发能把物资和实验设备放入回收舱，并运回地球的航天运输车。

第七章 交通设施与管理的新信息

　　交通设施通常指交通运输过程中必需的道路桥梁及航线、车船和飞机的停靠场地、装卸机械设备、检测维修设备、通信网络设备、信号标志，以及站点房舍和仓库等。21世纪以来，国外在陆上交通设施与管理领域的研究，主要集中于开发道路建设独创性实践，绘制道路合理建设规划图；研制道路建设材料与设备，设法提高道路运输网络效率，确保道路交通运输畅通，探索道路与健康关系，研究预防道路灾害与事故。同时，加强汽车道路站点及相关设施建设，铁路站点与极地运输基地建设；推进车辆检测系统研究，加强汽车运行安全研究，改善汽车服务工作研究，提高汽车运行效率研究，重视汽车环保意识研究。在水上交通设施与管理领域的研究，主要集中于做好水上桥梁建设及维护，研制防止船舶污染的检测设备，开发找到船只的新技术，建造远洋轮船岸上供电设施，加强海洋航运与生态保护关系探索。在航空交通设施与管理领域的研究，主要集中于提出加快航空业发展的新举措，研制机场导航仪器设备，合理安排机场航班，完善机场安检系统。提出促进无人机发展措施，进一步加强无人机管理。开发飞机安全飞行设备，探索减少飞机飞行事故，改善飞机服务工作，增强飞机环保意识，健全飞机控制检测系统。在航天交通设施建设领域的研究，主要集中于推进月球基地和月球轨道太空港建设，推进航天发射场与太空旅游港建设，推进国际空间站与太空电梯建设。

第一节　陆上交通设施与管理的新进展

一、道路建设方面的新成果

（一）道路建设独创实践与规划的新信息

1.道路建设独创性实践的新进展

（1）建成首条自行车"高速路"。2012年4月17日，哥本哈根市议会当天发布新闻公报称，丹麦首条自行车"高速路"日前正式贯通，骑车族在这条路上，将能更快、更安全地抵达目的地，而越来越多的人选择骑车出行，还能有效减少公路拥堵和空气污染。

　　据报道，这条自行车"高速路"全长22千米，连接首都市中心和市郊阿尔贝斯郎地区，使用特殊交通信号系统，可最大限度减少路口处通行耽搁。此外，"高速路"沿途设有自行车充气站、修理站和停靠站，方便骑车族使用。

丹麦政府为了鼓励民众绿色出行和减少二氧化碳排放，规划了总长 300 千米自行车道网络，其中仅大哥本哈根地区，就计划建设 26 条自行车"高速路"。大哥本哈根地区主席维贝克·拉斯穆森在新闻公报中说："本地 1/3 居民表示，如果自行车出行更加容易，他们更愿意骑车。'自行车'高速路，是我们鼓励人们使用自行车替代汽车的好办法。"

（2）尝试在普通道路上铺设太阳能电池板。2012 年 1 月，国外媒体报道，说到太阳能，首先浮现在多数人脑海里的是屋顶上的太阳能电池板，但荷兰应用科学院德·维特领导的"太阳能之路"研究小组，有着更大的雄心：用太阳能电池板铺在普通道路上，建立一种高效、廉价的能源供应系统。

维特说，太阳光是一种非常发散的能源，所以需要一个很大的受光面来收集能量。在屋顶上放置太阳能电池板的做法是人们熟知的。但太阳能技术的未来发展，需要比屋顶更广阔的空间。对此，道路就是一个非常好的选择，因为荷兰道路面积是屋顶面积的两倍。

维特介绍道："简单地说，这种太阳能之路分为三层，最底层是类似混凝土的承载层，中间是太阳能电池层，表面则是能采集太阳光的透明路面层。"

不过，虽然道路提供了比屋顶更为宽广的面积来放置太阳能电池以制造电力，但这一创意需要解决诸多问题，主要包括如何提高太阳能电池的效率和满足普通路面的交通需求。

为此，研究人员发明了一种新型太阳能电池系统，通过一个聚光装置将道路表面吸收的太阳光汇聚到一个小型的高效太阳能电池上。维特说："这样，我们对于昂贵的太阳能电池的需求就减少了，我们就可以做一个相对便宜的太阳能路面。"

为了获得更多的太阳光，路面当然是越透明越好，然而越透明也就意味着越光滑，路面的阻力不够将会造成许多安全隐患，这成为太阳能之路的另一大挑战。维特说："太阳能之路的路面，首先得成为一种像样的路面，也就是说我们必须使其满足作为路面的所有要求和条件，包括粗糙度、摩擦力以及坚硬度等。另一方面，它还得能传输足够的光线，使得植入其内的太阳能电池板能最高效益地发挥它的光电转化功能。"

据研究人员估计，他们铺设的每一平方米太阳能道路，每年能生成约 50 千瓦时电能。而荷兰每个家庭的年耗电量约为 3500 千瓦时。所以，平均要 70 平方米的太阳能道路，才能提供一个家庭足够用的电量。

就目前的情况看来，太阳能作为一种新能源，它的发展"瓶颈"并不在于可用场地的限制。太阳能电池的造价太高，这才是利用太阳能的真正"瓶颈"所在。太阳能在荷兰被称为"灰色能源"，因为太阳能发电的价格是传统电力成本的3倍。

然而，维特认为不能为此就停止研究。他说："从目前这个时间段上来看，太阳能相对于其他能源来说的确更贵。但是，我认为，事情正快速发生变化，成本会很快降下来的。我坚信，将来太阳能一定会成为能源供给系统中的一个重要组成部分。"

2. 绘制道路合理建设规划图的新进展

（1）绘制成研究人类活动影响的地球交通图。2011年10月20日，外国媒体报道，近日，加拿大科学家德申思·菲利克斯用电脑绘制了一系列地球上的交通图，图中包括道路、航线、城市甚至电缆。他用这一系列图片展示了人类活动是如何将地球的各个角落联系起来，也说明了各大洲人们之间的往来越来越密切。

菲利克斯表示，自己绘制的线路全部真实，部分取自美国的国家地理空间情报机构以及国家海洋和大气管理局。

菲利克斯说："这些图片表现了地球上人类活动的方方面面。在图上，我们能看见已经铺好和还未铺好的道路、光污染、铁路、电力系统。这代表着人类文明延伸的范围已经扩展到整个地球。"

菲利克斯是 Globaia 组织的创建者，该组织旨在研究人类活动对地球的影响。他日前希望发布自己的研究成果，他相信"一图值千金"，地球的交通图抵得上千言万语。他说："我们在地球上的足迹已经越来越广泛。"

（2）探索全球道路合理建设的规划路线图。2014年9月11日，《自然》杂志刊登文章说，随着人口数量和资源利用的继续增长，运输需求也在继续增长。道路会带来社会经济利益，如便于农业生产等，但道路建设经常是随意进行的，预期的道路扩张，大部分将出现在具有重要生态意义的地区。

作者说，更认真的规划，对于降低其潜在的有害环境影响，可能会至关重要。他们这项研究，将关于新道路预期社会经济利益的数据，与全世界环境价值的量值相结合，创建了关于在道路建设的人类和环境方面之间，保持平衡的一个"全球路线图"。

作者通过研究，在全球范围内，识别出了可以鼓励道路建设的地区、应当避免道路建设的地区，以及存在利益冲突、需要对道路建设进行认真决策的地区。

（二）*道路建设材料与设备研究的新信息*

1. 道路建设材料研究的新发现

发现可用废弃的塑料袋铺路。2009年2月27日，印度亚洲通信社报道，印度的贝拿勒斯印度大学研究人员发现，废弃塑料袋可用于增强道路的使用寿命，并已准备为此申请专利。

报道说，由于塑料袋不可生物降解，大规模使用塑料袋已对环境造成严重污染，而将塑料袋用于铺路，为解决这一环境问题提供了新方法。

研究人员说，在进行热处理后，塑料袋的成分聚乙烯能将铺路的石子包裹住，从而与煤焦油有效地黏合在一起，这样铺出的路浸水后不易出现裂缝。

2.道路建设材料开发的新进展

（1）推出可使路面强度加倍的新型沥青。2006年8月，墨西哥《改革报》报道，墨西哥全国科技学院化学专家迪亚兹·巴里加主持的一个研究小组，最近推出一种新型沥青。这种加入聚苯乙烯等成分的沥青可使普通路面强度增加一倍，且不会因为气温变化、阳光照射和承重量增加等因素而快速磨损。

巴里加认为，聚合物的加入使沥青具有更大的黏性和硬度，寿命更长，污染更小，可在炎热和寒冷的环境下保持同样性能。普通沥青可保持性能2~3年，而新配方沥青寿命可维持7~8年。

十多年前，德国、法国等一些企业，就在沥青中加入聚合物或橡胶以提高质量，但这样加工出来的沥青在高温照射下会产生污染，生产成本也随之增加了25%。针对此况，墨西哥研究人员进行创新，他们通过各种试验之后找到了最佳方法。研究人员表示，把聚苯乙烯等成分加入沥青是一个复杂的过程，因此在炼油厂进行最为合适，这样可利用加工沥青时产生的热量。在沥青提炼出来后加入聚苯乙烯或聚乙烯是保证质量的最可行的选择。

（2）开发出低碳沥青混凝土。2009年9月22日，韩国建设技术研究院宣布，他们成功开发一种新技术，从而生产出低碳沥青混凝土。这项技术使用一种新开发的特殊添加剂和新工艺，在较低温度下实现沥青和骨料的良好混合。它能够减少32%的能源消耗，降低碳排放88%。

传统的沥青路面，铺装技术使用c级重油，把沥青和骨料加热到160~170℃，以制造适合道路铺装的沥青混凝土。而新技术只需将物料加热至120~130℃。

据该研究院测算，使用新技术生产沥青混凝土位，每吨可减少3升重油的使用量，减排二氧化碳10千克。由于加热温度降低，施工中排放的重油馏分等有害气体也大幅减少。特别是其中二氧化硫、一氧化碳以及环境荷尔蒙物质排放大幅降低，保障了施工现场的周边环境。

（3）研制出可使道路更耐用的木质素与沥青混合物。2015年3月23日，物理学家组织网报道，或许有一天，施工人员只需将一种植物分子加入沥青或密封剂中，就能让道路和屋顶更加经久耐用，无论炎热还是严寒，性能都能始终如一。来自美国化学学会第249次全国会议暨博览会上的一项研究，就正在将上述设想变为现实。

沥青是一种石油加工的副产品，主要被用于铺设公路和处理屋顶。但是石油终究是一种不可再生资源，日后会逐渐稀少。并且，石油市场的波动，已经让获取优质沥青变得越来越困难，迫使制造商不得不去寻求新的替代品。

这项由荷兰一家非营利组织 TNO 所开发出的技术，主要采用了一种被称为木质素的物质。负责此项研究的 TNO 高级科学家特德·斯拉哥特博士说："从长远来看，我们必须将重心转移到可再生资源上面。合乎逻辑的选择，是使用天然有机原料来代替原油。"

他解释说，木质素是一种可再生资源，是广泛存在于植物体中、分子结构中含有氧代苯丙醇或其衍生物结构单元的芳香性高聚物。在干燥的木材中其含量至少有1/3，是世界上第二位最丰富的有机物。由于来源丰富随手可得，价格也非常便宜。目前在造纸过程中这种材料大都被当作废弃物。据统计，全球每年浪费掉的木质素就有 5000 万吨之多。

报道称，木质素和沥青都由一个大分子和众多碳环组成。不少科学家认为这种相似性意味着就像其他聚合物添加剂一样，只需将木质素混入沥青即可。但是斯拉哥特博士发现，木质素必须从分子水平上与沥青相结合，而不是简单地混合在一起。通过整合木质素，该研究团队最终实现了将沥青用量减半的成绩。

斯拉哥特研究团队已经开发出多种不同功能的木质素与沥青混合物，以适应不同的气候和环境。对于温度较高的地区，新型沥青能够避免路面车辙的出现，增加道路的使用寿命；对于常年气温较低的地区，木质素的使用又能减少沥青变硬变脆的情况，让沥青路面具有更好的柔性，从而减少损坏概率。当被用于处理屋顶的密封剂时也同样如此。

该研究团队计划，2015 年建造一条 100 米长的自行车道，以演示新型沥青的优异性能。斯拉哥特说："与传统的沥青相比，木质素混合物无论在成本还是性能上都占据优势，且它们还极为环保和安全。到时候，你会非常吃惊地得知这一点——其实，我们每天都会吃下很多木质素，它们大都来自于蔬菜和水果。"

3. 道路建设设备研制的新进展

（1）推出沥青路面双钢轮压路机。2005 年 2 月，有关媒体报道，美国卡特彼勒公司成立于 1925 年。是世界上最大的工程机械和矿山设备生产厂商、燃气发动机和工业用燃气轮机生产厂商之一，也是世界上最大的柴油机厂商之一。

报道称，卡特彼勒公司的沥青压路机，适用于较大工程和较宽路面的铺路作业，可有效地压实底基层、路基和路面，可使用多种物料和铺层厚度。该机钢轮宽 2 米，工作重量为 11.3 吨。它由卡特彼勒柴油发动机提供动力，发动机的额定功率为 97 千瓦，性能出色，燃油消耗低。该机可满足很多不同的压实条件，从而减少了更换多种不同滚轮的麻烦。它拥有很高的碾压力，有助于以最少的碾压次数达到压密度的要求。该机具有如下特征和优越性：

其操纵控制台具有 9 个旋转位置和 7 个滑动位置，机械操纵杆和仪表可随驾驶员位置旋转，视野极佳，生产率高；控制台配备了一个符合人体工程学的推进操纵杆；对滚轮表面和滚轮接地点的视线良好。后钢轮可偏移错位，在路缘、坡坎和接缝压实时易于控制。

该公司独有的水泵技术，具有自行启动和压力调节功能，使得水泵达到最佳洒水效果和流量；三段式水过滤和可变无级洒水设置，快放式洒水杆保护盖可防止洒水时受到风向影响。

自动速度控制系统极大地简化了操作动作，该系统可使机械在整个工作过程中保持稳定行走速度；标准的五振幅振动系统使机械的适应用途更为广泛；选配的可变振动频率系统，使机械的多用性达到最大化，该系统使得一台机械可以兼备高振动频率与大振幅的特点；自动反向配重系统在机械行走方向上与钢轮滚动相匹配，从而消除了细微的裂纹，并使振动效率达到最大化；自动振动开关系统，避免了因驾驶员人为因素导致的铺层裂缝。

发动机燃油效率和可靠性俱佳；过压阀的设计巧妙，即使在最严格应用条件下也能达到所需平衡的马力，而且保证了燃油经济性；维修保养也方便。

（2）研制出公路沥青混合料双层摊铺机。2006年3月，有关媒体报道，德国设备制造部门研制成功一种全新的公路路面摊铺设备——沥青混合料双层摊铺机。

据悉，该设备由两套安装在一起的摊铺装置组成，通过与高效率的联合喂料机共同作业，可以交替把两种不同的沥青混合料，从运输车运送到两个混合料料斗中，实现上下层沥青混合料的同时摊铺。

沥青混合料上下两层同时摊铺，至少有三个方面的好处。一是松铺厚度增加，使混合料热量损失大大减少，更好地保证混合料碾压到规定压实度要求。二是避免了混合料分两层摊铺时因交叉施工对下层路面的污染，更好地保证了路面结构层间的黏结。三是变两次混合料摊铺碾压为一次施工，可以有效缩短路面施工工期。该技术可有效解决沥青施工中存在的上、中面层密实度差、层间结合不好等问题，是解决高速公路沥青路面早期损坏的技术对策之一，有着广阔的应用前景。

（3）开发出有助于设计防积雪公路的新软件。2009年2月11日，美国媒体报道，日前，美国布法罗大学建筑工程师斯图尔特领导的研究小组，开发出一款名为"雪人"的交通设施建设方面的专用软件，有助于设计防积雪公路，并帮助护路人员准确设置挡雪栅栏。

斯图尔特说，为减轻积雪阻断公路的风险，护路人员通常会在公路两侧出现积雪频率最高的地段，设置塑料或木制的挡雪栅栏，这种栅栏能起到阻隔风雪和防止形成雪堆的作用。风夹着雪粒遇到栅栏的阻挡后，相当一部分雪粒会落在栅栏外侧，从而使栅栏另一侧的路面不易出现大量积雪。

通常来说，护路人员是依靠经验，决定在哪些路段和以怎样的形式设置挡雪栅栏。为了更准确和有效地设置栅栏，护路人员需要获取特定路段雪量和风速等方面的准确气象数据，然后通过计算确定挡雪栅栏的适宜位置和高度。

斯图尔特说，"雪人"软件能够综合各种气象数据，基于流体力学原理对雪粒随风飘动和散落的细节进行分析，从而使护路人员和设计人员能根据不同天气状况，精确设置和调整挡雪栅栏的位置和高度。

（三）提高道路运输网络效率研究的新信息

1. 建立高效道路运输网络研究的新发现

发现黏菌具有建立高效道路运输网络的能力。2010年1月22日，日本北海道大学和广岛大学等机构组成的一个研究小组，在美国《科学》杂志上发表论文称，他们发现，一种单细胞生物——黏菌，具有建立高效道路运输网络的能力。他们希望，在将来的城际铁路网络、通信网络等基础设施的规划设计中，发挥黏菌的这种能力。

黏菌是介于动、植物之间的一种微生物，形态各异，具有向食物聚集的特性，如果食物处于分散状态，黏菌就会在食物之间形成管道，通过管道输送养分。

研究人员在一个A4纸大小、与日本关东地区形状相同的容器内培养黏菌。黏菌和最大块的食物，被放在容器内模拟东京中心的位置，而其他小块食物则被分散放置在容器内，模拟关东地区36个主要车站的位置上。研究人员发现，黏菌首先在周围迅速形成细密网络，随着网络向四周扩散，网络从出发中心向外逐渐由细密变清晰，一至两天后，在容器内整个"关东地区"，便呈现出清晰的"铁路网"。

虽然黏菌每次形成的网络并不相同，但研究人员发现这些网络有着共同的特点：经常用的管道会越来越发达，而不用的管道会逐渐消失；最终网络的总长度达到尽可能短；确保在某处中断时，有其他路径可以绕行。研究人员还利用黏菌不喜光的特性，用光照射模拟一些在实际铁道施工困难的地方，结果黏菌都形成了最为经济的网络。实验中，还出现过与现实的关东地区铁路网基本相同的网络。

研究人员分析认为，黏菌网络在总长度、运输效率、应对事故能力等方面，都可与实际的铁路网相匹敌，甚至做得更优秀。研究人员希望，在需要考虑成本和风险等复杂因素的城际铁路网络、通信网络等基础设施的规划设计中，黏菌的这种网络建设能力能发挥作用。

2. 加强道路运输网络状况预测工作的新进展

（1）发明可提前一周知道当地路况的交通预报系统。2005年7月，美国媒体报道，现在，美国加州地区的人们，不仅可以享受到提前预知天气情况的服务，而且一种全新的交通情况预报系统也在当地适用，居民们可提前7天知道当地路况信息。

这一套被称为"交通巡逻"的系统，摈弃传统的二维显示而采用3D显示，让使用者能够了解到当地路网的形象信息。这是一种第一次结合了实时交通系统的预报系统。

交通拥挤的程度，在很大程度上取决于一天的某个特定时段，以及一周的某个特定日子，而且在一年中有着不断重复的模式。只要采用恰当的工具，就能够相当准确的进行预报。同时，这一系统，也可以利用过去发生意外后的数据信息，来预测一场交通发生后，将会有什么样的后果。

这一系统，在主要的交通路线以及路口上，利用实时感应器输入信息。除此之外，其使用者还利用有关天气情况、路况事故以及一些临时事件，例如大型体育活动进行预测，以提高预测的准确程度。

（2）用电流回路原理设计公路交通状况预测模型。2014年11月，美国圣母大学物理学教授佐尔坦·托罗兹凯伊等人组成的研究小组，在《自然·通信》杂志上发表论文称，他们运用类似描述电流回路的物理学原理，设计出一种简单高效的道路运输网络交通状况预测模型。

研究人员表示，这一模型建立在电流回路原理基础上。不过，在选择目的地和到达目的地路线方面，它同样考虑到了"人"这一不受控因素。对目的地的选择引入了菲立波·斯密尼、玛尔塔·冈萨雷斯和其他人早前提出的模型，该模型考虑到了人们的出行原因。这项研究还结合了人们选择出行线路时的成本考虑模型，比如说人们更愿意选择一条耗时短的跨州道路，而不是开上一条耗时长的州内近道。

托罗兹凯伊说："当我们在路上时，我们倾向于考虑时间成本而非距离成本。大部分人，或者说至少大部分美国人，都更为计较自己在路上花的时间。这很正常，我们的工作只是将这一倾向进行了量化。"

研究人员将他们设计的模型用在了美国的高速公路网上，该网络包括174753条公路段和137267个交叉点。将模型的预测与实际观察到的交通数据进行比对后发现，若模型假定人们会选择更为省时的线路，其预测结果比之前提出的模型都要准确得多；但如果这一模型假定人们会选择更短线路，它的预测准确度会下降，这证明人们出行更看重的是"省时"。

托罗兹凯伊说："不过，与我们可以精准预知所有电流流向的电子电路不同，由于运输网络中存在'人'这一维度，预测运输网的交通情况要难得多，但这一模型做到了。它建立在正确原理的基础上，这一原理真实地描绘了人类的出行行为。其本质即为判定何者重要。因此，即使网络中的某些部分因自然灾害或核事件瘫痪，这一模型依然有效，并依然能够预测网络中其他部分所受影响的情况。"

（四）道路与健康关系研究的新信息

1. 道路与疾病关系研究的新发现

发现高速公路附近痴呆发病率高。2017年1月，加拿大安大略省公共卫生局科学家陈宏负责的一个研究小组，在《柳叶刀》发表研究成果称，他们主持的一项对加拿大600多万成年人的研究表明，生活在高速公路附近的人，罹患痴呆症的概率更高。

该研究小组跟踪这些受众 11 年后，发现痴呆症发病率，与生活在主要道路附近存在明显关联。与生活在距离繁忙路段 300 多米的人相比，生活在交通要道 50 米以内的人发展痴呆症的风险高出 7%。

对于生活在距离交通繁忙路段 50~100 米之间的人来说，这一风险比例降低到 4%；对于生活在距离繁忙路段 101~200 米的人来说，这一风险降低到 2%。如果距离交通要道更远，患病率与交通之间的关联便没有明显的证据。

陈宏说："我们的发现，表明人们生活的地方距离每日交通繁忙路段越近，那么罹患痴呆症的风险就越高。随着人们与交通道路接触的日益增多，以及越来越多的人到城市生活，这项研究有着严肃的公共卫生意义。"

这项研究还发现，长期暴露在充满二氧化氮和细小颗粒物（污染空气中两种常见的组成物）的环境中，也与痴呆症存在关联，不过这其中也可能涉及其他因素。也有研究将空气污染与痴呆症风险联系在一起。然而，这项研究并未确定道路和空气污染本身是否会导致痴呆症。罪魁祸首也有可能是与这些因素相关联的事物。

英国阿尔茨海默氏症研究慈善机构的大卫·雷纳兹说："这项研究，分析了主要道路和交通空气污染，是导致痴呆症的潜在风险因素，但与吸烟、缺乏运动或是体重过重等其他风险相对照，在形成空气污染是与痴呆症相关的风险因素的结论之前，需要对该结论进行深入调查研究。"

2. 道路交通噪声防治研究的新进展

（1）发现道路交通噪声易引发高血压。2009 年 9 月，瑞典隆德大学医院的一个研究小组，在英国《环境健康》杂志发表的研究成果表明，交通噪声不仅让道路附近的居民心烦意乱，而且还会使人更容易患高血压，甚至有可能因此患其他心血管疾病。

这一项研究报告指出，该医院在研究道路交通噪声影响健康问题时，对年龄在 18~80 岁的 2 万多瑞典人，进行了大规模的多种方式调查。结果显示，对于 60 岁以下的人来说，60 分贝以上交通噪声环境，与发生高血压之间有明显关联。

不过，研究人员没有在 60~80 岁之间的人中发现这一关联。他们猜测说，可能是因为与老人面临的许多其他风险因素相比，噪声的影响已相对下降了。

（2）开发出防治铁路噪声污染的程序。2010 年 10 月，国外媒体报道，瑞士联邦政府日前宣布，由埃帕声学与噪声控制实验室专家领衔的研究小组受瑞士政府委托，他们成功研发出用于防治铁路噪声污染的计算机程序，以减少噪声对铁路沿线居民的侵害。

报道称，研究小组耗时近 4 年完成了该计算机程序的研发。他们在建立程序过程中，充分考虑了列车车型、车速、周边地形、建筑、路基结构和天气等变量。为确保程序的精确性，他们收集了在瑞士铁路网上运行的1.5万辆列车的噪声，形成了巨大的数据库。通过数据分析，程序可以得出降低特定地段噪声污染的最有效办法。

据介绍，该计算机程序不仅能为现有铁路网降噪，还能在新铁路网的规划中发挥作用。研究小组希望它能成为瑞士乃至其他欧洲国家的标准。此外，他们还打算将该计算机程序，用于降低公路和射击场等公共设施周围的噪声。

（3）提出可选择性减轻道路噪声的新方法。2017年10月，美国密歇根大学科学家王孔伟、曼诺·什托塔等人组成的一个研究小组，在美国物理联合会所属《应用物理杂志》上发表研究报告称，他们对治理交通噪声污染提出了一种新方法，并且展示了能减轻道路噪声的折纸晶格原型。该技术可使研究人员通过调整噪声传播要素之间的距离，选择性地抑制处于各种频率的噪声。

管理交通噪声污染一直让研究人员很为难，部分原因在于人们在路上遇到的噪声频率范围非常广。目前，只有像墙壁一样的重型障碍，才能有效降低所有各种噪声。

王孔伟介绍说："我们的主要贡献，是创建了一种能改变拥有独特对称性的布拉威点格之间频率的自适应结构。众所周知，如果你以此类方式重新组合晶格结构，便会显著改变波传播特性。"

在折纸声障中，传播噪声的圆柱体内含物被放置在弯曲成"三浦折叠"的铝片上。"三浦折叠"是一种常见的折纸折叠方法。随着由此导致的晶格折叠出现，内含物之间变得越来越近或者进一步分开，从而在不同的频率范围内传播噪声。什托塔表示："晶格仅含有一个自由度，从而使将其折叠或者展开变得非常容易。"

操控内含物晶格，或许能使交通专家得以把噪声抑制设备调整至特定的频率范围。与轻型车辆相比，较重车辆产生的噪声频率较低。同时，与陷入交通堵塞的车辆相比，在非高峰时间段快速穿行的车辆，会产生较高频率的噪声。

虽然立在道路两侧的水泥墙，对一个很宽的噪声频谱均有效，但它们阻挡的风，会对地基产生额外的力。什托塔介绍说，由于它们的特征是表面平坦，因此反射波的扩散程度，并不足以减少道路上的声音。

二、道路站点建设的新成果

（一）汽车道路站点及相关设施建设的新信息

1. 电动汽车加氢站建设的新进展

（1）建起第一座电动汽车加氢站。2004年11月，美国媒体报道，在美国首都华盛顿东北区的班宁路上，壳牌石油公司，联合通用汽车公司共同建成全美第一座加氢站。

在这个新建成的汽车燃料站中，有6台泵为普通汽车加汽油，但同时有一台泵是专门为电动汽车加氢燃料的。这些加氢燃料的电动汽车由通用汽车公司制造，共6辆，是供国会议员和工作人员使用的，目的是向国会议员演示这项技术。它代表了汽车燃料技术的重大转变——汽油转向氢。

为改造这座加燃料站，壳牌公司专门投资200万美元。该公司氢计划首席行政官班萨姆说："我认为目前用氢取代汽油所处的阶段，就像20世纪80年代初，手提电话工业的发展阶段。在当时手提电话工业仅有一个初步的基础结构，手提电话大得像一个手提包，但手提电话业界有远见，于是迎来了一个大工业。"

壳牌公司和通用汽车公司是迈向氢经济的主要推进者。所谓氢经济就是将来世界上大部分汽车是靠氢燃料电池来驱动。氢燃料电池是让氢和氧相结合而产生电力，而副产品仅为水。目前几乎所有的大汽车厂都已研发出氢燃料电池原型车，并在不断改进氢燃料电池技术。

在目前大多数人看好氢经济前景时，一些环保人士对氢的来源提出质疑：如何制造氢，以及大量制造氢将花费多大的成本等问题。他们认为氢虽是个普通的元素，但它必须从其他资源来提取，这可能导致环境的破坏。最普通的制氢方法是从天然气中制取。但天然气目前处于越来越短缺。第二种方法是从煤中制取氢，但这又涉及产生二氧化碳，是一种使全球变暖的温室气体。第三种办法是用甲醇或从植物性物质制氢。

壳牌公司正研发用甲醇制氢的方法。然而，所有这些方法制出的氢都面临运输和存储以及分销的问题。不适当的运输和存储氢会使其发生爆炸。此外，还存在着一个教育公众，使其接受氢燃料的问题。所以壳牌石油公司氢计划业务发展副总裁巴克斯利说："我们之所以在首都建第一个加氢站，就是起到了可以教育更多群众的效果。这个加氢站和6辆把氢用作燃料的汽车，就是向国会议员和工作人员以及外国高级来访人士，演示氢技术。"

这个加氢站也作为最终分销站的示范站。班萨姆还说："壳牌公司将到2007年，在全美建造由5座或6座这样的加氢站组成的网络。到2010年，很多这些小加氢站网，将变成地区网。到2015—2025年期间，这种网站可能有大的市场。"通用汽车公司，最近也在加州建一座加氢站。同时，该州州长施瓦辛格已颁布行政命令，要求全加州建更多的加氢站。

人们在华盛顿班宁路加氢站，可以看到附近专门建有访问者中心。中心内有专人向来访者解答各种问题，如什么是氢燃料电池？氢经济及其未来？以及如何安全地使用氢燃料电池等。该中心负责人介绍道："地下储氢箱利用电子仪表，可24小时监测氢的泄漏。并且已培训了当地的紧急事件处理人员，如何处理涉及氢的事故，同时还对加氢汽车司机进行培训，如何使用氢泵加氢。"氢是无味、无色的，所以监测其渗漏比较困难。大家看到加氢泵的使用方法，几乎与普通汽油泵一样简单，司机仅仅需要输入一个密码，然后按照指令操作即可。

(2)规划扩建更多的电动汽车加氢站。2012年6月20日,德国联邦交通部部长拉姆绍尔,与参加德国"氢和燃料电池计划"(NIP)的企业界的代表一起,为扩建德国电动汽车加氢站的项目奠基。

目前,德国已经建成14座电动汽车加氢站,准备在全德范围内将加氢站数量进一步扩大到50座。新建的加氢站有6座分布在交通要道和高速公路上,另外在巴登符腾堡州有11座,北威州、黑森州和柏林各有7座,巴伐利亚州和汉堡各有4座,萨克森州有3座,下萨克森州有1座,从而初步形成网络化覆盖,能够为多达5万辆的氢燃料电池汽车,在全德国范围内提供加氢服务。德国联邦政府和企业界共同分担总额为4000万欧元的投资,参与的企业包括戴姆勒公司等3家氢气生产企业。

氢燃料电池驱动技术的优势,主要是续驶里程较长和加氢时间较短,目前可以达到400千米的续驶里程,加氢时间为3~4分钟。

德国联邦交通部长,再次表明了联邦政府在发展替代驱动方式上的技术开放态度,因为现在还无法预测,哪一种电动汽车技术会成为将来的方向。拉姆绍尔部长表示,德国电动汽车加氢站网络,在将来还会进一步扩建。

2. 道路站点相关设施建设的新进展

(1)开发可自动调节亮度的智能路灯系统。2011年7月,《每日邮报》报道,目前,荷兰代尔夫特理工大学,正在校园内测试一套能够自动调节亮度和诊断故障的智能路灯系统。这套系统不但比现有系统节电80%,维护费用也更为低廉。该系统中的路灯采用LED(发光二极管)照明,内置运动传感器和无线通信系统。

其智能之处在于:当有行人或车辆靠近时,路灯会自动提高亮度;反之,当行人或车辆走远后,路灯又会自动变暗,以之前1/5的功率继续照明。此外,这种路灯的维修也十分便捷,不再需要工人们辛苦的进行故障判断,相关故障信息会由路灯上的无线通信系统自动发送到控制室,而后维修人员可在短时间内快速修复。

据统计,荷兰每年用在道路照明上的电费开支,超过3亿欧元,除此之外,为生产这些电力,发电厂每年还会向环境中排放超过160万吨的二氧化碳。

研究人员称,代尔夫特理工大学的这项试验,是对该系统的一次全面测试,根据测试结果,他们还将对系统做出一些调整。如果试验获得成功,将有望首先在英国进行应用。

据了解,英国每年花在全国750万盏路灯上的费用,估计有5亿英镑之多。有鉴于此,该国各地都在试图削减这部分开支。为节约电能,不少地方管理机构,还计划在午夜后关闭农村和住宅区的路灯,或将其更换成能够自动变暗的照明设备。

(2)把传统的路灯柱改造成电动汽车充电桩。2013年12月,柏林媒体报道,能否提供方便快捷的充电装置，是影响电动汽车发展的重要原因。柏林目前正在进行一项测试，把100个传统的路灯柱改造成充电桩。如果运行良好，将有望在全德国推广。

把电动汽车充电装置集成到传统的路灯上，这是世界各国都在努力尝试的，降低电动车公共充电设施成本的方法之一。而现在，德国柏林米特区的大街上，已经开通了第一个这样的路灯充电桩。项目组织者认为，该技术便宜、方便，且节省空间。德国汽车工业协会也希望这一新的充电技术，能给电动车带来革命性的影响。

这种充电桩的核心是德国一家公司研发的充电插座，它可以被毫不费力地集成在传统的路灯柱上。插座能够提供相应的电流、电压、熔断器、接地漏电保护等标准配置。

此外，充电系统还包含一个专门开发的、用于计费的"智能电缆"。它包含了SIM卡的模块，可以通过无线向电力公司发送数据。只有已经注册的用户被识别和授权后，"智能电缆"才会允许电流通过，为用户充电，相应的电费则会每月通过账单寄送给客户。

这一套新的路灯充电桩，包括改造费用在内，可比传统的充电桩降低约90%的成本。而德国目前的传统充电桩，每个成本大约是1万欧元。此外，努力把充电插座与计费设施分离，也是一个重要的电动车充电发展方向，通过车载的智能电力计量设备，将来人们或许可以在更多的公共场合为自己的电动汽车充电。

（二）铁路站点与极地运输基地建设的新信息

1. 铁路站点建设研究的新进展

（1）中央火车站利用余热供暖效果好。2012年4月，有关媒体报道，瑞典首都斯德哥尔摩中央火车站，利用热能交换系统收集车站余热为其附近的办公楼供暖，一年节能25%。该项目环境部门负责人克拉斯·约翰松在接受媒体电话采访时，介绍了他们的成果。

约翰松指出，中央火车站每天约有25万名乘客来往，这里还有很多咖啡厅和食品店等，都会产生很多热量。

约翰松说："我们利用热能交换机收集通风系统里放出的热量，然后利用这些热能将水加热，通过水泵和管道为火车站大厅旁边的办公楼供暖。结果，一年下来节能25%"。他接着说："它给我们的启示是，在城市里，地产开发商应该多想想如何综合利用各种设备和技术、周围环境等，从而实现节约能源，少用化石燃料的目的。"瑞典计划在2050年完全摆脱对石油的依赖。

（2）用数学模型解释火车站等处人群如何避免碰撞。2017年3月，有关媒体报道，现在，人们可能知道了拥挤的行人如何在自然界行动的普遍准则。而弄清人群动力学，将有助于疏导上下班高峰时期的人流，避免出现意外事故。

大型人群中的个体很难被追踪，荷兰爱因霍芬科技大学的费德里克·托西领导的研究小组，希望能构建一个新模型，以便计算行人移动时的微小无规则变化，如突然出现大转弯。

托西说："大部分模型，都忽略了人们调头回去的可能性，但在车站，这几乎每几分钟就会发生。"

研究人员在爱因霍芬科技大学的一个走廊里安装了摄像机，记录行人在其中的活动。这里的人流量并不大，但具有一致性，这样能更精确地追踪个人行为。

托西说："这个实验十分有趣，它记录了人们的真实生活。"该模型可能被广泛应用于研究更复杂人群的动力学问题。目前，该研究小组已经在一个火车站利用相似方法，收集了6个月的数据。他们还与博物馆合作，研究前来参观的人群的运动模式，并设计更合适的路线引导人们进行参观。

美国麻省理工学院的布莱恩·斯金纳说："我非常喜欢这个点子，即利用这些数据研究人们行走模式的随机性，不过，该模型可能存在一些过度假设。"

2. 极地运输基地建设研究的新进展

用巨大的气球在极地冰盖上建造运输基地。2017年7月，国外媒体报道，五十年前，美国放弃了位于格陵兰岛的一个绝密军事基地，原因是其地下隧道在冰层的重压下坍塌了。这也是在世界上最寒冷和最偏远的地区工作的科学家所熟悉的问题，他们同时还必须处理有限的基础设施和缺乏建筑材料带来的问题。如今，北极研究人员设计出了一种创造性的解决方案——在雪层下吹一些大气球，从而形成结实的令人惊讶同时又环保的圆柱形隧道，建立北极地区新的运输和生活基地。

丹麦哥本哈根大学物理学家皮德·斯蒂芬森，是这一技术的先驱。目前，他是东格陵兰冰核项目的后勤主管，该项目专注于了解冰盖历史的研究工作。斯蒂芬森表示，这个方法就像是在做一个热狗。他说："利用吹雪机，我们吹出了一条沟渠。这就好比是小圆面包。"

他说："我们用的是一只巨大热狗形状的气球，我们在它的表面下充气。然后我们再把雪覆盖到这些气球上。在这里，这些雪就像是'热狗'的调味品。接下来，气球顶部的雪层就慢慢变硬了。"几天后，气球被放气并被取走，留下的隧道便可作为科学考察的货物运输基地，以及科学家的住所、工作室或储物空间了。

在过去，格陵兰岛和南极洲的极地工程师，使用扁平的木梁或弧形的铝板，在结满冰的墙壁和地板上建造天花板。雪会堆积在天花板的上面并逐渐变硬。然而随着时间的推移，冰层会慢慢变形并收缩，导致天花板下垂和墙壁收缩，最终可能完全闭合在一起。这也就是在美国的秘密基地——所谓的"世纪营"中发生的一切。

斯蒂芬森说，与建造运输和生活基地的传统方法相比，气球技术具有几个优势。首先，由于弓形的固有强度，圆柱形隧道的收缩速度略慢于矩形的强化天花板。在一个由气球形成的测试隧道中，工程师测量的年收缩幅度为25厘米，而传统结构的年收缩幅度为27厘米。

他同时指出，在圆柱形隧道中，任何收缩都可以更容易地进行处理。在没有支撑的情况下，团队成员可以用锯子切割逐渐侵入的墙壁，进而重新扩大房间，并且没有倒塌的危险。这项技术还有一个环境优势：旧技术所需要的金属或木材，需要用燃料密集型的货运飞机进行运输，而且比气球重很多倍。在天花板变形后，通常无法从冰层下重新获取支撑材料，因此工作人员必须把它们留在地下。

斯蒂芬森于2012年，在格陵兰的另一处基地首次尝试了这一技术。2016年夏天，他率领一个团队在东边建造了一个完整的基地隧道系统，共部署了8个气球。其中最大的气球长约40米，并且几个气球可以首尾相连地放置，从而建造更长的隧道。

在2016年夏天进行了初步的钻探测试之后，2017年夏天的钻探工作已经全面开始。这些隧道，不仅可作为运输和生活基地，而且为极地科学考察提供了方便，因为它保持着持续凉爽的温度。他说："这对冰核来说是一个好消息，因为我们希望它们尽可能地保持寒冷。"

极地工程师对于在其他地方采用这种技术很感兴趣。在南极洲康科迪亚研究站，负责一个意大利研究团队后勤工作的工程师文森佐·金科蒂表示，他已经购买了两个气球，打算在下一个南极夏季测试其储存设备的能力。尽管金科蒂相信气球技术，比运输金属或木材更便宜，但他还是急切地想知道，南极洲更干燥和更寒冷的天气，是否会影响到形成隧道冰屋顶的积雪的坚硬程度。他说："如果成功了，就可以用气球来制造所需要的尽可能多的运输和生活用房。"

三、车辆运行管理的新成果

（一）推进车辆检测系统研究的新信息

1. 汽车检测系统研究的新进展

（1）发明用无线电波强制停车检查的技术。2004年7月12日，英国《卫报》报道，美国加州大学伯克利分校物理学教授戴维·吉里，辞职后创办了一家高科技公司。近日，他领导的研究团队发明了只需按一下开关，就能让目标汽车减速停驶的无线电波强制停车检查技术，它将成为警方打击犯罪的新式武器。

报道说，这种新检查技术，主要通过装在警车尾箱里的一块电池和一个能够储存电流的电容器起作用。在使用时，警察只要按动汽车仪表板上的特殊按钮，尾箱中的电容器就会释放出电流，并通过车顶天线向目标车辆发射窄束密集无线电波，从而使目标车辆的电子系统电流突然升高，扰乱喷油系统和发动机点火信号，最终被迫减速停驶。

初步测试表明，这一强制停车检查技术，能够拦截相距 50 米左右的车辆。美国和英国警方正在对这一技术进行进一步验证。

（2）研制出车辆安全检查系统。2005 年 3 月，《联合早报》报道，新加坡成功研制出一种车辆安全检查系统，能检查出车辆是否暗藏有偷渡者或其他走私物品，也能使车辆运送的炸药等危险品暴露无遗。

这套系统是由新加坡"PCS 安全公司"研发而成。它只需先把各种车辆的重量资料输入系统，当接受检查的车辆在驶入长 4.8 米、宽 2.2 米的平台时，系统的电脑在接收到被检查车辆的重量和乘客人数等数据后，会快速进行分析。一旦发现重量有明显差距，系统会自动发出警告。

目前使用的车辆检查系统，只能检查汽车底部是否藏有炸弹，而新系统除了具备这项功能外，也能探测到车内是否藏有大量炸药。此外，该系统还装备有对准车牌的摄像机，能发现伪造车牌或报失车辆，使不法之徒无法瞒天过海。这套系统适用于检查在边境关卡上出入的车辆，而且只需一人操作，每辆汽车的"通关"时间仅约 20 秒。

另据报道，该公司还研制成功一种移动指纹鉴定系统。只需携带一台个人数字助理器和指纹阅读器，执法人员无论身在何处，都能随时进行指纹鉴定工作。检查时，执法人员先以指纹阅读器取得被检查者的指纹，再以蓝牙技术把指纹输入个人数字助理器，通过环球卫星定位系统与总部的指纹资料库联系，进行指纹比对，从而鉴定身份。

（3）研制出全天候车辆智能追踪系统。2005 年 6 月，新加坡有关部门宣布，推出亚洲首个车辆智能追踪系统，从而使个人或公司有能力对自己的车辆实行 24 小时的实时追踪。

这套车辆智能追踪系统，最重要的 WAVERON 车辆黑匣子（WVBB），也就是 WAVEON708 系统，实际上是一个 GSM/GPRS 移动数据获取器。据介绍，WAVEON708 系统内部拥有一个无线通信装置，它是一个通信系统集成模块，能够把全球卫星定位系统（GPS）、全球移动通信系统（GSM）和通用分组无线服务系统（GPRS）融为一体。它可广泛应用于快递公司或运输公司。一旦车辆丢失，车主能很快找到车辆的位置，也可以通过遥控装置启动车辆的安全防盗系统，使汽车无法启动。

（4）发明可检测汽车损伤的传感器装置。2009 年 4 月 13 日，美国普渡大学网站报道，该校交通工程学专家道格拉斯·亚当斯领导的一个研究小组，近日为美国军方成功开发出一种外形类似道路"减速丘"的传感器装置，可以十分方便地检测汽车是否存在某些损伤。

"减速丘"，通常是为了提醒司机减速而设置在路上的长条状凸起。而普渡大学研究小组设计的"减速丘"内部安装了高科技传感器，当车辆轧过时，这些传感器就能像仰卧在车底的检修工一样，快速检测出车辆悬吊系统等部件是否有损伤。

亚当斯介绍说，车辆轧过这个"减速丘"时，传感器可以检测轮胎压力带来的振动变化。然后，通过数字处理软件分析传感器获得的数据，就可以精确检测出车辆轮胎、轴承和悬吊系统存在的问题，比如胎压不足、某处螺栓断裂、减震器工作异常等。

研究人员的设计初衷，就是要节省时间、节约检修成本，另外对于军方车辆而言，更重要的一点，是要及早发现车辆存在的问题，尽可能避免车辆因隐患在战场上"抛锚"。

目前，普渡大学正与美国陆军以及美国霍尼韦尔国际公司合作，应用这一车辆检测技术。亚当斯认为，这种技术同样适用于检测民用车辆。

2. 火车运行检测系统研究的新进展

（1）发明火柴盒大小的铁路微型探测仪。2004年2月底，英国纽卡斯尔大学斯蒂芬森中心首席研究员杰拉克·罗森斯基博士，与他的儿子马丁一起，发明了一种微型探测仪。这种微缩的高科技数据记录器，可以大大减少铁路交通事故的发生概率。这个微型探测仪的重量不足10克，但却拥有四兆字节的内存、一个强大的16字节的微处理器，以及卫星和移动通信技术，这些都集成在一个只有火柴盒大小的装置上。

罗森斯基说："尽管数据记录器的使用已经有二十多年的历史了，但通常这些记录器都比较大，因此其应用也受到了限制。"他还说，"微型探测仪的独特之处在于它的微缩尺寸，这使我们能够更加灵活地使用它，同时还意味着我们可以把它安装在比较小的构件上，比如火车的轮轴上。与之相匹配的计算机软件也非常精密复杂。我们花了几年的时间，使我们的设计逐步趋于完善，我们相信它在许多领域都有巨大的应用潜力，铁路安全只是其中之一。"

微型探测仪，能够对那些可能造成火车事故的铁轨区域，进行探测并迅速给操作者发回警告信号。这种探测仪的工作方式，是将其安装在火车车轮的轮轴上，当火车在轨道上高速行驶时，轮轴受到压力而弯曲扭转，这时微型探测仪就能够对轨道进行探测。这个高度敏感的装置能够探测到任何反常的压力，这些反常可能是由铁轨上的问题造成的，例如，过高的温度造成的弯曲变形。探测结果同时，还能够帮助操作者，更好地了解车轮和轨道之间的相互作用，从而为将来的轮轴设计制定更加可靠的规范。

这个装置会记录相关的数据，并使用卫星技术来探测出现问题的地点位置。然后使用移动通信技术，把警告信息发送给几千米之外的计算机。然后由计算机中的一个非常精密复杂的软件包对这些数据进行分析，如果发现任何需要紧急注意的问题，系统将给火车操作人员发送警报信号。

英国研究人员创造出的这个微缩装置，其中的一些部件非常微小，肉眼几乎无法看见。此外，还可以通过短程无线电装置，因特网，或者 GSM 网络对微型探测仪进行远程访问和重新编程。微型探测仪已经在世界范围内广泛应用于铁路，汽车和船舶行业，用于发现和解决动力设备的问题和故障，同时在研究和开发领域中还被用于数据的收集。

（2）研制出更精确的火车新型测重系统。2011 年 4 月 6 日，法国媒体报道，法国国家科研中心当天发布公告说，该机构和波尔多第一大学联合组成的一个研究小组，开发出一种造型结构简单，但精确度更高的火车新型测重系统。

公告说，目前使用的火车测重系统，往往由很多感应器和计算设备组成，结构复杂，不易于安装、操作和维护。而这套新系统的主要组件，是带有感应器的金属梁架，使用起来相对简单。实验表明，这套测重系统的误差率不到 0.5%。

公告称，这项技术已经申请了专利，并已获准在法国铁路系统中使用。此外，不只是火车，卡车、起重机等其他载重机械经常也需要测重，这套测重系统对 20 吨以上的运动物体，都可以做到迅速、准确的测量，而且不会影响其自身的运动。

（3）研制出检测火车轮对状况的激光器。2015 年 4 月 7 日，贝加尔湖科技网站报道，俄罗斯科学院热物理研究所、自动化与测电学研究所联合组成的研究小组，经过 20 年研究工业过程光与信息诊断系统，研制出检测火车轮对安全的激光系统。

热物理研究所副所长德米特里·马尔科维奇指出，该系统在西伯利亚严酷气候条件下进行了自适应，一些性能参数超过了国外同类产品。目前，俄铁路部门已经安装使用了 70 余套。

该系统传感器直接安装在铁道路基上，当火车以低于 60 千米/小时的速度通过时，系统就记录下轮对数据，发至数据库，铁路工作人员可随时查看数据库，做出更换火车轮对的决定。该系统已为俄罗斯铁路部门带来了几千万卢布的经济效益，真正的收益还在于它能够预防事故，节约劳动力。

（4）研制出铁轨磨损的自动检测装置。2017 年 6 月，俄罗斯媒体报道，轨道磨损会降低列车通行的安全性并增加燃料成本。为此，俄罗斯托木斯克理工大学一个研究小组，开发出一种高精确的、可替代手工测量铁路钢轨磨损程度的方法。

据介绍，目前测量铁轨磨损最常见的方法是使用活动支架、卡钳、模板进行手工测量。在繁忙的铁路线上，则由配备了自动系统的专门列车进行测量，但这种方式成本太高，且只能用在大型主干线上。新研发的装置，主要用在那些仍在使用手工检测的铁路支线上。

该装置是一个金属结构，使用时将其固定在轨道上，由激光传感器围绕轨道一次性选取 300 个点测量其到轨道表面的距离，从而得到高精度的数据，测量过程仅需 5 秒左右。此外，研究人员还开发了一款配套的手机应用软件，根据测量数据，将轨道的轮廓图显示在智能手机上，与国家标准进行对比。

目前，托木斯克理工大学已造出测试样机。电子与自动化设备教研室的工作人员，正在改进其机械部件并研究更精确的数学算法。

（二）加强汽车运行安全研究的新信息

1. 督促司机安全驾驶管理的新进展

（1）研制出驾车司机激光酒精检测仪。2007 年 12 月，有关媒体报道说，如何在车水马龙的道路上查处酒后驾车的司机，一直是困扰交管部门的一个难题。俄罗斯圣彼得堡"激光系统"公司研究人员，研制出一种激光酒精检测仪，有望为交管部门处理此类交通违章增添一件利器。

这种仪器，可对司机是否饮酒进行远距离探测。其工作原理是仪器发射一束专门的激光，透过挡风玻璃对车内空气进行检测，如果空气中酒精含量超过 1ppm（百万分之一），仪器会根据反馈信号报警。

每种物质都有自己独特的光谱，而激光具有单色性好和方向性强等特点，是利用光谱技术探测物质成分的良好光源。研究人员指出，这种仪器可以很容易鉴别出，车内空气中的酒精浓度，因此司机无法寻找借口逃避处罚。不过，如果车内乘客喝过酒，空气中酒精浓度超标，仪器也会报警，交警需对司机做进一步检查。

激光酒精检测仪一问世，即受到俄罗斯交管部门的极大关注。俄内务部已订购了几百台这种仪器，计划在莫斯科和圣彼得堡两市率先投入使用。

（2）开发出高灵敏度的车载酒精检测系统。2015 年 6 月 22 日，美国媒体报道，世界卫生组织的调查显示，50%~60% 的交通事故与酒后驾驶相关，这种害人害己行为已成为交通事故的第一大诱因。日前，美国一个研究小组，开发出一种高灵敏度的车载酒精检测系统，一旦检测出驾驶员体内酒精含量超标，汽车就无法启动。其应用将大大减少酒驾行为，可将酒驾所致交通事故扼杀在萌芽状态。

该系统被命名为司机酒精安全检测系统，其使命是将酒精检测技术用在车辆上。据悉，该系统能够在一秒钟内检测出驾驶员血液中的酒精含量。如果驾驶员血液酒精含量超过 0.08%（美国法律规定的酒驾标准），汽车将无法启动。对于 21 岁以下的司机，则采取零容忍政策，只要检测到酒精，无论多少都无法使用车辆。

为了获得准确可靠的数据，研究人员正在探索分别基于呼吸和接触的两种检测技术。本月上旬，美国国家公路交通安全管理局公布了，美国有史以来第一个车载酒精检测系统原型。

该系统安装有能够监测司机呼吸的传感器。传感器可以被安装在驾驶员一侧的车门或方向盘上，可发射出红外线检测气体分子。因为二氧化碳和酒精分子对光的吸收不同，传感器在收到数据后会对两者进行比较，即使在浓度很低的情况下，也能精确测定出驾驶员体内酒精含量。如果酒精分子与二氧化碳的比例超过一定的范围，就表明此时的酒精含量超标。

此外，还有一套基于皮肤接触的酒精检测技术。传感器会被安置在汽车的点火按钮或挡把上，在司机接触这些地方的时候，位于其下的传感器会检测出司机皮肤下血液中的酒精含量水平。

未来这套系统获准商用后，人们将能像选配紧急制动辅助系统和车道偏离警告系统一样，在购车时选配或在之后加装这种系统。美国高速公路安全管理局局长马克·罗斯金德在接受美国媒体采访时表示，这套系统为车主提供了一个选择，同时也为打击酒驾提供了一个强大的新工具。

参与这套系统研发的有美国高速公路安全管理局和美国汽车交通安全联盟，后者代表汽车制造商，研究和测试则由独立的工程师和科学家进行。此外，该计划还得到了不少美国酒类行业协会的支持，其中就包括美国蒸馏酒理事会、美国啤酒批发商协会和美国葡萄酒和烈酒批发商协会。

显然，这种系统需要极高的准确度和可靠性。研究人员将对集成到车辆当中的原型进行实车测试。他们希望这项技术能够在几年内进行测试，并首先在商业和政府车队中获得应用。

2.减轻或减少汽车交通事故措施的新进展

（1）推出汽车发生交通事故后的紧急呼救系统。2004年7月，法国《解放报》报道，法国标致—雪铁龙汽车公司与国际互助救援中心进行合作，推出一种交通事故发生后，可"紧急呼救"的汽车呼救系统，这样一旦发生事故，汽车司机不用再忙着寻找压在车下的手机，也不用在临时查找紧急救援部门的电话，装置上的紧急呼叫按钮能立即使司机与救援中心取得联系。

研究人员介绍道，"紧急呼救"系统有两种启动方式，一种是随安全气囊启动时自动启动，另一种是司机用手按仪表盘上的一个SOS按钮。"紧急救援"系统启动后，会通过使用SIM卡的通话系统和卫星定向系统，自动向救援中心发出一个文字短信，告诉中心出事汽车的车型、车号、车主姓名和GSM电话号码，以及汽车卫星定位数据。不仅如此，司机还可以直接和救援中心工作人员对话，工作人员就此可以确定所需的不同救援服务内容，如伤亡人数，具体状况等，他们会将这些内容转达给急救医生，并立即通知交警或急救人员赶往现场。

（2）准备强制客车安装后视摄像头。2012年2月28日，美国《纽约时报》报道，美国国家公路交通安全局拟出台新规，要求所有客车，在2014年前安装后视摄像头，以提高倒车安全性。

报道说，国家公路交通安全局2010年年底提出这一建议，并将于2012年2月底向国会提交新规定的最终文本。根据该机构此前公布的初步文本，通过加装后视摄像头消除司机倒车盲区，将可每年避免95~112例因倒车事故引发的死亡。据统计，美国平均每年有228人死于倒车事故，其中44%为5岁以下幼儿，另有约1.7万人在此类事故中受伤。

但是，国家公路交通安全局同时预计，加装后视摄像头将使汽车行业每年增加最多27亿美元的生产成本，平均每辆汽车160~200美元。这些额外成本，至少将会部分转嫁到消费者头上。

位于华盛顿的汽车安全中心首席执行官克拉伦斯·迪特鲁表示，倒车事故尽管不是造成死伤人数最多的交通事故，但往往带来最严重的情感创伤，因为相当一部分倒车事故中的受害者都是驾驶者的亲属或朋友。

3.汽车安全运行管理研究的新发现

（1）发现开车过度靠导航会让人类定向能力退化。2016年3月，有关媒体报道，英国咨询师罗杰·麦金利，在近日出版的《自然》杂志中发表署名文章，就人们对卫星导航越来越强的依赖发出警示。他指出，我们会为这种依赖付出代价：对各种导航设备的依赖，降低了人们与生俱来的定向能力，会让我们在卫星导航系统失效时变得不知所措，脆弱不堪。

麦金利称，人类自身的定向能力用进废退。我们的大脑和视力让我们善于感知自身的位置。盲目跟随导航设备的指令或在没有特征的空间中移动，很容易让人迷路。他举例称，那些在汽车模拟器上，遵循卫星导航指示驾驶的司机与使用地图的司机相比，更容易搞不清自己身在何处。

他指出，卫星导航目前面临两个窘境：一是如今大多数卫星导航设备是基于GPS信号，无法在室内使用；当信号被遮挡或干扰阻断后，导航会失效甚至出现错误。二是卫星导航系统由庞大、昂贵的基础设施支持，如果没有这些设施，卫星导航本身并不可靠。即便是用引力场定位的下一代方位传感器，也无法避免出现错误。麦金利说："必须承认政府已经投资了数十亿美元，在地面基础设施上支持卫星导航系统。但只有突破这些限制，移动才会变得更智能。"

此外，他认为人们应该更多地使用自己本来就具备的导航能力，并呼吁学校将导航和阅读地图作为一种基本的生活技能，传授给学生。

（2）发现自动驾驶汽车上路遭遇安全方面的伦理困境。2016年6月23日，一个探索自动驾驶汽车发展问题的研究小组，当天在《科学》杂志上发表研究报告称，自动驾驶汽车已经上路接受检测，但与其相关安全方面棘手的伦理问题依然存在，本项目拟对此作些分析。

自动驾驶汽车应该不惜一切代价保护其乘坐者吗？或者说它们是否应该为了保护其他人而牺牲其乘坐者呢？一项新研究对两个问题的答案都是"是的"。科学家在线咨询了451人，如果存在一场不可避免的事故，那么牺牲乘客呢，还是牺牲路人呢，这是一个伦理上的难题。

研究人员的报告称，当比例是1∶1时，即一名乘客和一名行人时，75%

的受试者表示应该挽救乘客。但是当行人的数量增加时,受试者开始转变思想:如果有 5 名行人和 1 名乘客,50% 的受试者表示应该救乘客。当行人人数达到 100 人,而乘客是 1 人时,支持救乘客的受试者的比例下降到 20% 左右。

这些回答与第二项测验的结果相一致,该试验就一个问题咨询了 259 人,即自动驾驶汽车是否应该给车辆设定程序以保护"人数更多的一方",这一立场被称为功利主义立场。以 100 点评级方式来考量,受试者对这一问题的平均支持点数为 70 点。但是当被问及他们是否愿意购买牺牲驾驶员的车辆时,他们的兴趣大幅下降,对这一问题的支持点数仅为 30 点。

这一测验,对政策制定者,以及诸如谷歌公司、宝马公司等形成了挑战,它们采取了普遍的观点,即自动驾驶汽车是一种降低污染、挽救生命的交通工具。尽管一些人争论称,如果可以让自动驾驶汽车自主决策,道路会变得更加安全,然而提供这种安全性的程序可能会难以让其上路。

(3)发现赛车手水平相当更易发生撞车事故。2018 年 3 月 26 日,一个探索赛车撞车事件的研究小组,在美国《国家科学院学报》上发表论文称,如果赛车的世界冠军会撞车,他很可能会撞上一个有着类似技能水平的人,而且是在天气好的时候居多。

一级方程式赛车手马里奥安·德烈提说:"一切似乎都在掌控之中,除了你还是不够快。"该研究小组的这一发现,是基于对一级方程式赛车比赛中的撞车事件分析得出来的。一级方程式赛车的特征,是单个座位以及时速超过 350 千米。

这些事件,包括从 1970—2014 年间 506 次以撞车告终的赛事。当赛车手在技能水平上更加接近时,例如,那些拥有类似获胜次数和地位的赛车手更容易碰撞:处于同等技能水平,距离最近的两名赛车手之间发生撞车事故的可能性,比两名技能水平相差很多的赛车手发生碰撞的概率,高 10 倍以上。

当赛车手年龄相仿时,这种影响尤其明显。研究人员表示,这可能会加剧竞争,尤其是在本赛季累积了更多积分的赛车手之间的竞争,从而使风险更高。这样的碰撞,在本赛季稍晚的时候更有可能发生,即对手和位置在排名中变得更加稳定之后。

最后,研究小组报告说,两个有竞争力的赛车手,更有可能在天气晴朗的比赛中撞车,这可能是因为他们愿意冒更大的风险。

研究人员称,他们的模型为长期存在的"结构对等"理论提供了支持,它被认为是社会交往中冲突的驱动因素。因此,这项工作可以用来判断一个竞争环境中(如公司合并),哪些参与者,最有可能导致竞争升级为更严重的冲突。

(4)研究表明气候变化会增加车辆事故概率。2018 年 9 月,美国麻省理工学院和哈佛大学联合组成的一个研究小组,近日,在美国《国家科学院学报》发表题为《环境压力对日常治理的影响》的文章指出,气候变化不仅会影响到社会日常治理，危害食品安全，还会增加发生车辆事故的概率。

政府工作人员确保各国政府的运作，作为灾害的第一应对者，他们在负责公共健康和安全的同时，面临的环境压力的危害与社会其他公民并无区别。同样的环境压力因素可能会增加公民对有效治理的需求，也可能降低政府工作人员应对这些需求的能力。

为了研究这种可能性，研究小组利用美国2000—2017年超过7000万个警察拦截事件、2001—2015年超过50万起致命车辆碰撞事件，以及2012—2016年超过400万次检查中近1300万次食品安全违规行为的记录数据，探索气象条件对监管执法的影响。并利用第五次耦合模式比较计划，研究2050—2099年气候变化可能产生的日常治理影响。

研究结果表明，气候变化会影响到社会日常治理，危害食品安全，增加发生交通事故的概率。具体表现为：寒冷和炎热的天气，都会增加车辆发生致命碰撞的风险，提高食品安全违规的发生率，同时也会减少警察拦截和食品安全检查的次数。降水增加会提高致命的撞车风险，同时减少警察拦截的次数。未来气候变暖可能会提高较冷的季节中的监管监督频率。然而，在炎热的季节，变暖可能会减少监管监督次数，同时增加政府工作人员负责监督时候面临的危害。

（三）提高汽车运行效率研究的新信息

1. 实现汽车高效率管理研究的新进展

研发城市汽车智能交通管理系统。2013年3月，俄罗斯媒体报道，圣彼得堡国立信息技术、机械与光学大学研究人员与芬兰同行共同组成的研究小组，承担了名为"智能红绿灯及车站"的课题，实施城市交通管理技术领域的研究项目。

该项目的创新点在于，通过在公共及私人交通工具上，安装可相互短程通信的高速数据传输节点，即用于汽车工业和网络的一种WIFI设备，从而建立起一个网络平台。

研究人员说，这个网络平台的一个特点，是无须数据发射基站。它通过一个数据节点向其他节点传递信号，使每辆安装短程通信设备的交通工具，成为该网络系统中信息传递的节点，安装该短程通信设备的汽车越多，就会获得越稳定和高效的网络系统。

研究人员说，这个网络平台的另一个特点，是其运行无须城市电力支持，完全使用汽车电力，同目前的移动和互联网络相比，它具有更加可靠、适应性更强的特点，是城市中其他通信技术的一种补充。安装在交通工具上的通信设备的信号传递能力，在城市环境中能达到1.5千米，当交通工具以低于250千米/小时速度行驶时，数据传输速度可达100兆字节/秒。

得益于该研究成果，可以在城市中建立一套公共无线数据传输网络平台，该平台能作为许多市政服务的有效载体，例如：电子支付、信息查询等。城市交通指挥中心将通过该网络获取有关交通流速度、拥堵度及交通事故的信息，便于更迅速、有效地管理城市交通。乘客得益于这种新技术的应用，将提前获知交通工具抵达的准确时间。

有关数据处理机构还能通过该网络平台，获取来自安装在交通工具上的音频、视频记录器、摄像头、气体分析仪及辐射检测仪等设备传来的信息和数据，通过数据的分析处理，为城市管理提供依据。

2. 提高车辆和车位利用率研究的新进展

（1）发表可算出城市出租车需求数量的新算法。2018年5月，美国麻省理工学院城市研究与规划系教授、"可感知城市实验室"主任卡洛·拉蒂、该室专家保罗·桑蒂等人组成的一个研究团队，在《自然》杂志上发表研究成果称，当"共享出行"成为未来城市交通的重要方式，精确算出一个城市到底需要多少辆出租车成为一个数学难题。他们开发出一种新算法，有望优化大城市出租车队的规模，提高"智慧城市"水平。

该研究团队提出一种被称为"最小车队问题"的解决方案。此前，研究人员尝试利用"旅行商问题"算法解答这一问题。"旅行商问题"是数学领域一个经典路线规划问题，旨在寻求一个旅行者从起点出发、通过所有给定需求点后再回到原点的最小路径成本。

桑蒂说，以目前的计算能力，用"旅行商问题"算法，只能解决几十辆车的问题，但难以胜任大城市需求，例如纽约市大约有1.35万辆出租车、每天约50万单的行程。

因此，研究人员构建了"车辆分享网络"，用节点和连接节点的边来抽象出租车队的可分享性，其中节点代表行程，而边则代表两次行程可共享一辆车。研究人员应用该方法，在一年内对纽约市1.5亿次出租车行程进行了计算，模型采用了曼哈顿实时路况和出租车GPS路线定位，结果发现在优化条件下，纽约市出租车队规模可降低30%。

新算法只涉及出租车的调配优化，该工作只需一个手机应用程序就能完成。研究人员认为，随着未来几年网络化自动驾驶汽车的普及，该算法将日渐成熟。研究团队目前计划利用该算法，算出城市中需要的最少停车位数量。

拉蒂说，这一算法，理论上可满足对14万辆车的出行进行优化，这表明未来的城市不仅需要基础设施，还需要更多智能管理。

（2）发明提高车位利用率的模拟软件。2011年11月1日，物理学家组织网报道，以色列特拉维夫大学的纳达·利维博士和他的导师伊扎克·班奈森教授，以及荷兰内梅亨大学的卡尔·马腾斯博士组成的一个研究小组，在《计算机、环境与城市系统》杂志上发表论文称，他们开发出一种模拟软件，能够将与停车相关的因素都"考虑"在内，对现有情况进行评估测试，帮助市政管理人员做出更为科学的规划，制定更有效的政策，提高车位利用率，使停车难的问题得到缓解。

现代城市中停车难的问题日益突出，它不仅为驾车者带来了困扰，也让本来就很糟糕的交通状况雪上加霜。该研究小组正是针对种现状展开研究，开发出一套能够对特定区域或整个市区停车状况进行模拟的软件。借助这种软件，交通管理部门可在实施前，就对不同交通规则和政策所产生的影响了如指掌。

报道称，这个模拟软件已在以色列和欧洲进行了测试。该软件涉及停车政策、司机、停车管理员、道路、建筑物和停车场等要素，能够估算出司机寻找车位的时间、从泊位到目的地的距离，以及他们愿意负担的费用。根据这些信息，市政管理人员能直观地发现问题所在并做出修改，从而提高车位利用率和交通效率。

行驶中的车辆寻找停车位，不但浪费了大量能源，也制造了拥堵、污染和噪声。研究人员称，到目前为止，由于没有任何科学依据，在与停车相关政策的制定上，市政管理人员只能根据自己的感觉，来确定司机的停车地点以及时长。这导致不少城市在停车政策上都存在失误。

以北美和以色列为例，至少有两点应该做出修改：一是路边泊位的费用，往往比路外停车场的费用更便宜，它会导致司机花费更多的时间寻找便宜的车位，从而造成拥堵。二是车位紧张的停车场，在停车时间上没有严格限制，它严重影响了车位的利用率。如果所有驾车者都能尽快就近停车的话，城市交通将会更加高效。

研究人员预测说，随着城市人口的日渐密集，私家车将成为效率低下、阻碍城市流动的主要因素。未来人们将以公共交通系统、自行车及拼车出行为主，私家车将被逐步取代。

（四）重视汽车环保意识研究的新信息

1.加快清洁电动汽车研发的新进展

（1）国际电动汽车技术标准研究发展迅速。2011年3月，有关媒体报道，近年来，电动汽车技术标准研究，在世界范围内得到广泛重视，国际标准化组织标准体系和国际电工委员会标准体系两大国际标准化组织，也明显加快了电动汽车相关国际标准的制定和修订工作。

国际标准化组织标准体系已发布标准26项，正在制定或修订的标准11项；国际电工委员会标准体系已发布标准14项，正在制订或修订标准16项。国际汽车强制性法规体系，也加快对电动汽车强制性检测内容进行研究和修订工作。

同时，美日德等国在采用相关国际标准的基础上，也都建立起了自己的电动汽车标准法规体系。例如，美国电动汽车标准，主要由美国汽车工程师学会负责制订或修订工作，已发布电动汽车标准32项，正在制订或修订标准43项，其中有27项是插电式混合动力电动汽车标准。

（2）签署推动电动汽车研发和使用的协议。2011年6月6日，巴西媒体报道，南美最大城市圣保罗市政府，与当地汽车商代表日前签署意向性协议，推进研发和使用电动汽车。

2010年12月，尼桑汽车公司开始出售，世界第一款大规模生产的，100%电动汽车"聆风"，这是一款中型汽车，配备有锂离子电池。尼桑公司称这一电动汽车可行驶160千米而无须充电，其速度可达每小时140千米。电动汽车没有燃料箱和排气管，因此没有排污问题，噪声也很小，且充电可靠、快捷，一次快速充电大约30分钟即可充电80%。

根据协议，尼桑公司与圣保罗市政府将共同推进研发项目，研究如何在该市建立充电站网络，以及鼓励这种电动汽车的使用。

日产公司称，圣保罗是南美洲第一个签署此类协议的城市，而雷诺—日产公司已经与全球90座城市签署了此类协议。

圣保罗市市长称，将建立充电站网络，研究推广使用电动汽车的可能性。巴西日产公司总裁克里斯蒂安·梅尼尔说，适当的基础设施，加上市政府的合作，电动汽车将会在巴西成为现实。

（3）电动汽车迈出标准化的关键一步。2011年10月，国外媒体报道，随着燃料电池技术的不断进步和相对成熟，近日，欧洲汽车工业协会，向欧委会正式递交了一份电动汽车充电接口标准化建议书，标志着欧盟电动汽车终于迈出了统一标准化的第一步，也是关键一步。

电动汽车充电接口在欧盟及成员国范围内的统一标准化，意味着电动汽车产业的规模化生产及加速融入消费市场，终结成员国在电动汽车发展上的各自为政和市场分隔，一定意义上促进世界电动汽车行业的标准化建设。

多年来，欧委会积极支持电动汽车的技术研发和标准化工作，其中欧盟第七研发框架计划资助的电动汽车重大项目等，均把标准化作为研究的重要指标，但都因电动汽车技术的快速演变和相对传统汽车的不成熟，以及充电设施的特殊需求而难以形成共识。此次，独立地由欧洲汽车工业共同提出的电动汽车充电接口单一类型标准，排除了各成员国及电力生产企业或充电供应商的干预，从而相对容易达成一致。

欧洲汽车工业协会秘书长奥达克正积极督促欧委会、标准化机构及充电设施企业尽快接受该项标准，以便欧洲汽车工业能引入统一的标准批量生产电动汽车。市场预计，根据电动汽车技术的发展现状，全球市场上的电动汽车数量，在2020年至2025年期间，将达到占汽车总保有量的3%~10%之间。

（4）电动汽车市场前景看好。2013年2月，挪威媒体报道，2012年挪威电动汽车销量达到了1万辆，占当年新车销量的比例达到5.2%，这对人口仅500万人口的挪威来讲颇引人瞩目。相比而言，2012年美国电动汽车的销量近5万辆，仅占美国当年新车销量的0.6%，美国人口为3亿多人。

除电动车价格的竞争因素之外,国民的环保意识,尤其是政府的优厚政策,起到了激励作用。挪威是一个汽车高税赋的国家,但对电动汽车,政府没有征收进口关税;为便于疏散交通高峰流量,电动汽车被允许驶入公交车道;免收一般机动车必交的停车费和交通拥堵费等,停车费和交通拥堵费在挪威实在是一笔可观的支出,这使得电动汽车在挪威大受欢迎。

此外,电动汽车和插电式混合动力车市场,在挪威已经孕育了多年,城市为电动汽车修建了良好的基础设施,挪威拥有3500个充电点和100个快速充电站,这对人口小国而言,属于成效斐然。

挪威市场的电动汽车,多为日产"叶子"车型,2012年日产"叶子"型车在挪威汽车销售市场上排名第13位,其他品牌的电动汽车还有"里瓦斯"等。

(5)成立电动汽车高性能电池的研究中心。2016年8月,有关媒体报道,美国多家国家实验室与高等学校及企业的研究机构,近日共同组建一个名为"电池500"的研究中心,着力研发可以延长电动汽车行驶里程、降低电动汽车造价的新型锂电池技术。

日前,美国联邦政府公布了关于加快普及电动汽车的计划,通过政府与私营部门合作,推广电动汽车和加强充电基础设施建设,以应对气候变化、增加清洁能源使用并减少对石油的依赖。成立"电池500"、研发高性能电池就是该计划的一部分。美国能源部将在今后5年里,每年为这个机构提供1000万美元的资金。

参与这一研究中心的有11家成员机构,包括太平洋西北国家实验室等4家国家实验室,斯坦福大学等5所研究型大学,以及汽车制造商特斯拉和科研实力雄厚的国际商用机器公司。其中,太平洋西北国家实验室材料科学家刘俊、斯坦福大学材料科学与工程系副教授崔屹,担任研究中心共同主任。

崔屹在解释"电池500"名称由来时说,研究中心的目标是通过开发新型高能量密度材料,将电动汽车所用锂电池的重量能量密度提高到每千克500瓦时,大约是现在的两至三倍。重量能量密度是指电池单位重量所储存的能量大小。目前电动汽车所用锂电池的重量能量密度为每千克170~200瓦时。

据介绍,每千克500瓦时的能量密度意味着新型锂电池将更小、更轻,可相应减轻电动汽车的重量和体积,并加倍延长一次充电后的行驶里程,大幅降低电动汽车价格。

值得注意的是,华人科学家在"电池500"项目中将发挥重要作用。除了两名共同主任,多名华人科学家也参与到研究中心的工作中。其中,美国前能源部长、诺贝尔物理奖获得者朱棣文担任研究中心顾问委员会主任。

2.加强汽车节能环保方法研究的新进展

(1)开发泊车发电的"动力路板"节能技术。2009年6月,英国《每日邮报》报道,该国塞恩斯伯里超市的格洛斯特分店,在店外路面嵌入"动力路板"，顾客只需开车进入超市停车场，即可为超市供应电力，实现"车辆开进来、收款机动起来"的节能目标。这家店由此成为欧洲首家利用泊车供电的超市。

据介绍，车辆驶入超市停车场时，会压过"动力路板"。这种装置能"捕获"过去无用的压路动能，进而转化动能为电能，供超市使用。这种泊车发电节能技术，每小时能供电30千瓦，超出格洛斯特分店所有收款机运转所需的电量。

报道称，这种"动力路板"，如果嵌入主题游乐园车道，所生电能足以确保过山车运转。如果它嵌入高速路口，可产生公路系统照明用电。

（2）小城公交车燃料将全部改成可再生能源沼气。2012年4月，国外媒体报道，克里斯提斯塔是瑞典南部的一个小城。这里，所有公交车都以沼气为燃料，此外，不少汽车、卡车也改用了可再生能源沼气，每年可节约近50万加仑的柴油或汽油。这座城市计划到2020年完全杜绝化石燃料。

使用可再生能源沼气的巴士和汽车，可以通过专门的沼气站补充能源。城市规划者希望居民们都购买可以使用沼气的混合燃料汽车。虽然这种汽车比传统汽车要贵4000美元，但沼气燃料的价格比汽油便宜20%。

即使在寒冷的冬天，这里取暖也基本不用石油、天然气、煤炭等化石燃料。这里也没有安装太阳能电池板或风力发电机，取暖的能源几乎全部来自垃圾。比如马铃薯皮、粪便、过期食用油、猪内脏等。

十年前，当瑞典城市克里斯提斯塔发誓要戒掉化石燃料时，这还是一个高尚但遥不可及的理想，就像公路交通零事故、消除儿童肥胖症一样。但是，克里斯提斯塔已经跨过了一个关键的门槛：这座城市及其周围的乡村，人口8万人，已经不采用石油、天然气、煤炭等化石燃料取暖。这与20年前截然不同，当时所有的暖气都来自化石燃料。

但是这座位于瑞典南部，以"绝对伏特加酒"出名的城市，并没有大量采用太阳能电池板或风力发电机，那么它的新能源来自哪里？由于该地区是一个农业和食品加工中心，工农业生产留下土豆皮、过期食用油、过期饼干、猪内脏、动物粪便，当地人因地制宜地将这些垃圾用于生产能源。

在克里斯提斯塔郊外，矗立着一座有10年历史的工厂，用一种生物过程将垃圾废料转化成沼气（甲烷的一种形式）。沼气燃烧产生热能和电力，或者经过提炼制成汽车燃料。

当官员们习惯了城市自己生产能源之后，慢慢发现，能源无处不在：旧垃圾填埋场和下水道产生的沼气，地板生产厂留下的碎木屑和园艺师修剪下的小树枝都可以利用。

3.防治汽车尾气排放污染研究的新进展

（1）证据显示柴油发动机尾气归类于致癌物质。2012年6月12日，国外媒体报道，世界卫生组织下属的国际癌症研究机构今天宣布，目前已经有充足的证据显示，柴油发动机排出的尾气属于致癌物质，建议世界各国制定更加严格的标准，大力限制柴油发动机尾气的排放量，努力减小其危害程度。

国际癌症研究机构，最近召集来自世界各地的专家进行了为期一周的讨论会，之后做出决定，将柴油发动机尾气的致癌危害等级，由1988年划归的"可能致癌"类别提升到"确定致癌"类别。

专家们表示，随着科学研究的进一步深入，目前已经有足够的证据证明，柴油发动机排出的尾气，是导致人们罹患肺癌的一个原因。另外，还有一些证据显示，吸入柴油发动机尾气，也与罹患膀胱癌存在着一定的关联性。有关结论在针对矿工、铁路工人、火车和卡车司机等高风险人群进行的专项调查中，得到了验证。

许多人在日常生活和工作中，都会或多或少接触到来自机动车、火车、轮船和发电机等多种渠道的柴油发动机尾气。国际癌症研究机构表示，希望本次的重新分类，能够为各国政府和其他决策者提供借鉴，推动其在科学的基础上制定更加合理的标准，加强对柴油发动机尾气排放的限制，并促使制造商进行技术革新，以便降低柴油发电机尾气对人类的危害。

国际癌症研究机构的主要任务，是进行和推动对癌症病因的研究，也开展世界范围内的癌症流行病学调查及研究工作。该机构划定的致癌危害等级共分为4个类别，第一类是确定对人类致癌，第二类是很可能或可能对人类致癌，第三类是缺乏足够的证据来判断是否对人类致癌，第四类是很可能不对人类致癌。涉及的因素包括化学品、混合物、辐射、物理和生物制剂等。

（2）研究表明使用清洁电动车可大大降低空气污染致死率。2014年12月，物理学家组织网近日报道，美国明尼苏达大学土木、环境和地球工程学院克里斯、朱利安·马歇尔，以及该校生物产品和生物工程学院杰森·希尔等学者组成的一个研究小组，在美国《国家科学院学报》上发表论文称，机动车辆的电力来自替代汽油的可再生能源，可将空气污染导致死亡的人数降低70%，该研究对采用不同运输燃料的生产和使用，对空气质量相关的健康影响，提供了前所未有的细节。

研究表明，使用天然气提供电力来驱动机动车，对健康大有益处。相反，机动车由玉米乙醇、以煤为基础产生的电力作为动力，会对人们健康有很糟的影响，而且，由汽油向这些燃料转换，会增加更多的空气污染。

克里斯说："这些结果表明，使用天然气和可再生能源的清洁电动车，可以大大减少交通对健康的负面影响。"

悬浮微粒和地面臭氧这两个重要的污染颗粒物的变化，由选择使用不同能源驱动汽车造成。空气污染在美国是最大的环境健康危害，每年共造成10万多人死亡。而空气污染会增加心脏病发作、中风率和与呼吸系统有关的疾病。

研究人员对液体生物燃料、柴油、压缩天然气，及一系列传统的和可再生能源电力进行了研究分析，不仅包括汽车排放污染，还有驱动车辆的燃料或电力的生产过程。例如使用乙醇，其造成的空气污染是由农场的拖拉机、肥料施于土壤后及把蒸馏玉米转化成乙醇的过程中释放的。

希尔说："我们的研究关注能源生产及使用全生命周期的重要性，不只是车辆排气管排出的尾气。如果忽视了生产燃料或电力的上游排放，将大大低估运输对空气质量的影响。"该研究提供了一个独特的视角，来看排放发生在生命周期哪个环节，污染物是如何在环境中移动的，并且人们是在哪里遭遇空气污染的。

马歇尔说："空气污染对人类健康有着巨大的影响，包括美国增加的死亡率。这项研究对一些交通改善或其恶化健康的影响，提供了有价值的新信息。"

（3）发现汽油车排出碳颗粒物比某些柴油车高。2017年7月，瑞士保罗谢尔研究所一个研究团队，近日在英国《自然》杂志旗下的《科学报告》上，发表一项环境科学研究成果称，实验室初始测试数据显示，汽油车产生的碳颗粒物排放量，比加装了黑烟过滤器和催化剂的柴油车多。

汽车行驶时产生的废气含有上百种不同的化合物，而碳颗粒物由炭黑、一次有机气溶胶包括燃烧产生的固体颗粒物、由大气中半挥发性有机物通过物理和化学吸附形成二次有机气溶胶等组成，是车辆尾气中的有毒成分，不但直接危害人体健康，还会对人类生活的环境产生深远影响。

一般认为，柴油车排放出来的尾气，毒性远比一般车辆大。但加装了黑烟过滤器的柴油车，以及汽油车占有毒成分尾气排放的比重，一直未得到量化。

此次，瑞士研究人员通过实验室测试，量化了11辆汽油车和6辆加装了黑烟过滤器的柴油车，分别在22℃和零下7℃时所排放的碳颗粒物。结果发现，在22℃的条件下，汽油车的碳气溶胶平均排放量比柴油车高10倍；而在零下7℃的条件下，前者比后者高62倍。研究团队还发现，测试的柴油车没有产生可检测到的二次有机气溶胶。

论文作者总结称，没有加装黑烟过滤器的柴油车，其颗粒物排放量远高于测试用车，在一定时间内，它们占颗粒物排放总量的比重将是最大的。研究团队也强调，由于车辆尾气对取样位置、车龄和环境温度敏感，因此有必要开展进一步的研究，计算整体废气排放情况。

（4）有望让沸石催化剂更好处理汽车尾气的新发现。2017年8月，美国普渡大学等机构有关专家组成的一个研究小组，在《科学》杂志上发表研究报告说，沸石催化剂常用于化工和汽车工业，比如用于处理汽车尾气。近日，他们发现了一种前所未知的沸石催化剂起作用的机制，有望在此基础上开发出更好处理汽车尾气的方法。

研究人员说，他们利用粒子加速器产生的高能X射线，还有超级计算机，分析了沸石催化剂工作的机制。在沸石这种多孔材料中，大量直径仅1纳米的小孔里填有铜原子，这些铜原子是催化反应的活性部位。

新研究发现，沸石中铜原子彼此之间的联系，在整个催化反应中起关键作用，如果调整铜原子在沸石内的分布，有可能加快反应过程，降低反应所需的温度。

目前，汽车工业所用的一些处理尾气的催化剂，在200℃下有效工作，但随着汽车技术的发展，尾气温度将会下降，研究人员因此希望开发出可在150℃条件下有效工作的催化剂。

第二节　水上交通设施与管理的新进展

一、水上桥梁建设及维护的新成果

（一）水上桥梁建设方面的新信息

1. 水上公路桥梁建设的新进展

成功研发世界首座可折叠式架桥。2013年9月16日，日本媒体报道，广岛大学与静冈县富士市施工技术综合研究所联合组成的研究小组，成功开发出世界首座可折叠式架桥，并于近日成功完成实验，今后有望用于灾害环境下的物资运送。

据了解，该桥是由铝合金制成，比普通的铁桥更加轻便，骨架结构也采用了史无前例的折叠式设计，伸缩长度为3~21米，前后所需时间仅为10分钟，而目前日本国内搭建临时架桥最短也需要40分钟。

该架桥于9月12日在富士市进行实验，3辆重约1吨的汽车同时从实验桥通行，没有出现任何异常。研究小组表示，日本"3·11"大地震期间，共有近200座桥被损毁，这给物资运送带来了极大的困难，该架桥是专门针对应对自然灾害所设计，最大承重量为12吨。

2. 水上铁路桥梁建设的新进展

试制成世界首座能通火车的"超级万能"浮桥。2005年6月21日，俄罗斯独立电视台报道，浮桥如今被世界各国军队工程兵广泛应用。俄罗斯作为军事强国，在这方面的工程技术一直处于世界领先水平。最近，俄军事专家们把该国先进的建造浮桥技术用于民用，设计并成功试验了世界上第一座能通多节火车的"超级万能"浮桥。

据报道，这座浮桥是由俄罗斯铁道兵科学研究所负责设计建造的。该研究所负责浮桥项目主任维克托·波普拉夫斯基少将向媒体介绍说："这座浮桥的设计结构十分独特，虽然表面上看起来结构单薄，但实际上它可以承受数百吨重量产生的压力；各种汽车、履带式交通工具及火车等世界陆地上行驶的各种交通工具都可以在它上面自由通行。因此，设计者们为它起名为'超级万能'浮桥。"

（二）水上桥梁维护方面的新信息

1. 完善桥梁巡查报警系统的新进展

（1）研制出新款"桥梁巡查机器人"。2017年5月7日，物理学家组织网报道，美国内达华大学斯宾塞·吉布领导的研究团队，研发出一款全自动"桥梁巡查机器人"，能以更加低廉的成本、更精准地检测出桥梁腐蚀退化等危险情况，避免人为检测中的误判酿造的悲剧。

吉布介绍道，这款靠电池驱动的四轮机器人，安装有能穿透地面的雷达和电阻式传感器，这些装备能精准定位大桥内钢筋腐蚀或混凝土退化等危险地点，其安装的摄像头可监测路面裂纹。机器人内的机器学习软件能将这些监测结果实时转换成不同颜色标识，并制作成桥梁腐蚀地图，蓝色代表没有腐蚀，绿色代表轻微腐蚀，橙色代表中等腐蚀，而红色代表严重腐蚀。机器人能来回巡视，从桥梁一端移动到另一端，然后再回头继续移动，直到巡视完整个桥面。

就在不久前，因人力监测不能查看到钢板内的缺陷，密西西比河上的一座桥梁倒塌后造成13人死亡。而且，人工检测不仅增加了成本，还经常要求封锁道路，造成交通拥堵。新"桥梁巡查机器人"能解决这些难题，在不影响桥梁运行的情况下全面准确地进行检查。

该研究团队已经在内达华州、新罕布什尔州、缅因州和蒙大拿州的4座路桥上，对这款巡查机器人进行了测试，证明其比人工更加准确。吉布说："主要优势在于，机器人处理数据的速度更快。"

但业内人士表示，与正在开发的无人机和桥梁内传感器相比，机器人是否具有性价比优势，还有待研究。而且，人类经验毕竟无可取代，未来机器人只能作为辅助性技术。

（2）研究桥梁无线传感报警系统。2006年4月，有关媒体报道，美国费城利哈伊大学土木环境工程学院的研究人员，正在研究安装在桥梁上的无线传感器网络。这种无线传感器，可以提供高分辨率的桥梁结构健康多维图片，在日常使用和巨大灾害事故中，能连续报告桥梁的安全情况及性能。

为了使无线传感器网络，能在地震等紧急灾害事故中仍然发挥作用，传感数据必须实时传输到遥感处理中心，进行解译之后报告决策者。无线传感网络避免了许多有线传感的问题，如信号的退化、干涉和破坏等。但是，土木工程无线传感器中相对窄的带宽，往往会减少每秒下载量，不能迅速传输一座桥梁在使用中产生的大量数据。

因此，研究人员为了改进数据的传输和管理，提出一种桥梁结构健康监测中的高性能传感数据压缩算法。该算法把结构信息合并在一起，去掉传感数据的冗余部分，并使传感网络数据的压缩率达到最大。同时，研究人员还用了数据挖掘技术提取重要信息，比对数据进行直接分析快得多。

2. 加强桥梁维护研究的其他新进展

（1）研制可防止桥梁受盐侵蚀的硅烷涂层。2005年12月，有关媒体报道，在瓦克集团总部，一个由卡尔斯鲁厄研究中心、卡尔斯鲁厄大学研究人员组成的小组宣布，他们开发出一项新成果，制成可防止桥梁受盐侵蚀的硅烷涂层。

研究人员表示，对公路桥进行整体浸渍的试验结果显示，使用瓦克憎水性专用硅烷进行深度浸渍，可以保护钢筋混凝土桥梁在15~20年，甚至更长的时间里避免因潮湿和盐侵蚀造成破坏。这种新技术将大大节省高昂的桥梁养护费用。

桥墩内部和周围的侵蚀破坏，大都来自防冻盐。如果渗透到钢筋上，会侵蚀钢筋，并导致钢筋上的混凝土碎裂剥落，使桥梁的承载能力受到影响，因而必须对其进行整修。这种整修技术非常复杂，而且不能保证万无一失。

据介绍，用户采用瓦克公司提供的有机硅原材料配方后，对16座公路桥进行试验，将这种硅烷凝胶喷涂到桥墩上，形成厚度为0.45~0.65毫米的保护涂层，防止水和溶盐渗透到桥墩中。用硅烷进行深度浸渍的费用是通常整修费用的1/10，大大降低了桥梁的养护费用。

（2）创建破解桥梁摇晃之谜的数学模型。2017年11月，国外媒体报道，人们在过桥时希望保持水平，但足够多的行人会让一座桥摇晃。2000年，在伦敦千禧桥第一次开放时便发生了这样的情况。当数千名行人穿过泰晤士河时，这座井然有序的悬索桥在脚下危险地摇晃，迫使它被关闭，造成数百万英镑的修葺。

美国亚特兰大佐治亚州立大学的伊格尔·贝利赫说，钢铁千禧桥的摇摆，是由于行人的脚步与桥的自然频率相一致产生的结果。每座桥基于其长度、宽度和材料，都有一个自然的频率，贝利赫创建了一个模型，展示了需要多少人穿过一座桥才能让它摇晃。

想象一下你在荡秋千，并试图通过来回移动身体让秋千上升。如果你晃动太快或太慢，那么什么作用都起不到。但在适当的时间间隔移动双腿却会让秋千荡起来。同样的道理，也适用于那些以一定速度在桥上行走的人。如果一群人的脚步，与桥的频率相匹配，那么它也会开始摇摆。

过去，人们认为，人群越大，晃动就越大。但贝利赫的模型显示，这不仅仅是同步产生摇摆。这是一个数字游戏。一旦人群达到临界规模，他们脚下的桥就会摇晃。

贝利赫说："我们正在设法，准确描述一座桥一次性通过行人的魔法数字。"在达到这个关键阈值之前，桥上的任何晃动（比如风）都太小了，因而无法感觉到。但当适量的人同时在一座桥上行走时，摇晃次数就会有明显的跃升。

一旦这种情况发生，实际上人们都会采取类似的措施让自己稳定，这就会使一座桥变得更加晃动。贝利赫说，人们会调整他们的自然步态来抵消这种晃动，即保持直立。

德国马尔堡大学的布鲁诺·埃克哈特认为，贝利赫的研究仍然缺失一个关键的因素：对在桥上行走的人的实验研究，而不是计算机模拟和数学模型。他说："在任何这些模型最终成为土木工程代码之前，你必须收集每座桥摇晃事件的证据，即对它们发生的时间、桥梁的特征和人数的详细研究，然后看看这些模型是否有助于做出好的预测。"

二、水上交通管理的其他新成果

（一）船舶管理方面的新信息

1. 海洋船舶管理研究的新发现

因气候变暖波罗的海沉船面临被船蛆吞噬危险。2010年1月，国家地理杂志网站报道，瑞典哥德堡大学海洋生物学家克里斯廷·阿佩尔维斯特主持的一个研究小组，近日发表研究报告称，可怕的食木船蛆，正在大举入侵欧洲北部的波罗的海。研究人员提醒说，这些动物对数千艘海盗沉船，以及历史上的其他著名沉船构成威胁。

几个世纪以来，波罗的海的低温含盐海水，一直保护沉船免受蠕虫状软体动物侵蚀。但根据这项新研究得出的推测，受全球气候变暖影响，波罗的海正为船蛆提供一个更为舒适的生存环境。

阿佩尔维斯特指出，船蛆在10年内便可让一艘沉船化为乌有，现在已经进攻了大约100艘沉船。从13世纪开始，它们便开始入侵德国、丹麦及瑞典沿岸的波罗的海海域。他说："从1990年开始，船蛆在波罗的海南部展开的入侵便呈大规模扩张之势。"

直到最近，食木软体动物仍很难在含盐量较低的波罗的海生存下来，它们的生存通常需要含盐度较高的海水。船蛆为何突然间大举扩张仍旧是一个谜，但研究显示不断上升的海水温度可能与此有关。阿佩尔维斯特表示，在温度较高的海域，动物面临的生存压力由于某种原因低于低盐分环境。

船蛆入侵将对这一地区的海洋考古产生灾难性影响。长期没于水中的史前木结构定居点以及保存完好的沉船便位于这一地区，其中包括已经打捞出海的17世纪瑞典战舰"瓦萨"号。"瓦萨"号保存于斯德哥尔摩，现已成为博物馆的一个热门展品。

为了保护这一地区保存完好的沉船免遭船蛆破坏，研究人员建议为沉船披上一件聚丙烯外衣或者使用海床沉积物和沙袋加以保护。类似这样的计划将涉及一片广阔的海域。假设波罗的海拥有10万艘保存完好的沉船，保护计划将达到何种规模我们可想而知。阿佩尔维斯特说："完好程度近乎完美的高桅横帆船仍有待我们去发现。研究人员每次派遣远程遥控设备潜入水下，都会发现新的沉船。"

2. 研制防止船舶污染的检测设备

推出船用发动机二氧化硫检测器。2005年11月，有关媒体报道，为了适应近日生效的，国际海事组织防止船舶污染国际公约的要求，英国一家船舶公司，推出可检测船用发动机排放二氧化硫的空气质量检测器。

这种海上分析仪，采用紫外线荧光探测方法，对稀释抽取排放的二氧化硫进行连续测试。

据了解，检测器质地坚固紧凑，只需要压缩空气启动，用干燥清洁的压缩空气稀释抽取船舶排放的气体后，再用长达 40 米的未加热抽样管传回分析仪。该检测器安装和使用方便，并配置了报告软件，可以获取世界各地的最新数据。

3. 开发寻找到船只的新技术

利用计算机通过听音寻船。2017 年 12 月，美国斯克里普斯海洋研究所水下声学博士艾玛·奥萨妮基主持的一个研究小组，在《美国声学学报》发表研究成果称，他们正在教机器学习，并成为像潜艇操作员一样，能够通过听声音寻找到船只。

在电影《猎杀红色十月号》中，由演员肖恩·康纳利扮演的苏联潜艇艇长，命令船员确定一个目标的定位时说："瓦西里，给我一个声脉冲，只要一个。"

这里的声脉冲是指"主动声呐"。美国海军研究办公室的鲍勃·黑德里克解释道，它是打开手电筒的声学对等物。这意味着你在获得信息，但同时也向其他船只泄露了自己的位置。

黑德里克指出："你知道对于潜艇来说，第一要务是保证不被人发现。"潜艇可以通过偷听其他船只的声音，如倾听螺旋桨和电子设备的声音，确保自己的秘密位置。这样的方法叫作"被动声呐"，通常它需要一名有技术的操作者。但研究人员正在教计算机做这件事。

他们首先用 28 个水下麦克风的阵列，记录了水下货船离开加州海岸时的隆隆声，并把这种声音和船只的真实 GPS 坐标"喂给"计算机学习算式。然后，研究人员给了计算机算式新的纪录并提问："现在船在哪里？"

奥萨妮基说："它做得非常好。"利用听学数据，计算机算式指出了 10 千米外船的位置，误差仅有两三百米。但人们并不清楚该机器现在知道什么。她说："机器学习特别是神经网络有趣的一部分是，它很难真正把具体学习的东西拿出来。它有点像一个黑盒子。"

黑德里克说，与真实世界场景潜艇需要解决的问题相比，这里使用的数据相对简单。尽管如此，他依然表示："随着进一步发展，通过努力，可以创造一个击败训练有素的操作员的计算机程序。毕竟，机器打败最好的人类操作员是有先例的。那就是另一场战役：国际象棋。"

（二）航海设施与管理研究的新信息

1. 建造远洋轮船岸上供电设施

启用世界首个环保型运输码头岸上供电系统。2004 年 6 月 21 日，美国媒体报道，当天洛杉矶港启用世界上第一个环保型岸上供电系统，中国海运集团成为使用这项供电服务的第一个客户。该公司货轮今后在港口停泊时，将不再自己发电,改用岸上电力,从而大大减少空气污染。

当天,洛杉矶市政府官员、环保人士、社区代表等数百人,在洛杉矶港的中国海运集团100号集装箱码头举行仪式,正式启用这一世界首创的岸上供电系统。

为了向停泊在洛杉矶港的集装箱运输船供电,洛杉矶水电局在码头上修建了一个特殊的变压系统,船只靠岸后,只要插上连接变压系统的插头就可以得到供电,这样在装卸货物时就不再需要自己发电。据介绍,如果一艘集装箱运输船自行发电,那么它每次访问港口期间所排放的污染气体总和,相当于一辆大型柴油卡车环绕地球三周的排污量。

洛杉矶市市长詹姆斯·哈恩在启用仪式上说:"洛杉矶港的做法,每年将为洛杉矶市带来数十亿美元的额外收入,而且这项前所未有的技术将每天减少数吨污染气体的排放,从而使洛杉矶市的环境更清洁。"

中海集团总裁李克麟在仪式上说:"空气质量不仅是洛杉矶市民关心的问题,也是所有人关心的问题。我很自豪中国海运成为第一家使用这种替代电力的船运公司。"

2. 加强海洋航运与生态保护关系研究的新进展

开发出最精细的三维海洋图。2016年12月16日,美国地球物理学会在加利福尼亚州旧金山召开的一次会议上,美国地理信息系统公司首席科学家道恩·赖特,与美国地质调查局生态学家罗杰·塞尔一起负责的海洋生态单位项目国际研究团队,报告了一项研究成果,他们开发出一张新的三维地图,从深而寒冷的极地海域到缺氧的黑海,把全球水体分成37个类别。这项成果,有利于防止海洋航运对海洋生态环境造成不必要的干扰和影响。

新的三维地图,将具有相似温度、盐度、氧气和营养水平的海洋地区组合在一起。它刚刚问世几个月,研究人员仍在研究如何使用它。但开发该三维地图的国际团队,希望它将帮助环保主义者、政府官员和其他人,更好地了解海洋生物地理学信息,以及做出保护海洋的决策。它同时还可以作为分析未来海洋变化的一条具有丰富数据的基线。

许多现有系统也试图对海洋变化进行分类,例如大的海洋生态系统列表和朗赫斯特生物地理省份(由海洋生物消费碳的速度所定义)。但这些系统往往局限于海表或海岸生态系统。而最新的工作,被称为海洋生态单位,是迄今为止,在3个维度上覆盖全球海洋的最详细的尝试。

赖特表示:"人们经常遗漏的是海表与海底之间的部分,而这正是我们的项目有望呈现给用户的东西。"赖特所在的公司,在2016年9月为海洋生态单位数据建立了一个门户网站,并在此后的会议上多次提出这一概念。

海洋生态单位,能够帮助解释海洋生物为什么在那里生活。在东部热带太平洋海域,三维地图展现了富含氧气的海水与缺乏氧气的海水之间的一种复杂相互作用。在某些点上,低氧区的边界在向海洋表面移动,而在其他一些区域则向更深处倾斜。

杜克大学海洋生态学家帕特里克·哈尔平认为，这一变化，影响了具有重要经济价值的金枪鱼渔业的坐标。他说："从三个维度来看，这是一件很有趣的事，相当独特和令人满意。"

哈尔平强调，这些数据可以指导联合国划分一系列具有生态或生物学意义的海洋区域，从而为保护海洋生态环境打下基础。同时分析海洋生态单位的分布，将有助于查明这些海洋区域的边界，并且确保该区域能够获得全部的海洋生物地理多样性。

开普敦一家研究机构的空间分析协调员希瑟·特拉庞说，南非国家生物多样性研究所，对使用海洋生态单位很感兴趣，它可以为该国将在2019年进行的下一次国家生物多样性评估，更新有关开放海洋和深海栖息地的数据。

挪威阿伦达尔环境信息管理中心海洋地质学家彼得·哈里斯则表示，那些没有钱收集自己数据集的国家，可以使用免费的海洋生态单位数据，设计合理的海洋生产和航运体系，并通过可视化管理它们的海洋资源。

海洋生态单位的产生，是在陆地上使用类似绘图技术的一项计划的第二步。政府间地球观测组织曾要求塞尔率领一支队伍对陆地生态系统进行分类。塞尔表示，接下来，研究人员便将他们的目光从陆地转向了海洋："它就像生态系统在全世界的映射。"

研究人员从由美国国家海洋与大气管理局负责的，世界海洋地图集中的5200万个数据点入手。它们包括了每隔27千米采集的化学和物理参数信息，并由此形成了一个三维网格。在此基础上，研究人员添加了其他数据，例如海底形状，并利用统计学技术，把最终的结果划分为不同的类别。有专家说，依据这张三维海洋图，可以设计出更加合理并有利于保护海洋生态的航运路线。

第三节　航空交通设施与管理的新进展

一、航空业与机场管理的新成果

（一）航空业发展与管理的新信息

1. 加快航空业发展的新举措

（1）提出加大航空科技开发的投入。2010年6月17日，有关媒体报道，俄罗斯领导人普京当天视察了位于莫斯科郊区的航空城茹科夫斯基市。普京宣布，2012年前国家将拨款约3.6亿美元发展该航空业中心。其中1.3亿美元用于茹科夫斯基市的基础建设。而世界上最大的航空科研中心俄罗斯中央流体动力研究院将获得3000万美元的财政支持。该研究院拥有俄罗斯唯一能满足国际最高要求的试验基地。该研究院 2009 年的订单达到了 1.06 亿美元，2010 年已有 1.3 亿美元的订单。

普京指出，根据中央流体动力研究院的发展计划，将要新建 3 个大型风洞，需约 20 亿美元。这些资金国家将会单独分期拨给。

目前，世界上共有 11 座跨音速风洞，其中俄中央流体动力研究院的 T-128 风洞在尺寸上位居第三，但其气流质量却是所有风洞中最好的。俄罗斯的"苏霍伊超级喷气 100"、MC-21、图-204、苏-27、米格-29 和 T-50 等的模型都在该风洞中进行过吹风试验。另外，T-128 风洞也完成了"波音"和"空中客车"飞机的部分试验。

（2）探索培养航空人才的新方法。2011 年 10 月，俄罗斯媒体报道，从 2011 年年初开始，俄罗斯国立新西伯利亚技术大学，飞机和直升机制造专业的学生，开始使用新的教学大纲。新教学大纲，由该校飞行器系教学人员，与新西伯利亚契卡洛夫航空生产集团领导共同编制，该生产集团是俄罗斯著名飞机制造商苏霍伊公司旗下的企业。这样，编制新教学大纲，其目的是为了培养能满足现代航空生产要求的高技能专门人才。

纳入新大纲中的专业课程，是未来毕业生在航空企业胜任工作必须拥有的知识，如现代生产组织方法、现代生产企业管理方法、企业资源计划系统理论等。学生要掌握先进的信息系统、机械加工技术，学会用超精工具进行生产装配、资源管理、设计并生产飞行器的部件。

为了解决苏联解体后企业人员老化、年轻技术人员不足的问题，苏霍伊公司采取各种措施加大对年轻技术人才的培养。通过近 10 年的努力，高技能的年轻技术人才不断充实公司各部门，每年进入公司的年轻专业人才超过 300 人。

公司通过举办科学实践大会、加强合作伙伴与企业的相互协作、培养生产管理的专家、组织"最佳年轻经理"和"最佳特长"竞赛，不断吸引、稳定年轻人才。目前年轻专业人员的数量已经占到公司工程技术人员的 30%。这些年轻技术人员在解决创新发展中遇到的问题时发挥了重要的作用，为提升公司竞争力做出了巨大贡献。

（3）加大对民用航空制造业的支持。2017 年 7 月 18 日，俄罗斯媒体报道，当天，在莫斯科召开的民用航空制造业发展会议上，俄罗斯总统普京表示，2017 年计划用于支持民用航空制造业发展的国家财政拨款，比上一财政年度有较大幅度提升。

普京说，近年来，俄罗斯对民用航空制造业给予了大力支持，2016 年国家财政用于发展该行业的拨款达 520 亿卢布，2017 年将增至 600 亿卢布。他还指出，国家对民用航空制造业发展的支持，已见成效。

统计数据显示，2016 年俄罗斯民用航空制造业指数，比 2015 年增长 21%。同时，俄在民用航空技术与人才方面，拥有发展潜力。苏霍伊超级 100 型客机、卡-62型多功能直升机、ＭＣ-21双发中短途干线客机等一批有前景的机型，相继问世。这些都有利于继续加强俄民用航空产品，在国内及国际市场上的地位。

普京说，未来要进一步扩大俄罗斯民用航空产品，在国内及国际市场上的份额。这不仅要求该行业提高产品质量与可靠性，同时需要提供完整的售后服务，包括航空产品的保养、维修及相关零部件供应等。

2. 加强航空管理和服务的新进展

着手开发新一代空中交通管制系统。2011年12月6日，法国媒体报道，法国民用航空总局和法国泰雷兹公司日前发布联合公报说，法国将开发新一代空中交通管制系统，它将有助优化飞机航线。

公报说，新一代法国空中交通管制系统，由泰雷兹公司负责研发。新系统将于2015年前在法国雷恩的地面控制中心完成测试，将于2020年在全法空管中心应用。

新系统同欧洲统一天空计划原则相匹配，并将满足2020年时空中交通量的增长。新系统将依据天气条件等数据优化飞机航线，所有航班信息将实现大屏幕电子化。

法国每年空中交通量以2%~3%的速度增长。目前，法国空中交通管制使用的是泰雷兹公司21世纪初开发的系统，该系统是2003年启用的。

（二）机场建设与管理的新信息

1. 研制机场导航仪器设备的新进展

（1）开发出能"透视"的新型飞机导航装置。2005年10月，俄罗斯新闻网报道，美国航空航天局一个研究小组日前研制成功一种辅助驾驶系统，可以帮助飞行员们在夜间和雾天安全地驾驶飞机，因为它带给飞行员的感觉就像是在晴朗的白天。

研究人员介绍称，这种辅助驾驶装置的正式名称是"人工影像系统"，它可以充分地利用GPS导航卫星的信号和机载仪器获取的其他信息，以便准确地确定飞机的飞坐标和飞行姿态。然后，该系统便会自动地从数据库中调取相关地区的高清晰度三维地图资料。

计算机会通过一块位于驾驶员前方的半透明玻璃，将飞机下方和前方地形的彩色三维图像显示出来。这样一来，对飞行员来说飞机前方的云雾将会变得"透明"起来，此外，黑夜也将不再是一种障碍。

除了可以显示与现实情况完全吻合的立体图像外，驾驶员前方的半透明玻璃还可以显示导航信息和与飞行状态有关的数据（如爬升、下降和飞行高度等）。目前，试验型的"人工影像系统"，已被安装到了一架"湾流"G5型商务机上，累计测试时间已超过67个小时。其中一次还全部拉上了驾驶舱中的窗帘，飞行员完全依靠"人工影像系统"完成了飞行。

美国航空航天局认为，在民用飞机上引入这套系统，将有助于降低能见度较差时由于飞行员根本无法根据传统仪器做出及时反应而发生的碰撞事故。

（2）开发出新型飞机盲降导航仪。2012年12月，俄罗斯媒体报道，近日，俄航空驾驶研究中心，研发出一种新型无线电卫星导航仪，可实施飞机盲降。近期将进行国家级试验。

当前世界各类飞机普遍使用的是惯性导航和卫星导航系统，惯性导航是依据牛顿惯性原理，利用陀螺仪和加速度仪实现自主式导航，卫星导航则是根据接收的GPS和"格洛纳斯"全球卫星导航定位系统数据，计算飞行坐标进行导航。

俄罗斯这种新型无线电卫星导航仪，可替代当前飞机在用的导航系统，其采用了一种称之为相对位置导航的计算原理，即同时有两架飞机接收GPS和"格洛纳斯"信息，然后二者进行实时数据交换，并利用相对定位方法确定飞行坐标等信息，可将坐标数据精度提升至几十厘米级，从而实现飞机在大雾等不良天气条件下和复杂环境下的安全盲降，以及规避碰撞等事故。

这种新型导航仪由于外形尺寸不大，实际上可安装到任何类型的飞机上。最初，该导航仪的研制目的是用于飞机的远距离飞行，之后根据俄"发展民用航空"联邦专项计划，对其功能进行了相应调整，不仅可以导航，而且还可以实施飞机盲降。如果该导航仪通过近期的国家试验，俄罗斯海军将在舰载机上首先尝试应用该导航仪。

（3）开发出超精确航空导航系统。2013年2月，俄罗斯媒体报道，在莫斯科郊外的茹科夫斯基航空科学城，一项超精确导航系统飞行试验，在苏–30歼击机上进行了80余次的飞行试验，现已接近完成，即将开始推广应用。

普通导航系统误差为10~20米，通常只有大型机场才能保障飞机在天气不良条件下的降落。俄罗斯专家通过使用计算机软件系统确，对接收到的卫星导航定位数据与飞机上传感器数据对比，使误差缩小到1米，飞行员在飞行过程中借助显示屏，甚至可以在没有照明的跑道上盲降。

装备这种系统的飞机，将不再受天气变化的影响，可降落在各种条件下的小型机场。如果把这种新系统安置在直升机上，直升机可以在以前不能起飞的天气条件起降工作。

2. 合理安排机场航班研究的新进展

（1）开发出有利于航班安排的机场局部天气预报系统。2005年2月，德国媒体报道，近日，一场大雪让德国南部慕尼黑机场的管理人员措手不及。旅客们纷纷聚集在候机大厅的航班告示牌前，焦急地盼望自己乘坐的航班能马上起飞。然而，告示牌的各个航班全部显示"晚点"。到了下午，22个航班被取消，250个航班晚点，最早也得等待一个半小时。

在阿尔卑斯山多雪地区的机场，每到冬天，这种现象并不罕见。2004年年底的一场雪使慕尼黑机场取消了60个航班，200个航班晚点。德国汉诺威大学气象学家托马斯豪夫称，一场恶劣天气可以将飞行计划搞得乱七八糟。要保证飞机能够正点起降，必须提高天气预报质量。也就是说，提高天气预报质量不仅可以确保飞机正点起降，还能提高飞行安全。为此，科学家、飞行员、领航员、机场管理人员开始计划共同对"天气与航空"问题进行研究。此前，德国科技界对这些问题的关注并不多。

美国一项研究证明，大约65%的飞机晚点都是由恶劣气候造成的。航空业每年因此浪费的燃油及更换飞机、安排住宿等的花费达30亿美元。2003年，德国汉莎航空公司因飞机晚点而耗资约2亿欧元。

为了解决这一问题，科学家在研究中先用统计学方法，找出哪些天气会影响飞机晚点，然后推测出今后一些日子有多少航班有可能晚点。计算表明，大约有25种因素，可以影响飞机正点到港，这些因素有强风、暴雨等。当然，各种因素的影响程度是不同的，如雾天，目前的技术已经使之不会造成很大影响，一架空中客车在能见度为零的情况下也可以安全起降。令人头疼的是冰雨天气，因为飞机在起飞时跑道上不能有冰，加上飞机本身也要除冰（一架波音737的除冰时间约10分钟），这样便延长了起飞时间，通常比航空公司预定的起飞时间延长1/3。

对空中交通来说，暴风雨天气是十分危险的。冰雹、瓢泼大雨或狂风雷电都是威胁飞行安全的因素。科学家对法兰克福机场的情况研究后发现，这种天气对机场的影响长达3小时之久。也就是说，在这期间，有上百架飞机延误约上千分钟，由此所发生的费用可达数十万欧元。如按每年出现23次这种天气计，机场所损失的费用达230万欧元。2003年，德国汉莎航空公司330架飞机的等待时间达9000小时，多耗油3.4万吨。

豪夫认为，要降低这些不必要的损失，必须提高天气预报的质量。一般来说，暴风雨可以提前3~4小时预报，采用气象雷达还可准确定位，这时人们可以提前通知要飞往法兰克福的飞机，一个半小时后机场上空有暴风雨。这样，飞行员可以采取措施，避开暴风雨，避免让旅客在机场停留很长时间。

20世纪90年代末，美国航空管理局在芝加哥、纽约等机场，安装了新开发的机场天气预报系统。该系统根据来自不同渠道（从卫星到机场安装的测风仪等）的气象信息，筛选出十分具体的半小时天气预报，从而使上述机场的晚点费用降低了10%~40%。

专家认为，这种系统对德国机场来说也很有价值。但欧洲在这方面晚了15年，气象中心提供给国际机场的天气预报还是一般天气预报。目前，研究人员需要的是能根据区域性数据、卫星图像和局部天区数据，计算出短时精确天气预报的计算机程序，但要开发出这种程序还需时日。

据世界航空组织预测，至2015年世界空中交通工具将增长一倍。气象专家相信，随着今后飞机数量的剧增，开发这种系统是值得的，因为今后的航空将更加依赖准确的天气预报。

（2）开发出机场航班起降的预测程序。2014年4月，新加坡媒体报道，新加坡科技研究局在新加坡航空展上分享最新研究成果时指出，其属下资讯通信研究院一个研究团队研发的新数据分析程序，用来预测航班起降的准确度，比目前的预测系统高40%。

报道称，这个新开发的程序，可以根据各航点、各班机起降的时间，以及航程中的天气变幻等因素，更精确地计算航班可在机场降落的时间。这除了让机场能更好地规划不同航班的起降，也能让航空公司节省燃油和人力成本，顾客也会对其服务更满意。该程序2013年在通用电气公司举办的国际竞赛中赢得冠军。

新加坡科技研究局表示，波音公司目前已采用这套程序。该局本周一也刚与空中客车公司签署谅解备忘录，空中客车正式加入他们的航空计划，也会一同进行研究，空中客车因此能够借助新加坡研究团队在数据分析这方面的能力。

除了航空业，电信业和银行业也能利用这套程序来分析顾客的资料，如：顾客为什么转投其他电信业或银行等。

新加坡科技研究局在数据分析的另一个研究成果，是开发名为"扫阴霾"的图像分析及计算程序。机场控制塔人员和飞行员在遇到烟霾、大雾等情况时，能够使用这套程序"拨云见日"。程序通过加强图像的反差和色泽，帮助航空业者改善在恶劣气候时的能见度。海事业者也能在水底使用这套程序。目前已有一些消费者对它表示感兴趣。

新加坡科技研究局自2007年开始实施航空研发计划，与空中客车、波音、劳斯莱斯等业者合作，包括上述研发成果，至今已经展开了超过50项计划。

（3）运用大数据减少与天气相关的航班延误。2014年12月23日，物理学家组织网报道，美国密歇根大学工业和运营工程学博士生布瑞恩·勒梅主持的一个研究小组，已经收集了超过10年的气象观测和美国国内航班数据，开发出先进的数据分析模式，可以帮助航空管理更加有效。今后，乘客遇到航班延迟的事可能会少得多，这恐怕要得益于该研究小组把有关大数据的研究，注入航空的有效管理中。

勒梅说："该项目使用公共数据已有多年，其规模和范围具有独特性。首先我们在一个地方收集这些数据，非常精确地分析出天气和航班延误是如何相关的，远远超出单个机场的分析。"

勒梅说："我们可以看到亚特兰大的天气，可能会影响当天晚些时候在底特律的飞行，或通过系统分析加利福尼亚的天气变化，是如何延误东海岸的航班飞行。"

这所大学研究航空业运营的副教授艾米说："总的目标，是使航空公司在航班延迟发生之前,进行预见和处理。现在,大多数航空公司只能对延迟进行弥补,一般处理天气延误的航班是在其发生之后。我们的大数据能够让他们事先预测延迟,以更好地与乘客沟通,以及优化资源。"他说,来自项目的数据,可用来构建计算机建模软件,预测假设航班和不同天气情况之间的结果,帮助航空公司提前得知因天气发生的延误。

这些知识信息,将使航空公司依据天气模式调整飞行时间表。它也可能引导乘客做出新的选择。例如,航空公司可以提前几天预测到未来航班延误,然后未雨绸缪地提示给乘客加以避免。航空公司也可以预先发出警告,更有效分配自己的资源、地勤人员、飞行人员和其他资产,以减少损失。

3. 完善机场安检系统研究的新进展

启用机场护照自动识别系统。2012年3月27日,荷兰一份新闻公报称,荷兰阿姆斯特丹的斯希普霍尔机场将于次日启用旅客护照自动识别系统。

据悉,这一护照识别系统外观与普通安检门相似,但当旅客经过这一"安检门"时,系统摄像装置会自动对人体面部进行扫描,之后与已存储在护照上的生物芯片内相关信息进行核对,以辨别护照真伪。

机场海关表示,新系统将大大缩短旅客排队等候入关的时间,也可以大幅减轻工作人员人工识别护照真伪的工作量。但它并不能完全取代人工,在对一些可疑乘客进行检查时,依然需要额外询问和检查。据介绍,即将启用的新系统,需要进行一段时间试用,预计到时候会在斯希普霍尔机场安装36套新系统。不过,这一系统,目前只适用于持有欧盟国家以及挪威、冰岛等国护照的旅客。

二、飞机发展与管理的新成果

(一)无人机发展与管理的新信息

1. 促进无人机发展措施的新进展

(1)准备对无人机航空飞行"大开绿灯"。2013年12月17日,美国《大众科学》网站报道,美国联邦航空管理局表示,拟对无人机开放天空,本月将在全国挑选6个州进行试验,并为不到55磅的无人机制定飞行准则,以便在2015年把无人机纳入国内的航空飞行计划中。计划于2014年进行的飞行测试,将塑造无人飞行器未来几年甚至几十年的形态、面貌和格局。

现在,美国已有24个州提出申请,要求在本州设立无人机飞行的试验基地,以观察无人机究竟能否在航空业与传统客机共存。在美国国内发展无人机的最大障碍,是如何保证不会撞上每天在天空翱翔的7万架有人驾驶的飞机。

北卡罗来纳州立大学下一代航空运输中心的负责人凯尔·施奈德表示,2014年,无人机的活动将达到前所未有的程度,像他目前负责的中心这样的机构,正持续不断地为无人机系统研究人员和美国联邦航空管理局收集测试数据。对于农民、地产中介等人来说,这是一个好消息,而对于那些仍然害怕机器人在头顶飞过的人来说,入侵已然发生。

（2）加大对无人机技术的研发投入。2017年5月,有关媒体报道,自2016年10月丹麦政府发布"丹麦无人机战略"以来,丹麦高教与科学大臣近日宣布将投入2750万丹麦克朗,支持开展新的无人机技术研究。

这项计划,是丹麦政府实施"无人机战略"的23个行动方案之一,主要支持无人机技术在几个重要领域的应用开发,如农业、建筑和能源及其他领域,以进一步促进丹麦在无人机技术领域的领先和强国地位。

该研究计划将资助2017—2018年度的4个项目:一是无人机的新使命,特别是船舶运输与能源部门的应用,资助1150万丹麦克朗;二是无人机从开发到应用,特别是应用到农业、建筑和基础设施领域,资助700万丹麦克朗;三是无人机的计量标准,特别是适用于操作员进行现场或短距离的测量和检查,资助300万丹麦克朗;四是无人机技术与知识向企业宣传推广,资助600万丹麦克朗。

2. 加强无人机管理措施的新进展

实施小型无人机拥有者实名注册制度。2015年12月14日,美国媒体报道,美国政府当天宣布,将从下周开始对小型无人机的拥有者,实施实名注册制度。在无人机数量日益增多的今天,美国政府认为,注册制度将保证追踪到不遵守安全飞行规则的小型无人机归谁所有,以促进保障航空安全。

美国运输部下属联邦航空局当天发表声明说,重量在0.25~25千克之间的无人机属于小型无人机,多用于娱乐,必须进行登记注册。0.25~25千克的重量范围包括摄像头等无人机上加载的装置在内。对于超过这一重量上限、多用于商用的无人机,美国早有相关法规要求登记注册。重量小于250克的无人机由于飞不高,美方目前不要求将其登记在册。

按照上述新规,对小型无人机拥有者的注册从12月21日开始,该时间节点前购买的无人机必须在2016年2月19日前完成注册,该时间节点后购买的无人机必须在第一次户外飞行前完成注册,可通过书面和在线两种方式进行注册。

美国运输部长安东尼·福克斯在声明中说,"无人机爱好者也是飞行员,飞行员的身份带来巨大责任"。实施注册制度,将使管理机关有机会与小型无人机拥有者携手,促进安全地操作无人机。

据美国联邦航空局介绍,注册者须提供姓名、家庭住址和电子邮件地址。注册完成后,他们将收到一个无人机注册证书与无人机拥有证明,证书含有唯一的识别号,今后注册者的无人机飞行时必须贴上这个识别号。如果一个人拥有多架小型无人机,此人仅需注册一次,其所有小型无人机都可贴着同一个识别号。从2015年12月21日开始的30天内,小型无人机拥有者可免费注册。过了这一时间段,每次注册收费5美元,一次注册的有效期为3年,到期后需再次注册。

该机构还指出,随着圣诞节购物季的到来,预计将掀起又一轮无人机消费热潮。在圣诞节前实施注册制度,也为小型无人机拥有者和操作者们提供了受教育的机会,让他们知道要遵守航空安全规定,必须负责任地操控飞行。

(二)飞机安全管理系统研究的新信息

1. 飞机安全飞行设备开发的新进展

(1)研制出首个可自动报警的空中飞行防撞系统。2004年7月,有关媒体报道说,飞机编队,特别是执行战术任务的飞机编队,在空中飞行时,相互碰撞这类恶性事件时有发生。为防止这种不幸的出现,许多国家都在想方设法解决这个问题。以色列飞机工业公司近日对外宣称,它们已经成功地研制出一种能够防止中低空高度飞行的直升机编队,发生相互碰撞的防撞系统。

这个系统将所有参加编队的飞机编制成网络,并监视被覆盖在其中的所有飞机的飞行情况。如果发现有飞机在15秒钟之内,将与其他飞机发生"交通拥堵";或飞机相互之间的距离等于或少于40米;或者在盘旋降落时可能遇到碰撞等情况,防撞系统将利用动态高轨道评估运算法则,来计算碰撞发生的条件,并自动向飞行员报警。如果系统预感要发生碰撞,还会告知飞行员应迅速采取的必要措施。

该系统包含一个全球定位系统(GPS)、数据连接和无线电高度计。高度计被用来给监视网络发送数据,而监视网络则跟踪所有直升机的运动和位置情况,记录各种飞行数据,用图像描绘最近发生的错误等,并依照吸取教训的原则,向当事人提供阻止错误再次发生的办法。

使用这种系统,既可以有效阻止,执行战术任务的飞机发生自相残杀,而且还可以防止进行编队飞行的直升机,发生空中相撞事故。该系统,不仅可以用于军事目的的直升机编队,也可以用于民用直升机编队。

(2)研制出民用客机反导弹系统。2004年7月13日,以色列媒体报道,由以色列飞机制造公司和以色列军事工业公司联合研制的,用于民用客机的"飞行卫士反导弹系统",日前试验成功。

该系统主要由三部分组成:雷达、控制中心和专用红外诱导信号。在进行的模拟试验中,由以色列爱尔塔电子工业公司研制的雷达系统,发现了模拟发射的肩扛式萨姆-7导弹,控制系统随即发出诱导信号,将模拟的来袭导弹引开。

据报道,美国的航空安全系统公司,已经买下"飞行卫士反导弹系统"的销售权,并为此购进两架客机用于安装和演示该系统。

(3)开发新一代机载雷达安全预警接收装备。2006年7月,有关媒体报道,以色列飞机工业公司发布消息,该公司下属的全资子公司埃塔系统公司,耗资数千万美元,终于成功开发出,一种能够显示"威胁"来自何方的,新一代机载雷达安全预警接收装置。

这种名为EL/L—8265RWL的技术装置，集雷达预警与高精度定位系统于一体，重量轻、体积小，适用于有人或无人操作的飞行作战平台（如战斗机等）。它具有在信号密集、情况复杂的雷达环境下工作，截取、测量、鉴别和定位所有雷达类型的特点。这种小巧的雷达安全预警装备，还具有向飞行员提供"威胁"精确定位的能力，并向飞行员显示假定"威胁"的精确图片。

该装置的主要技术特点有：空间覆盖范围为360度；天线构造简易化；没有校准要求；使用数字接收机；对威胁进行自动探测、鉴别、高精度定位和显示等。

2. 减少飞机飞行事故研究的新进展

（1）揭示鸟儿撞上飞机的生理秘密。2015年1月，美国媒体报道，20多天前，一架美国西南航空公司载客近150人的飞机，在与一只飞鸟发生碰撞后被迫紧急降落。那么，当一个巨大的金属物撞向这些鸟类的时候，这些长着羽毛的人类的朋友，为何没有躲避开呢？近日，一个由野生动物学家组成的研究小组，在《英国皇家学会学报B》网络版上发表文章，揭开了其中的奥秘。

由于很难在不导致伤亡的情况下进行现场试验，所以该研究小组选择了虚拟现实的方法。他们在一个密闭的空间中，对着一群棕头燕八哥播放卡车以每小时60~360千米的速度接近它们的画面，以研究这种鸟的反应。科学家发现，燕八哥注意力集中在自己与卡车之间的距离上，而非卡车的速度。研究人员在文章中表示，燕八哥总是在卡车距离30米远时飞离。

研究人员认为，这种策略，或许可以帮助它们逃离自然界的捕猎者如鹰隼，但高速公路上的汽车和其他运行时速达到120千米以上的交通工具，对于它们则是致命的。同时，研究人员也认为，尚需更多研究来确认其他的鸟儿和动物是否也具有类似的行为习惯，但是他们表示，可以给飞机安装特殊的灯，从而警示鸟儿在距离较远时就躲开。

（2）发现可减少飞机被雷击风险的新方法。2018年3月，美国麻省理工学院一个航空专家组成的研究小组，在《美国航空航天学会杂志》上发表研究成果称，航空专家估计全球每架商用飞机，每年至少会被雷电击中一次，其中90%是飞机自身引发的。针对这种情况，他们提出，在必要时给飞机外壳加电，能大幅减少被雷击的风险。

飞机在带电的雷雨环境中飞行时，一端积累正电荷、另一端积累负电荷，电压差高到一定程度后，会产生导电的等离子体流，导致飞机更易被雷电击中。研究人员提出，用传感器监测飞机外壳带电情况，必要时施加电流调整电荷分布，可以有效预防雷击发生，加电设备所需的能量比一只普通电灯泡还低。

麻省理工学院发布的新闻公报说，初步模拟显示，采用这种防护措施后，外部电场强度要提高50%才会发生雷击。研究人员下一步将用风洞进行简化实验，然后在更现实的情形下测试，比如无人机在雷雨天气飞行。

绝大多数雷击事件不会危及乘客安全，但机体和电子设备可能损坏，遭受雷击后必须及时检修。如果损伤较重，飞机将被迫退役。此外，新型飞机部分使用了碳纤维等非金属复合材料，更易被雷击损坏，防雷和维修成本高昂。

（三）飞机管理系统研究的其他新信息

1. 改善飞机服务工作研究的新进展

空中客车率先推出"空中医疗站"。2005年7月，法国媒体报道，为更好地服务乘客，总部位于法国图卢兹的空客公司，率先提出在飞机上设置"空中医疗站"的创新方案，即在客舱中开辟出一个可以容纳一人的专门区域来放置医疗设备，为那些突发疾病、转院或正在治疗中的乘客提供方便。同时也为其他乘客，包括爱好乘飞机到各地旅游的老年乘客增添一份体贴和保护。

空客公司的首家空中医疗站，将安装在A380飞机上进行最初的测试。医疗站可以在空客飞机各系列飞机上得到广泛推广，能够按照医疗要求提供初诊、一般内科或急诊，还能够处理突发疾病或机上紧急情况，并可以与地面专业医疗中心联系，进行远程医疗。

空中医疗站内将放置一个躺椅，可以作为患者的诊疗床，还有一个服务人员座椅和可以灵活放置的医疗器械，如呼吸器、氧气机、心电图仪等。空中医疗站的设置，不需要对飞机的内部结构做特殊的改造。

2. 增强飞机环保意识研究的新发现

发现航空生物燃料或可减少污染物排放。2017年3月，美国宇航局兰利研究中心理查德·穆尔主持的一个研究小组，在《自然》发表的一项研究成果显示，在巡航情况下，与使用常规燃料相比，混合使用常规燃料和生物燃料，可以使飞机发动机的颗粒污染物排放量减少50%~70%。该发现，带来了有关飞行中的飞机，使用生物燃料所产生的环境影响的重要数据，这是此前没有报道过的，它或有助于评估，将航空生物燃料用作一种缓解气候变化的可行策略的潜力。

飞机发动机排放的气溶胶促进云的形成，它表现为航迹云。通过与太阳辐射发生相互作用，以及改变大气层中的含水量，航迹云能够对气候产生影响。过去已经有研究评估可持续生物航空煤油在减少污染物排放方面的潜力，但是过去的测试都是在地面进行的，而地面发动机的运行条件与飞行中的情况非常不一样。

穆尔研究小组，报告了对试验飞机污染物排放量的空中测量结果，该试验飞机的4个发动机或加了常规Jet A航空煤油，或混合加了Jet A航空煤油与生物燃料（来自亚麻籽油）。研究人员在研究机上进行观测，研究机在试验飞机后面飞行，两者距离为30~150米，飞行高度为9140~10970米。

而且，研究人员称，混合生物燃料产生的气溶胶排放量显著低于常规燃料，不过在高推力情况下的降幅,不如在中低推力情况下明显。该实验也提供了排放出的气溶胶粒子种类信息,可帮助建模研究,来评估使用航空生物燃料,是否属于一种能够促进缓解气候变化的可行策略。

3. 健全飞机控制检测系统研究的新进展

借鉴神经运行原理研制飞机控制检测系统。2017年8月,俄罗斯媒体报道,在俄前景研究基金的支持下,俄罗斯有关部门组成一个研究小组,近期完成了最新的用于航空飞机的控制检测系统研发,该系统的工作原理借鉴生物体的神经系统。

研究小组负责人表示,该系统不会影响飞机的原有结构,可在任何时间对飞机部件的状态进行评估,并计算出该部件的剩余使用时间,安装该系统将大大提高现代飞机的安全性。

研究人员表示,相对于目前世界上已有的类似系统,该系统将通过光纤在飞机内部传导信号,更远距离的信号传递则采用激光的方式,而不同于其他类似系统采用电信号的方式。采用光学探测器及光纤传递信号,能更准确迅速的检测飞机部件出现的缺陷,从而显著提高飞行安全。

第四节 航天交通设施建设的新进展

一、月球航天平台建设的新计划

(一)推进月球基地建设的新信息

1. 制订和实施建立月球基地的计划

(1)打算在月球建立自动航天器着陆基地。2010年10月18日,俄媒体报道,俄罗斯主要的航天器研究和生产企业之一拉沃奇金科研生产联合体经理兼总设计师哈尔托夫透露,俄计划在2015年之后,在月球上建立自动航天器着陆基地。

哈尔托夫说,2015年之后,俄罗斯将启动"月球-资源2"探测计划。根据这一计划,俄罗斯将在月球兴建航天器着陆基地、发射具有大作业半径的月球车、研制能从月球上发射的火箭、研制装载和储存准备运回地球的月球土壤样本的设施等。按照计划,俄罗斯航天部门还将实施航天器在月球的精确着陆。

哈尔托夫说,"月球-资源2"探测计划,是俄罗斯重返月球探测计划的第三阶段。在这一阶段,首先要将一个重型月球车送上月球,并让月球车在月球表面采集土壤样本。在该阶段的第二步,将使用从月球上发射的火箭,把月球土壤样本带回地球。俄罗斯重返月球探测计划的第一阶段,将于2013年开始实施。

（2）用三维打印技术开展建造月球基地的实验。2013年2月1日，物理学家组织网报道，欧洲空间局联合多家机构，正在验证通过三维（3D）打印的方法，用月球表层的风化土壤来建造月球基地的可行性。目前，他们已用1.5吨的模拟月壤造出了一块基地建材样品。如能进一步解决相关问题，建造月球基地的宏伟工程将变得更加简单。

英国福斯特建筑事务所，为月球基地设计了一种承重的"悬链"式穹顶，结合可压力充气的细胞状单元格结构的墙壁，以保护宇航员免受微流星体和空间辐射的伤害。设计原则由月球土壤的性质决定，中空的密闭细胞结构就像鸟类的骨骼，是强度和重量的完美统一。事务所专家模型组的泽维尔·凯斯蒂利亚说："我们常为地球上的极端气候条件设计建筑，并尽可能开发环境效益，利用当地的可持续材料。设计月球居住地也是遵循同样理念。"

研究所用的D-型打印机由英国单晶石公司提供，有一个6米长的移动打印喷头阵列，可以在一种像沙子似的材料上喷出黏合剂。D-型打印机通常用来打印雕刻品和人造珊瑚礁。单晶石公司总裁恩里科·迪尼说："我们首先要把模拟月壤与氧化镁混合，让它们变得像'纸'一样。建筑'墨水'是一种黏合盐，能把建筑材料变成像石头一样的固体。目前我们打印建筑物的速度，约为每小时2米，下一代打印机将达到3.5米，一个星期就能打造一个完整建筑。"

意大利空间研究公司和圣安娜高等大学比萨工程学院，对3D打印的真空作业影响进行了评估。参与评估的乔瓦尼·凯萨里提解释说："打印中的液体在无保护真空环境下会很快蒸发干净。我们将打印喷头插在表层土下，小于2毫米的液滴会由于土壤的毛细管张力效应而留在土中，所以打印在真空中也能进行。"但如何控制月球灰尘和加热的问题，还需进一步研究。3D打印在室温下才有最佳效果，而月球表面日夜温差极大。

模拟月壤是由专门公司提供，通常论千克卖给科学测试，而这次却用了几吨之多。恩里科补充说："意大利中部一处火山的玄武岩，经分析和月球土壤的相似性达到了99.8%，可以用来模拟月壤。"

欧洲空间局载人航天小组斯科特·霍夫兰表示："3D打印是一种有潜力的方法，有助于在建造月球居住地时减轻地球后勤供应的负担。国际空间机构可以考虑这种新的可能性，将其作为普通探索方案的一部分。"

2. 提出与月球基地建设计划相关的设想

（1）设计出可为月球基地提供电力的便携式核反应堆。2011年8月30日，美国太空网报道，美国能源部爱达荷国家实验室科学家詹姆斯·沃纳领导的研究团队，设计了一种只有手提箱大小的原子能发电装置，并准备先制造出一个原型样品。由于其体积小，耐久性强，将有望为建立月球基地以及登陆火星等任务，提供电力支持。

沃纳说，虽然这种便携式反应堆的发电量，无法与传统核电站相提并论，但能满足 8 座普通住宅的用电需求。而小巧的尺寸更赋予了它不少大型发电装置所无法企及的优势：这样的发电装置更加灵活，可以放置在行星上无人居住的陨石坑或洞穴里；此外，由于外形小巧、容易移动，对经常需要移动的太空工作而言，更是极为适合。

沃纳表示，美国航空航天局已经为这种便携式发电装置，设想了几个潜在应用领域，如将用其驱动氧气和氢气发生器，或为各种车辆和设备充电等。该研究团队计划 2012 年建造一个原型样品，以测试其功能。

目前，宇航员使用较多的供电装置是太阳能电池，通过光电转换为交通工具或其他设备补充电力。但即便是在太空中，光源也不是完全可靠的，相比之下，核电装置更为可靠、电力供应也更为充足。

由于有切尔诺贝利事故和福岛核事故在先，不少人对核能利用仍然心有余悸。但沃纳认为，这种便携装置不会存在类似问题。他说："相对于大型的核电站，这种便携式反应堆功率极低，不会有熔毁的危险，因此安全系数也要高得多。即便出现紧急情况，反应堆也能够自动关闭，对此完全不必忧虑。"

虽然美国国家航空航天局已经结束了其航天飞机计划，但沃纳表示，这不会对他们的项目产生影响。因为运载火箭也同样适合这类装置的运输工作。他乐观地认为，一旦该装置完成后，美国国家航空航天局就会允许他们将其送入太空以进行相关测试。

（2）计划开通前往月球旅行的定期航班。2012 年 12 月 7 日，《新科学家》杂志网站报道，太空旅游又将增添一个新的目的地，那就是月球。据悉，美国私人太空企业"金钉公司"宣布，计划于 2020 年开通前往月球的定期航班，每次可搭载两名乘客，体验月球漫步的票价预计为每人 7.5 亿美元。这个令人咋舌的数字，注定商业太空旅行，仍是面向富人们的"小众游戏"。

金钉公司创始人艾伦·斯特恩，是美国国家航空航天局科学任务理事会前任主管，他打算面向政府、企业和个人提供月球旅行服务，无论是出于科研目的，还是为了月球上的矿产资源，抑或只是为了扩大自己的声望，都可登上他们的航班。斯特恩说，之所以选择月球，除了它离地球近之外，他也非常看好这个市场。虽然目前还无人订票，但公司正在同亚洲和欧洲的航空机构进行前期接洽，并将此作为他们的主攻市场。

2010 年，美国总统奥巴马取消了旨在载人重返月球的星座计划。斯特恩却瞄准了私人执行赴月任务的商机，于是金钉公司应运而生。斯特恩的底气在于他手里握有"王牌"：公司的好几位董事和顾问都有美国国家航空航天局背景，可谓经验丰富。

斯特恩说，他们计划尽可能地利用已有的登月设备，同时向近几年发展迅猛的太空技术探索公司，或蓝色起源公司等其他私人航天企业，购买火箭和乘员舱。金钉公司已经签署合同着手研制月球登陆器和宇航服。首次登月行动预计耗资 70 亿~80 亿美元。为了应付庞大的开销，公司的每次任务都将被视作商品加以开发，比如出售航天器的冠名权等。

（二）推进月球轨道太空港建设的新信息

1. 计划在月球轨道建造往返火星的太空港平台

2017 年 3 月 31 日，美国航空航天局官网报道，在小行星探索作为登陆火星"跳板"的方案遇阻后，该局如今又提出在月球轨道上打造太空港平台，作为"深空门户"的新计划，以实现送人往返火星。

该局发表声明宣布，这个太空港平台建设完成后，将由一个小型居住舱、气压过渡舱、大功率电力推进系统，以及一个可开展研究的后勤舱组成，具备对接能力，从而作为通往月球表面和深空目的地的门户。从本质上说，这个月球轨道太空港平台，将类似一个小型国际空间站，但里面不会有人常驻，且能升降轨道，以完成不同性质的任务。

美国航空航天局副局长威廉·格斯登美尔在声明中说："我设想的是，多个不同的国际和商业合作伙伴参与建设这个门户。它既能移动去支持在月球表面执行的机器人或伙伴任务，也能进入月球的高轨道去支持前往太阳系其他目的地的任务。"

建设这个太空港平台，将需要使用尚在研制中的大推力火箭"太空发射系统"和"猎户座"飞船。按照目前的进度安排，2023—2026 年，"太空发射系统"每年搭载载人的"猎户座"飞船发射一次，依次把推进器、居住舱、后勤舱和气压过渡舱发射上天，并由宇航员在轨整合建设完成。

建设太空港平台，是美国航空航天局计划中的第一阶段任务，紧接其后的第二阶段任务将建设深空运输系统，以用于探索太阳系内火星等深空目的地。

此运输系统的核心组件是 41 吨重、可重复使用的航天器，其中包括电力系统与居住舱，预计该航天器最早于 2027 年发射升空。整个运输系统建完后，将于 2029 年左右从太空港平台出发，在月球附近试验性载人飞行 300~400 天后再返回太空港平台。

如果一切顺利，美国航天局将在 21 世纪 30 年代初期，为运输系统补充物资和燃料，然后于 2033 年实施飞往火星轨道的载人任务，但不会在火星上登陆。

2. 准备联手建造用于深空运输的月球轨道太空港

2017 年 9 月 28 日，物理学家组织网报道，在澳大利亚阿德莱德举行的第 68 届国际宇航大会上，俄罗斯联邦航天机构与美国国家航空航天局，签署了一份联合声明，双方将就在月球轨道上建造太空港作为"深空门户"开展合作。

此前，美国国家航空航天局认为，可以利用小行星作为登陆火星的"跳板"，但经研究后该方案被放弃。2017 年 3 月，其提出在月球轨道上打造"深空门户"太空港构想。从本质上看，太空港类似一个小型国际空间站，但里面不会有人常驻，它能升降轨道，以完成不同性质的任务。按照构想，太空港建完后，能具备对接能力，可作为通往月球表面和深空目的地的门户。据悉，建设太空港是其计划中的第一阶段任务，第二阶段任务是建设深空运输系统，将包括"猎户座"载人飞船和"太空发射系统"等的适用范围，扩大到整个太阳系。

俄航天集团公司当天发表声明说，俄美双方将合作制定"深空门户"太空港的国际技术标准，并已就有关对接装置的标准达成协议；双方还讨论了利用两国火箭共同建设太空港的可能性。

俄罗斯、美国和其他与会者同意，使用统一的标准来避免将来的空间问题非常重要。俄航天机构表示，考虑到俄罗斯在开发对接单元方面的丰富经验，太空港的未来要素及生命保障系统的标准，将由俄方设计创建。俄航天机构总干事伊戈尔·科马罗夫说："双方作为主要参与者，在这些任务上将一起工作。太空港将成为未来研究的重要平台。"

二、航天交通设施建设的其他新成果

（一）航天发射场与太空旅游港建设的新信息

建设航天发射场的新进展

（1）拨巨款修建东方航天发射场。2010年7月19日，有关媒体报道，俄罗斯领导人普京在政府会议上表示，俄罗斯将在未来3年内拨款8亿美元，用于修建东方航天发射场。

据报道，普京说，这些资金将用于东方发射场所必需的基础设施建设。普京非常期待东方发射场成为俄罗斯的首个民用航天发射场，保障俄完全自主地开展航天活动。东方发射场将为包括载人运输系统、新一代运载工具，以及未来星际飞行设施在内的各种航天项目的实施，提供保障。此外，其建设和使用还将带动俄远东地区工业发展，提高投资吸引力。

目前，俄罗斯以每年1.15亿美元的价格，租用哈萨克斯坦境内的拜科努尔基地作为航天发射场，截至目前，俄罗斯绝大多数航天发射和所有载人航天发射都在该基地进行。

2007年11月，普京曾签署命令，在俄阿穆尔州建设新的航天发射基地，取名为"东方"。规划当中的东方发射场，初步建设投资达136亿美元，计划建设面积550平方千米。

（2）建立可重复使用运载器的航天发射场。2015年6月30日，美国媒体报道，美国第四大城市、素有"太空城"之城的休斯敦，将再次在未来的航空航天领域发挥关键作用。休斯敦市航空官员和市领导宣布，休斯敦已获得美国联邦航空管理局许可，将在埃灵顿机场建立可重复使用运载器的发射场，这也是美国第10个商业宇航中心。

市长安妮斯·帕克、休斯敦机场系统与美国国家航空航天局当天共同宣布，经美国联邦航空管理局批准，埃灵顿机场将打造成一个商业太空港，涵盖微卫星发射、宇航员培训、零重力实验、航天器制造等项目。

帕克市长说："休斯敦将引领 21 世纪商业太空航务的发展。相信获得许可的休斯敦宇航中心，不仅将推动这座城市的经济发展，还能加强我市作为航天业领导者和主要参与者的良好声誉。"

通过与美国联邦航空管理局商业太空运输办公室的密切合作，休斯敦机场系统将继续建立安置可重复使用运载器所需的必要基础设施和辅助设备。可重复使用运载器将采用类似于商用飞机的水平发射方式，而非垂直发射。

休斯敦航空事务主管迪亚兹表示："数十年来，休斯敦一直走在航空业发展和创新的最前沿。我们将利用这次机会，加强长久以来与航天业之间的紧密联系，同时巩固休斯敦作为一座有远见的城市，同时也是创造新一代高科技就业岗位的领导者的地位。"

埃灵顿机场前身是美国空军基地军用机场，靠近墨西哥湾，拥有 2430 多亩可供开发的土地。休斯敦的经济发展迅速，拥有强大的航天产业基地和在太空探索高科技需求方面富有经验的高素质人才，并且为这样一个地处战略要地的机场设施提供了足够的发展空间。

一项系统进行的可行性研究称，需要花费 4800 万~1.22 亿美元来装备埃灵顿机场，使其能够定期发射和降落小型航天器。

"我们期待实现在休斯敦宇航中心建立航天产业集群的愿景。"负责引入宇航中心项目的埃灵顿机场总经理阿图罗·马丘卡说："我们已经正式成为美国第十个商业宇航中心，接下来会与航天业的合作伙伴通力合作，充分发挥美国第四大城市所具备的独特地理位置、基础设施和人才资源等优势。"

美国国家航空航天局 1961 年在休斯敦建立了载人航天飞行中心，1973 年以逝世的美国第 36 任总统林登·约翰逊的名字为其命名。它不仅承担着宇宙飞船设计试验、航天员培训、太空科学探索等任务，还负责指挥控制航天飞机的发射飞行和国际空间站的状态，成为美国航天事业的心脏和神经中枢。

（二）国际空间站与太空电梯建设的新信息

1. 国际空间站有关问题研究的新发现

（1）找到国际空间站宇航员遭受视力损害的原因。2016 年 11 月 28 日，美国迈阿密大学诺姆·阿尔珀林教授领导的研究团队，当天在《北美放射学会》年会上报告说，他们研究发现，长期太空飞行损害国际空间站宇航员的视力，原因可能与脑脊髓液变化有关。

报道称，过去十多年中，近 2/3 在国际空间站长期驻站的宇航员，出现视力障碍颅内压综合征。检查发现，这些视力有问题的宇航员眼球后部变平，视神经出现炎症，此外一些宇航员返回地球后，存在无法完全恢复的严重结构性变化。

此前，曾有人认为这种视力损害与太空微重力环境导致宇航员下身血液转移到上身有关。但阿尔珀林研究团队提出，脑脊髓液才是真正的"罪魁祸首"。脑脊髓液是一种透明液体，能帮助缓冲脑与脊髓的压力，同时运送营养物和运走代谢废物。

阿尔珀林认为，在地球上，脑脊髓液会帮助人适应从躺姿改变到坐姿或站姿的身体内部压力变化，但在太空，这种姿态变化并不会带来内部压力变化，从而让脑脊髓液发生"混乱"。

研究人员对7名国际空间站宇航员，在长期驻站任务前及任务后，进行脑磁共振成像扫描等，并与9名执行航天飞机短期飞行任务的宇航员有关数据进行对比。结果显示，与执行短期任务相比，执行完长期太空任务宇航员的眼球后部明显变平，视神经更加膨胀，同时脑脊髓液也显著增加。因此，研究人员认为，国际空间站宇航员的眼部变化与脑脊髓液的增加有关。

阿尔珀林指出，这是首次有研究提出量化证据，指出脑脊髓液在宇航员视力障碍颅内压综合征中发挥"主要、直接的作用"。

研究人员认为，这项发现将有助于开发出应对措施，保护宇航员的视力不受长期太空飞行的伤害。阿尔珀林说："如果宇航员眼睛的结构变形不能早期发现，那么他们可能会遭受不可逆转的伤害。随着眼球变平，宇航员将出现远视问题。"

（2）发现国际空间站内部微生物群落与地球住宅内高度相似。2017年12月5日，美国加利福尼亚大学戴维斯分校微生物学家戴维·科伊尔主持的一个研究小组，在美国《同行评议科学杂志》网络版上发表研究成果称，国际空间站内部生活着"非常多元化"的微生物群落，它们与您家中的微生物群落极为相似。

研究人员分析了从空间站15处不同地点采集的微生物样本，并与来自地球住宅和人体微生物组项目的样本进行比较和分析。结果显示，空间站表面生活着超过1.2万种微生物，其中与已知人类病原体密切相关的微生物种类所占比例，与地球上类似建筑环境内相当。

科伊尔在一份声明中说，有关空间站微生物最常见的两个问题是：它很恶心吗？你们看到来自外太空的微生物吗？

对于第一个问题，科伊尔说："在地球上我们周围的微生物大多数无害，我们在国际空间站上看到了大体类似的微生物群落，所以，并不比您家里发现的微生物更恶心，或更不恶心。"至于第二个问题，他说，空间站完全密封，里面的微生物都源自宇航员以及送上天的货物，所以没有外太空微生物。

令研究人员很高兴的是，空间站上的微生物群落多元化程度非常高，而多元化通常与健康的生态系统相关联，这意味着空间站上的微生物群落，不大可能是一个有"病"的微生物群落。了解微生物在太空的生长发育情况，对未来的太空探索至关重要，因为微生物可能影响宇航员的健康。

2. 建造太空电梯设想的新进展

批准塔顶可作飞行器平台的太空电梯专利。2015年8月，物理学家组织网报道，2015年太空电梯大会在美国西雅图召开，科学家热烈讨论太空电梯中的材料和设计，提出将其作为火箭技术的替代产品。太空电梯就像一种轨道升降台，让电车在上面行驶，携带10吨左右的载荷来回上下。

据报道，最近加拿大一家名为"图特技术太空公司"，获得了美国专利与商标局批准的一种太空电梯专利。该公司的工程师说，这一技术有望为传统火箭节约30%以上的燃料，把航天器和人带到大气层一定高度再发射，所需动力更少。该电梯发明人、纽约大学拉索德工程学院教授布兰德·奎恩尼说："空天飞机可以把电梯塔顶作为一个一级平台，从上面起飞进轨道，还可以返回塔顶加油再飞。"

太空电梯将达到地面以上20千米高处，为一种独立式太空塔设计，所用大部分技术都是目前已有的。比如它的束筒结构是用杜邦公司生产的芳纶聚乙烯复合材料填充氦气。这种筒比现代建筑材料轻而且宽大得多，氦气也有助于支撑结构。

根据专利文件，太空电梯可将载荷运到地面以上的至少一个平台上或分离舱内，用于太空发射目的；也可以运输设备、人员及其他物体，用于科学研究、通信和旅行目的。升降台还将进一步升级，利用近地轨道的重力势能，提供直达海拔200千米以上的通道。对此，美国著名商业杂志《快速公司》上一篇文章评论道："这虽然技术上可行，但执行起来可能太复杂。"

科技网站编辑埃里克·马克说："从技术上说，过去半个世纪以来，进入太空并未变得更容易，仍要用巨大的火箭产生足够大的推力把负荷推出地球重力以外。"相比之下，太空电梯用了一种"更简单的对抗重力的技术来进入太空"。

参考文献和资料来源

一、参考文献

[1] 万明.交通运输概论[M].北京：人民交通出版社，2015.

[2] 杨咏中，牛惠民.国外交通运输管理体制及其对我国的启迪[J].交通运输系统工程与信息，2009（1）.

[3] 胡晓春，汪燮卿.国外交通运输节油经验和启示[J].中国工程科学，2005（3）.

[4] 徐田坤，金妍，梁青槐.国外交通运输事故处理机制分析及启示[J].综合运输，2012（3）.

[5] 欧阳斌，李忠奎，陈建营.典型发达国家交通运输能源消费特征分析与启示[J].综合运输，2010（12）.

[6] 杨兆升.智能运输系统概论[M].北京：人民交通出版社，2005.

[7] 朱茵，王军利，周彤梅.智能交通系统导论[M].北京：中国人民公安大学出版社，2007.

[8] 黄卫，路小波.智能运输系统（ITS）概论[M].北京：人民交通出版社，2008.

[9] 韩英淳.汽车制造工艺学[M].北京：人民交通出版社，2005.

[10] 宋新萍.汽车制造工艺学[M].北京：清华大学出版社，2011.

[11] 熊其兴，严义章.汽车制造工艺[M].武汉：华中科技大学出版社，2016.

[12] 邢峰，黄超群.汽车制造工艺[M].北京：机械工业出版社，2017.

[13] 莫志松，郑升.高速铁路列车运行控制技术[M].北京：中国铁道出版社，2016.

[14] 宁滨，唐涛，李开成，董海荣.高速列车运行控制系统[M].北京：科学出版社，2012.

[15] 纪卓尚.船舶制造工艺力学[M].北京：国防工业出版社，2005.

[16] 刘胜.现代船舶控制工程[M].北京：科学出版社，2010.

[17] 刘玉君，李艳君.现代造船技术[M].大连：大连理工大学出版社，2012.

[18] 范玉青.现代飞机制造技术[M].北京：北京航空航天大学出版社，

2001.

［19］张考，马东立.军用飞机生存力与隐身设计［M］.北京：国防工业出版社，2002.

［20］方振平，陈万春，张曙光.航空飞行器飞行动力学［M］.北京：北京航空航天大学出版社，2005.

［21］刘世前.现代飞机飞行动力学与控制［M］.上海：上海交通大学出版社，2014.

［22］宋征宇.高可靠运载火箭控制系统设计［M］.北京：中国宇航出版社，2014.

［23］郑伟，杨跃能.飞艇飞行力学与控制［M］.北京：科学出版社，2016.

［24］高慎斌.卫星制造技术［M］.北京：中国宇航出版社，1998.

［25］周绪利.道路工程监督检测论文集［M］.北京：人民交通出版社，2014.

［26］朱爱民，孟祥荣.公路工程监理［M］.北京：人民交通出版社，2007.

［27］杜玉林，杜立峰.公路施工技术［M］.北京：北京邮电大学出版社，2013.

［28］卢春房.高速铁路建设典型工程案例：路基工程［M］.北京：中国铁道出版社，2015.

［29］史蒂芬·霍金，罗杰·彭罗斯.时空本性［M］.杜欣欣，吴忠超，译.长沙：湖南科学技术出版社，2006.

［30］弗里曼·戴森.宇宙波澜：科技与人类前途的自省［M］.王一操，左立华，译.重庆：重庆大学出版社，2015.

［31］弗兰克·克洛斯.虚空：宇宙源起何处［M］.羊奕伟，译.重庆：重庆大学出版社，2016.

［32］张明龙，张琼妮.国外发明创造信息概述［M］.北京：知识产权出版社，2010.

［33］张明龙，张琼妮.八大工业国创新信息［M］.北京：知识产权出版社，2011.

［34］张明龙，张琼妮.新兴四国创新信息［M］.北京：知识产权出版社，2012.

［35］张明龙，张琼妮.英国创新信息概述［M］.北京：企业管理出版社，2015.

［36］张明龙，张琼妮.德国创新信息概述［M］.北京：企业管理出版社，2016.

［37］张明龙，张琼妮.日本创新信息概述［M］.北京：企业管理出版社，2017.

［38］张明龙，张琼妮.俄罗斯创新信息概述［M］.北京：企业管理出版社，2018.

［39］张明龙，张琼妮.国外环境保护领域的创新进展［M］.北京：知识产权出版社，2014.

［40］张明龙，张琼妮.国外材料领域创新进展［M］.北京：知识产权出版社，2015.

［41］张明龙，张琼妮.国外能源领域创新信息［M］.北京：知识产权出版社，2016.

［42］张明龙，张琼妮.国外宇宙与航天领域研究的新进展［M］.北京：知识产权出版社，2017.

［43］本报国际部.2004年世界科技发展回顾［N］.科技日报，2005-01-01~10.

［44］本报国际部.2005年世界科技发展回顾［N］.科技日报，2005-12-31~2006-01-06.

［45］本报国际部.2006年世界科技发展回顾［N］.科技日报，2007-01-01~06.

［46］毛黎，等.2007年世界科技发展回顾［N］.科技日报，2007-12-31~2008-01-06.

［47］毛黎，等.2008年世界科技发展回顾［N］.科技日报，2009-01-01~08.

［48］毛黎，等.2009年世界科技发展回顾［N］.科技日报，2010-01-01~08.

［49］本报国际部.2010年世界科技发展回顾［N］.科技日报，2011-01-01~08.

［50］本报国际部.2011年世界科技发展回顾［N］.科技日报，2012-01-01~07.

［51］本报国际部.2012年世界科技发展回顾［N］.科技日报，2013-01-01~08.

［52］本报国际部.2013年世界科技发展回顾［N］.科技日报，2014-01-01~07.

［53］本报国际部.2014年世界科技发展回顾［N］.科技日报，2015-01-01~07.

［54］本报国际部.2015年世界科技发展回顾［N］.科技日报，2016-01-01~11.

[55] 科技日报国际部.2016年世界科技发展回顾[N].科技日报,2017-01-03~11.

[56] 科技日报国际部.2017年世界科技发展回顾[N].科技日报,2018-01-03~11.

[57] R. Graham.Between Science and Values[M].New York：Columbia University Press, 1981.

[58] S. Restivo, Science, Society and Values.Toward a Sociology of Objectivity[M].Bethlehem：Lehigh University Press, 1994.

[59] J.L. Hubisz.The Theory of Everything：The Origin and Fate of the Universe[J].Physics Teacher, 2014, 52（3）：191-191.

二、资料来源

[1]《自然》（Nature）

[2]《自然·通信》（Nature Communication）

[3]《自然·化学》（Nature Chemistry）

[4]《自然·能源》（Nature Energy）

[5]《自然·地球科学》（Nature Geoscience）

[6]《自然·气候变化》（Nature Climate Change）

[7]《自然·方法学》（Nature and Methodology）

[8]《科学》（Science Magazine）

[9]《科学报告》（Scientific Reports）

[10]《科学进展》（Scientific Progress）

[11]《新科学家》（New Scientist）

[12]《科学与未来》（Science and the Future）

[13]《研究与开发》（Research and Development）

[14]《技术评论》（Technical Review）

[15]《大众科学》（Popular Science）

[16]《科学与生活》（Science and Life）

[17]《科学美国人》（Scientific American）

[18] 美国《国家科学院学报》（Proceedings of the National Academy of Sciences）

[19]《国防科技》（Defense Technology）

[20]《军事检阅》（Military Parade）

[21]《英国皇家学会学报A》（Journal of the Royal Society A）

[22]《英国皇家学会学报B》（Journal of the Royal Society B）

[23]《透视俄罗斯》（Perspective of Russia）

[24]《日刊工业新闻》（Nikkan Kogyo Shimbun）

[25]《日本经济新闻》（Japanese Economic News）

[26]《应用物理学杂志》（Journal of Applied Physics）

[27]《应用物理快报》（Applied Physics Letters）

[28]《机械电子学汇刊》（Journal of Mechanoelectronics）

[29]《美国声学学报》（Journal of American Acoustics）

[30]《光学快报》（Optics Letters）

[31]《光谱》（Spectrum）

[32]《交界》（Juncture）

[33]《应用化学》（AngewandteChemie）

[34]《美国化学协会会刊》（American Chemical Society Journal）

[35]《纳米》（Nanometer）

[36]《微尺度》（Micro Scale）

[37]《纳米快报》（Nano Letters）

[38]《材料研究》（Material Research）

[39]《先进材料》（Advanced Materials）

[40]《智能材料和结构》（Intelligent Materials and Structures）

[41]《应用材料与界面》（Applied Materials and Interfaces）

[42]《合金和化合物杂志》（Journal of Alloys and Compounds）

[43]《生物技术前沿》（Biotechnology Frontier）

[44]《生态学与进化方法》（Ecology and Evolutionary Method）

[45]《生物灵感和仿生学》（Bioinspiration and Biomimetics）

[46]《能源与环境科学》（Energy and Environmental Sciences）

[47]《计算机、环境与城市系统》（Computer，Environment and Urban System）

[48]《环境健康》（Environmental Health）

[49]《国际地球物理学杂志》（International Journal of Geophysics）

[50]《国际飞行》（International Flight）

[51]《航空周刊与航天技术》（Aviation Weekly and Aerospace Technology）

[52]《美国航空航天学会杂志》（Journal of the American Academy of Aeronautics and Astronautics）

[53]《同行评议科学杂志》（Peer Review Science Journal）

[54]《探索》（Explore）

[55]《连线》（Connection）

[56]《前沿》（The Front）

[57]《印度时报》（India Times）

[58]《商业周刊》(Business Week)
[59]《柳叶刀》(Lancet)
[60]《欧洲心脏病学杂志》(European Heart Journal)
[61]《泰晤士报》(The Times)
[62]《每日邮报》(Daily Mail)
[63]《纽约时报》(New York Times)
[64]《联合早报》(LianheZaobao)
[65]《消息报》(News Report)
[66]《世界报》(The world Newspaper)
[67]《卫报》(The Guardian)
[68]《每日电讯报》(the Daily Telegraph)
[69]《科学日报》(Science Daily)
[70]《朝日新闻》(Asahi Shimbun)
[71]《每日经济新闻》(Daily Economic News)
[72]《科技日报》2003年1月1日至2018年12月31日

后 记

交通运输领域涉及范围宽广，研究对象复杂，所需技术繁多。其主要探索海陆空各类交通运输工具的发明、制造与维修，探索公路、铁路、水路及航空航天运输基础设施的布局及修建，探索载运工具的合理调配和使用、交通信息工程及控制系统建设，以及交通运输经营与管理。交通运输是现代社会的生存基础和文明标志，是决定国民经济发展的先决条件和先行部门，是促进社会分工和发展规模经济的重要手段。

多年前，笔者就已关注交通运输的发展问题，早在2010年出版的《国外发明创造信息概述》一书中，就特意安排一章内容，介绍国外众多国家在交通运输领域取得的创新成果。后来，在《英国创新信息概述》《德国创新信息概述》《日本创新信息概述》《俄罗斯创新信息概述》和《法国创新信息概述》等著作中，都专门用一章来介绍该国在交通运输方面的新成果。近日，笔者进一步拓宽视野，继续推进这项研究，以整本书的形式，介绍国外交通运输方面的创新信息。这样，就有了呈现给读者的《国外交通运输领域的创新进展》。本书所选材料，限于21世纪以来的创新成果，其中80%以上，集中在2009年1月至2018年12月的10年期间。

我们在课题调查研究和书稿撰写过程中，得到省内外有关科研院所、大专院校、科技管理部门，以及企业的支持与帮助。这部著作的基本素材和典型案例，吸收了报纸、杂志、网络等众多媒体的新闻报道。这部著作的各种知识要素，吸收了学术界的研究成果，不少方面还直接来自于师长、同事和朋友的赐教。为此，向所有提供过帮助的人，表示衷心的感谢!

这里，要感谢名家工作室成员的团队协作精神和艰辛的研究付出。感谢沈伟、代少婷等研究生参与课题调研，以及帮助搜集、整理资料等工作。感谢国家社科基金、国家自然科学基金、浙江省社科规划重点课题基金、省科技计划重点软科学研究项目基金、省重点学科"区域经济学"建设基金、台州市名家工作室建设基金，对本书研究及出版的资助。感谢台州学院办公室、临海校区管委会、科研处、教务处、组织部、宣传部、学生处、后勤处、信息中心、图书馆、经济研究所和经贸管理学院，浙江师范大学经济管理学院，浙江财经大学东方学院等单位诸多同志的帮助。感谢知识产权出版社诸位同志，特别是王辉先生，他们为提高本书质量倾注了大量时间和

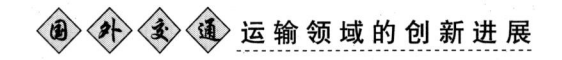

精力。

  限于笔者的研究水平和能力，书中难免存在一些不妥和错误之处，敬请广大读者不吝指教。

张明龙　张琼妮
2019 年 5 月于台州学院湘山斋张明龙名家工作室